KB211772

이것이
깨달음
이다

이것이 깨달음이다

1판 1쇄 발행 2014. 9. 3.
1판 5쇄 발행 2020. 3. 10.

지은이 백창우

발행인 고세규
편집 강지혜 디자인 이경희 마케팅 백미숙 홍보 최정은

발행처 김영사
등록 1979년 5월 17일(제406-2003-036호)
주소 경기도 파주시 문발로 197(문발동) 우편번호 10881
전화 마케팅부 031)955-3100, 편집부 031)955-3200
팩스 031)955-3111

값은 뒤표지에 있습니다.
ISBN 978-89-349-6887-0 03220

홈페이지 www.gimmyoung.com   블로그 blog.naver.com/gybook
페이스북 facebook.com/gybooks   이메일 bestbook@gimmyoung.com

좋은 독자가 좋은 책을 만듭니다.
김영사는 독자 여러분의 의견에 항상 귀 기울이고 있습니다.

이 도서의 국립중앙도서관 출판예정도서목록(CIP)은 서지정보유통지원시스템 홈페이지(http://seoji.nl.go.kr)와
국가자료공동목록시스템(http://www.nl.go.kr/kolisnet)에서 이용하실 수 있습니다.(CIP제어번호 : CIP2014024334)

이것이 깨달음이다

당신을 세상의 진실에 눈뜨게 하는 가장 명쾌하고 확실한 안내자

백창우 지음

김영사

머리말

누구나 그렇듯이, 나 역시도 어린 시절에 무척이나 궁금한 의문이 많았다.
하지만 아무도 대답해주지 않았다.
너무 답답했다. 나는 왜 여기에 있을까? 왜 태어났을까?
사후세계는 있을까? 신이 계신다면 왜 착한 사람은 힘들게 살고,
악한 사람은 벌을 받지 않을까…
풀리지 않는 궁금증은 많았지만, 아무도 시원하게 답해주는 사람이 없었다.
괜히 쓸데없는 질문을 한다고 핀잔만 듣기 일쑤였다.
나중에 어른이 된 뒤에 답을 찾아보리라고 결심했다.
하지만 학교를 다니면서 그 질문을 종종 잊어버렸다.
한가한 틈이 생기면 이따금 그 질문이 의식으로 떠올랐지만,
해결하기 쉽지 않다는 것을 이해한 터라 고개를 흔들며 스스로를 달랬다.
그럼에도 알고 싶은 마음은 사라지지 않았다.
그러다 나이 사십 중반을 넘어서자 불현듯 가슴에 묻어둔 숙제가
서서히 목까지 가득 차올랐다. 언제 죽을지 모른다는 생각이 들면서
그 문제는 점점 증폭되었다. 한시라도 빨리 풀지 않으면 안 되는
절체절명한 것으로 다가왔다. 그동안 살아오면서 잘못한 것들이
걸렸다. 아무리 생각해도 지옥 같은 것은 없을 거라고 생각하지만,
만약 지옥이 있다면 문제가 심각해진다.

어쨌든 분명하게 확인해야겠다는 생각이 들었다.

만약 있다면 용서를 빌고, 아니면 편하게 살아야겠다고 마음먹었다.

그런 마음이 들자, 모든 것들이 시들해지고

오직 이 문제를 푸는 것만이 급선무가 되었다.

당시 직업군인이었는데, 일도 그만두었다. 일단 사회에 나오긴

했는데 무엇을 어떻게 해야 할지 막막했다.

한 1년을 잠만 잤다. 그러다가 우연히 공부인연이 다가왔고,

그길로 이 공부를 하게 되었다. 당시 한 달에 한 번씩

모임을 가지며 자유롭게 공부하였다.

그러기를 1년 정도 하니 깨달음은 체득해야 하는 것이라는 걸

실감할 수 있었다. 문제는 이것이 내 마음대로 되는 것이

아니라는 데 있었다. 처음엔 알아가는 재미가 있었는데,

그 뒤로는 답답할 뿐이었다. '하면 된다'는 희망이 조금씩 허물어지더니,

급기야 아무나 깨닫는 것이 아니라는 것만 뼛속 깊이 느껴졌다.

인정하지 않으려야 않을 수 없었다.

'이해한 것만으로도 어디냐'고 스스로 그동안의 공부를 위로했다.

사실상 공부는 포기했지만, 여전히 내 손에는 깨달음에 관한

책들이 쥐어 있었다. 설상가상으로 생활을 위해 조그마한 사업을 벌였는데,

이것이 사람을 미치게 만들었다.

사업이 점점 어려워졌다. 처음으로 벌인 사업이 망하는 경험은 마치 죽음과도 같았다. 그렇게 6개월이 흘렀다. 마치 송장처럼 살았다. 아무런 의지가 없는 시체나 마찬가지였다. 그 무렵 어떤 책을 읽게 되었다.

어떻게 해보려는 마음은 없었다. 그냥 읽었다. 그런데 신기하게도, 그날 그 책의 글자들이 내게 뛰어들어왔다. 글의 내용들이 알알이 내게 들어오더니 급기야 머리가 어지러웠다.

땅과 하늘이 빙글 돌다가 멈추었다. 머릿속에 둥근 판 두 개가 같은 위치로 합쳐지면서 딱 멈추었다. 눈앞에 온갖 것들이 신기한 모습으로 드러났다. 지금 살고 있는 이 세상이 그대로 진실의 세계로 드러난 것이다. 모든 것들이 귀한 보석이고 아름다운 꽃이다. 여태까지 눈앞의 진실을 몰랐다니… 이럴 수가… 충만감이 환희감이 지복감이 온몸을 감싸고 세포 하나하나까지 채웠다. 6개월을 이런 지복감으로 보냈다.

시간이 지나면서 점차 지복감은 일상으로 자리 잡았다. 일체가 진여라는 명백함은 단 한 번도 사라지지 않았고 지금도 그러하다. 그래서 반드시 이 공부를 하는 도반님들을 위해서 필요한 안내서를 쓰고 싶었다. 멀리 돌아가지 않도록 하고 싶었다.
길을 잘못 들어서 삶이 피폐해지는 경우를 많이 보았기 때문이다.
바르고 건강한 깨달음에 대한 안내서가 있다면 그런 문제는
없어질 것이다. 그동안 공부를 하면서 생기는 궁금한 점을
최대한 정리하고 그것에 대한 지침을 마련하였다.
이 책을 읽으면 쓸데없이 헤매는 일은 없을 것이라 믿는다.
인류에게 이처럼 공부하기에 좋은 때는 없다.
처음으로 맞이하는 영성시대에 모두가 성불하기를 간절히 빈다.
부처님의 가피가 함께할 것을 믿어 의심치 않는다.

2014년 여름
지여인 백창우

II. 무아인가, 진아인가?

1. 무아라는 생각을 넘어서면

VIII. 완전한 깨달음의 길

1. 공부체험

2. 깨달음과 에고적 성향

I. 수행법

깨
달
음
이
꽃
피
는
시
대

1

깨달음이 꽃피는 시대

지금 인류는 깨어나기 시작한다.
오래전에 선각자들이 밝혀놓은 진실이 공명을 일으키며
많은 사람들을 일깨우고 있다.
이처럼 많은 사람들이 깨달음을 맛보는 일은 일찍이 없었다.

인류는 인터넷으로 연결되고 서로서로 필요한 정보를 주고받으면서
활발하게 의식을 성숙시켜 나아가고 있다.
그동안 깨닫는 방법도 다양하게 발달했다.
같은 약도 사람마다 효과가 다르게 나타나듯이
수행법도 사람에 따라 적절하게 주어지는 것이 좋다.

결국 그 모든 수행이 진실의 세계를 깨닫게 함으로써,
비로소 인류는 더할 나위 없는 평화로운 공존의 시대,
상생의 시대로 접어들고 있다.
물론 여전히 서로 간의 반목과 다툼이 어느 정도 지속되겠지만…
이미 대세의 흐름은 시작되었다.
이제 깨달음은 선택사항이 아닌 필수사항이 되었다.
인류는 예전에 경험하지 못했던 크나큰 행보를 하고 있다.

더불어 비위생적인 가르침은 사라져야 하며,
잘못된 방향으로 이끄는 거짓 스승도 없어져야 한다.

사후세계 운운하며 수행을 빙자해 돈벌이를 하는 장사꾼도
이젠 없어져야 한다.

모두가 깨어나 우주의 주인으로서 삶을 살아가야 한다.
인류의 상위 1퍼센트만 먼저 깨어나도 그 영향력은 어마어마할 것이다.
누구나 깨달아야 하지만, 특히 인생경험이 풍부한 노년층이
늘어나는 것은 이 공부에서 반가운 일이다.
그들은 이 시대에 꼭 필요한 영성의 일꾼으로 거듭나 시대가
요구하는 역할에 기여해야 한다.

나이가 한 살 두 살 먹어간다는 것은 그만큼 지혜로워지는 것이며,
온 인류를 깨어나게 하는 소중한 영적 자원이 되는 것이다!

뜻밖의 새로운 관점

이 공부를 마치 세속적인 욕구를 모두 부정하는 것처럼
오해하기 쉽다. 그리하여 욕망을 혐오하게 되고,
세속적인 것은 곧 부정한 것으로 여긴다.
그렇게 되면, 삶에서 필요한 건강한 욕구까지도 부정하고
허무주의로 치우칠 수 있다.

초기불교에서는 일상을 떠나야만 공부로 간주했다.
하지만 점차 깨달음에 대한 영역이 공유되고 성숙되면서
사회참여 의식이 발전하였고, 정적이고 개인적인 것에서
동적이고 사회적인 것으로 폭과 깊이를 더해왔다.

이 공부 자체가 세간적인 공부방식과 다르다는 점에서
출세간적인 공부이다.
하지만 공부하는 방식에 차이가 있을 뿐,
공부에 대한 열정과 성실함으로 접근하는 것은 같다.
그 옛날 선구적 각자들의 힘겨운 고행의 결실로,
우리는 보다 편안하게 공부를 하게 된 것이다.

그럼에도, 여전히 고행 방식의 공부를 고집하는 사람도 많다.
자학적인 성향 탓일까? 나름대로 이렇게 저렇게 해보았지만
별 효과를 보지 못했기에 그러할 것이다.

고락중도로 공부를 실천하라고 당부한 붓다의 가르침을
명심해야 한다.

이 공부는 마음공부이기에, 지나치게 잘하려는 마음이
오히려 공부를 방해하기도 한다.
조급증은 금물이다. 하지만 태만심도 금물이다.
편안한 마음가짐으로, 열린 마음으로,
기존의 관점을 내려놓고 책을 읽거나 사유하는 것이다.
그러면 새로운 관점이 열린다.
지금까지와 전혀 다른 새로운 차원의 앎이 열린다!

수
행
법
이
란

2

수행이란?

깨닫기 위해 실천하는 그 모든 것을 수행이라고 할 수 있다.
삼천 배, 장좌불와, 옴마니반메훔, 나무관세음보살 등 …
그런데 이런 실천을 행하다 보면, 결국
무엇인가를 행하는 것! 그 자체가 수행으로 변질된다.
수행을 통해 깨닫겠다는 목적이 살짝 비켜난다.
그리하여 수행이 깨달음을 대신하게 된다.

바로 이 점을 눈여겨봐야 한다.
수단 자체가 목적이 되어버리면 깨달음이라는 본래의 의도는
사라지고 평생 수행중독증에 시달린다.
그리하여 여기저기 떠돌며 수행쇼핑으로 세월을 다 보낸다.

바른 수행이란 깨달음으로 연결되는 것이어야 한다.
때문에 수행 자체에 함몰되지 말고 깨어 있어야 한다.
그렇다면 이미 수행하는 그 행위 하나하나가 진여(眞如)의 묘용이다!
수행이 따로 없다!

절을 하는 행위가, 진언을 염하는 행위가,
'도대체 마음이 뭘까?'라고 궁리하는 것이,
'아무래도 모르겠어'라고 푸념하는 그 모든 것이
사실은 깨달음(진여)이다!

수행법이란?

깨닫기 위한 구체적인 실행이 곧 수행법이다.
따라서 그 수행법의 효능은 '깨치느냐, 못 깨치느냐'에 달려 있다.
만약 이론적으로는 그럴듯하지만… 깨침의 효과가 없다면
그 수행법을 굳이 고집할 이유가 없다.

한편으로는, 사람마다 다양한 의식구조를 가지고 있다.
때문에 딱히 한 가지 수행법만 최고라고 할 수 없다.

중요한 것은 수행법 그 자체가 아니다.
'수행법을 통해서 바르고 건강하게 깨닫는가'를 따져야 한다.

지금은 최첨단의 과학문명이 발달한 시대다.
따라서 사고성향도 옛날과는 많이 달라졌다.
지금은 지금 상황에 맞는 수행법으로 공부해야 할 때이다!

바르고 건강한 깨달음을 위하여, 기존 수행법의 강점도 살리면서
쉽고 빠르게 익히는 공부여야 한다.
잘 살펴보면, 그러한 해결책이 이미 제시되어 있다.
그것들을 지혜롭게 활용하면 된다.

수행법에 대하여

깨닫기 위한 구체적인 실천이 수행법이다.
그런데 수행법은 매우 다양하다.
사람마다 효과적인 실천에는 조금씩 차이가 있기 때문이다.
일반적인 공부와 마찬가지다. 물론 공통분모는 있지만
구체적으로는 조금씩 차이가 있다.
때문에 각자 자신에 알맞은 공부를 선택하는 것이 좋다.

그리고 실천적 수행법은 각기 장단점이 있기에, 어느 하나로
공부를 해냈다면 그후 또 다른 가르침을 접해보는 것이
공부의 폭과 깊이를 더할 수 있다.
만약 그렇지 않으면, 자칫 자신의 수행법만이 최고라는
'우물 안 개구리' 식의 좁은 편견을 갖게 된다.

대체로 사유형인 사람은 연기법이 효과적이고,
직관적인 사람은 선 수행으로 재미를 볼 수 있다.
그 과정에서 위파사나(관觀/혜慧)와 사마타(지止/정定)의 힘을
공통적으로 강화시켜나가야 한다.
간단히 말하자면, 알아차리는 힘이 있어야 하는데
이는 집중력을 갖춘 각성(자각)이다.
존재의 실상을 깨닫기만 하면 된다는 돈오(頓悟)를 강조하지만,
한편으론 이것이 어렵기 때문에 점수(漸修)를 통하여

깨치도록 하는 것이 수행법이다.

'색즉시공' '제상비상'을 깨치기 위하여 상(相)이 연기된 것임을,
상(相)이 진여의 현현(묘용, 妙用)임을 보게 하는 것이지만,
그것도 쉽지 않기에 부정관, 자비관을 통해 정서적 번뇌(업장)를
녹이기도 하며, 참회를 통해 업장을 녹이기도 하는 등등의
방법을 구사하는 것이다.

업장을 녹이는 것이 깨달음에 도움이 되지만,
한편으로는 부작용도 지적되어왔다.
붓다는 탐심과 진심을 정화하기 위한 수행법으로
부정관과 자비관을 권장했지만, 근기에 따라서 염세적으로 흘러
자살하는 극단적인 사례도 있었다.
또한 연기법도 근기에 따라선 허무(공허)적 사고를 낳는 경향도 있었다.
이런저런 시행착오를 거쳐 되도록 부작용을 최소화하면서,
건강하게 깨닫는 수행법을 찾아온 것이 수행법의 역사다.
그래도 오랫동안 지속되어온 것이 위파사나(연기법), 선(화두)이다.

어쨌든 수행법은 정법을 깨닫도록 하는 데 맞추어져 있어야 한다.
기존의 전통적인 수행법도 공부해야 하지만,
시대에 따라 사람의 의식이 늘 변화하기에,
새로운 수행법도 개발할 필요가 있다.

처방전에 연연할 것이 아니라 효과가 있는지를 따져야 할 것이다!

공부인과 수행방식

같은 책도 읽는 사람에 따라 받아들이는 것이 다르다!
어떤 사람은 깊은 감명을 받고 인생관이 달라지기도 한다.
그의 영혼을 송두리째 흔들어서 종전까지의 의식체계가
재편성되는 것이다.

매번 새로운 앎을 통해 종전까지 갖고 있던 관념이
새로운 앎에 따라 수정된다.
만약 사람들이 존재의 실상을 깨닫게 된다면,
그야말로 전면적인 의식의 변화가 올 것이다.
그 변화는 다행스럽게도 매우 건강하다.
왜냐하면 우리의 의식이 활짝 깨어나는 것이기 때문이다.
만약 공부의 결과가 건강하지 못하다면 공부인이나 수행방식에
무언가 문제가 있는 것이다.

이 공부를 해나가는 여러 가지 수행방편이 있다.
각 수행방편마다 장단점이 있다.

중요한 점은, 수행방편에 따른 부작용, 즉 건강성을 해치는
경우도 있다는 점을 유념해야 한다.
초기불교의 수행방편(부정관)에서 자칫 염세주의에
빠질 수도 있다는 경향성은 이미 지적하였다.

선 공부도 편안한 경계에 안주하고(심해탈心解脫/아공我空),
반야지혜(혜해탈慧解脫/법공法空)로까지는 나아가지 못하는 경향이 있다.
때문에 정학(定學)이라고도 한다.
의식의 분별기능이 퇴조하는 경향을 보이기까지 한다.
분별하지 않으려는 노력에 지나치게 집중하면서
나중에는 분간도 잘 못하게 된다.
물론 사람의 공부 정도에 달려 있다고 할 수 있겠지만,
수행방편 또한 영향을 미친다.

때문에 공부인은 열린 자세로 각 수행방편을 접해볼 필요가 있다.
사람마다 공부를 하는 태도가 다양하기 때문이다.
그렇다고 한 가지 수행을 진득하게 해보지도 않고 이리저리
변덕을 부려도 좋다는 것은 아니다.

방법은 간단하다.
이렇게 해보고, 안 되면 저렇게 해보는 것이다.
나를 알고 남도 알면 백전백승이라고 하지 않는가?

건강한 깨달음!

지구촌 시대가 열리면서 세계 곳곳마다
인류의 영적 열매가 맺혔음이 보인다.
간단히 '불이법(不二法, 비이원非二元)'으로 요약된다.
그러나 이러한 지혜를 얻는 과정인 수행법은
전통에 따라 조금씩 차이를 보인다.
물론 저마다 장단점이 있기는 하겠지만,
무엇보다도 건강성이 담보되어야 한다.
왜냐하면 깨달음이란 결국 삶을 위한 것이기 때문이다.

최근 많은 학문의 성과, 특히 심리학의 발전으로
인간의 건강한 심리 구조가 어떤 것인지에 대해 많이 밝혀놓았다.
때문에 그 옛날 각자(覺者)의 기이한 행동들 또한
분석할 수 있게 되었으며, 옥석을 가리게 되었다.
이제 깨달은 사람은 자연스럽고 평범한 사람이라는 것이 밝혀졌다.
만약 그렇지 않다면 심리적 장애가 해소되지 않은 것이다.

바야흐로 이제 제대로 된 깨달음, 건강한 깨달음의 시대가 열렸다.
의식의 전 영역이 건강하게 기능하여
균형과 조화를 이루는 사람이 되는 것이다.
그리하여 삶을 활기차게 살아가며 자리이타(自利利他)를
행하는 사람이 되는 것이다.

삶의 현장을 회피하고, 생각하는 것을 회피하고, 책 읽는 것을
회피하고, 분별하는 것을 회피하는 것은 건강한 공부가 아니다.

지구촌에는 수많은 수행방편이 있다.
대체로 오랜 전통을 가진 수행법이라면,
비교적 검증된 가르침이라고 볼 수 있다.

꼭 전통에 얽매일 필요는 없지만,
삶을 건강하게 살아가도록 하는지는 살펴보아야 한다!

모두 같은 길을 간다지만

먼저 차근차근 철저하게 공부해나아가야 한다.
이를테면 깨달음이 무엇인지에 대한 바른 견해가 확고하게
각인되어야 한다. 이런 바른 견해는 후에 깨달음의 씨앗이 되고
결국 그러한 견해를 바탕으로 깨달음이 펼쳐진다.

예를 들어, 기(氣)로 출발하면 온 우주가 기의 세계임을 깨닫게 된다.
사랑으로 시작하면 역시나 온 우주는 사랑으로 되어 있음을 깨닫는다.
신으로 들어가면 온 우주는 신이 된다.
연기법으로 들어가면 온 우주는 중중무진으로 펼쳐지는
연기의 바다임이 드러난다.
성품으로 들어가면 온 우주는 성품의 바다임을 깨닫게 된다.

깨닫고 보면, 공통분모는 한바탕(일자)이다.
왜냐하면 궁극적 진리는 하나일 뿐 여러 가지가 아니기 때문이다.

그리고 제대로 된 깨달음이라면 다른 수행의 길에서 말하는 것도
모두 소화할 수 있어야 한다. 또한 바른 공부길은 공부과정에서조차
부작용이 없어야 하며, 반듯하게 공부를 성취할 수 있어야 한다.
그리고 그것은 삶을 충만하게 꽃피우는 힘이 있어야 한다!

그렇기 때문에 스스로 가는 길을 한번쯤은 점검하는 것이 좋다!

어떻게 깨달을까?

어떻게 하면 쉽고 반듯하게 깨닫게 할 수 있을까?
모든 각자(覺者)의 과제다.

수행법이 그것이다.
하지만 가르치는 선생님도 다양하고, 가르치는 방법도 다양하고,
배우는 학생도 다양하다.

모든 수행법에는 배움의 과정에서 드러나는 수준이 있게 마련이다.
그럼에도, 좀 더 쉽게 그리고 빠르게 도달하고픈
바람이 있다.

정말, 그런 것이 있을까?
있다! 연기법을 사유하거나, 선을 공부하거나,
그 외 다른 수행법도 있다.
이 모든 수행법의 공통점은 마음정화가 먼저 이루어진 후에
지혜를 계발하는 공부로 이어진다는 데 있다.
따라서 정서적 장애(탐진)를 치유한 후에 근원적인 번뇌를 만드는
무명을 지혜로써 치유해야 한다.

대체로 공부가 깊어지지 못하는 이유는… 어떻게 해야 하는지
몰라서이고, 그래서 마음을 다해 전념하지 못하기 때문이다.

물론 간절한 마음이면 되지만, 간절한 마음도 공부에 대한
강한 동기와 구체적인 수행법이 주어져야 한다.

또한 사람마다 그에 맞는 공부 접근방식이 있다.
어떤 사람에게 효과적인 공부법이 다른 사람에게 별반 효과가
없을 수 있다. 그토록 많은 수행법이 존재하는 이유이기도 하다.

그러나 어떤 수행법을 선택했다면,
그 수행법에서 일러준 대로 정진해야 함은 두말할 필요도 없다.
성미 급한 거지는 동냥도 잘 못한다!

수행법마다

존재의 실상을 깨달을 수 있는 수행법은 다양하다.
마치 산 정상으로 가는 등산로가 다양하듯이.
그래서 각자의 역량과 선호도에 따라 길을 가게 된다.

문제는 자신에게 맞지 않은, 그러니까 힘든 길을 고집하는 데 있다.
굳이 그럴 필요가 없는데도… 아마 그 길만이 유일하다고
잘못 알고 있는 탓이리라.

일상생활에서 우리는 매우 슬기롭다.
어떤 문제를 해결하기 위해, 많은 사람의 다양한 조언에 귀 기울인다.
그리고 그 같은 조언에 따라 이렇게 저렇게 해본다.
그러다 보면, 어떤 것은 용케 잘 맞아떨어지고,
또 어떤 것은 신통찮을 수도 있다.
그리고 같은 처방도 사람에 따라 효과가 있기도 하고,
그렇지 않기도 하다.

한 우물을 파야 한다는 교훈도,
숲 속에서 길을 잃고 헤매는 상황에서는
끝없이 제자리를 맴돌게 하는 가르침이 될 수도 있다.

수행법마다 상이한 체험들

수행법마다 공부가 성숙해가는 체험(의식의 변화)이 다르게 나타난다.
따라서 수행법이 다르면, 서로 간에 겪는 체험들이 다르기 때문에
함께 공감하기 어렵다.
하지만 정상에 오르는 등산로가 여럿이듯이
깨달음에 이르는 길도 다양하다.

수행법마다 나타나는 특색을 일러 가풍이라 하는데,
그러한 부분을 살피지 않으면 자칫 다툼이 생긴다.
그러나 이 공부에서 드러나는 궁극의 진실은 동일하기에
모두가 불이법으로 회통한다.

연기법이든, 심법이든, 그 어떤 길이든…
구경에는 무형상의 성품인 궁극적 실재로 하나가 된다.
색즉시공이요, 제상이 비상이니, 온통 마음뿐인 불이법(비이원)의
진실이다.

그러한 진실이 분명하고 분명해도… 나와 다른 사람을 불편하게 하는
습관적 힘을 녹이는 수행은 부단히 이어져야 한다!
진실을 봄은 본격적 수행의 시작이다!

회통된 깨달음!

어떤 수행법으로 깨닫게 되면 그 수행방식이 주는 깨달음이 드러난다.
물론 궁극적인 깨달음은 불이법(비이원)이다.

하지만 수행법마다 특이성이 있어서,
그렇게 깨어난 자들이 드러내 보이는 모습에는 차이가 있다.
이를테면, 즈냐냐(지혜), 박티(헌신), 카르마(행위)로 분류되는
수행방식에서 각각의 수행자들이 보여주는 모습들이다.

또 같은 지혜수행이라고 해도 연기법수행과 선수행으로
깨어난 사람들이 보여주는 태도가 다르다.
따라서 같은 수행법으로 수행하지 않는 사람들은 서로 공부를
표현함에도 조금씩 차이가 난다.
경우에 따라선 심하게 다투기도 한다.

만약 자기가 수행한 방법만을 고집한다면, 좁을 수밖에 없다.
우물 안 개구리가 따로 없다.
일단 그대가 깨어났다면… 한편으론 불필요하다고 여겨지겠지만… 다시
한 번 힘을 내어 다른 수행법은 어떤 장단점이 있는지
살펴보는 것이 좋다.
비교종교학을 창시한 막스 뮐러의 말을 참고할 필요가 있다.
한 가지 종교만 아는 사람은, 사실 아무 종교도 모르는 사람과 같다.

연
기
법

3

연기법 진실

대체로 연기법(緣起法)을, 궁극을 깨닫는 공부가 아니라
알음알이 수준으로 오해한다.
왜 그런 오해가 생겨난 걸까?
이유는 간단하다. 우선 연기법을 깨쳐본 사람이 적어서이고,
또 하나는 선종의 가르침에 쏠려 있기 때문이다.
즉, 연기법으로는 무상인 진여를 깨닫지 못한다는 오해 때문이다.
한마디로 이는 연기법을 깨쳐보지 못한 자들의 어리석음에 불과하다.

연기법은 매우 독특한 가르침이다.
그 독특성은 지극히 이성적이며 누구나 납득할 수 있는 방식으로
시작한다는 데 있다.
그러면서도 이성적인 사고의 틀을 넘어서게 한다.

물론 지금의 이성적 사고는 첨단과학으로까지 발전하여
기존의 물질에 대한 관념의 틀을 깨부수었다.
이제 우리는 기존의 물질이 지금까지 알고 있던 것과는
전혀 다른 그 어떤 것임을 알게 되었다.
이를테면, 제상이 비상임을 알게 된 것이다.
그럼에도 그러한 것을 알게 되었다고 해도,
의식의 성숙으로는 나아가지 않는 것 같다.
이유는 간단하다.

사고방식이 여전히 분별적(이원적) 방식으로 작동하기 때문이다.

이에 비해, 연기법을 사유하면 사고방식이 연기적 방식으로 전환한다.

참으로 묘하게도, 연기법은 우리의 사고방식 체계를
바꾸는 힘을 가지고 있다.

그렇다고 기존의 앎을 저버리는 것도 아니다.

오히려 기존의 앎을 완성시킨다.

왜냐하면 우주의 이치가 본래 그러하기 때문이다(연기법은 법계진실)!

붓다는 이것을 일러, 내가 연기법을 말하거나 말하지 않거나

이 우주에 연기법은 본래 그렇게 있다고 했다.

어떻게 해야 환으로 보이는가?

《금강경》을 비롯한 많은 경전에서 환으로 보라고 설하고 있다.
그래서 공부인은 환으로(꿈처럼, 물거품처럼, 그림자처럼)
보려고 노력을 해본다. 그러나 좀처럼 환으로 보이지 않는다.

왜 그럴까? 일체가 원인과 조건으로 생겨난 것이라는
연기법적 사유를 통하지 않고, 그냥 환으로 보려 하기 때문이다.

《금강경》은 《반야경》이고, 《반야경》은 연기법(공) 경전이다.
문제는 연기를 공이라고 하면서부터, 연기법을 사유하는 과정을
건너뛰게 만들었다.

공은 연기법을 사유함으로써 깨닫게 되는
무아(공)라는 결과적인 용어이다. 공부인은 꼭! 유념해야 한다!
연기법은 공(무아)을 드러내지만, 공이라는 말로는
왜 공인지 알기 어렵다.

연기법을 깊이 사유할 때, 일체가 환으로 드러나고,
환은 곧 공(무아)이다! 동일한 말이지만, 먼저 뿌리를 분명히 알고
그 후에 파생적·연계적인 의미로 외연을 넓혀가는 것이 좋다.

연기를 모르는데, 어떻게 공(환)을 알 것인가?

연기법을 깊이 사유함이란?

불교의 교조인 싯다르타는 6년 수행 끝에
원하는 답을 얻지 못하고 결국 스스로 찾기로 결심한다.
위파사나(관법)이다. 이전에는 사마타(지止, 정定) 수행을 했다.
통상 '바라보기'로 알려진 이 수행법은 관찰수행을 말한다.

무엇을 바라본다는 말인가?
모든 존재가 어떻게 생겨나고 소멸하는가를 관찰하는 것이다.

전체적인 그림으로는 제행무상이다.(모든 것이 변한다)
논리적으로 설명할 때는 삼법인으로 연기법의 핵심을 전달할 수 있다.
하지만 구체적으로 연기법을 사유하는 수행으로 이러한 설명은 다소 부족하다.

연기법을 사유한다는 것은, 모든 존재방식을 있는 그대로
살피는 것이기도 하지만, 달리 말하면 사고방식을 실체적 사고에서
과정적(연기적) 사고로 전환하기를 꾀하는 것이다.
분별적 사고방식에서 통찰적 사고방식으로 전환시키는 것이다.
이런 점에서 싯다르타의 연기법은 기존의 사고방식을 전환시키는 혁신이다.
이러한 실체적 사고방식을 고착시키는 것이
인간이 쓰고 있는 언어에서 비롯되었다고 지적한 이가
나가르주나(Nāgārjuna, 인도의 대승 불교 철학자)이다.

연기법 수행은 우리의 이성적 사고에 가장 자연스럽게 연결된다.
이러한 점이 여타 수많은 수행과 차별된다.
굳이 힘들게 다리 꼬고 용쓰지 않아도 된다.
생각만 할 줄 알면 얼마든지 가능한 수행이다.
굳이 수행이라고 할 것도 없다!
그렇다면 구체적으로 어떻게 하는 것인지 살펴보자!

사과가 있다. 이 사과는 어떻게 해서 이같이 생겨났는가?
통상 사람들은 사과나무에 달렸다고 생각하고 만다.
물론 생태적인 유기적 관계를 떠올리기도 하지만,
가볍게 지나치고 만다.
연기법 사유의 핵심은 사과가 어떻게 생겨나는지를
세세하고도 구체적으로 관(觀)하는 것이다!

한 알의 사과는 사과나무만 있어서는 결코 열릴 수 없다.
사과나무는 물론이고 공기, 태양의 에너지, 땅속의 영양소,
농부의 노력 등 많은 요소가 함께해야 가능하다.
결국 한 알의 사과는 이러한 수많은 요소가 함께한 결과이다.
나아가 구체적으로 살펴보면, 사과나무는 또한 수많은 요소가
함께한 산물이다.
이렇게 각각의 요소들 또한 마찬가지로 수많은 요소가
함께한 결과이다.
이것을 더욱 외연을 넓히면서 자세히 살펴보면,
결국 우주의 모든 것이 지금 이 순간 여기 있는 사과 한 알에

작용하여 형상화한 것임을 알 수 있다.

이렇게 연기적 사유라는 것은 별다른 것이 아니다.

지금 당장 우리의 오관에 직접적으로 관찰되지 않는 부분을
사유를 통해 살펴보는 것이다. 이렇게 하는 행위가 수행이다.

이러한 방식의 관찰은, 본래의 존재 생성과정을
있는 그대로 살펴보는 것이기에 진실에 합당하다.

동시에 이같이 사유해보는 것 자체가
우리의 사고방식인 이원적 구조를 전면적으로 전환시킨다.

그리하여 어느 순간에는 실체적인 이원적 사고가
비실체적인 통합적 사고로 바뀐다.

이를 두고 반야지혜가 생겼다고 한다.

이는 한마디로, 존재의 실상(참모습)이 무엇인지를 꿰뚫어보는
눈을 갖추었음을 말한다.

연기법 사유 그 자체가 수행이다.

결코 가볍게 여기지 말고, 연기법을 깊이 심화시켜 나아가면
어느새 깨달아 있는 자신을 발견한다!

연기법을 따라가면 실상이 보인다!

연기법에 대한 이치를 깊이 사유해 들어가면
묘하게도 존재의 참모습이 정체를 드러낸다!
중요한 것은 '연기법을 어떻게 사유하면 되는가'이다.

연기법이라 하면, 흔히 연기법의 공식(이것이 있으므로 저것이 있다)과
삼법인(三法印), 사성제(四聖諦), 사념처(思念處) 등을 들곤 한다.
이들 모두의 공통점은 깊이 사유하는 것이다.
그렇다면 사유는 무얼 말할까? 이는 깊이 생각하는 것인데,
존재의 생성과 소멸에 대한 이치를 깊이 사유하는 것이기에
단순히 생각을 해보는 것과는 다르다.
마음의 눈으로, 어떤 존재가 생성되고 소멸되는 과정을
차분하게 마음속에서 그려보는 것이다.
물론 이미 스스로 겪어본 경험적 사실을 다시금 냉철하게
있는 그대로 관찰하는 것을 말한다.
때문에 연기법은 인간의 인식 가능한 범주에서 출발한다.
간단히 말하자면, 막연하게 지나쳤던 사실들을
제대로 보는 것에 불과하다.
그러니 전혀 어려울 것이 없다. 상식 수준이다.

예를 들어, 성냥불이 있다.
우린 막연히 그냥 성냥불이라고 생각하며 바라본다.

그래서 성냥불이란 것을 개체화하고 실체화한다.
그런데 제대로 보면, 성냥불은 원래 존재하지 않았다.
다만 성냥불이 생겨나도록 원인과 조건들을
부여한 결과로 생겨난 것이다.
생겨난 원인과 조건들이 사라지면 성냥불도 당연히 사라진다.
모든 존재가 생겨나고 사라지는 것이
성냥불과 똑같은 이치(원인과 조건들이 모였다가 사라지는)이다.

이러한 연기적 이치에 확연하게 눈뜬다면,
지금 존재하는 모든 존재가 생겨나거나 사라지거나 하는 것이
자연스럽고 당연한 것이 된다. 그렇다고 염세적이지도 않다.
오히려 더할 나위 없는 대자유가 주어지는 것이다.
왜냐하면 생사에 전혀 구속받지 않기 때문이다.
생과 사가 본래 없기 때문이다.
다만 우리가 모양을 기준으로, 피상적으로 바라본 결과에
집착(착각)했던 것뿐이다.

우리의 삶을 활짝 피워보지 못하게 하는
죽음이라는 공포가 어둡게 마음을 짓누르고 있었던 것이다.
《반야심경》의 유명한 구절인, '무유공포'는
일체가 연기임을 깨친 반야지혜가 주는 선물이다!

진실이란 무엇인가?

너와 나 그리고 우리가 살아가는 세상은 과연 무엇인가?
왜 이러한 존재들이 끊임없이 생겨났다가 사라지는가?
도대체 이유는 무엇인가?
누가 이런 것들을 만들었을까?
만든 자가 있다면, 그 자는 또 무엇이(누가) 만든 것일까?
사후세계는 있는 걸까? 천당 혹은 지옥,
아니면 윤회하는 코스가 있어서 끝없이 뺑뺑 돌까?

참으로 꼬리에 꼬리를 무는 생각은 끝이 나지 않고,
답도 알 수가 없다.
그렇다면 알 수 없는 채로 살아갈 수밖에 없는가?
'삶도 모르는데, 죽음이 무엇이 궁금하리오' 하며
회피하면 되는가.

바로 이러한 의문에 종지부를 찍는 것이 깨달음이다!
어떻게 답을 냈을까?
간단하다! 모든 것이 어떻게 생겨났는지 살펴본 것이다.
성냥불이 어떻게 생겨났는지 관찰하면
나무, 황, 공기 등이 화합하여 생겨나는 과정 또한 볼 수 있다.
사과가 어떻게 생겨났는지 관찰하면, 사과나무, 공기, 땅, 영양분,
태양에너지, 농부의 노동력 등이 화합하여 생겨난 것을 본다.

우리는 그중에 한두 가지만 따로 떼어서 원인과 결과로 짝짓는다.
그 외의 것들은 배제한다.
그렇게 하면 원인과 결과가 별개로 나뉜다.
이러한 생각이 실체적·분별적 사고이며,
모든 것이 따로따로 개별적으로 존재하는 것들이라고
믿게 만드는 주범이다.

하지만 연기법은 있는 그대로 보는 것이다.
그것은 지금의 존재가 어떻게 생겨나는지를
전면적으로 관찰하는 것이다.
그렇게 살펴보면, 한 알의 사과에서, 한 알의 모래에서,
한 알의 먼지에서 우주를 본다!

각각의 것들은 모양과 이름으로 구분될 뿐, 모두 같은 것이다!
모든 존재가 똑같다. 모두가 그렇게 생겨났다가 사라지는 것이다.
그러니 과연 그것들을 무엇이라고 불러야 할까?

여기서 말이 끊어지고, 생각이 끊어진다!

연기법을 깨친다는 것은

일체의 존재(상)가 고정된 형태가 아니다!

제행이 무상함은 경험적인 관찰을 통해서도 확인된다.
때문에 무상한(끊임없이 변화하는) 존재를 고정되어 있는
형태로 보는 것은 잘못(무명)이다.

하지만 이러한 관찰을 통해서
무상한 존재를 무상한 존재라고
바르게 알면 바른 견해가 생기는 것이다.
이제 바른 견해로 더욱 깊이 존재를 통찰해 들어가면,
무상한 존재라는 앎이 처음에 알던 것과는 또 다른 차원의
더욱 선명한 앎으로 자리 잡는다.(해오解悟)

여기에서 한 걸음 더 나아가면,
어느 순간에 의식은 마치 꿈에서 깨어나는 것 같은
고양된 각성과 함께 눈앞의 사물들이 연기적인
존재로, 마치 환과 같은 존재로 선명하게 드러난다.(증오證悟)

이제 허공이라고 알고 있던 진공 속에서 일체의 존재가 묘하게
나타나 있음을 본다!(진공묘유眞空妙有)

연기법이 뭐꼬?

연기법은 분별심으로 시작해서 무분별심을 체득하는 것이다.
그리하여 분별심 그대로가 무분별심이라는 불이법이
성취되는 것이다. 간단히 말해서, 제상이 비상임을 보는 것이다.

첫째, 연기법에 대해서 설명을 들으면 이해하는 수준에 머문다.
둘째, 연기법을 더욱 깊이 익히면(연기적 사유를 통해) 심화된
연기법 이해 수준이 된다.
셋째, 어느 정도 양적 수행을 거치면 의식의 질적 변화가 온다.
넷째, 결국 연기법은 심법과 맥을 같이함을 알게 된다.(성기性起)
연기법이 뭐꼬? 지금 이렇게 묻는 것이지!
다섯째, 연기법에 의한 의식의 변화는 더욱 확고해지면서
동시에 기존의 정보와 연관을 짓는다.

이러한 과정에서 오히려 모든 것이 선명해지고
통합적이 된다.(통찰력으로)
그러나 공부인의 성향에 따라선 심법이 편할 수도 있다.
연기법은 분석적(사유적)이라고 하며, 심법은 직관적이라고 한다.
함께 공부하는 것이 효과적이다.
누구나 두 가지 모두 갖추고 있기 때문이기도 하지만,
한쪽이 다른 쪽을 자극하며 일깨우기 때문이다!

연기법의 비밀

연기법이 비밀은 아니다.
연기법이 무엇인지 심도 있게 파악하기란 쉽지 않다는 의미다.

연기법에 대한 공부는, 처음에는 단순히 이해 차원에 머문다.
이때 연기법은 너무나 단순하게 느껴진다.
'그래서 어쨌다는 것인가' 하는 생각이 들 정도다.
이해하지 못할 것도 아니고 심오한 것도 아닌,
이미 알고 있는 상식 수준으로 여겨진다.
대체로 연기법 공부는 이런 수준에서 그치고 만다.

그러나 좀 더 깊이 있게 탐구하다 보면,
피상적으로 알고 있는 수준과는 매우 다른 차원의 앎이 나타난다.
연기법에 대한 공부가 제법 심오한 깊이까지 들어간 것이다.

그러나 연기법 공부를 더욱 깊이 사유(사색)하다 보면,
돌연 지금까지 알고 있는 것과는 다른 의식 차원(반야지혜)이 드러난다.
연기법이 드러내고자 하는 바가 온전히 밝혀진 것이다.
일체의 존재가 연기적 존재임이 눈앞에 분명히 드러나는 것이다.
이를 '해인삼매'라고 하며, 곧 일진법계라는 궁극적 진리의 세계가
현현하는 순간이다.
이렇게 진실에 눈을 뜨면, 본래 이대로가 진리의 세계인 것이다!

붓다가 가르쳐준 연기법에 대한 진가가 오늘날에는 제대로 효력을
발휘하지 못하는 것 같다.

거의 심법(마음) 위주의 공부에 치중하기 때문인데,
그런데도 심법(선) 공부가 마음의 근원을 투철히 깨닫는 수준까지
미치지 못하는 경우가 일반적이다.
그러다 보니 대체로 이 공부를 제법 했다고 하면서도,
어중간하여 힘이 없는 경우가 보통이다!

붓다 이후에, 깨달았다고 똑부러지게 말한 사람이
있었던가?(극히 소수만이 있었다)
그저 겸손의 미덕을 발휘하면서,
공부의 미진함을 감추기에 급급하지 않았던가?

연기법을 깨닫는다는 것은?

불교를 접해본 사람이면
연기법이 무엇인지 대략적으로 이해하고 있다.
하지만 거의 피상적인 수준이다.
때문에 연기법을 정확히는 모른다고 할 수 있다.

한편으로는 이미 연기에 대하여 알고 있다고 하는 마음이,
더 깊이 공부하지 못하게 막는다.
그래서 많은 사람이 그만한 정도의 이해 수준에서 만족해하고
더 이상 파고들지 않게 된다.

때문에 공부에 진전이 없다고 여겨지면, 이미 알고 있다고 여기는
기초적인 부분들을 철저히 다시 한 번 더 점검할 필요가 있다.

중요한 점은, 이해의 정도를 아주 완벽한 수준으로 파고들면,
그러한 이해의 정점에서 돌연 깨달음이 일어난다!
마치 나무를 열심히 문지르면
마침내 불꽃이 일어나듯이!(이러한 부분이 비결이라면 비결이다)

연기는 이해로 시작하지만,
그러한 이해를 바탕으로 깊이 사유할 때 깨달음이 일어난다!
물론 서서히 자연스럽게 변화가 일어나기도 하고,

일시에 의식의 변화가 생길 수도 있다.

만약 그렇지 못하면, 연기법은 피상적인 이해 수준에
머물고 있음을 자각해야 한다!
연기법에 의해 깨닫지 못했다면,
아직은 연기법이 무엇인지 모른다고 할 수 있다!

연기법

붓다의 연기법은 획기적이다.
우리의 사고는 분열적이고 대상을 실체화한다.
연기적 사고는 이런 사고 형태를 연속된 변화의 흐름으로 볼 수 있게 한다.

그러한 사고 유형이 확고히 자리 잡게 될 때
우주는 끝없는 변화의 연속으로 파악된다.
우주는 살아 있는 생명체다.
순간순간 끊임없이 변화를 통해 온갖 존재를 만들어낸다.
그 속에 '나'라고 할 만한 그 어떤 것도 들어서지 못한다.
때문에 쉽게 전체적인 조망이 확보된다.
바다로서의 나와 동시에 파도로서의 나가 드러난다.

이러한 사유방식이 깊게 자리 잡으면,
한순간 돌연 해인삼매가 일어난다.
온통 우주가 그대로 법(진리, 생명, 무형상적 근원)의 바다임이 확연해진다!
이름하여 일진법계(一眞法界)다!

붓다는 이렇게 간단하게 깨달은 것이다. 그리하여 말하길,
모든 존재는 이것과 저것들의 화합(인연)으로 생겨난 것일 뿐이다!

제행무상을 철견하면!

깨달음은 '있는 그대로' 보자는 것이다!
있는 그대로?
이 말은 있는 그대로 보지 못한다는 것인데,
과연 어떻게 보아야 하는 걸까?

눈앞의 사물을 본다.
분명히 사물이지, 사물이 아닌 다른 것으로는 보이지 않는다.
여기에 무슨 잘못이 있는가?(흔히 이렇게 생각한다)

진실에 눈뜨고 보면, 그것은 사물이 아니다!
그것은 연기적 존재요, 모양 없는 근원이 현현한 것이다.

무슨 차이일까?
사물로만 보는 사람은, 사물을 실체시하는 사람이다.
그러한 사물이 실재하는 것으로 착각하는 것이다.
우리는 일상에서 모든 사물이 끊임없이 변한다는 사실을 알면서도,
한편으로는 무디다.

있는 그대로 본다는 것은 간단하다.
모든 것이 변한다는 사실이 과연 무엇을 의미하는 것인지를
철저하게 따져보는 것이다.

단순한 사실을 끝까지 가보면(철견하면), 문득 지금까지 알고 있는
것과는 전혀 다른 진실이 드러난다.
그러니 건성건성 넘기지 말고, 철저히 따져보면(깊은 사유),
그 끝자락에서 홀연 반야의 눈을 뜬다!
눈앞의 사물들이 지금까지 알고 있던 것과는
전혀 다른 것들임을 보게 된다.

이렇게 깊이 따져보는 사람 앞에 존재의 실상은 드러난다!
그때 모든 것을 '있는 그대로' 보게 된다!

깨달음은 이렇게 간단한 것이다.
진실을 말하자면,
붓다는 이렇게 쉽게 깨달으라고 가르쳐준 것이다.

있는 그대로를 살펴보자!

사물들의 존재방식을 있는 그대로 살펴보면,
그들은 결코 개별적인 존재가 아니다.

그 무엇이 되었든 생겨날 때는 반드시 그러한 존재이도록 하는
여러 가지 원인들과 조건들이 있다.
그러한 원인들과 조건들이 만든 것이다.
때문에 해당하는 원인과 조건들이 없어지면 사라진다.

생겨난 결과인 존재만을 바라본다면,
마치 별개의 개체적 존재로 여겨진다.
하지만 자세히 관찰하면 매 순간 끊임없이
그러한 존재를 만들어내는 원인들과 조건들의 화합이다.

불꽃만 그런 것이 아니다.
산소만 없어도 육체는 유지되지 못한다.
밥을 먹지 않아도 마찬가지이다.
이렇게 '나' 아닌 것에 의존하여
'나' 라는 개별적 존재가 유지되는 것이다.

나는 나 아닌 것들로 생겨난 것이니, 나라고 할 것이 없다.
때문에 나는 나 아닌 것들이다.

또한 이렇게 생겨난 나는 이번엔 다른 것들이 생겨나게 하는
원인 혹은 조건이 된다.
결국 모든 것들이 서로를 서로가 생겨나게 하는 원인 혹은 조건이
되는 것이다.
이렇게 있는 그대로를 살펴보면,
나와 나 아닌 경계가 무너지고 만다.

내가 행복하면 온 우주가 행복하다!

연기법을 어떻게 사유할까?

첫걸음이 매우 중요하다.

어떻게 시작하느냐가 성공 여부를 결정짓는다.
운동을 배울 때, 기본적인 동작을 제대로 익혀야 하듯이…

연기법을 어떻게 사유해야 할까?
지금 존재하는 것은 원인과 조건들로 말미암아
생겨난 것이다. (이것이 전부이다)

이 말은 원인과 조건들을 찾아보라는 것이 아니다.
처음부터 존재한 것이 아니고, 반드시 그럴 만한 원인과
조건들 때문에 생겨났음을 말하는 것이다.

원인과 조건들이 모여서 생겨난 것이라면?
그렇게 해서 생겨난 것이라면?
그런 원인과 조건을 부여하면 생겨나고…
그렇지 않으면 존재하지 않는 존재라면?

본래부터 존재하는 것이 아니다.
원인과 조건들에 의해 생겨났다 사라졌다 하는 환영 같은 존재다.
원인과 조건들도, 또 다른 원인과 조건들로 생겨나기에, 끊임없이 변하니…

환영 같은 존재다.

존재하는 것 같은데… 원인과 조건들의 총합으로 된 것이니…
그 존재는 원인과 조건으로 해체된다.
그 원인과 조건들도 또 다른 원인과 조건으로 해체된다.
결국, 있다고 할 것이 몽땅 해체되어버린다.
이것을 빈 존재(공)라고 한다.
존재하는 것이지만… 사실은 존재한다고 할 것이 없는…
환영 같은 존재인 것이다!

연기법은 이렇게 사유해야 한다.
연기법 사유는 이런 식으로 접근해야 한다!

깨달아놓고도 왜 개운치 않지?

제법 많은 사람이 공부를 통해 깨달음을 체험한다.
그들의 말을 들어보면, 분명히 존재의 진실과 마주치긴 했다.
그런데도 확연치 않다. 개운치 않다. 왜일까?

경전에서 그 이유를 설명하고 있다.
아직 내면의 깊은 곳까지는 해결되지 않은 상태라고.(업장)
그리하여 아뢰야식(阿賴耶識)을 뚫어내야 하느니… 운운한다.
이러한 문제는 마음을 깨달으면 된다고 하는 유심(유식)파들에게서
주로 나타난다. 과연 이유가 무엇이겠는가?

이에 대해선 그 옛날에 붓다의 교훈에서 해답을 얻을 수 있다.
이미 붓다는 선정을 통해서 깨닫고자 하는 노력을 할 만큼 해봤다.
그리고 포기했다. 왜 포기했을까?
선정 상태에서는 아무 문제가 없지만, 일상생활을 영위하는
현재의식으로 돌아왔을 때가 문제가 아니었을까.
즉, 선정 상태와 현재의식 상태의 거리감·괴리감이 문제였던 것 같다.
현재의식에서는 여전히 무명 상태에 휩싸여 있고 괴로운 것이다.

결국 붓다는 연기법이라는 지혜를 얻는다!
참으로 묘법이다.
연기법 그 자체가 색과 공을 아우르는 묘법이며, 묘각으로 안내하는

신묘한 비법인 것이다.

그런데도 그후의 공부는 그러한 묘법을 버려두고

마음을 보면 되는 쪽으로 방향을 돌린 것이다.(틀렸다는 말이 아니다)

어떻게 하든 서울만 가면 된다.

그런데 서울에 제대로 가지 못한다면?

다시 한 번 검토를 해봐야 할 것 아닌가?

그저 고집만을 부린다.(어찌 고집이겠는가? 어떻게 안 되니까 그런 것이겠지만)

여하튼 유연해질 필요가 있다!

열린 자세일 필요가 있다!

좀 영악해질 필요가 있다!

이렇게 해봐서 안 되면, 저렇게 해보자!

연기법은 어떻게 깨달음으로 이어질까?

연기법의 이치는 누구나 잘 알고 있다.
모든 존재는 이런 인연과 저런 조건으로 하여 생겨난다.
존재란, 반드시 그렇게 생겨날 만한 원인과 조건이 제공되어야
가능하다는 것이다.

이러한 것이 존재이고 보면,
존재란 결국 인연과 조건이 만들어낸 것이다.
인연과 조건이 만든 것이기에 실재하지 않는 현상적 존재이며,
가상적 · 임시적 존재다.
이렇게 연기법을 이해하는 데는 별 무리가 없다.

문제는 이러한 이해가 어떻게 깨달음으로 이어지는가, 하는 것이다.
초기경전에도 깨달음(해인삼매海印三昧)이 일어나는 과정에 대한
설명은 없다. 다만 붓다가 연기법을 관하다가 깨쳤다고만 되어 있다.
연기법의 이치를 깊이 사유하다가 해인삼매가 일어났다는 것이다.

이제 이에 대해 말해보고자 한다.
정확하게는 '일즉다(一即多), 다즉일(多即一)'의 사유방식이
그렇게 만든다. 어떤 것이 있게 되려면 결국 모든 것이
원인과 조건으로 연관되어야 함을 깊이 들여다보는 것이다.
이러한 상호의존적 상즉상입(相即相入)의 존재방식을 거듭 사유하면

어느 순간 해인삼매가 일어난다.

이는 의식의 전회가 일어나면서 벌어진다.

마치 의식 내에서 묘한 소용돌이가 일어나는 것 같으면서,

상당히 고양된 의식의 각성과 함께 해인삼매가 일어난다.

이때 눈앞에 있는 존재들이 돌연 연기적 존재임이 분명하게 보인다.

의식은 각성되어 세계 전체가 불그스름해 보이기도 하는 등

눈앞 경계가 달라져 보인다.

존재의 실상이 너무나 명명백백하여 한 치의 의심도 없다.

모든 존재가 존재의 이치로 생겨남이 밝혀진 순간이다!

이러한 사실은 화엄종에서 수행하는 방식이라며,

한때 보조 지눌도 수행한 바가 있다.

그런데 제대로 해인삼매로 이어지지 않았다.

그리하여 선 방식으로 돌아섰다고 한다.

이처럼 사람마다 차이가 있기에

각기 알맞은 방식으로 수행할 것이 요구된다.

인도에서는 일찍이 이러한 것에 눈뜨고

여러 가지 방식으로 공부하는 길을 열어놓았다.

결국 깨달음은 한맛이기 때문이다!

상호의존

연기법은 상호의존적 관계를 말한다.
나아가 상호침투적 관계를 말한다.
이 말의 뜻은, 원인과 결과로 이어지는 시간의 흐름상에서의
관계가 아니란 것이다.
원인과 결과가 동시적으로 상호의존적이기에, 원인이 곧 결과이며,
결과가 곧 원인이다.
선과 악, 길고 짧음, 위와 아래, 보는 것과 보이는 것…

그런데 밖의 사물들은 어떠한가?
상호의존적이면서도 독립적인 존재로 보이지 않는가?
때문에 사물들 그 자체가 생성된 과정을 살펴야 한다.
탄생의 비밀을 밝혀야 그것들이 과연 무엇인지를 알 수가 있다.

사물들은 결코 본래 홀로 존재하는 것이 아니라,
다른 것들에 의해서 생겨난 것이다.
다른 것에 의존하여 생겨난 것이 어떻게 독자적인 존재라고 할 수 있겠는가?
이것을 '연기된 존재'라고 한다.
실재하는 것이 아닌 가상적 존재, 환과 같은 존재이다.
눈앞에 분명하게 존재해 보이지만, 사실은 헛것이다.
비어 있는 존재(공)이다.
어떤 존재가 생겨나도록 참여한 수많은 요소(원인, 조건)가

그 존재의 구성요소인 것이다.

그러니 수많은 구성요소가 함께한 결과물이

한 개별적 존재로 나타난 것뿐이다.

그러니 이것을 다른 것과 구분하여 이름을 붙여서 칭하긴 하지만,

다만 필요에 의한 것이지 실제로 그러한 개체적 존재가 본질적으로

실재하는 것은 아니다.

바로 이 지점에서 지금까지 알고 있었던 존재들의 정체가

탄로 나는 것이다.

"아하! 이것들이 가짜였구나!

그렇다면 나 역시 무아(無我)이군!"

연기법 사유수행

연기법은 개체가 생겨나고 사라지는 과정을 살펴보는 것이다.

사과가 어떻게 생겨나는지를 살펴보자.
사과나무에서 사과가 생겨나긴 하지만, 사과나무만으로 사과가 생겨날 수 없다.
태양과 공기와 땅과 영양분과 농부와 사계절과 낮밤과 적절한 기온과
기압 등이 함께해야 한다.
그러한 것들은 지구가 있어야 하고, 지구는 태양계가 있어야 하고,
태양계는 은하계가 있어야 하고, 은하계는 결국 우주가 있어야 한다.
결국, 우주의 모든 것들이 함께 참여하여 만들어낸 것이
눈앞의 사과다.
사과나무만으로 생겨난 것이 아니고, 우주의 수많은 것들이
원인과 조건으로 참여하여 생겨난 것이다.

사과 속에는 우주의 모든 것들이 들어 있다.
사과는 다른 것들과 모양으로 구분되지만,
내용적으로는 다른 것들과 구분할 수가 없다.
사과 아닌 것들이 모여서 사과가 되었기 때문이다.
이렇게 생겨난 사과를 무엇이라고 해야 할까?
기존에 알고 있던 사과와 전혀 다른 사과다.
사과는 사과일 수밖에 없다는 실체로서의 관념이 허물어지고,
우주의 모든 것들이 모여서 지금 이 순간에 일시적으로

나타난 모습이 사과다.
사과가 무엇일까, 하고 찾아보면
우주의 수많은 원인과 조건들로 환원된다.
우주의 수많은 원인과 조건들이 모여서
사과 모양으로 나타난 것이다.
그렇게 생겨난 모양을 사과라고 할 뿐인데, 이름을 붙이면서,
이름에 해당되는 이미지가 머리에 새겨지고,
이름에 해당되는 사과가 또다시 관념이 형성되면서,
사과가 정말로 실재하는 느낌을 갖게 한다.
이렇게 생겨난 사과이기에, 사과라고 할 것이 딱히 없다.

사과는 수많은 원인과 조건들로 형성된 것이며,
굳이 사과가 뭐냐고 찾아보면 수많은 원인과 조건들이 함께 드러난다.
그리고 그 수많은 원인과 조건들도 역시 수많은 원인과 조건들로
생겨난 것이다. 그렇게 거듭거듭 원인과 조건들로 말미암아
생겨나고 사라지는 현상이 우주다.
따라서 일체의 존재는 연기법칙으로 생기고 사라지는 현상적 존재다.

실체가 없는 존재이기에, 환(꿈) 같은 존재라고 한다.
원인과 조건이 모이면 생겨나고, 흩어지면 사라지는…
존재현상에 불과하기 때문이다.
환(꿈) 같은 존재현상을 빈 존재(空)라고 하는데…
실체라고 할 것이 비어 있기 때문이다.
또한 무아(無我)적인 존재라고도 한다.

역시 실체라고 할 것이 없기 때문이다.
실체는 변치 않는 것을 말하는데, 원인과 조건들이 모여서 생겨나기에,
변치 않는 고정불변의 알갱이가 있을 수 없다.

나를 포함한 일체의 존재들이 환(꿈) 같은 무아적인 존재임을
깨닫는다면 자유로워진다.
태어남도 죽음도 환(꿈)이다. 천당도 지옥도 환(꿈)이다.
오고 감도 환(꿈)이다. 윤회도 환(꿈)이다.
그 얼마나 자유로운가?

본래부터 자유로운 존재였건만… 연기법을 모르는 무명으로 괜히
가슴을 졸이며 살았던 것이다!
연기법 공부는 일체가 환(꿈) 같다는 것을 깨닫는 것만으로도 해탈이다.
그러나 공부인에 따라서는 환(꿈)의 근원은 무엇일까, 하는 의문으로
이어지기도 한다.
환(꿈)을 생겨나게 하는 재료(근원, 진여)에 대한 궁금증이다.

한편, 연기법을 이해하는 수준에서는 일체가 환(꿈) 같은 것이라는
가르침이 자칫 허무한 생각을 갖도록 할 수도 있다.
모든 것이 환(꿈)이라면? 열심히 살아야 할 이유가 있겠는가, 하는 것이다.
삶을 위한 깨달음이 되지 못하고, 삶의 의미를 상실하는 공부가 된다.
뱀을 잡으려다 뱀에 물리는 꼴이다.

사실 연기법을 확철하게 깨닫고 보면 환(꿈)의 바탕까지 드러난다.

허공 같은 바탕(진여)에, 환(꿈) 같은 현상이 있음을 보게 되고,
그것은 진여의 현현임을 깨닫는다.
진여가 환(꿈)으로 드러난 것이니, 환(꿈) 그대로가 진여다.
다만, 환(꿈)의 모양을 실체시하지 않으면, 모양을 벗어나면,
모양 그대로가 진여다.
무형상의 진여와 모양으로 드러난 진여이니, 오직 진여(마음)뿐이다.
우주도 진여의 바탕에서 생겨난 한 점에 불과하다.

바르고 건강한 깨달음은, 무아인 진아(진여)로서 주인된 삶을
활기차게 살아가는 것이다!

무명과 명 사이!

잘못된 것은 없다!
다만 바르게 알지 못한 것뿐이다!
제대로 알지 못한 이유는, 제대로 보지 않았기 때문이다!
제대로 보고 싶어도 제대로 보지 못하는 것은,
제대로 보는 방법을 모르기 때문이다!
그럼 어떻게 보는 것이 제대로 보는 것일까?
인과로 보는 방식에서 연기로 보는 방식으로 업그레이드하면 된다.

인과법은 원인이 있고 결과가 있다.
즉 결과에는 반드시 그 원인이 있게 마련이라는 사고방식이다.
이는 현실에서는 매우 유용한 합리적 사고이지만,
존재 자체가 무엇인지를 알기에는 미흡하다.
왜냐하면 원인과 결과를 따로따로 분리하는
이원적인 사고의 흐름 속에 갇혀 있게 하기 때문이다.

이에 비해 연기법은 원인과 결과를 따로 보면서도,
동시에 원인과 결과가 다르지 않다는 것을 안다.
원인들이 어떤 결과를 낳지만,
그 결과는 원인들로 채워지고 만들어진 것이기에,
결국 결과와 원인들은 다른 것이 아니다.
하나(결과) 속에 우주(원인들)가 들어 있다!

모든 존재가 그러하기에, 모양은 제각각으로 보이지만
결국 같은 존재이다!

다르게 보이는 것은 겉으로 드러난 모습이다.
겉으로 나타난 모습으로는 모두가 다르지만,
그 본성은 모두가 연기된 존재이다!

색즉시공(色卽是空), 즉 모든 것이 연기(공)된 것이다!
이 진실은, 단숨에 생각이 만든 번뇌의 굴레를 벗어나게 한다!

연기법은 바른 앎이다!

연기법은 황당하게 접근하지 않는다.
연기법은 지극히 상식적인 선에서 출발하여,
우리가 미처 놓치고 있던 존재의 진실을 밝힌다.
때문에 누구나 쉽게 공부할 수 있고, 그리하여 잘못된 앎을 바른 앎으로 바꾼다.

문제의 핵심은 앎의 방식에 있다.
우리는 존재의 생성과정을 놓치고, 결과물을 실체적인 존재로
착각한다. 즉 어떻게 해서 생겨났는가를 차분하게 살펴보면
그것이 곧 바른 앎을 가져다준다.
간단하게 말하자면, '제대로 보면 제대로 알게 된다!'

'어떤 존재가 어떻게 해서 생겨났는가?'
바로 이 부분을 어떻게 보느냐에 달려 있다.
연기적 존재로 보느냐, 아니면 실체적 존재로 보느냐의 갈림길이다!

불꽃이 어떻게 생겨났는가? 손뼉 소리는 어떻게 생겨났는가?
사과는 어떻게 생겨났는가? 나는 어떻게 생겨났는가?
만약, 생겨나게 하는 원인과 조건들이 존재 밖에서 (떨어진 상태에서)
영향을 끼쳐 존재가 생겨났다고 여긴다면,
그래서 원인들과 조건들이 존재 안으로 들어오지 못하면,
그러니까 원인들과 조건들이 합쳐진 결과가

곧 존재로 나타난 것을 모르면,
그것은 따로따로 존재하는 각각의 실체적이고
개별적인 존재들의 세상이 된다.

연기법은 상호의존성이라는 관계망이기도 하지만,
상호침투되어 있음을 보는 것이다.
그래야만 비로소 연기적인 존재임이 확연해진다!

삼법인으로 설명하는 연기법은 지극히 상식적으로 호소한다.
모든 것이 끊임없이 변화하고 있다는 관찰을 통해서,
모든 것이 환상적 존재임을 보는 것이다.
생겨난 존재들은 끊임없이 변화하기에, 변하지 않는 그 어떤 것도
있을 수 없다!(제행무상 · 제법무아)

왜 제행무상(제법무아)한가?
시작 없이(무시무종無始無終) 본래 그렇게 인연생기하는
연기법이 작동하고 있기 때문에!

심

법 (선)

4

선의 강점

선(禪)은 중국에서 발전시킨 공부이다.
인도의 깨달음에서는 볼 수 없었던, 아주 독특한
대기대용(大機大用)으로 선지를 드러낸 것이다.
이를테면, 그전까지는 반야지혜를 언어문자를 통하여 설명하는
방식이었다면, 선 방식은 직접적으로 드러내 보여주는 것이다.

이를 두고 선가에서는 '교외별전 · 불립문자 · 직지인심 · 견성성불'
이라고 함축적으로 표현한다. 즉, 언어문자로 설명하는 방식이 아니라
마음(근원)을 직접 보여준다는 것이다.
참으로 획기적이다. 가히 깨달음의 혁신이라고 할 수 있다.
그리하여 인도에서 시작한 깨달음이
중국에 와서야 완성되었다고 할 정도이다.

예를 들어보자. 《반야심경》에는 모든 존재가 공이라고 설하고 있다.
색즉시공 공즉시색(色卽是空 空卽是色).
그럼 여기서 공(空) 자체가 무엇인가, 하고 다시 묻는다고 하자.
그러면 역시 공은 이러이러하다고 설명하는 방식으로 전개될 것이다.
하지만 선에서는 말이 필요 없이 곧장 보여준다.(직지인심)
손을 들어 보여줌으로써, 손뼉을 치거나 할을 함으로써,
눈을 깜박임으로써…
마음을 보여주지만, 물론 처음엔 잘 보지 못한다.

반야에 눈뜸이 없이는 볼 능력이 없기 때문이다.
그리하여 알음알이가 아닌,
참으로 깨달았는가를 이것으로 점검하기도 한다!

그럼 '이것!' 이 무엇인가?
마음이라고? 하하하! 여태 무엇을 하였는가?

마음을 깨닫는다는 것!

이 공부는 흔히 마음을 깨닫는 것이라고 한다.
왜?마음을 깨달아야 한다고 하는 걸까?
마음이 모든 것의 근원이기 때문이다.
때문에 마음을 깨닫게 되면,
모든 현상적인 존재가 무엇인지를 저절로 알게 된다.
결국 모든 현상으로 드러난 것들이,
깨닫고 보면 마음이라는 것이 밝혀지는 것이다.

그럼 어떤 방식으로 이러한 마음을 깨칠 수 있는 걸까?
마음을 파고들어가면 표면적인 마음과 달리, 일체의 현상을
드러내는 근원(아뢰야식)을 발견하게 된다는 것이 유식의 입장이다.

또한 (복잡하게 그럴 것 없이) 현상을 생겨나게 하는,
그러니까 현상이 생겨나기 이전인 대기대용(진여의 묘용)에서
포착하면(알아차리면) 된다는 것이 선의 입장이다. 순간적이고
즉각적으로 잽싸게 파고들어서 집어 드는 것이 핵심이지만,
그렇지 못하다면 삼매방식으로 깊이 몰입해 들어가야 한다.

예를 들면, 생각의 내용이 아닌, 생각이 일어나기 직전의 미묘한
움직임을 포착하는 것이다. 그렇게 되면 생각의 이원화에서 벗어날
뿐만 아니라, 생각이라는 현상적 존재의 배후인 근원을 깨닫게 된다.

이것이 생각뿐만 아니라, 일체의 모든 존재의 근원이라는 마음이다.
이러한 방식의 공부과정의 첫 단계는 정(定)이라는 심리적인 안정을
주지만, 여전히 그것 자체가 무엇인지는 모른다.
즉 혜(慧)가 부족하다. 그리하여 오랜 공부 후에 서서히 혜가 생겨난다.

각자의 의식공간에서 생각이나 느낌 등이 생겨나듯이,
눈앞에 있는 것들도 내 마음이라는 의식공간에서 생겨난 것이며,
나아가 삼라만상 모두가 마음이기에,
마음은 나라는 육체에 한정된 것이 아니다.
다만, 각자의 마음을 깨닫게 되면,
바깥이라고 여겨지는 모든 것 또한 마음임을 깨닫게 되기에
마음을 깨달아야 한다고 일러주는 것이다.
때문에 궁극적 실재를 마음이라고 이름 붙일 뿐,
일반적으로 말하는 마음과는 다르다.

화두는 진주를 만들기 위한 핵이다!

이 공부의 궁극적 의문은 곧 화두다.
때문에 화두라는 별도의 형식을 빌리지 않아도,
공부인은 결국 가슴에 화두가 남는다.

화두는 푸는 것이 아니다.
화두는 가슴에 품고 오랫동안 가슴앓이를 해야 한다.
가슴앓이를 통해 의식은 성숙하며 깨어나고
드디어 가슴이 열리면서 화두는 용해된다.
그렇기 때문에 화두는 진주조개가 진주를 만들기 위해 필요한
핵으로 기능한다.

화두는 깨달음의 씨앗이다.
난 누구인가? 이 뭣꼬?
이것은 이윽고 의문내용도 사라지고(압축되고)
'의문하는 것' 그러니까, '의문'만이 남는다.
이것은 곧 의문을 만드는 놈이다.
여기서 조금만 더 나아가면 의문을 만드는 '그것'이
드디어 스스로를 드러낸다!

간단하게 말하자면, 지금 그대가 묻는 것이 '그것'이다!

화두에 대하여

달마불식(達磨不識)!
《벽암록》을 본 사람이라면 누구나 알고 있는 부분이다.

먼저 결론부터 말하자면, 불!식! 이상도 이하도 아니다.
달마가 전하고자 하는 것은, 오직 마!음!이기 때문이다.
《벽암록》을 저술한 설두 선사의 송을 읽어보면 분명하게 드러나 있다.

화두의 역할은 무엇인가?
당연히 깨달음을 위한 것이다.

그런데도 화두공부에만 열중하다 보면, 목적과 수단이 뒤바뀐다.
그리하여 화두놀이에 푹 파묻히면서, "이러한 화두는 이렇게 답해야
제격이고, 저러한 화두는 요렇게 답해야 수준 높은 답이 된다"고
화두상에 붙잡힌다. 소위 그것을 지혜라고 포장하면서…

물론 어느 정도는 이해가 가지만, 적당한 수준에서 그쳐야 한다.
왜 화두를 붙들고 씨름하는가?
종국엔 마음뿐! 진여법계(眞如法界)! 삼계유심(三界唯心)!
일체유심조(一切唯心造)! 만법유식(萬法唯識)!임을
깨닫고자 하는 것 아닌가?

역사적으로 살펴보면, 선이라는 좋은 공부법은
초기에는 순기능적이었다.
하지만 화두만으로 일관하면서, 한시적 은유적 표현이 가세하고
결국은 쇠락하고 말았다.
대혜종고(大慧宗杲)가 주창한 훌륭한 화두공부가
그 한계를 드러낸 것이라고 볼 수 있다.
역시나 지금 조계종에서 간화선(화두선) 수행이 문제가 있음을 두고
그들 내부에서도 자성의 목소리가 크다.

화두공부는 마음을 깨치는 것, 그 이상도 이하도 아니다!
이 간단한 것을 놓치면, 화두는 말장난으로 전락하여
아수라판이 되고 만다!
화두가 제대로의 기능을 발휘하려면, 순선시대(달마에서 혜능 사이)의
참신한 선 풍토를 확립해야 한다.
경전과 어록을 많이 공부하면서, 보조적 수단으로
화두공부를 곁들여야 한다.
그래야 건강한 깨달음을 얻을 수 있다.

결국, 화두란 무엇인가?
마음이다!
우주가 몽땅 화두다!

뜰 앞의 잣나무!

화두가 요구하는 답은 무상인 이!것!으로 답해야 한다.(그렇지 않으면
틀린 답이 된다)
때문에 이런 공부가 초기공부에 진입케 하는 것에는 도움이 되지만,
나중엔 경계 자체가 이!것!임을 깨닫게 하는 데
오히려 장애가 되기도 한다.

이를테면, '색즉시공'은 이미 색 그대로 공이기에
온 우주가 그대로 공임을 드러내는 표현이다.
그런데 선에서는 색을 드러내는 것이 곧 성품(본래면목)이기에,
성품을 보고 그래서 성품자리에서 색을 보면 색이 곧 성품임이
확인되는 방식을 취한다.

문제는 내 밖에 있는 존재들 그 자체가
내 안에 있는 본래면목과 같다고 하기에는 왠지 이질감이 남아 있는 것이다.
그래서 유식무경(唯識無境)도 이러한 부분(대상이 실재하는 것)을
해소하기 위해서 설한다고 되어 있다.

어쨌거나 아공법공(일진법계)으로 탁!트여야
온통 우주가 하나가 되어 내가 곧 우주임이 분명해진다.
이러할 때, 뜰 앞에 있는 잣나무가 그대로 뜰!앞!의!잣!나!무!와
다름이 없게 되어 묘각이 된다.

만약 그렇지 않으면, 본래면목(성품)을 따로 꽉 붙잡고 고집하는
진풍경이 벌어진다.

'뜰 앞의 잣나무'의 실상을 보기 위한,
뜰!앞!의!잣!나!무!일 뿐이다.

오도송!

선가에서는 깨닫고서 오도송을 읊는 풍습이 있다.
대개, 한시풍으로 스스로의 살림살이를 표현하는 것으로 되어 있다.

나름대로의 멋 부리기인데, 사실 오도송이 따로 있는 것은 아니다.
오히려 존재의 실상을 정확하게 설명하는 것이 중요하며,
그것이 진정한 오도송이다.

오도송은 그럴듯한데… 온 우주가 한바탕 공(마음)임을 깨닫지 못한
어설픈 선사도 많다.
오도송이 따로 있다면, 아직 오도송이 무엇인지를 모르는
공부 수준이다.

인도의 각자(覺者)들은 오도송 같은 것이 따로 없다.
그들은 깨달음에 대해 자상하게 설명할 뿐이다.
그것이 진정한 오도송인 것이다.

오도송은 오도송이 아니라… 오!도!송!이다.

멋 부리기

선 공부를 조금 했다는 사람들에게서 흔히 보이는 것이
멋 부리기다.
이는 한문 투가 주는 현학적 분위기와 맞아떨어진다.
특히나 화두와 풀이가 선시라는 멋 부리기로 치장될 때,
본래의 마음공부와는 별개가 되고 만다.

역사적으로는 송나라에 접어들면서 선의 경지를 한시로 읊조리면서
선 본래의 공부가 퇴색하였다.
시의 은유와 과시적이면서 애매모호한 문구의 나열로
선의 경지를 드러내는 것은 옳지 않다.
지금 한국불교는 여전히 그러한 풍토에서 벗어나지 못하고 있다.

깨달음은 직설이지 은유는 아니다.
때론 은유적인 방법도 필요하겠지만,
어디까지나 보조적인 수단으로 동원해야 한다.
은유적으로 넌지시 일러주는 것이, 노파선(老婆禪)이라는 알음알이로
전락하지 않기 위해서라고 변명할 수도 있으나,
이 공부는 결코 그런 것이 아니다.

이 공부는 명확히 일러주어도 알아듣기가 쉽지 않다.
알아듣지 못하면 이 공부는 어렵다.

먼저 알고 그리고 그 앎을 바탕으로 앎을 넘어선다!

이심전심이 무엇인가?
말없이 꽃 한 송이를 들어올려 전하는 것이 이심전심인가?
꽃 한 송이를 들어올리는 것이나, 말 한마디 던지는 것이나,
자세히 설명하는 것이나 모두 같다!

마음 아닌 것이 있는가?

굳이 마음을 따로 세우니 문제가 많구나!

깨달음은 한순간에 일어난다!

왜 돈오(頓悟)라고 하는가?
깨달음은 갑자기, 그러니까 한순간 문득 일어난다는 말이다.
그렇다면 점오(漸悟)는 천천히, 서서히 일어나는 것을 말함인가?

단어가 형식상 나타내는 것의 차이로 인해
서로 다른 느낌을 주는 것뿐이다.
깨달음뿐 아니라 모든 공부는, 서서히 진행되어가다가
어느 순간에 비약하는 국면이 있다.
깨달음이 일어나는 순간만을 일러 돈오라 하고,
그러한 돈오가 일어나는 동안은 점오의 과정을 겪어야 한다.

선(禪)은 견성(見性)법이기에 공부 진행과정이 눈에 드러나지 않는다.
모르는 상태가 지속되다가 어느 순간에
눈을 뜨는 순간의 체험이 있다.(돈오)
그러나 공부가 진행되는 과정 없이 그러한 돈오는 없다.
돈오라고는 하지만, 확철대오(묘각)인 경우는 극히 드물다.
거의가 주시자(수분각隨分覺) 차원이다.
때문에 그후의 공부를 보임(保任)이라 하며 중시한다.

이러한 돈오는 초기 선종에서는 비교적 묘각으로
이어지는 경우가 많았다.

왜냐하면 먼저 바른 견해를 충분히 익히고,

그 위에 가일층해가는 공부이기 때문이다.

연기법은 연기도리를 깊이 사유해가다 보면 돈오하게 되고,

심법은 마음을 꾸준히 공부해가다 보면 돈오하게 된다.

생각이 일어나는 곳을 향하여!

우리는 생각이 일어나고 난 뒤에 생각을 알아차린다.
분명히 생각이 일어나고 사라지는데도,
어떻게 일어나는지는 모른다.
그러나 생각이 만들어지는 순간을 포착할 수 있다.
생각을 안 하면 생각은 없다. 생각을 하면 생각이 일어난다.
물론 대개의 경우 생각은 저절로 일어났다가 사라졌다가 한다.
생각 속으로 끼어들 수도 있고, 그저 생각을 바라볼 수도 있다.

생각을 바라보는 또 다른 생각도 있지만,
그 모든 것을 바라보는 것은 순수한 각성이다.
이 순수한 각성은 결코 대상이 되지 않는다.
왜냐하면 최후의 주시자(순수각성)이기 때문이다.

처음엔 이 주시자가 있음을 감지하더라도,
주시자 관점이 정착되지는 않는다.
하지만 노력하면 점차로 이 주시자가 더욱 뚜렷해지다가,
어느 순간에 주시자 관점이 된다.
이것을 선에서는 초견성(初見性)이라 한다.
이때 표면적인 주객 이원화가 하나로 통합된 것이다.
하지만 아직도 미세한 의식의 심층부에서는
분리감(이원화)이 남아 있다.

이를 두고 아뢰야식을 투과하지 못했다고 하며,
계속 수행해 나아가야 한다.
이러한 과정을 넘어서야만 우주와 나 모두를 포함한
진여로서의 일진법계를 깨닫게 된다.

이 과정에서 마지막 과정이 언어(말)다.
어느 정도 공부가 꽤나 진행되었다고 해도,
언어(말·뜻)에 묶이는 버릇에서 자유롭지 못하다!
워낙 말뜻으로 헤아려온 오랜 습관 때문이다.
이쯤에서 선 공부를 해볼 필요가 있다.
선의 강점은, 말뜻을 따라다니는 버릇을 확실히 고쳐준다는 것이다.

화두문답이 그러한데, 한번 해보자!
오조 법연 선사께서, "길에서 깨달은 도인을 만나면
말이나 침묵으로 대하지 말라고 하였으니 일러보라.
무엇으로 대할 것인가?"라고 이르셨다.

어떻게 답을 하면 될까?

선 공부에 빠지지 말아야

선 공부는, 한마디로 깨달아보자는 실습이다.
문제는 문자를 배제하는 공부의 속성 때문에,
공부가 이!것!에만 갇힐 수 있다.
그렇게 되면 깨달음 이후, 세간적인 삶에서 필요한
지혜로운 활동이 단절된다.

언어문자를 회피하는 경향은 의식의 자연스러운 활동을 막음으로써
의식기능의 퇴화를 가져온다.
깨달음 공부가 의식을 멍청하게 한다면, 도대체 말이 되는가?

선어록이 망상이 아닌 마음자리를 끊임없이 드러내 보여주기에
선 공부에는 도움이 되겠지만, 그렇다고 선어록만을 껴안고 산다면
어찌 어리석지 않겠는가?

마음자리에만 머물다보면 확철해질 것이라고 믿는 집착이,
오히려 마음자리에 갇히게 만든다. 지나치게 움켜잡기 때문에,
전면적인 깨달음을 방해하는 결과를 낳는다.

일별(초견성)했다면 그 자리를 익히면서도,
한편으로는 의식을 전면적으로 풀어헤쳐 놓아야 한다.
왜냐하면 의식은 저절로 전체성으로 회귀코자 하기 때문이다.

이 공부는 삶을 위한 것이다.
진실을 깨닫고, 진실한 삶을 살아가는 것이다.
깨닫고 보면 세간이 곧 출세간이다.
깨달음이 따로 없다!

선의 단점

不立文字 敎外別傳(불립문자 교외별전)

直指人心 見性成佛(직지인심 견성성불)

선은 문자(경전)에 의지하지 않고 단박에 깨닫는다는 기치를 내걸었다.

아마도 경전을 통해 깨닫기가 어지간히 문제가 많고

어려웠다는 반증이기도 할 것이다.

그래서 단적으로 말하자면, 선은 바로 그러한 사람들을 위한 길이다.

그런데 이러한 길을 모든 사람에게 일괄 적용할 때 문제가 생긴다.

문자공부 없이도 손쉽게 깨달을 수 있다는 말에 홀리는 것이다.

어찌 가능하겠는가? 이 공부의 기본방식은 어디까지나

신해행증(信解行證)이다.

불립문자라는 것은 충분한 문자공부가 선행되어야 함을 전제한다.

그럼에도 그저 단번에 깨달을 수 있다는 말에

현혹되면 평생 고생만 한다.

깨달음은 의식이 충분히 성장한 끝에 발현되는 것이다.

만약 그렇지 않고도 깨닫는 경우에는 사후에 충분히 공부를 해야 한다.

그렇지 않으면 관조영역과 이성영역이 상호충돌을 일으켜 뒤죽박죽이 된다.

때문에 이성적으로 충분히 의식을 연마해야 한다.

선종의 촌스러움

초기 선은 참으로 신선했다.
그때는 지금처럼 경·율·논을 멀리하지 않았다.
오히려 그것을 충분히 섭렵한 후에 본격적인 수행으로 선이 있었다.
그런데 지금은 '직지인심 견성성불'이라는 선전문구에만 현혹되어
'묻지마 선 수행'을 한다.
그러니 제대로 공부가 될 것인가?

'콩 심은 데 콩 난다'고 하는 것이 인과법인데, 신해행증이라는,
오랫동안의 노하우로 축적된 수행방식을 팽개치고,
그저 날로 먹겠다고 덤벼드니 어찌 가능하겠는가?

깨달음은 무엇보다도 먼저 충분히 이해되어야 한다.
그 이해를 바탕으로 궁극의 깨달음은 피어나는 것이다.

사람에 따라서, 깨달았다고 하면서도 제대로 표현해내지 못하는
경우를 본다. 그렇다면 다시 공부하여야 한다.
이미 체험이 있기 때문에 그 체험을 바탕으로 공부가 익어진다.
표현하지 못하는 깨달음은 힘이 없고, 별 쓸모가 없다!
(붓다는 과거불이 말로 표현하지 못한 것에 비해 깨달음을 표현하였다, 연기법이라고!)
논쟁에도 강하다. 왜냐하면 논리를 초월하였기 때문이다.
깨달음이 무쟁삼매(無諍三昧)라는 말은, 논쟁을 거부한다는 말이 결코 아니다!

깊이 궁구해야

선 공부에서 표방하는 회광반조(回光返照)는
성품을 단박에 깨닫도록 일러준다.
그러나 성품을 보았다고 해서 지혜로워지는 것은 아니다.

성품을 보았다고 해도 아직은 지혜가 발현되지 못했기에
여전히 장막이 가려진 것같이 답답해한다.
또한 견성하면 더 이상의 경전이나 책이 필요 없다는 식의
잘못을 저지를 수도 있다.
초견성에서 막 익힌 공부에 집중하기 위해 일시적으로 조치하는
것임에도 불구하고 오해하는 사람이 많다.

더더욱 심각한 것은 선어록 같은 책이 아니고는 도저히 읽히지
않는다고 하는 경우이다. 심지어 그것을 마치 선 공부가
잘되어진 증거쯤으로 여기며 우쭐거리기까지 한다.

도대체 이 공부를 왜 하는가?
의식의 전 영역이 골고루 성장 발달하여 균형과 조화를 갖추는 것이
이 공부인데도, 다른 책은 도무지 읽을 수가 없다는 것은
병리적 현상일 뿐이다. 말하자면 선독(禪毒)이다!
많은 책을 읽고 사색해야 지혜로워진다!

선의 장단점

선 공부를 하다 보면 즉각 깨달아 무심한 성품자리에
오롯이 있으려는 수행을 지나치게 하는 수가 있다.
이것이 심하게 진행되다 보면, 급기야 의식의 침체를 가져온다.
병적 증상인 것이다. 책도 제대로 읽어낼 수 없을 정도로,
이성적 기능이 쇠퇴하고 만다. 당연한 증상이다.

이즈음에서 우리는 과연 무엇 때문에, 왜 깨달아야 했는가를
들여다보아야 한다. 모든 문제의 출발점이자, 귀착점은 삶이다.
삶이 있기에, 삶을 살아가면서 문제가 있기에 바로 그 해결책으로
깨달음이 나온 것이다.
설령 깨달음이 따로 동떨어진 것이라 해도,
삶과 아무런 상관이 없다면 굳이 깨달아야 할 필요조차 없다.

그렇다면 명백해진다. 깨달음은 무엇인가? 삶을 위한 것이다.
삶과 유리된, 또 유리되게 하는 가르침이 있다면 한마디로
이것은 짝퉁이다. 허위인 것이다.
바로 이런 점에서 선 공부를 잘 들여다보면, 선의 장점과 단점
그리고 보완점이 드러난다.

선을 공부하되, 결코 선독(禪毒)에 빠지지 마라!

순수공!

⟨반야심경⟩에는 소개되지 않는 순수공을, 선에서는 밝히고 있다.
⟨반야심경⟩에서는 색 그대로가 공이라고 밝힘으로써,
현상으로 드러난 것들이 공이라고 일러준다.
선에서는 현상으로 드러나기 이전의 순수공을 일러준다.
마음, 본래면목, 눈앞에 홀로 밝은 이것, 성품, 진아, 진여, 불성 등으로.

견성(見性)은 성품(마음)을 깨달은 앎(봄)을 말한다.
즉, 마음 스스로가 마음을 깨달은 봄(앎)이다.
견성은 성품이 텅텅 비었다고 이해하는 수준이 아니다.
성품(마음)이 무엇인지를 분명하게 확인한 것이기에…
텅 비어 있지만 동시에 꽉 차 있음을 본 것이다.

공적영지(空寂靈知)는 그러한 마음을 잘 표현한 것이다.
마음은 텅 비어 고요하며, 동시에 그러함을 아는 그 자체의 앎이 있다.
이 앎으로 마음(성품)을 보고 아는 것이다.
이를 견성, 증오지(證悟智)라 한다.
어중간하게 공부한 사람들은 공을 텅 빈 것으로 이해한다.
그러나 분명하게 깨달으면 활발발하게 작용하는 공을 본다.
이 공을 여러 가지로 이름한다. 마음, 성품, 참나, 본래면목, 불성…
하지만 어설피 공부하면 이름에 불과한 이것을 실체시하는데…
아직은 생각 수준에 불과하기 때문이다!

견성과 연기법

선에서 말하는 견성(見性)은 성품(본성)을 본다는 것이다.
견성은 스스로를 본다는 것이고,
이는 물건을 보듯이 보는 방식은 아니다.
보고, 듣고, 생각하고, 말하는 것이 곧 성품이다.
때문에 성품이 말하고, 성품이 듣고, 성품이 생각하고,
성품이 말하는 것이다.
결국 모양 없는 성품 스스로가 각각의 행위(모습)로 드러내는 것이다.
스스로가 스스로를 드러내니 자작극인 셈이다.
오직 마음뿐(성품뿐)이기에 당연히 그렇지 않겠는가?

그렇다면 나는 스스로가 짓는 것이 분명한데,
저 밖의 세상은 무엇인가?
나의 의지와는 상관없이 움직이는 저것들은 과연 무엇인가?
그러한 저 밖의 것을 과연 나라고 할 수 있겠는가?

성품의 눈(견성)으로 보면, 일체가 성품임을 본다.
온 우주가 한바탕 성품의 바다이며,
그 가운데 나라는 성품이 육체에 한정된 듯 보일 뿐이다.
정확하게는 성품으로는 한바탕이지만,
모습을 기준으로 편의상 구분할 뿐이다.
그렇다고 현상세계를 움직이는 제반 법칙을

무시하라는 말은 결코 아니다.

모두가 나 아님이 없건만, 하늘도 있고 땅도 있고
나도 따로따로 있는 듯하니 신통방통하다.
이러한 현상세계에서 각기 맡은 바 역할로 삶을 꾸리니
한바탕 연극마당이구나!

그렇다면 견성은, 모든 것이 연기의 바다로 드러나는
세계(일진법계)와는 무슨 차이일까?
결국 같은 말이다!
'연기의 바다'라는 것은 드러난 모양들에
초점을 맞춘 표현이고(제상諸相 비상非相), '성품의 바다'라는 것은
드러난 모양들의 성품에 초점을 맞춘 표현이다!(비상 · 성품 제상)

연기(緣起) 즉 성기(性起)!

관법과 견성법

관(觀) 없이 견성일 수 없다.

흔히들 관법은 지관을 거쳐서 깨달음으로 가는 길이고,
성품을 보는 견성은 즉각 깨닫는 것으로 주장하고 싶어 한다.
그래서 선은 돈오법이라 특별하다는 것이다.
그리하여 선정과 해탈을 논하지 않는다고 한다.
편협한 이야기이다. 오히려 지(정), 관(혜)이
오랫동안 수행법으로 인정되고 확인된 것이다.

물론 깨달음을 보증한다면, 그 어떤 수행방식도 상관없다.
오히려 시대적 상황에 맞게, 또 새로운 방식으로
보다 효율적인 방편들을 계발하는 것이 좋다.
어떠한 방편만이 최고라는 고집은 안 된다.
그 자체가 집착이다.

사람마다 성향이 다양하기에 여러 가지 방편이 동원될 필요가 있다.
무명이라는 병을 퇴치하는 처방이 어찌 한 가지에 국한될 수 있겠는가?
그러나 각기 수행방편이 주는 강점과 약점이 있긴 하다.(해보면 안다)

관법은 그 특징이 지혜 발현에 있다.(지혜가 발현되면 정定은
이미 갖추어진 것이다)

견성법은 그 특징이 안정에 있다.(지혜 발현이 미흡하다)
물론 철저히 수행해간다면 구경각(究竟覺)에 이를 수도 있지만,
깨달음은 어디까지나 지혜이다.
때문에 건성법으로 수행하는 자 중에는
구경각에 이른 자가 거의 없다!

연
기
법
과
심
법
의
회
통

5

진실은 무엇인가?

문제가 없다면, 혹은 문제가 있어도 문제시하지 않는다면,
답을 구하지는 않을 것이다. 그래서 붓다는 삶을 고(苦)로 보았고,
숙고한 끝에 고의 문제를 해결하였다.
한편, 고에 대한 문제의식 없이도
인간내면의 본향에 대한 그리움의 갈증이 있다.

다시 말해, 사람에 따라서는 외적 환경에 대한 불만족이
이 공부를 하도록 하지만, 스스로 내면의 갈증으로 부득이
이 공부를 하지 않으면 안 되는 사람의 유형도 있다.

전자는 관찰에 의한 문제의식을 가짐으로써
해결 또한 관찰방식을 취하며(연기법), 후자는 내면의 갈증에서
연유하기 때문에 해결방식도 저절로 심법으로 접근하게 된다.
따라서 반야사상과 불성사상은 어쩌면 문제의식에서
연유한 해법이라고 볼 수 있다.

접근방식은 달리했지만 동일한 귀결에 이른다. 중도(불이법)이다!

이는 존재의 실상을 밝힌 것이다. 존재의 실상을 모르는 동안
이 세계는 가상현실이며, 존재의 실상을 깨닫고 보면 비형상적
궁극적 실재가 형상으로 드러난 진실한 세계이다!

어떻게 일러줄까?

말로 전할 수 없는 것을 어떻게 일러줄까?
말 떠난 것을 어떻게 말로 전할 수 있을까?

말을 떠나 있다는 것도 말이다.
그러므로 어떻게 일러주어야 할까?
또 그 일러준 말을 어떻게 받아들여야 하는가?
가르치는 자는 위와 같은 문제를 두고 고민한다.
이렇게 처음부터 이 공부를 설명하는 지향점을 이해한다면,
설명하는 것도 도움이 되고, 설명을 줄이는 것도 도움이 된다.

또한 공부인의 공부 성향도 제각각이다.
이해를 바탕으로 나아가는 접근방식이 도움이 되는 사람도 있고,
직관이 발달한 사람에게는 오히려 자세한 이해가
장애가 되기도 한다.

이해 중심으로 공부하는 사람은 이해가 세밀해지는 과정을 통해서
이것이 깊어지면, 어느 순간 이해단계에서 문득 통찰지가 생겨난다.
마치 나무가 서로 부딪히면 그 마찰열로 불길이 일어나는 것과 같다.
때문에 그 같은 공부인은 보다 자세한 이해를 구한다.

반면, 직관적인 성향의 공부인은 이해가 오히려 직관을 방해하는

것으로 여긴다.

물론 어느 정도의 이해는 필요하지만,

더 이상은 생각만 치성하게 하기 때문이다.

따라서 이러한 공부인은 집중력으로 본성을 꿰뚫고자 한다.

이해로 가는 길은 연기법이고,

직관으로 가는 공부법은 선이다.

물론 이해와 직관이 독립적인 것은 아니다.

이해 속에 직관이 있고, 직관도 이해를 바탕으로 이루어진다.

일체가 환임을 깨달으면!

일체가 연기(환)임을 깨달으면, 환이라는 것도 사라진다.
만약 일체가 연기(환)라고만 여긴다면 연기(환)를 증득한 것은
아니다. 참으로 연기(환)임을 확연하게 본다면,
연기의 성품(바탕)이 드러난다.

연기법 공부에서는, 연기의 성품(바탕, 근원)에 대한 언급을
하지 않는다. 왜냐하면 그 부분은 연기법 공부를 철저히 익혀서
깨닫게 되면, 그 결과로 드러나야 하는 것이기 때문이다.
만약 미리 언급한다면, 공부인에 따라서는 연기법 공부에
장애가 될 수도 있다.

아직 깨닫지 못한 공부인은 이원적인 생각으로 헤아리기 때문에,
첫째, 연기법의 가르침을 '일체가 없다'고 설하는 것으로 생각한다.
둘째, 그리고 심법의 가르침을 '일체가 있다'고 설하는 것으로
생각한다. 물론 깨닫고 보면 생각이라는 이원성을 벗어나기에
동일한 진실에 도달한다.

때때로 공부 초기에 혼란스러워하는 공부인도 있다!
하지만 이 부분을 충분히 이해하면 공부는 순조롭게 진행된다!
연기법의 강점과 심법의 장점을 두루 원만하게 회통시켜
확철대오케 한다!

연기법과 심법의 회통!

사물들의 존재방식을 깊이 들여다보면
그것들의 정체를 알 수 있다.(연기법)
그렇게 깊이 들여다보는 것이 무엇인지를 들여다보면
그것의 정체를 깨달을 수 있다.(심법)
이 둘 다에서 밝혀지는 정체는? 공(호)이다!

존재는 공이다. 즉 존재는 연기한 것이기 때문이다.(연기법)
존재는 공(마음)이다. 즉 존재는 공(마음)에서
연기(묘용)한 것이기 때문이다.(심법)

현상적 존재들 상호 간의 상즉상입으로 보는 방식이 연기법이라면,
현상적 존재의 근원(바탕)을 밝혀서, 현상적 존재는
근원이 형상화된 것이라고 보는 방식이 심법이다!
때문에 연기법 공부에서는, 굳이 존재의 근원을 들먹이지 않는다.
그러나 심법 공부에서는, 존재의 근원으로 존재의 정체가 밝혀진다.
그래서 어쨌다는 말인가?
우리는 무아인 진아이며, 우주가 통째로
하나의 진실이다!(일진법계一塵法界, 마음뿐)

깨달음의 기준

어떤 사람이 깨달았다고 할 수 있는 기준은 무엇인가?
물론, 깨달았다면 그 사람의 의식이 비이원 의식수준으로
변용되어야 함은 말할 것도 없다.

하나, 연기법 공부는 일체의 존재(주관과 객관)가 연기임을
깨닫는 순간에, 일체가 연기임을 깨닫고 있는 마음은
연기된 것이 아닌 본래의 궁극적 실재(진여)임이 드러난다.

그리하여 색즉시공은, '색 그대로 공(연기)'이면서, 동시에
'색 그대로 마음(진여)'이다. 이것은 색을 실체시하고 있는
착각(무명)이 실체가 아님을 깨닫게 하고, 그리하여 실체가 아닌
비실체적 현상은 마음(진여)의 현현임을 깨닫게 하는 것이다.
연기 즉 성기! 무아 즉 진아!

초기 연기법은 존재를 실체시함으로써 번뇌가 생겨난다고 보기에,
실체적 존재를 연기적 존재로 바르게 보도록 하는 데
초점이 맞추어져 있다.
때문에 초기 연기법에서는 진여(불성)에 대한 언급이 없다.
만약 언급하면 생각에 빠져 있는 중생은
곧장 진여를 실체적 존재로 오해하기 때문이다.

둘, 심법(선) 공부는 형상 없는 진여를 깨달음으로써,
일체의 존재는 진여가 현상적 존재로 드러난 것임을 깨닫는 공부이다.
때문에 반드시 존재의 근원인 무형상의 진여(성품 · 불성)를
깨달아야 한다.(견성)

쉽게 설명하자면, 깨달음이라는 것은
생각이라는 분별망심에서 벗어나는 것이다.
물론 깨닫고 보면, 분별망심조차도 진여(성품)다.
그러나 일단은 생각 속에서 벗어나야 하는 것인데,
이것은 생각을 벗어난, 즉 생각 이전인 진여(성품)를 깨닫는 것(선)이며,
또한 생각 그대로가 생각 아님을 깨닫는 것(연기)이기도 하다!

공부(연기법 · 심법)에 따라 연기법적 표현과 심법적 표현이
약간씩 상이하게 보이지만, 결국 동일하다!

결국, 형상이 뭐냐?

'지금 눈앞에 있는 것들이 뭐냐'를 깨닫는 공부다!
있는 그대로(실상) 보는 방법으로, 연기법과 심법이 소개된다.

연기법은 생각하는 방법으로!
심법은 생각을 배제한 직관으로!
그 방법을 일러주는 것이다. 사람마다 성향에 맞는 수행법을
선택하면 된다. 그리고 하나를 선택해서 공부를 해냈다고 하더라도,
나머지 공부를 반드시 익히는 것이 좋다.

연기법은 모든 형상이 비실체(환)적임을 깨닫게 하는 데 효과적이다.
심법은 모든 형상의 근원인 '무형상인 실재'를 깨닫게 하는 데 효과적이다.

차이점을 들자면, 연기법은 근원을 깨닫기에 부족함이 있고,
심법은 눈앞의 형상들이 마음(근원)으로 통합되지 않는다.

물론, 한 가지 수행법만으로도 완전한 깨달음인
'일진법계(비이원)'를 깨달을 수 있다.
하지만 대체로 마지막 관문에서 오랜 시간을 보낸다.

이는 무아를 체득하지 못한 탓이다!
무아는 나라고 할 것과의 동일시가 완전히 사라짐으로써,

전체성이 드러나는 것이다.

대개 진아(성품)를 깨달아가는 공부에서 성품을 보았다고 하면서도
(초견성), 여전히 가슴속이 활짝 퍼지지 않고 미진함이 남는 것은
내 몸 밖의 물건들이 여전히 마음과는 다른 것으로 여겨지는
분리감이 남아 있기 때문이다.
이러할 때, 연기법 수행을 하면 마지막 장애가 쉽게 해소된다.

연기법 공부로 일체의 존재가 비실체(환)라고 알았다고 해도,
여전히 이해 수준에 머물고 있다면 심법 공부를 하는 것이 좋다.
그리하면 이해 수준에서 증득(체득) 수준으로 쉽게 넘어서게 된다.

완전한 깨달음!

완전한 깨달음이란?
무아가 되어 개체성이 사라지고 난 그 자리에 본래면목(진아)이
드러나는 것이 바로 완전한 깨달음이다.
진아가 드러나기 시작하면서, 분별심이 완전히 조복(調伏)되어
무아인 진아가 되는 것이 완전한 깨달음이다.

무아는 곧 진아이지만,
무아를 깨달았다고 하면서도 진아를 모르는 경우도 있고,
진아를 깨달았다고 하면서도 무아가 되지 못한 경우도 있다.
두 경우 모두 아직은 공부가 충분히 무르익지 않은 탓이다.

무아로 가는 길은 쉽고 빠르지만, 에고(자아)에게는 사망선고나
다름없기에 이 공부를 달가워하지 않는 경향이 있다.
하지만 일체의 존재가 무아(환 같은 존재)임을 깨닫고,
진아로 넘어가는 공부이기에 확철한 깨달음의 맛을 본다.

진아로 가는 길은 영원히 사는 것 같아 보여서 흔히들 좋아하지만,
공부가 오래가는 경향이 있다. 즉, 무아가 되지 못한 그러니까
개체성이 남아 있는 상태에서 점차로 무아가 되어가는 공부이기에 그러하다.
하지만 공부과정에서 시종일관 겸허함을 견지해야 하기에,
인격적인 품성(의식의 다양한 기능)을 더불어 닦아갈 수 있다.

진실을 깨닫는 것은 동일하지만, 수행방식에 따른 분위기는
조금씩 다르게 나타난다.
선 공부는 선적 분위기가, 연기법은 연기법적 분위기가 난다.
공부인의 성향을 보면, 어떤 수행을 했는지가 보인다.

한 가지 공부보다는 다양한 공부를 접하는 것이
공부의 넓이와 깊이를 더한다.
물론 먼저 일별하여 자기와 잘 맞는 수행법을
택해야 함은 말할 것도 없다!

온전한 깨달음의 길!

깨달음은 모두가 한맛이지만, 접근하는 길은 여러 가지다.
분별적인 방식과 직관적인 방식이 있다.
물론 어떻게 분류하느냐에 따라 여러 가지로 나누어볼 수도 있다.

의식의 기능에 맞추어보면 그렇게 두 가지로 나누어볼 수 있다.
대개 의식(마음)을 분별심과 무분별심으로 나누어 설명한다.
무분별심으로의 직관적 방식인 유식, 선, 베단타, 삼매 등이
마음의 근원으로 진입하여 깨닫는 방식이다.
이에 비하여 분별심에서 깨닫는 독특한 방식이 있으니
그것을 연기법이라 한다.
때문에 한때는 서로 간에 다툼이 있었다.
이제는 같은 맛이란 것을 확인하였기에 왈가왈부하지는 않는다.

근본불교라는 입장은 연기법이기에 아직도 연기적인 입장이 아니면
불교가 아니라고까지 하는 학자(칼루파하나J. Kalupahana)도 있다.
하지만 깨달아보지 않았기에 그런 주장을 하는 것이다.

연기법은 현상을 꿰뚫고, 현상이 실재가 아님을 깨닫는 방식이다.(해인삼매)
현상이 실재하는 것이 아니라는 것은 현상의 배경, 바탕이
궁극적 실재라는 말이다.
그러나 궁극적 실재에 대해 말을 하면 그것을 관념화할 가능성이

매우 높다. 그러기에 현상은 연기적 존재이다.
실재하는 것이 아니라 환상 같은 것이라고만 할 뿐이다.

직관적인 방식은 마음의 근원을 보는 것이다.(공체험)
바로 이것이 궁극적 실재이다, 불생불멸이다, 진아이다, 하는 것이다.

결국 한맛이다! 어떻게 설명하는가만 다를 뿐이다.
말만 떠나면 동일한 것이다!

무아를 체득하려면!

무아(無我)를 증득하려면, 먼저 건강한 자아가 형성되어야 한다.
자아가 충분히 성숙되지 않은 자가 어찌 무아로 넘어가겠는가.(성숙)

많은 사람이, 무아를 곧 나를 부정하는 것으로 이해한다.
나를 없애기 위해 억누르고, 혐오하고, 원수로 취급하면서
스스로를 저주한다. 이러한 행위로는 결코 무아를 깨달을 수 없다.

무아는 자아(에고)가 건강한 성숙과정을 거쳐서 맞이하는
그다음 단계이자 최종 성숙과정이다.
때문에 먼저 나 자신을 사랑하는 사람이 무아를 깨달을 수 있다.
참으로 자신을 사랑하는 자아이기에, 자아가 스스로를 기꺼이 벗어던진다.
자아가 충분히 철이 나면, 자아 스스로의 한계를 이해하게 되고,
드디어 자아를 넘어 무아이고자 한다.

어떤 사람은 무아라는 말을 듣고 나면 모골이 송연해지는데,
무아를 깨닫기에는 이른 자아이다.
이런 사람은 진아(불성)공부로 접근하는 것이 좋다.
반면에 무아라는 말을 듣게 되면 반기는 사람이 있는데,
무아를 깨달을 수 있는 준비된 자아이다.
무아는 나라고 할 그 무엇도 없다는 것이기에,
나로부터 자유로워지는 길이다.

그리하여 자아는 스스로의 한계를 느끼고,
기꺼이 스스로의 소멸을 받아들인다.

자아가 무아로 거듭나는 길이며, 무아는 전체로서의 진아이다!

제행무상!

왜 모든 것이 변하는 걸까?
변한다는 진실은 과연 뭘 말하는 것인가?
끊임없이 변한다면, 지금 존재하는 것들도 변한다는 것이고,
이것은 모든 존재가 마치 실재하는 것 같지만
사실은 환영과 같은 존재라는 뜻이 된다.

이와 같은 진실이 주는 파괴력은 엄청나다.
지금까지 모든 존재가 엄연히 실재하는 것으로 알고 살아왔던
사람에게는 모든 것이 허물어지는 충격을 준다.
모든 존재가 실재하는 것이 아닌 환상과 같은 존재, 그러니까 결국
무아적 존재라는 진실은, 우리에게 새로운 삶의 방식을 제시한다.

그런데 허무적 경향이 있는 사람에게는 오히려 이 같은 진실이
더욱 허무적인 생각을 깊게 하는 쪽으로 나아갈 수도 있다.
때문에 무아의 가르침은 강력한 무명 망상을 치료하는
처방임에도 불구하고, 심약한 사람들에게는 부작용이 따랐다.
그리하여 불성(성품)이라는 가르침은 그 같은 부작용이 없다는
장점 때문에 점차 인기를 얻게 되었다.

하지만 불성의 가르침은 무아의 가르침에 비해서 묘각(불이법)에
이르는 수행기간이 길고 어렵다.

모양 없는 불성이 곧 모양으로 드러난 존재라고 하지만,
먼저 모양에서 모양을 떠난 마음자리(아공)를 확고하게
정착케 하기 위해서 오랜 기간을 공들여야 하기 때문이다.
그런 후에 밖이라고 여겨지는
대상세계와 불성이 둘 아닌 것으로 통합된다.

결론적으로, 연기법과 심법을 함께 공부하는 것이 효과적이다!

에고는 교묘하다!

에고의 술책은 교묘하게 작동한다.

깨달음도 에고가 추구한다. 그러나 공부를 진행하다 보면
에고가 죽어야 한다는 진실과 마주하게 된다.
이때, 에고는 본능적으로 우회작전을 편다.
이는 다른 방법을 찾아보자는 술책이며,
심지어 굳이 깨달을 것이 없다고 설득하기도 한다.

한마디로 말해, 에고의 특성이 죽음을 직감하기 때문이다.
깨닫기 위해선, 에고가 해체되어야 함을 예감하며
이제 죽음으로부터 달아날 궁리를 하는 것이다.

이 공부에서, 부정관 수행과 무아(연기법)의 가르침이
에고에게서 환영받지 못하는 이유이다.
확철대오로 이어지게 하는 무아의 가르침보다는
진아의 가르침이 인기가 좋다.
진아공부는 에고 입장에서 진아를 공부할 수 있기 때문이다.
이러한 수증관(修證觀)의 흐름이 불교의 역사이기도 하다.
물론 초견성 이후 완전 견성이 되려면 결국 무아가 되어야 한다.
그래야 무아인 진아로 깨어난다.
때문에 수많은 세월의 수행 기간이 필요하다.

결국, 완전한 깨달음은 에고(아상)의 죽음(해체)에서 이루어진다!

완전한 깨달음을 원하는가? 아니면 미진한 깨달음을 원하는가?
곧장 확철하게 깨닫고 싶은가? 아니면 에고와 적당히 타협하면서
오랜 세월에 걸쳐 깨닫고 싶은가?

연기법과 심법의 중도

이 공부의 핵심은 중도(中道)에 있다!
중도를 철저하게 파고들어야 깨달음이 더욱 깊어진다.

깨달음이 깊어진다는 말이 다소 의아하게 여겨질 수도 있다.
하지만 묘하게도 깨달음은 끝없이 깊어진다.
그러니까 열린 공부인 것이다.

하나, 연기법에서 말하는 중도는 현상존재들이 실체가 아님을
일러주는 것에 초점을 맞춘 가르침이다.
따라서 일체가 환(실체가 아닌)과 같음을 알아야 한다.
그래서 있다고 할 수도 없고, 없다고 할 수도 없는 존재라고 설명한다.
사실 이것은 생각으로 이해되는 것이 아님을 일러주는 것인데도
그런 개념으로 받아들인다.
그렇게 되면 결국 알음알이 수준으로 떨어지고 말아서
가르침 의도와는 멀어진다.

연기법의 가르침에서는 불성(진여)을 언급하지 않는다.
왜냐하면 불성에 대해서 언급하면,
불성 같은 것이 실체로 존재한다고 생각하기 때문이다.
일체의 존재가 인연생기한 것임을 분명하게 증득하면,
그래서 환과 같다는 것을 분명하게 체득하면,

그 순간에 환과 같은 존재현상을 만드는
무형상의 바탕(불성)이 드러나기 때문이다.

그렇기 때문에, 연기법 공부가 확철하지 못하면
불성에 대해서는 어둡다.
그런 수준의 공부인은, 불성(본래면목·진여)에 대해선
거의 표현하지 않는 것을 볼 수 있다.

둘, 심법에서 말하는 중도는, 존재의 근원인
무형상의 근원(불성)을 말한다. 무형상의 근원(불성)에
초점을 두고, 현상적 존재를 불성으로 본다.
현상적 존재 그대로를 불성으로 보기까지는 상당한 시간이 걸린다.
내면의 불성을 보고(초견성), 밖에 있는 존재들도 내면의 불성과
다름없다는 것을 체득하기까지 많은 공을 들여야 한다.
아공에서 법공으로 나아가는 공부 여정이기 때문이다.

결론적으로 미흡한 연기법 공부 수준은 현상적 측면에 치우치고
미흡한 심법 공부 수준은 근원(불성)에 치우친다.

따라서 연기법 공부와 심법 공부를 병행하여
중도로 귀착하는 것이 이 공부의 핵심이다!

일진법계란 어떤 것일까?

최후의 그러니까 궁극의 깨달음은 어떤 것일까?
공부인이 늘 궁금해하는 것 중 하나가 이러한 것이다.

먼저 심법으로 공부를 익혀가는 경우,
주시자라는 성품자리(마음자리 · 내면공간)가 발현되고
드디어 주시자마저 사라지며 전체성인 진여가 드러나는 것이다.
이때, 비로소 밖이라고 여긴 경계가 안팎 없는 성품자리로 통합되어
일진법계로 드러나는 것이다.
여기에 이르게 되면, '내 마음에서 모든 것이 이루어진다'가 아니라,
내가 사라진 '마음뿐이다'가 된다.

연기법으로 공부를 익혀가는 경우,
안팎에 상관없이 모든 상이 연기된 상임을 보는 것이기에
즉각 일진법계가 된다.
그러나 일체가 연기로 드러났다는 것은 확연하지만,
연기의 바탕이 드러나지 않는 경우도 있는데,
이 경우는 좀 더 익혀야 한다.
그리하여 면밀해지면 연기가 곧 성기임을 보게 된다.

그렇다면 연기법과 심법은 무슨 차이일까?
연기법은 현상이 연기된 것임을 깨달음으로써

일진법계임을 증득하는 것이고,

심법은 마음의 근원을 깨달음으로써

일진법계임을 증득하는 것이다!

비유컨대, 거울에 비친 영상이 허상임을 보면,

그 즉시 거울 전체가 드러난다.(연기)

거울의 바탕을 보면,

그 즉시 영상은 거울에서 비롯된 것임이 드러난다.(심법)

마음과 세상

마음과 세상, 어떤 것이 먼저인가?
세상이 먼저라고 생각하면 존재론자이다.
마음이 먼저라고 생각하면 관념론자이다.
세상이 마음이요, 마음이 세상이라고 보는 자는 깨달은 자이다.

그렇기는 하나, 존재론적으로 고정되어 있는 사람에게
마음에 대해 역발상을 시키는 것은 쉽지 않다.
이런 사람들에겐 연기법이 좋다.
지금 이대로의 세계가 연기적으로 일어난 세계임을 깨닫게 되면,
물질적 세계관이 무너진다.

한편 모든 것이 내 마음에서 생겨난 것임을,
즉 세계는 인식된 세계임을 저항감 없이 받아들이는 사람에게는
심법적 공부도 괜찮다.
그럼에도 불구하고, 심법적 공부로는 내 마음 밖에 대상이 있음을
은연중에 부인하기가 어렵다.
이러한 점이 심법적 공부에서 아공은 쉽게 이루어지지만,
법공은 어렵게 여겨지는 이유이다.
무의식적 본능으로는, 내 마음 밖에 분명히
무언가가 따로 있다는 것을 부정할 수 없다.
이러한 부분을 극복코자 유식학을 설한다고 하였다.

그만큼 마음이라는 것으로 외경까지 싸안기가 어렵다는 것을
반증하는 것이다. 그래서 심법 공부에서는
이 부분을 극복하기 위해서 평생 공부한다.

하여 선에서도, 연기법을 활용해 저 밖의 것들은
연기된 것이기에 없는 것이니
그것을 지켜보는 이!것!이 무엇인지를 확인하라고 설하기도 한다.
하지만 이것은 연기법을 제대로 잘 모르고,
그저 선에 끼워맞춘 아전인수격 설법이다.
엄밀히는 좀 웃기는 설법이기는 하지만
법공을 그런 식으로 해결하는 모습을 볼 수 있다.

이런 점에서, 붓다의 연기법이 탁월한 수행법이라는 결론이 나온다!

물론 심법적 공부 또한 동일한 깨달음에 이른다.
마음 밖이라고 여겨지는 세상들을 어떻게 해소하느냐가 관건이다!

무아가 되면?

무아(無我)가 되어보려 노력할수록 오히려 무아가 될 수 없게 한다.
무아는, 모든 존재가 연기된 것임을 꿰뚫는 마음이다.

그렇다면 무아를 체득한 사람의 마음은 어떤 상태일까?
의식 내에서 이원적으로 인지하던 방식에서,
비이원적으로 인지하는 방식으로 바뀐 것이다.
이 말은, 모든 것이 한바탕이라는 진실을 깨닫고 있음은 물론이다.

그렇다면 깨달은 자의 인식방식은 과연 어떠할까?
내가(주관) 있어야 하고, 그것이 대상(객관)을 인식하는,
즉 두 가지로 나뉘어야 인식이 가능할 것이라고 생각한다.
물론 이것은 사실이다.
그런데 깨닫게 되면, 이러한 기능이 유지된 채로,
그것들(주객)이 한바탕임을 안다.
때문에 근원적인(한바탕) 의식이 눈을 뜬 것이다.
무아를 체득한 마음의 인식방식은 이렇게 간단히 설명된다.
예를 들어, 물속에서 물의 움직임인 물결, 소용돌이 같은 것으로 느껴진다.
근원의식(마음)의 앎이 바탕이 되고,
그것의 다양한 기능(대원경지, 평등성지, 묘관찰지, 성소작지)으로 드러난다.
분별심이라는 것도, 깨닫고 보면 무분별적 앎의 바탕에서 일어나는
세부적인 기능을 수행하는 앎이다.

깨달음을 앎의 측면에서 설명도 하지만, 앎의 본체적인 측면인 진여,
즉 이!것!을 선명하게 드러낼 수 있어야 한다.
이를테면 눈앞에 홀로 밝은 이!것!처럼.

또한 이러한 미세한 부분을 표현할 수 있는 방법은 언어 외에는 없다!
선종의 문제점은, 언어를 배제코자 하는 그들만의 독특성으로 말미암아
선 공부가 깊지 못하다는 것이다.
한소식한 사람끼리는 언어 이전이라고 하면서
암묵적으로 서로서로 긍정하는 풍토다.
그러다 보니, 고작 화두문답을 통해서 공부의 깊이를 측정한다.

선의 장점은 분별심을 싹뚝 잘라내는(차단하는 것) 것으로,
알음알이임을 스스로 자각토록 해주고, 성품자리로 진입토록 해준다.
그러나 그후의 공부과정을 점검할 수 있는 기준이 없다.

결국 공부는 말로 시작하여 말로 끝난다.
먼저 말을 통해 바른 견해를 배우고 익히며,
궁극적으로 말을 넘어서지 못할 때에는 선 방식을 곁들여서
말을 넘어서고, 그런 후에는 다시금 말을 통해서
세세한 공부로 나아가야 확철하게 된다!
이러한 맥락에서 교와 선은 둘이 아니다!

분별과 무분별의 공부방식!

존재의 실상을 깨닫는 앎에는 두 가지 방식이 있다.
하나는 분별적 방식이고, 또 하나는 무분별적 방식이다.

분별적 방식은 연기법이다.
일체의 현상적 존재가, 어떻게 생겨나고 사라지는지를
관찰(분별, 분석)하는 것이다.
모든 것이 원인과 조건에 의해서 생겨나고 사라지니,
실체적인 존재가 아님을 꿰뚫어보는 것이다.

이를테면 통찰지혜이다.
현상으로 드러난 일체의 존재가 실체가 아님을 깨닫는다는 것은,
심법 관점으로 보자면 일체의 존재가 마음작용으로 드러난 것임을
마음 스스로가 통찰하고 있는 것이다.

심법(선)은 분별적 방식을 지양하고 분별하고 있는 근원을
곧장 파고든다.
그러니 선에서는 분별하는 것을 당연히 금기시한다.
분별하는 것은 생각이고, 생각은 망상이라고 하는 연유가
바로 이런 점에 있다.
문제는, 이 같은 방식의 공부가 오래가면 멍해진다는 것이다.
생각을 회피하고 쓰지 않으니 퇴화하기 때문이다.

물론 견성 후에 열심히 경전과 어록을 읽는 방향으로
공부를 하면 회복되긴 하지만, 대체로 선 공부하는 사람들은
말수도 적고, 말 적은 것을 가풍으로 여기지만
말을 잘하지 못한다.

심통에 설통을 갖추면 하늘에 해가 천 개나 뜬 것과 같다!

왜 생각을 기피하나?

생각은 연기된 것이다. 때문에 환이다.
환이란 마치 있는 것처럼 보일 뿐이다. 실재하지 않는다.
하지만 환이라는 현상은 있다.
이렇게 분명히 깨닫고 보면,
더 이상 생각이라는 환에 구속되지 않는다.
이제 생각이 곧 망상이라는 이유로 생각하는 것 자체를
의도적으로 피하려는 노력은 멈추게 된다.
생각뿐 아니다. 모든 존재가 환처럼 있어 보이는 현상일 뿐이기에,
그 어떤 대상도 경계하지 않게 된다.
이렇게 공부하는 것이 공관(연기법)이다!

그런데 마음을 깨달아가는 방편수행(선)에서는,
일차적으로 망념을 피하여야 한다.
망념 아닌(망념 이전) 마음자리에
확고히 발 딛는 수행과정을 거쳐야 하기 때문이다.
이러한 수행법은 사고기능을 현저히 떨어뜨린다.
왜냐하면 사고를 기피하기 때문이다.

결국 합리적이며 창조적 사고를 할 수 있는
가장 발달된 의식이 깨달음의식이다.
이러한 의식의 전반적 깨어남을

퇴행적 · 자폐적으로 몰아가는 수행방식은 적절하지 않다.

만약 필요하다면, 순기능적 효과를 볼 수 있는 범위에서 활용되어야 할 것이다!

깨달음의 체험도 수행법에 따라!

어떤 수행을 했는가에 따라서 깨달음에 대한 체험도 다르다.
게다가 공부인마다의 특성에 따라서도 조금씩 차이가 있다.
체험의 내용(깨달음)은 모두가 동일하지만, 체득하는 과정에서의 차이다.

먼저, 연기법을 통한 체득은 '해탈지견(解脫知見)'이다.
해탈지견은 스스로 깨달았음을 분명하게 아는 앎이다.(공적영지空寂靈知,
성자신해性自神解, 증자증분證自證分)
심법은 체득한 심도에 따라 다르다.
대체로 견성(見性), 즉 성품을 보는 체험을 할 때,
새롭게 경험한 것이 당혹스런 느낌으로 다가온다.
그래서 흔히들 '이것이 맞습니까?' '이것 말고 다른 것이 있습니까?' 라고
묻는다.(《육조단경》에서 혜명의 물음)

지금까지와는 전혀 다른 의식의 질적 변화가 일어난 것이
낯설기 때문이다. 그리고 그후 공부를 더욱 익혀가면서
공적 영지의 앎이 발현되고, 법공으로 이어진다.
때문에 심법(선) 공부에서는 초견성 단계에서 "깨달았다!"고
선언하는 것을 무척 의심스럽게 바라본다.
어쨌든 이 공부는 존재의 실상을 깨닫는 것이기에
해탈지견이 있어야 한다!

연기법으로 차별된다!

존재의 실상은 세계의 영적 종교전통에서 밝힌
불이법(비이원)으로 귀결된다.

하지만 연기법은 심법 수행과는 달리 매우 독특하다.
존재의 실상을 깨닫는 것은 물론이거니와
현상적 존재 간의 관계성에 눈뜨게 함으로써,
함께 더불어 사는 삶의 소중함을 일깨운다.
'나는 나 아닌 것으로 이루어져 있다!'는 진실은,
무한한 생명의 세계를 함께 꾸려가고 있다는 공동체의식을 갖게 한다.
이러한 진실에 눈뜬 사람은 결코 가만히 은둔할 수 없다.
삶에 참여하게 된다.

이에 비해 심법(선) 수행은 무형의 실상을 열심히 닦기에
다소 냉랭(무심)하다. 물론 장점으로는 호쾌한 멋이 있다.
망상을 한 방에 날려버리며 곧장 진실을 드러내 보이는 멋스러움!
활발발함!

따라서 이 두 가지 공부를 함께해야 한다.
만약 한 가지만 추천하라고 한다면, 단연 연기법이다.
연기법 수행을 통한 깨달음이야말로
'아뇩다라삼먁삼보리(무상정등정각無上正等正覺)'라고 할 수 있기 때문이다!

수행법의 미묘한 흔적!

어떤 수행법으로 공부하는가에 따라 이는 공부 이후에도
미묘한 관성의 힘을 남긴다! 물론 공부의 귀착점은 동일하지만,
수행법에 따른 영향력이 공부 후까지도 미치는 것을 볼 수 있다.

연기법 수행은 인연을 살피는 공부이기에
삶의 현장에 주목하는 경향이 강하다.
선 수행은 마음의 근원에 머물러 부동심을 유지하고자 하는
공부이기에 삶의 현장보다는 초월성에 주목하는 경향이 있다.

이는 공부인의 성향과도 연관되기에
수행법만이 원인의 전부라고만은 할 수 없지만,
대개 수행법에 따라 펼치는 모양새에 차이가 있음은 분명하다.
그렇기 때문에 가능하면 공부는 다양하게 접해보는 것이 좋다.
특정 공부에만 고착하다 보면, 마치 음식을 편식하는 것 같은
결핍(치우침) 증상이 나타나기 때문이다.

아뇩다라삼먁삼보리(무상정등정각)는 이러한 관점에서도
비추어보아야 한다. 존재의 실상을 깨닫는 공부라는 점은 물론이고,
공부 이후의 삶에 어떻게 영향력을 미치는가에 대한 것도 살펴야 한다.
바르고 건강한 공부,
그래서 삶의 꽃을 활짝 피워내는 공부여야 한다!

변성의식과 깨달음

삼매방식은 변성의식을 활용한 공부법이다.
붓다는 당시 스승에게서 의식 내부로 깊이 침잠해 들어가는
삼매를 익혀 수행했었다.
열심히 수행하여 스승과 같은 경지를 체득하였지만,
그것은 자신이 원하는 답이 아니었다.

왜 사람은 태어나고 병들고 늙고 죽는가에 대한 해답을
주지 못했기 때문이다.

삼매에 깊이 빠져들었을 때(무소유처, 비상비비상처, 멸진정)에는
편안했지만, 현재 의식으로 돌아오면 여전히 번뇌에 휩싸였고,
의문은 여전히 해결이 되지 못한 상태였다. 깨달음은 일상을
살아가는 의식상태가 곧 깨달음의식이어야 한다.

따라서 삼매방식(사마타)의 공부를 그만두고,
스스로의 수행법을 체득한 것이 연기법 수행이다.
이것은 존재의 실상을 꿰뚫어보는(위파사나) 지혜다.
이 지혜는 연기법에 대한 완전한 통찰을 의미하는
올바른 견해의 완성과 더불어 나타난다.

물론 이 같은 바른 깨달음의 답안에 의거해서,

삼매방식 또한 바른 공부길로 자리 잡았고,
이어서 갖가지 방식의 공부법이 계발되기도 했다.
그중에 하나가 선 방식이다.

때문에 정법이란, 붓다의 연기법으로 드러나는 정답과 동일하면
모두가 정법으로 인정한다.
간단하게는 불이법(비이원)인 아뇩다라삼막삼보리(무상정등정각)다!

핵심은 일상의식에서 실상을 보는 것!

깨달음은 우리의 일상적 의식상태에서 존재의 실상을
꿰뚫어보는 것이다!

심법(선)은 깊은 삼매상태(변성의식)에서 실상을 체험하고,
혹은 성품(무상인 실상)을 일별하고(선에서는 불씨를 얻는 것으로 비유),
그것을 점차로 일상적 의식 차원으로까지 전이(심화·확산)하는 방식이다.
그러다 보니 매우 많은 수행기간이 필요하다.(20~30년, 혹은 평생)
이는 수많은 선 수행자들의 증언이다.

핵심적으로 말해서, 평상시의 의식상태에서도
존재의 실상에 깨어 있고자 하는 것이 목표인 셈이다!

이는 붓다가 당시에 수많은 삼매를 통해서 체험한 문제점이다.
그래서 연기법을 깨닫고 더는 삼매 상태가 아닌 일상적 의식에서도,
변함없이 존재의 실상을 꿰뚫어볼 수 있게 된 것이다.

바로 이 점을 강조한 것이 연기법이다!
연기법은 일상적 의식으로, 존재의 생겨남을 차분하게
이성적(이치적)으로 들여다볼(살펴볼) 수 있다.
그래서 연기법 수행을 관찰법(관법)이라 한다.
이같이 특별히 의식을 조작하지 않고도, 존재의 실상을 살펴보고,

나아가 심화시켜서 확고하고 명료한 앎이 생겨나게 하는 수행법이다.
즉, 일반적 인지적 앎을 넘어선 깨달음으로(불이법) 나아가게 한다.
때문에 연기법은 매우 탁월한 가르침이다!

물론 사람에 따라서는 심법적 수행이 적합할 수도 있겠지만,
연기법 수행을 병행하지 않고는 일상적인 의식상태에서
존재의 실상을 꿰뚫어보기는 거의 어렵다.
조심스럽게 주의해서 성품을 보는 힘을 유지하지 않으면,
도로아미타불이 되기 십상이다.
즉 본래의 분별심(주객 이원적 인지구조에 갇힘)으로 환원한다.

핵심은 일상적 의식상태에서 존재의 실상을
꿰뚫어볼 수 있느냐에 달려 있다.
조심해서 마음을 집중하여 보면 실상이고,
그렇게 하지 않으면 망상이라면
이것은 멀고도 먼 공부다!

부정관과 자비관의 차이

탐진치(貪瞋癡)가 보리임을 깨닫는 공부로 가는 길에,
탐심과 진심이라는 심리적 장애를 녹여내야 한다.
물론, 평소 생활에서 탐심과 진심을 녹인 공부인은
곧장 깨달음으로 나아간다.

탐심은 부정관(不淨觀)이, 진심은 자비관(慈悲觀)이
효과적인 수행으로 오랫동안 권해져왔다.
무엇보다도 집착하는 마음(갈애)이 일체의 존재가
연기된 것임을 보지 못하게 하는 원인이다.
따라서 탐착하는 그 마음을
초기불교에서부터 부정관으로 치료해왔다.

부정관은 자아의 집착에서 벗어나,
자아의 해체로 이어져 해탈하게 한다.
이것은 결국, 제법무아의 깨달음이 된다.
나라고 할 것이 없음을 깨달음은,
전체로서의 공(마음)으로 드러난다.

자비관은 진심(화)을 다스리는 효과적인 처방으로 권해져왔다.
마음을 부드럽고 평화롭게 하며, 자비심과 연민으로 연결시켜
깨달음으로 나아가게 한다.

그렇긴 하나, 자아의 해체로까지 나아가는 데는 힘이 부족해 보인다.

에고의 본능적 움켜쥠을 내려놓기 위해서는,
싫고 혐오스럽지 않으면 결코 미련을 버리지 못하는 것 같다.
이러한 점에서 부정관은 매우 탁월한 효과를 발휘한다.

한편, 선 공부는 곧장 성품(근원)을 보는 수행법(견성)이지만
부정관으로 마음을 정화하는 부분을 소홀히 하기에
공부가 매우 느리게 성취되는 경향이 있다.

에고는 부정관을 기피하고자 한다.
자신을 유지 존속시키기 위한 술책이기도 하다!

II. 무아인가, 진아인가?

무아라는 생각을 넘어서면

1

무아라는 생각을 넘어서야 무아다!

먼저 공부의 출발점에서는,
분명하게 '나'라고 할 것이 없다는 것부터 이해해야 한다.
왜냐하면 지금까지 그 무언가를 나라고 알고 살아왔기 때문인데,
그것을 바로잡기 위함이다.

이러한 가르침을 연기법이라는 사유수행을 거쳐서 확인하지 않고,
무조건적으로 수용하게 되면 '무아'라는 개념을 붙드는 것이다.
이것은 공병에 빠지게 하는 원인이 된다.

어설픈 수행단체에서 공부한 사람 중에는
의외로 공병에 빠진 사람들이 많다. 그들은 말한다.
"선도 악도 없어! 내가 하고 싶은 대로 하고 살면 그만이야!"
바로 이런 것이 공부를 아예 하지 않은 것만도 못한 결과인데,
경전에서도 공견에 빠지면 구제하기 어렵다고 하고 있다.

설령 바르게 이해했다고 해도 여전히 이해 수준에 머물게 되면,
불성(진아)과는 모순되는 것이라며 회통(수용)하지 못하는
어리석은 수준에 그치고 만다.
공(무아)은 생각에서 출발하는 공부이지만,
반드시 생각을 뛰어넘어야 한다! 그때, '무아'라는 이해 수준을 넘어서서,
무아를 체득한 자(붓다)가 된다!

무아가 되고 보면

무아라는 말을 이해할 때와는 다르게
무아를 체득하고 보면 매우 다르다!
무아는 먼저, 이해 수준에서 '나라고 할 것이 없다'는
이원적인 분별영역에서 시작하기에 나에 해당하는 그 무엇도
상정할 수가 없다. 만약 상정하면 무아에 대한 이해와 모순된다.

따라서 이러한 이해 차원에서는 그 무엇(진아, 불성, 성품)도
허용되지 않는다.
또한 이 공부 과정에서 진아 등 그 무엇을 상정하면,
그것이 곧 나라고 할 것으로 집착하게 된다.

그러나 정작 무아를 깨달아보면 전혀 다른 국면이 펼쳐진다!
현상적인 측면에서는 환(꿈) 같은 존재지만,
그러한 현상을 드러내는 허공 같은 진공(진아, 불성, 성품)이
현상으로 나타난 것이다.

즉, 현상으로 드러난 존재는 바로
궁극적 실재가 모양으로 나타난 것이기에,
현상 그대로가 진여이다!

무아의 진실!

무아를 깨닫고 보면, 무아라고 생각했던 것과는 전혀 다르다!

무아를 이해하는 수준으로는, '나라고 할 만한 그 어떤 것도
없다' 혹은 '모든 존재에는 그 존재라고 특징지을 만한
그 어떤 것도 없다'가 된다. 그리하여 환과 같다.

환과 같다고 이해한 것과 실제로 환이라고 깨닫는 것은
전혀 다르다. 환이라고 이해하는 수준에서는,
환이라는 개념을 벗어나지 못한다. 따라서 환이라는 것이
분명해질 때, 저절로 드러나는 진실을 짐작조차 할 수가 없다.

예를 들면, 마치 뱀이라고 착각했다가 뱀이 아니라는 것을
분명하게 확인하는 순간에 '그것은 뱀이 아니었구나'로 끝나지 않고
그다음 단계인 진실이 저절로 드러나는 것이다.
'앗! 새끼줄이구나!'
연기법(무아)이 일러주고자 하는 것은, 환이 아니라 진실이다!

무아를 이해하는 수준에서는, 결코 무아의 진실을 모른다.
그 사람은 무아와 진아가 같은 것임을 짐작조차 하지 못한다!

반야와 불성!

반야는 연기법에서 말하는 존재의 실상을 말한다.
연기법(반야)에서 말하는 존재의 실상은, 형상으로 드러난
존재 차원에서 말하는 것이다.
그렇기 때문에 어떤 존재이든, 불변하는 실체라고 할
그 어떤 것도 없다는 것이 핵심이다.
중요한 점은, 불성사상에서 말하는 존재의 근원인 진여(성품)를
말하는 것이 아니라는 점이다.
어디까지나 현상적 차원에서 하는 말이다.

불성은 이와는 대조적으로 현상으로 드러난 존재 차원이 아니고,
비현상적 차원 그러니까 현상적인 존재의 본질(근원, 바탕, 진여)을
말하는 것이다.
불성은 형상적 존재가 아니기에 허공 같다고 말해줄 수 있을 뿐이며,
이것은 깨달아야만 볼 수 있다.
진실을 말하자면, 비현상으로의 불성(진여, 성품)만이 실재할 뿐이다!

그러나 이 가르침들을 따라서 깨닫게 되면,
결국 동일한 진실에 이르게 된다.

그렇다면 반야와 불성의 가르침은 왜 다르게 여겨지는 걸까?
간단하다!

진실을 깨닫도록 일러주는 가르침의 방식이 다를 뿐이다!
반야는 현상적 존재의 무자성, 즉 공성을 깨달음으로써
상에서 벗어난다.
불성은 비현상적 존재인 불성(자성, 성품)을 깨달음으로써
상에서 벗어난다.

상에서 벗어나고 보면, 진실은 저절로 드러난다!
이제 다시 보니, 무명에 의해 착각한 상은 사라지고,
진실한 상이 드러난 것이다!
진실한 상은 진여(불성)의 묘용으로 드러난 것이기에 진여(불성)다!

진여는 어떤 것인가?

진여가 어떻게 생겼는지 묻는 것은 이상하다.
왜냐하면 진여는 형상이 없기 때문이다.

그러나 깨닫게 되면, 형상 없는 진여를 분명하게 볼 수 있다.
형상 또한 진여의 다른 측면이다.
즉 진여가 모양으로 변화된 것이다.

진여에 대한 표현은 자칫 진여를 관념으로 여기게 될 위험을 남긴다.
오직 분별심으로만 헤아리는 사람에게,
모양 아닌 진여에 대해서 이러쿵저러쿵해봐야
장애만 되기 십상이다.

한편으로, 진여는 모양이 없다고만 하니까
아예 없는 것(단멸)으로 오해한다.
그래서 이것에서 모든 것이 나온다고도 일러주지만,
헷갈리기는 마찬가지이다.

결국은 생각으로 진여를 헤아리기 때문에 어긋나는 것이다.
생각(분별심)이 뚝! 끊어져야, 끊어진 그곳에서
진공인 진여가 드러난다!
밝고, 투명하고, 고요하며, 텅 빈 채로 꽉 차 있으며,

분명해서 부정할 수 없는 이!것!

자… 이렇게 표현한 것을 읽어가면, 자동적으로 머릿속에서
뭔가가 이미지화될 것이다.

바로 그것이 관념이다. 하지만 진여는 그런 관념이 아니고,
생각이 끊어지면 그때 드러나는 안팎 구분 없는
탁 트인 허공 같은 진공이다!
그런데 이것을 언어로 규정지으려는 순간,
진공은 허공이 된다!

그러니 이것을 뭐라고 하겠는가?
언어도단, 상상불허라고 하는 이유다!

없는데, 왜 있다고 하나?

마음(진아, 성품)은 있는 걸까? 없는 걸까?
생각(말)으로는 규명하지 못한다.
있다고 하려면 무엇이든 인식되어야 한다.
인식되지 않으면 없다고 생각한다.
따라서 형상이 없다면(무상) 인식할 수 없고,
인식할 수 없으니 없다고 생각한다.

그런데 존재의 근원은 무형상이다.
이것은 깨달아야만 볼 수 있는 것이다.
깨달음은 이원적(분별적) 인식을 넘어선 앎이다.
생각 너머의 일을 어떻게 생각 수준에서 이해할 수 있겠는가?
예를 들어, 있는 것도 아니고 없는 것도 아닌 것이
무엇인지를 알 수 있겠는가?

일체가 연기라는 것은 존재현상에 관한 진실이다.
즉, 존재현상으로 드러나지 않은 것에 대해서는 언급하지 않는다.

그러나 연기법으로 존재현상을 깨달아보면,
존재현상이 환과 같음은 물론이고
존재현상을 드러내는 무형상의 궁극적 실재인
진여(성품, 불성)를 보게 되고, 이때 진여의 관점에서는 존재현상이 곧 진여의 현현임을 보게 된다!
이제! 연기법을 깨달은 자는 무아와 진아가 다르지 않다는 것을 본다!
이것이 궁극적인 깨달음이다!

그러나 연기법을 깨닫지 못하고 이해하는 수준에서는,
진아(성품, 불성)를 알 수가 없다!
그리하여 '없는데… 왜 있다고 할까?' 라는 생각을 하게 된다.
결국, 있다는 생각과 없다는 생각을 넘어선,
유무중도를 깨닫지 못한 탓이다.
연기법을 공부한다고 애는 쓰건만,
이해 수준에서 비롯된 한계이다!

진아(성품, 불성)는 실체가 아니다!
'있다, 없다' 라는 생각 너머에 있다.
그래서 언어도단, 심행처멸이다.
생각을 벗어나지 못한 자는 진아(성품, 불성)라는 말을
듣게 되면 곧장 실체시한다.
왜냐하면 그들은 그것을 생각으로 헤아리기 때문이다!

결국, 생각을 벗어나지 못한 무명중생심에 떨어져 있기 때문이다!

말을 넘어서야 한다!

무아(無我)라는 의미에 갇히면 진정한 무아를 알 수가 없다!
무아는 의미로 알 수 있는 것이 아니다.
무아는 유무(有無)라는 의미를 넘어선 무아다.

진아(眞我) 또한 유무를 넘어선 진아다. 진아를 의미로 헤아리면
형상으로 이해되기에 결국 실체라고 오해하는 것이다.

연기법은 이해로 시작하지만, 결국은 이해(말)를 뛰어넘게 만든다.
연기법은 의미로는 파악할 수 없다.
연기법은 유무(有無)라는 의미를 넘어선 것이다.

선은 말을 통한 이해가 아닌, 곧장 진리를 보고자 한다.
선은 유무(有無)라는 의미를 넘어선 것이다.

진리는 말 너머에 있다.
진리를 가리키는 모든 말이, 사실은 말이 아닌 말 너머를 일러주는 것이다.
그렇기 때문에 말이라는 의미에만 머문다면
결코 진리를 알 수 없다!
무아와 진아를 다르다고 한다면,
그 사람은 아직 꿈속에 있는 것이다!

초기경전에서의 진여에 대한 언급!

(1) 《우다나》 (8 : 3)
비구들이여, 태어나지 않은 것, 생겨나지 않은 것,
만들어지지 않은 것, 형성되지 않은 것이 있다.

비구들이여, 만일 태어나지 않은 것, 생겨나지 않은 것,
만들어지지 않은 것, 형성되지 않은 것이 없다면,
태어난 것, 생겨난 것, 만들어진 것, 형성된 것으로부터 벗어남이
알려질 수 없을 것이다.

하지만 태어나지 않은 것, 생겨나지 않은 것, 만들어지지 않은 것,
형성되지 않은 것이 있으므로, 태어난 것, 생겨난 것, 만들어진 것,
형성된 것으로부터 벗어남이 알려지는 것이다.

(2) 《우다나》 (1 : 10)
물도 땅도 불도 바람도 디디지 못하는 곳이 있으니,
그곳에는 별도 반짝이지 않으며 해도 빛나지 않으며,
그곳에는 달도 빛나지 않으며 어둠이 비추는 것도 아니다.
성자 브라만이 스스로 이것을 보면,
색계와 무색계, 즐거움과 괴로움에서 벗어나리.

(3) 《우다나》(8 : 1)

비구들이여, 이러한 곳이 있다.

그곳에는 땅도 물도 불도 바람도 없으며,

공무변처도 식무변처도 무소유처도 비상비비상처도 없으며,

이 세상도 저 세상도 해도 달도 없다.

비구들이여, 나는 말한다, 그곳에는 옴도 없으며,

감도 머묾도 죽음도 태어남도 없다.

그것은 의지처도 전생(轉生)도 대상도 없다.

이것이 바로 괴로움의 끝이다.

구경의 진실

반야(연기)공부는, 실체시하고 있는 착각(무명)을 벗겨내기 위해
부정하는 방식을 쓴다.
오온이 공하고, 십이처가 공하고, 십팔계가 공하다.
그러니까 일체가 공하다.

문제는, 공하다는 것까지도 공한 줄을 깨달아야 하는데,
그렇지 못하다는 것이다.
안타까운 것은, 공하다는 생각이 끊어지지 않고,
공하다는 생각을 붙잡고 있는 것이다.

공하다는 가르침은, 일체가 공하고,
드디어 공하다는 것마저 공해져야 한다.
불쏘시개처럼 일체의 모든 것을 태우고,
드디어 불쏘시개로 사용한 것마저 태워야 한다.

결국, 공하다는 가르침으로 깨달아보면,
공하지 않은 공(마음)이 드러난다!
이것이 구경(究竟)의 진실이다!

끝없이 순환한다!

겨울인가 했더니 어느 틈에 봄이 되고,
오월의 신록이 눈부시게 푸르다.
우리 눈앞에 펼쳐진 자연은 봄 여름 가을 겨울을 순환한다.
제행무상이다.

무상한 변화는 고정된 모습을 기준해서 볼 때,
변화하는 모습을 상대적으로 관찰한 것이다.
변화하는 모습과 변화하지 않는 모습,
모두가 생각으로 그려낸 상(모습)이다.

변화한다는 생각과 변화하지 않는다는 생각, 이 모두가
생각에 불과하다. 이 생각을 넘어설 때, 변화하는 가운데
변화하지 않는, 모양 없는 불성(마음)을 본다!

호수에 돌을 던지면 동심원 물결이 퍼져 나간다.
가운데에서 가장자리로 나아가는 듯 보이지만,
물이 위아래로 움직일 뿐이다.

물의 움직임뿐이다!

깨달은 마음

제법의 실상은 연기법임을 보아야 한다.
연기법은 모든 존재가 꿈 같고, 환상 같고, 허상임을 깨닫는 것인데,
역설적이게도 연기법을 깨달은 마음은 꿈 같지 않고,
환상 같지 않고, 허상이 아니다.

삼법인 중에 열반적정(涅槃寂靜)은 깨달은 마음을 표현한 것이기에,
열반적정은 제행무상에 해당하지 않는다.
일체가 환과 같음을 깨달은 마음에서, 다시 새로운 관점이 열린다.
일체가 여여부동한 진여의 현현이기에, 일체가 진실하다.

종전에 실재하는 것으로 여겼던 존재가 아닌, 그리하여 모든 존재는
환과 같다는 깨달음은 마치 꿈속에서 깨어나는 과정과 같다.
연기법은 꿈에서 깨어나도록 하는 가르침에 초점이 맞추어져 있다.

때문에 연기법을 이해하는 수준에서는,
모든 존재가 환과 같다고 알고 있다. 이는 이해에 불과하다.

궁극적으로는, 모든 존재가 진실하다는 것을 깨닫게 일러주는
가르침이 연기법이다!

일체가 환이다!

먼저, 연기법 공부를 통해서 일체가 환임을 분명하게 알아야 한다.
일체가 견고한 실체적 존재로 실재하는 것으로 믿어왔던 것이,
실은 실체가 아닌 환(꿈)임을 깨달아야 한다.
그래야 실체시하는 망념으로부터 확고하게 벗어난다.
그런 다음, 환(꿈)의 근원(배경)을 깨달아야 한다.

연기법은 현상적 존재들 간의 관계성이다.
서로가 서로에게 원인과 조건이 되어서 생겨나고 사라지는
환영 같은 존재체계이다.

이렇게 생겨나고 사라지는 연기적 존재가 펼쳐지는,
근원(바탕)이 무엇인지를 살펴보아야 한다.
그것은 연기적 존재(환)를 가능하게 하는 마음(진여)바탕이다.
모양 없는(공) 마음에서 드러난 존재(환)이다.

이것이 일체가 환(꿈)이라는 미세한 생각의 뿌리마저 넘어선 것이다.
환(꿈)이라는 망념에서 깨어나보니, 일체가 진실인 마음뿐이다!

환이라는 생각

공부하기 전에는 일체의 존재가
버젓이 실재하는 존재라고 믿고 있다.
하지만 연기법 공부를 해나가면, 실체적인 존재가 아니라,
환(꿈)과 같은 존재임이 충분히 이해된다.

이 같은 이해가 깊어지면, 눈앞의 사물들이 정말
환같이 보이기 시작한다. 고정되고 딱딱한 모습이 아닌,
유동적이고, 흐물흐물한 모습으로 여겨진다.
와우! 이 모두가 원인과 조건들이 모여서 생겨난
임시적이고 가상적인 것들이구나…

이 수준의 공부가… 정확히, 일체가 환(꿈)임을 해오한(일반적
이해를 넘어선) 수준이다. 이제, 나머지 공부가 남아 있다.
환(꿈)이라는 미세한 생각마저 넘어가야 한다.

환(꿈) 또한 환(꿈)임을 보아야 한다.
쉽게 말해서, 환(꿈)이라는 생각에서조차 벗어나야 한다.
왜냐하면 환(꿈)이라는 생각이 곧 꿈이기 때문이다.

환(꿈)이라는 생각이 끊어지면, (생각에서 벗어나면)
환(꿈)은 사라진다. 본래부터 환(꿈)은 없고… 공(마음)만 있다!

이것이 궁극적 깨달음이다.

깨닫고 보면, 순수한 공(마음)이 현상적 존재로 드러난 것이다.

따라서 깨달은 자는 형상(모습)이 실재하는 것이 아님을 알기에,

형상은 공(마음)이 묘용으로 펼쳐낸 환임을 알기에

형상에 미혹하지 않는다.

그래서 공(마음)을 깨달은 자는 일체를 공(마음)으로 본다!

무 아 · 진 아 · 불 성

2

붓다는 중도를 이렇게 말했다!

붓다의 깨달음을 중도라 한다.
이후 중도의 해석은 다양하게 원용되었다.
먼저 붓다가 말한 중도의 정확한 의도를 파악하여야,
어긋나지 않고 활용할 수 있다.

연기법을 중도라 했다!
왜냐하면 연기법(중도)은 삶을 집착하지도 않고,
떠나지도 않기 때문이다!

이것은 정확하게 삶에 맞추어진 가르침이다.
이는 삶을 활달히 살아가도록 하는 가르침(깨달음)이다.
사실이지 붓다의 출가 동기는 단순했다.
도대체 죽음이 무엇인지를 탐구하는 것이었다.
6년 고행 끝에 보리수나무 아래에서 죽음이 없음(불사, 비사)을 깨달았다.

우리의 삶에서 죽음이란 모든 것을 무화시키는 질병과 같은 것이다.
모든 번뇌의 밑바닥에는 이러한 죽음의 그림자가 드리워져 있다.
붓다는 이러한 고질적 번뇌가,
결국 무명에 의한 착각이었음을 깨달았다.
그렇기에 당시에는 진여(불성, 성품) 등은 언급하지 않았다.
그것은 해탈에 도움이 되지 않는다고 믿었다.

왜냐하면 당시 인도사회에서 아트만(진아)은 영혼이며
윤회의 주체로 인식되고 있었기 때문이다.
그러한 것을 들먹이는 것은 해탈의 장애로 간주되었다.

이렇게 하여 연기법(무아)이 확고히 자리매김되었다.
이후 대승불교에 와서는 무아를 깨달은 마음이
진여(불성, 진아, 성품)임을 표현하기에 이르렀다.
그러나 지금도 진여(불성)를 들먹이는 것은
불교의 가르침이 아니라고 하는 주장도 있다.
하지만 확철하게 깨달아보면 무아와 진아가
다른 것이 아님을 알게 된다.

그리하여 현상적 존재에 맞춘 가르침을 펼칠 때에는 연기(공)를 설하며,
그러한 현상적 존재의 근원에 맞춘 가르침을 설할 때에는
진여(성품)를 설한다.
'연기=환=공'은 어느 수준으로 체득하였는가에 따라 달라진다.
붓다가 말하길,
"연기법은 깊고 미묘하여 알기 어렵다!"

공(연기)과 진여 사이

공과 진여는 불교 사상사적으로 엄청난 시대적 거리가 있다.
때문에 시대적으로 변천해온 과정을 먼저 정리할 필요가 있다.
연기법은 《반야경》에서 공으로 설해졌다.
이를 논증한 것이 나가르주나의 《중론》이다.

간과해서는 안 되는 점은, 연기(공)는 실체적 존재로
착각하는 것에 대한 타파라는 점이다. 정확히는 여러 원인과
조건으로 생겨난 것이기에, 환과 같다는 것을 강조한 것이다.
그럼 환(幻)은 무엇인가?
있는 것인가? 없는 것인가?
있다는 것도 아니고, 없다는 것도 아니다.(그렇다고 이 당시에는
'진여' 라고도 하지 않았다.)
때문에 공(연기)은 그 쓰임에 있어서 진여와는 거리가 있다.

공(연기)은 실체적 존재가 연기적 존재임을 밝히는 데 초점이 있고,
진여는 그러한 존재 배후의 근원, 즉 그러한 존재를 생성하는
바탕을 밝히는 데 초점이 있다.
때문에 연기(공, 환)가 진여라고 하기에는 거리가 있다.(진여는 무상이다)

물론 깨달은 입장에서는 문제될 것이 없다.
하지만 둘 사이를 매개할 수 있도록 일러주는 것이 좋다.

환은 정확하게는 연기 중에서도 생연기(유전연기)에 해당한다.

환의 바탕은 진여라고 일러줌으로써
환으로부터도 벗어난다.(환멸연기)
이는 이미 연기법의 환멸연기에서 드러난다.(순수 공)
확철히 깨닫고 있을 땐 '생연기(환, 공)=멸연기(순수 공)=진여'이다!

또한 초기불교에서의 공은 정적이다.
이것이 후기불교(선)에 와서 대기대용으로 파악하면서
동적인 공으로 되었다. 사실 진여와 진여의 묘용이라고 할 때는
동적으로 파악한 것이다.

중요한 것은 형상에 대한 착각이다.
이를테면 파도가 곧 바다라고 할 때 '파도의 형상'을 두고 바다라고
하는 게 아니다. 파도의 본성이 바다의 본성과 같다는 의미이다.

파도 그대로 바다라고 할 때에는
이미 파도라는 모양은 벗어나 있음을 전제로 한다.
그럼에도 불구하고 먼저 환이라고 깨닫는 것이 중요하다.
이는 중도를 지향하도록 하기 때문이다!
이러한 중도를 강조하는 까닭은 삶을 놓치지 않도록 함에 있다!
있는 것이 아니기에 집착을 벗어나고, 없는 것도 아니기에
현실을 떠나지도 않는다.

후기불교에서는 존재 근원에 대한 논의도 하게 되었고,
그것이 불성, 진여로 상락아정(常樂我淨)을 설하게 된다.
초기불교의 무상, 고, 무아, 열반과 대비된다.
후기불교부터는 사상적으로도 회통(통합)했다고
볼 수 있다!(무아 = 진아)

공견에 떨어지면 구제하기 힘들다!

일체가 공이라는 것은 분별망상이 끊어진 깨달음(관조) 영역이다!

공을 공부하다 자칫 공견(공이라는 생각에 떨어진 것)에
빠지는 경우가 있다. 이러한 것을 경계하는 가르침이
초기경전인《뱀 잡는 경》에 잘 설해져 있다.
즉, 뱀을 잡을 땐 조심해야 한다는 것이다.
목을 제대로 잡아야 하는데,
꼬리 등을 잘못 잡다 보면 오히려 뱀에게 물린다는 것이다.
공이라는 관념에 빠질 수 있음을 경계한 것이다.
이렇게 되면, 본인의 힘으로는 스스로 헤어나지 못한다.

이러한 폐단을 보완하는 공부가 유식의 가르침이다.
이를 바탕으로 불성사상이 설해지고, 드디어 초기불교에서는
금기시했던 진여자성(眞如自性)으로까지 설해진 것이다.
연기법을 바탕으로 하기 때문에 영혼으로 오해할 수 있는
'진아·불성'이 깔끔하게 마무리된 것이다.(아직도 진아는 불성이
아니라고 주장하는 학자가 있다)

깨달음이라고 하는 공부길에서는 옆길로 샐 수 있는 함정이
도처에 도사리고 있다.
그래서 바른 선지식이 필요하다는 것이다.

이미 많은 경전과 어록들에서 수차 경고했기 때문에
이젠 그럴 위험이 비교적 줄어들었지만,
그래도 아직 이런 경우를 종종 보게 된다.
특히 선에서는 '화두' 점검을 통하여 짝퉁 여부를 걸러낸다.

공은 공이 아니고 공이다!

순수의식(진아)이 연기된 것인가?

초기불교를 공부하는 사람들 중에는
의식의 바탕(진아, 성품)도 연기라고 생각하는 사람이 있다.
연기란 인연생기라는 말이며, 현상적인 존재로 드러난 것은
모두 인연생기한 것임을 일러주는 것이다. 때문에 연기는
현상적인 존재를 가능하게 하는 근원에 대해서 설명하는 것이 아니다.
모든 존재가 연기적이기에, 의식도 마찬가지로 연기된 의식이다.
그러나 의식의 근원인 성품(진아, 불성, 순수의식)은 연기된 것이 아니다!
의식뿐만 아니라, 일체의 존재들의 근원인 바탕은
동일한 것이며, 마치 허공 같다.
그래서 실상은 곧 무상(無相)이라 한다.

따라서 연기법으로 존재의 실상을 깨닫지 못한 이해 수준으로는,
존재의 근원(성품)을 도무지 납득할 수 없다.
근원(성품)은, 인도 아니고 연도 아니다! 인연을 벗어나 있다!
그렇기에 근원(성품, 진여)의 묘용으로 인연(연기)을 다투는 것이다!
쉽게 말하자면, 무형상의 성품에서 형상화하는 작용이 연기이다.
연기(緣起)는 성기(性起)이다!

현상적 존재들 간의 인연생기(연기)를 깨닫게 되면,
무형상의 성품과 현상으로 드러난 존재의 연기 또한 깨닫게 된다.
만약 그렇지 못하다면, 아직은 공부가 부족한 탓이다!

본래면목이란 어떻게 생겼나

이 공부에서 가장 궁금하게 여기는 것이
'진여(본래면목, 성품, 불성, 진아)란 어떤 것인가'이다.
색즉시공 공즉시색이라고는 하지만,
여기에 순수한 공은 설명되어 있지 않다.
현상으로 드러난 존재가 연기(공)된 것이라는 설명뿐이다.

물론 실체로 알고 있는 존재가 연기적 존재임을 깨닫게 되면,
저절로 모든 존재가 무아라는 진실도 알게 되어
우리를 자유롭게 한다. 즉, 해탈이라는 선물이 주어진다.
때문에 색이 곧 연기임을 증득하는 것만으로 족하다고 할 수 있다.
그래서 무아이면 된 것이지, 또 무슨 진아씩이나 들먹이냐고
볼멘소리도 한다.

하지만 무아를 제대로 깨닫고 보면,
그 무아가 곧 진아임을 보게 된다! 그럼 그것은 어떻게 생겨먹은 걸까?
궁금하지 않은가?
이 부분을 가장 적확하게 드러내 보이는 것이 《임제록》이다.

'눈앞에 홀로 밝은 이것!'
'지금 이 순간 바로 여기서 드러나는 작용! [卽今目前現用]'

분명하게 깨닫게 되면 '모양 없는 이것!' 이 선명하게 보인다.
허공같이 모양은 없지만, 모양 없는 이것이 작용하는 것을
분명하게 본다. 대상을 바라볼 때, 소리를 들을 때, 생각할 때,
말할 때, 움직일 때, 맛볼 때… 바로 거기에서
이것!의 움직임이 보인다!

물론, 온 우주가 이!것!이다!

무아를 수용할 수 있는가?

초기불교의 가르침인 연기법(무아)이 모든 사람에게
받아들여졌던 것은 아니다.
무아는 무언가를 붙잡고자 하는 사람들에게는 썰렁한 가르침이다.
사람들은 '내가 있음(존재감)'을 즐긴다.
그러니까 그들은 좀 더 '에고' 놀이를 해야 한다.

그런 사람들에게 무아를 설한다는 것은,
결과적으로 그들의 즐거움을 빼앗는 일이 된다.
때문에 '무아'의 가르침은, 의식이 미성숙한 사람이 받아들이기에는
어려운 점이 있다.
무아의 가르침은 꿈놀이를 즐길 놈에게 사형선고를 내리는 것이나
마찬가지이기 때문이다.

그런 사람들에게 무아의 가르침은 해로울 수 있다.
미성숙한 사람에게 무아의 가르침은 마치 삶의 의미를 상실하고
그 결과 공허감으로 고통받는 것과 같다.
무아는 그런 사람들에게 설하는 가르침이 아니다.
그런 사람들은 아직은 좀 더 에고놀이를 해야 한다.

그런 사람들에게는 무아보다는 진아의 가르침이 부작용이 적다.
우선 '없다'는 것보다 '있다'는 것을 좋아한다.

일단 추구할 것이 있으니까 안심하고 찾기 시작한다.
물론 그렇게 출발한 공부 또한 마지막 지점에서는 '추구하는 자'마저
죽어야 하지만 말이다!

이 공부가 어렵다기보다는, 에고의 죽음을 수용할 자세가
되어 있는가, 아닌가가 관건이다!

이 공부의 혼란스러움

공부를 조금 해볼라치면 헷갈리는, 서로 상충되는 가르침이 드러난다.
어떤 때는 마음이 있다! 또 어떤 때는 마음이 없다!
도대체 무슨 말이며 웬일인가? 어떻게 소화하라고?
어찌어찌 나름대로 수습했다 싶으면,
이번엔 '있는 것도 아니고 없는 것도 아니다!' 라고 한다.

핵심은 이렇다.
가르침의 방편에 따라 그렇게 일러줄 뿐인데,
듣는 사람 입장에서는 일관성이 없기에 혼란스럽다.

어떤 사람이 있음(마음, 공, 본래면목, 진아)에 고착되어 있다고 하면,
그러한 것은 없다고 일러준다.
그래야 모양으로 찾고 구하려는 짓을 그만둔다.
왜냐하면 마음은 어떠한 모양(형상)도 아니기 때문이다.

어떤 사람이 없음(마음, 공, 본래면목, 진아)에 고정되어 있다면,
있다고 일러준다. 그래야 없다는 생각에서 벗어나기 때문이다.
그리고 마음은 실재한다.(어떤 모양도 없이)

경우에 따라선 곧장 일러주기도 한다.
"마음은 있는 것도 아니고 없는 것도 아니다."

이것이 직접적으로 일러주는 말이지만,
공부하는 입장에서는 매우 곤란해한다.(멍해진다)
그런데 사실은 이것이 참 좋은 가르침이다.
근기만 있다면 말이다.
곧장 끝날 수 있기 때문이다.

결국 생각이 문제다.
생각은 '있다/없다' 밖에 모른다.(동일률, 모순율, 배분율)
이러한 메커니즘은 폐쇄적이고, 사고의 틀이기 때문에 진실을 깨닫지 못한다.
모든 가르침은 이러한 사고의 틀을 부수는 데 있다!

어느 것이 우열한가는 없다.
각자 스스로, 스타일대로 공부하면 된다.

진아는 무아와 연결되지 않으면 영혼으로 전락한다!

존재의 실상이 명확히 밝혀진 것은 무아의 가르침 때문이다.
대승불교에서 등장하는 진아(성품)는 무아의 가르침이
명확할 때 가능하다.
물론 무아 또한 진아의 가르침과 연결될 때
보다 선명해진다고 할 수 있다.

공부과정에서 나타나는 차이를 살펴보면,
자칫 공부에서 놓칠 수 있는 부분이 드러난다.
무아의 가르침은 곧장 일진법계로 이어진다.(묘각)
반면에 진아의 가르침은 아공을 거쳐서
아공법공(일진법계)으로 나아간다.
이때 아공 수준에서의 성품자리는 자칫
영혼 같은 것으로 여겨질 수 있다.
그렇게 되면, 윤회가 있다고 믿을 공산이 크다.

간혹 어설픈 선사들의 어록에서
이러한 윤회(환생) 스토리는 심심찮게 보인다.
여하튼 무아임을 분명하게 보지 못하면
귀신 씻나락 까먹는 소리를 늘어놓게 된다!
이 공부도 제대로 끝내지 못하면 아니함만 못하다!

무아와 진아 그리고 주시자

무아는 연기법의 귀결이다. 때문에 즉시 전체와 하나된다.
왜냐하면 어떤 부분을 나라고 삼는 착각에서 벗어나면,
저절로 본래의 전체성으로 되기 때문이다.

진아는 마음의 근원인 성품을 깨닫는 것으로써,
성품이 현상으로 드러난 것임을 본다.
그리하여 전체와 하나가 된다.

하지만 진아를 깨닫는 공부과정에서는,
묘하게도 '어중간한 진아'가 있다.
쉽게 말하자면, '주시자' 차원의 진아, 혹은 아공은 성취했지만
법공까지는 체득하지 못한 진아이다.
이러한 상태를 《화엄경》에서는 보살지(1~10지)로 표현한다.
선에서도 이 부분을 알고 있기에, 대상경계가 성품으로까지
확연하도록 나아가기 위해선 오래오래 익혀야 한다고 강조한다.
물론 주시자 차원에서도 대상경계 또한 진여임을 모르진 않지만,
스스로 확연하지 않음이 가슴에 자리 잡고 있다.
즉 스스로 공부가 끝나지 않았음을 알고 있다.

이치적으로는 진아를 깨닫게 되면 즉시 전체성이 되는 것 같지만,
실증적으로는 그렇지 않다.

때문에 무아가 방편적인 가르침이긴 하지만,
실증적으로는 즉각 전체성(일진법계)으로 되는
효과적인 공부방식이다.
물론 공부인에 따라서 공부를 해나가는 성향이 다르기 때문에
이 부분을 논하는 것은 그냥 논쟁으로 남을 가능성이 크다.
하지만 이 부분을 논함으로써 보다 깊게 공부할 필요가 있다.

불교가 처음에 연기법으로 시작해서
심법(불성)으로 폭을 넓혀간 것이라면,
힌두교는 처음에 심법(브라흐만=진여)으로 출발하여
불교의 무명이라는 가르침을 받아들였다.
그 결과 실재론적 불이일원론에서 환영적 불이일원론으로 자리매김했다.
이는 '샹카라(Shankara, 700~750)'라는 각자에 의한 것이긴 하지만,
그 또한 어떻게 하면 깨닫도록 할까를 고민한 끝에 나온 결론이라고 한다.

Ⅲ. 공부인의 자세

순수한 발심

1

무엇이 문제인가?

깨달음은 먼저, 깨달음이 일어날 만한 궁극에 대한
의문이 있어야 한다. 이러한 의문이 결국
스스로 답을 찾도록 하는 원동력이다.
그런 후에야 바른 방법과 접목되고, 제대로 수행할 때
그러한 결과인 깨달음이 피어난다.
대체로 이러한 궁금증이 어느 정도 강한가에 따라
공부 정도가 정해진다.

진정으로 모든 것을 걸고라도 정각을 원하면
그렇게 된다.
원(願)이 스스로를 이끈다.
이것이 신비다.

진실로 원하고, 모든 것을 희생해서라도 분명히 깨닫고 싶다면
문은 열린다!
어렵다면 이것이 어렵다.

수행도 이렇게 되기까지의 여정이라고 할 수 있다.
시간이 길게 걸리고, 짧게 걸리고의 문제가 아니다.

과연 그대는 깨닫고 싶은가?

깨달음에 대한 환상 버리기!

깨달음이란 나와 세계의 존재가 무엇인지를 깨닫는 것이다.
그러니 의식주의 해결과는 상관없다. 세상의 출세와도 상관없다.
오직 존재의 진실이 무엇인지를 목말라하는 사람들이
추구하는 문제이다.

물론 이러한 진실이 주는 선물은, 말로 할 수 없이 엄청나다!
그 무엇으로도 비교할 수 없다.
어찌 세속적인 가치와 비교할 수 있단 말인가?

하지만 세상사에서 흔히 말하는 성공·출세와는 거리가 멀다!
행여 잘못 알아, 마치 로또복권처럼 여겼다면 그만두어야 한다.
그러한 것과는 전혀 상관없다.

묵묵히 그저 진리를 알고픈 사람들, 아니 정확하게 말해서
어찌할 수 없이 진리탐구로 이끌린 사람들이 하는 공부이다.
그러기에 그들은 삶의 모든 것을 오직 이 공부를 위해 바친다.
이렇게 진실이 무엇인지를 알고픈 것에, 그들의 모든 삶을 헌신한다.

그러기에 깨닫고자 하는 마음, 즉 발심은 순수해야 한다!

문제의식이 없으면 깨닫지 못한다!

목표가 없는 공부!
깨닫고자 하는 것이 무엇인지도 모른 채 막연하게 하는 공부!
문제의식 없이 막연히 하는 공부는 시간낭비에 불과하다.

알고자 하는 바가 무엇인지 명확하지 않으면,
깨달음 체험이 일어나도 그냥 스쳐가는 풍경이 되고 만다.
그러니까 존재의 실상에 대한 앎이 발현되지 못한다.

왜? 무엇 때문에? 그래서 무엇을 알고 싶은지를
자문자답해야 한다. 답은 찾는 자에게 주어진다.
애당초 의문이 없다면, 설령 깨달음 체험이 일어나도
답을 얻지 못한다.

따라서 세속적인 욕망의 수단으로 이 공부를 한다면
결코 성취하기 어렵다.
왜냐하면 그 같은 욕망이 사라져야 존재의 실상이
드러나기 때문이다.

효과적인 공부법

공부를 하다보면, 특별히 의문이 드는 부분이 있다.
그것이 스스로 집중적으로 공부해 들어가야 하는 부분이다.
이를테면 경전을 읽다가도, "이게 무슨 뜻일까? 무슨 말이지?"
아니면 "아! 맞어!" 하며 동감하는 부분들, 그 부분에 마음을
집중적으로 파고들어야 한다.

《반야심경》에서 '색즉시공! 공즉시색!' 이라 할 때,
이 부분이 목에 딱 걸려야 한다.
《금강경》에서 '제상이 비상이면 즉견여래!' 라고 할 때,
역시 이 부분이 가슴에 가시 걸리듯 박혀야 한다.
《유마경》에서 '번뇌 즉 보리!' 라고 할 때,
번뇌와 보리가 어떻게 같다는 말인가, 하며 집요하게 물고 늘어져야 한다.
결국 공부는 이러한 의문이 생겨야 하며,
이러한 의문이 공부길로 이끈다.
한마디로 탐구욕이 끊임없는 공부의 추진력을 갖도록 하며,
그 끝자락에서 문득 답을 얻는다!
하긴, 궁금하지도 않은데 무슨 공부가 될 것인가?
초발심시변성정각(初發心時便成正覺)이란 것도
이미 그러한 의문덩어리를 가슴속에 간직한 사람에게 해당되는 말이다!
발심은 곧 의심이다!

언제 깨닫게 되나?

그대는 아는가?
무엇을 모르고 있는지?

내가 누구인지 모르겠다고 한다면,
이제 모른다는 것에 대해서 눈을 뜨기 시작한 것이다.
물론 그러한 사실을 인지하였다고 해도, 여전히 물음은 남아 있다.
하지만 그 사람은 물음에 대한 답을 찾기 위해 노력할 것이다.
답은 노력을 통하지 않고는 얻을 수 없다.
때때로 답을 찾지 말라는 가르침 또한 답을 찾는 방법 중 하나이다.

사람에 따라 의문에 대한 갈증은 다르다.
갈증이 약한 사람은 직접적으로 찾는 행위로까지는
나아가지 않을 것이다.
대체로 자기정체성에 대한 그리움을 가슴에 묻어두고 살아가다가,
어느 날 불현듯 어떤 계기가 되는 사건을 접하면서 이 공부는
본격적으로 시작된다.

궁금하기는 하지만 아직 그런대로 참을 만하면,
그냥 그렇게 살아가는 것도 괜찮다.
괜히 깨달아야 한답시고 성급하게 구는 것도 옳지 않다.
모든 것에는 적절한 때가 있다.

젊은 나이에 꼭 필요한 소수를 제외한다면,
삶의 폭과 깊이를 충분히 경험한 후에 공부하는 것이
보다 바람직하다. 자칫 깨달음에 홀려서 인생의 대부분을
아웃사이더로 보내는 경우가 허다하다.
바른 선지식을 만난다면 행운이겠지만,
그렇지 않은 경우가 대다수이고 보면 문제가 심각하다.

깨달음은 무엇인가?
단도직입으로, 그렇게 묻고 있는 놈이 무엇인지를 확인하면
그것이 곧 깨달음이다.
모를 때는 '나는 누구인가?' 라는 의문에 묶여 있지만,
깨닫고 보면 의문하는 그것이 곧 답이다.
그러니 의문의 내용에 함몰되어 멍하게 있지 말고,
한번 박차고 뚫고 나오면 된다.
마치 꿈속에서 깨어나는 것과도 같다.
꿈속에서도 깨어나려고 노력하겠지만,
참으로 발심하지 않고는 깨어나지 못한다!

왜 깨달으려 하는가?

존재의 실상을 깨닫는 일은, 오로지 그 자체에 뜻이 있어야 한다.
진실이 무엇인지 알고자 하는 마음으로 접근해야 한다.
만약 그렇지 않고 사심이 끼어들면 깨닫기 어렵다.
고작해야 사심이 섞인 경지를 맛볼 뿐이다.

이 공부를 하는 사람들의 유형을 살펴보면 다양하다.
그 의도가 순수하지 않은 경우가 대다수이다.
각자가 추구하는 분야에서 달인이 되고자 이 공부를 하는 경우가 많다.
예를 들면, 스포츠 등에서 명상 훈련을 통하여
그 기량을 발휘코자 하는 것과 같다.
물론 일정 부분 효과를 기대할 수 있지만, 진정한 명상은
존재의 실상을 깨닫는 것에 있다. 세상에서의 능력을 확보하는 것과는
관계가 없다. 깨닫게 되면 부수적으로 따라오는 것이지…
부수적인 효과를 기대하고 접근한다면 어불성설이다.
사심을 갖고 공부하면, 바르고 건강한 깨달음과는 멀어진다.

짝퉁공부는 넘치고 넘친다.
특히, 공부과정에서 일시적으로 가치판단이 흐려지면,
윤리도덕에 어긋나는 행위를 저지를 가능성이 많다.
남녀 성적 문란은 특히나 문제이다.
깨달음이 어려운 것이 아니라, 깨달음에 합당한 심성이 요구된다!

홀로 간다!

우이독경(牛耳讀經)이란 말이 있듯, 참으로 답답한 사람들이 있다.
그래서 돼지에게 진주를 던져주지 말라는 말도 생겼나보다.
누구나 할 수 있는 공부이지만, 아무나 해낼 수는 없다.
진정으로 배우려는 간절함이 없다면 소용없는 짓이다.
그냥 알음알이나 더 늘려갈 뿐이다.

괜히 관심 있는 척하며 기웃거리는 구경꾼들이여!
쓸데없이 귀한 시간을 낭비하지 말지어다.
세상에서 낙오한 자들이 스스로의 공허감을 메우기 위해서 하는
그런 공부가 아니다! 이 공부는 세상의 가치와는 상관없이,
스스로 자신의 내면을 탐험하고자 하는 자들이 걷는 길이다.
이들은 묵묵히 그렇게 스스로의 길을 가는 자이다.
그렇다고 그들이 세상을 등지지도 않는다.
오히려 세상을 위해 탐험하고,
그 소식을 함께 나누고 누리고자 한다.

그들은 무소의 뿔처럼 홀로 간다!
때문에 그들은 탓을 하지 않는다!
그저 간절한 마음 하나를 품고서 묵묵히 길을 간다!

제대로 된 발심이 필요하다!

깨닫기 위해서는 깨닫고자 하는 마음이 필요하다.

많은 사람들이 말로는 깨닫고 싶어 한다.

그런데 정작 그들이 원하는 것은,

진리가 무엇인가에 대한 것이 아니다.

그들이 원하는 것은 깨달음이 주는 효과이다. 효과, 효험이

탐이 나는 것이다. 효과는 깨닫고 나면 부수적으로 갖추어지는 것이다.

그런데도 효과만을 취하고자 한다. 이는 탐욕이다.

곧 에고가 하는 짓거리이다.

어찌 이러한 사람이 묘각을 얻겠는가?

흔히 "무엇 때문에 깨달으려 합니까?" 하고 물어보면,

"마음이 편해지려고요." 하는 식으로 답한다.

이런 식의 대답이 그런대로 괜찮다고 여겨질 수도 있으리라.

하지만 이런 사람은 의도가 불순하다. 깨달음은 순수해야 한다.

그저 나와 우주 혹은 근원에 대해서 궁금할 뿐이어서

오직 그것에 목말라야 한다.

그 외 다른 의도가 없어야 한다.(그래야 죽을 수 있다)

그런 의미에서, 각자가 어떠한 마음으로 이 공부를

시작하는가에 따라,(발심) 결과도 그것에 걸맞게 얻는다.

그러니 이왕 이 공부를 할 바에야,

제대로 된 깨달음인 묘각이어야 하지 않겠는가?

자유로운 마음

깨달음은 자유로운 마음을 얻는 것이다.
이것은 마음 스스로가 속박된 마음 상태에서 벗어나야 가능하다.
그렇다면 지금 우리의 마음은 묶여 있는 셈이 되는데,
그렇기 때문에 먼저 이 공부는 자신의 마음 상태가
무언가 알 수 없는 답답함을 느끼는 것에서 출발한다.

이 답답함은 바로 스스로의 정체가 무엇인지를 모르는 것에서
기인한다. 이 같은 답답함은 보통 궁극적 의문으로 이어지며
스스로 묻고 답하는 과정에서 구체화된다.
난 누구인가? 도대체 이 세상은 왜 이렇게 있는 걸까?
왜 태어나 죽는 걸까… 등등.

이러한 의문에 휩싸이면서 점차로 의문은 가슴에 자리 잡고
좀처럼 비켜나지 않는다.
이제 의문은 커다랗게 자리 잡아, 의문이 해결되지 않으면
산다는 의미조차도 상실할 지경에 이른다.
이 사람은 깨닫지 않고는 살아갈 수 없다.
그리고 공부에 대한 발심이 순수하다.
그의 의도는 매우 순수하였기에 바른 깨달음을 얻을 것이다.

그러나 공부 의도가 불순하다면, 그러한 마음으로는

불순물이 섞인 공부 결과를 얻게 될 것이다.
바른 깨달음은 조금의 불순물도 허용치 않는다.
모든 수행법은 청정심 그러니까 순수한 마음을
회복하도록 하는 것이다.
간단히 말하자면, 깨달음이라는 열매를 원한다면,
'먼저 너의 마음을 깨끗이 하라!'가 우선이 된다.

칠불통계(七佛通戒)의 게(偈)

제악막작(諸惡莫作) ― 모든 악을 짓지 않으며,
중선봉행(衆善奉行) ― 뭇 선을 받들어 실천하며,
자정기의(自淨其意) ― 스스로 자신의 마음을 청정하게 하는 일,
시제불교(是諸佛敎) ― 이것이 모든 부처님의 가르침이다!

이 공부를 감당할 만한 사람!

선불리 깨달음을 얻으려 하지 마라!
탐욕으로 깨달음을 얻고자 하는 사람들에게 하는 당부이다.
그들은 깨달음까지도 자신을 자랑하는 장식물쯤으로
생각하는 사람들이다. 이런 사람은 깨닫지도 못할 뿐만 아니라,
오히려 스스로에게 해롭기까지 하다.

쉬운 예로, 어린이에게 칼은 위험하다.
소인배에게 출세는 오히려 스스로를 망치게 한다.

중생들의 수준에서 무명은 삶에 필요한 보호막으로 기능한다.
진실은 결코 장밋빛 무지개가 아니다.
진실을 감당할 만한 능력이 없는 사람에게는
오히려 치명적일 수도 있다.
어설피 진실을 탐하다가 삶이 망가진 자, 무수히 많다!

이 공부를 감당할 만한 선근이 아니라면,
그냥 가던 길을 가라!

중도 하차!

'이 공부에 대한 궁금증이 어디까지인가?'에 따라
그만큼만 성취된다. 때문에 공부 이전에
스스로 원하는 목표가 무엇인지를 점검하는 것이 좋다.
물론 공부가 진행되어감에 따라 목표를 수정할 수도 있지만,
처음의 발심 정도가 거의 결정적이다.

그동안 공부하고 싶다는 사람들을 많이 만나보았다.
그들은 한결같이 궁극적인 깨달음을 원한다고 하지만,
실은 세속적인 욕구불만이 원인이었다.
이 공부를 자신의 욕구불만을 해소하는 위로물 정도로 오해하였기에,
어느 정도 공부를 해보다가 대개는 중도 하차한다.

특히 재미있는 부분은 깨달음에 대한 궁금증인데,
이들은 이것을 이해하는 수준에서 만족해한다.
'아! 그게 그런 것이군요!'
물론 깨닫는 것과는 거리가 멀지만,
삶으로의 복귀라는 점에선 괜찮다.
그들은 최소한 깨달음을 빙자한 사기꾼에게 속지는 않을 것이기에.

공부에 대한 지나친 친절이 공부의욕을 꺾는다고 우려하지만,
사실은 그렇지 않다. 그러한 이해만으로도

그들이 각자의 삶을 열심히 살아갈 수 있다면 좋은 것이다.
왜 굳이 이 길을 가야 한다고 부추긴단 말인가?
꼭 그럴 필요는 없다. 이 길은 더할 나위 없이 좋지만
충분히 준비된 자가 아니면
갈 수도 없고, 갈 필요도 없다!

이 공부의 즐거움

'존재의 실상이 무엇일까? 나는 누구일까?' 라는 의문에는,
묘한 설렘과 함께 결코 그만둘 수 없는 그리움이 있다.
만약 그렇지 않다면 그것은 호기심 차원에 불과하다.

이 공부에 대한 본능적 끌림이 없다면,
괜히 시간 낭비하지 말기 바란다.
좋아서 하는 공부가 아니고,
마지못해 하는 공부로는 결코 성취할 수 없다.

이 공부가 주는 혜택은 이루 말할 수 없다.
《금강경》에서 소개하는 것처럼 무엇과도 비교할 수 없다.
그렇긴 하나, 그러한 공부의 즐거움을 모르는 사람에게
그것이 무슨 소용인가?
그저 세간의 즐거움 같은 것으로 여기거나,
충족되지 못한 세간에서의 욕구불만에 대한 보상으로
이 공부를 하는 것이라면 그만두는 것이 좋다.
이 공부는 그런 것들과는 전혀 질이 다르기 때문이다.
마치 산악인들이 죽을 수도 있는 높은 산을 오르는 것과 비슷하다.

이 공부를 시작하기 전이나, 아니면 공부 중에 있는 사람도
스스로 자신을 점검하기 바란다.

과연 무엇을 원하는가?
그대가 진정으로 원하는 것은 도가 아니고 돈이 아닌지?

공부는 어려운 것이 아니다.
다른 마음으로 이 공부를 하기 때문에 어렵다.
마음이 콩밭에 가 있는데, 어떻게 이 공부에 올인하겠는가?
괜히 하는 척하면서 세월을 허비하지 말고,
그대가 원하는 삶을 살기 바란다!

본래 아무런 문제가 없다!

절실한 마음으로, 초심으로

2

진심으로 공부해야 깨닫는다!

우리는 마음공부를 한다. 깨닫고 싶기 때문이다.
그렇다면 진지하게 공부에 열중해야 한다.

물론 공부에 열중하겠다고 마음은 먹는데도
한편으로는 게으름을 피운다.
비단 이 공부만 그런가? 대체로 그렇다.
왜 이렇게 반 마음으로 임하는 걸까?
왜 온 마음으로 하지 못할까?

그러한 마음 상태를 모두 알 수는 없지만,
한 가지 분명한 사실은, 다급하거나 절체절명해지면
신기하게도 마음은 착! 가라앉고 통일된다.

이 공부를 해내는 핵심도 그러한 마음가짐이다.
마치 옛날 어떤 사람이 죽기를 각오한 비장한 마음으로
화살을 쏘아 곰을 맞히어 꿰뚫었는데, 알고 보니
곰같이 생긴 돌이었다는 이야기와 비슷하다.
위급한 상황에서 우리의 마음은 기이하게도 차분해지며
정신이 상황에 대처하는 것을 경험한다.

마음 깊은 곳에서는 이미 답을 알고 있다.

그 답을 마음이 내보이도록 해야 한다.
어떻게 해야 가능한가?
순수한 마음으로! 온 마음으로! 지극정성을 들여야 한다!

어렵다고 여겨지는가?
결코 어렵지 않다.
우리는 살아오면서 원하는 일들, 꼭 성취코자 하는 것들을
얻기 위해서 줄곧 그렇게 해왔다.

여기엔 잔머리가 통하지 않는다.
오로지 진실한 마음만이 진실의 문을 열 수 있는 열쇠다!
이 공부가 어려운 것이 아니라, 진실한 마음을 바치지 않아서다!

꿈을 꾸고 싶은가?

우리가 사는 세상은 진여가 펼친 꿈세상이다.
모든 경전이 한결같은 목소리로 이 진실을 일러준다.
하지만 그 진실이 믿기지 않는 것은,
그대가 아직 꿈을 꾸고 싶어 하기 때문이다.
때문에, 꿈을 지속코자 하는 사람에게 이 진실은 치명적이다.

꿈의 내용이 어떠하든… 이제 꿈에서 깨어나고 싶다는
간절함이 있다면 그 간절한 마음이 스스로를 깨운다.
사실, 깨달음은 원하면 이루어진다.
핵심은 진심이어야 한다. 진실로 원하면 이루어진다.
진심이 곧 진여이기에, 그토록 간절하게 원하면
그 원하는 마음이 스스로를 돌아보게 한다.

깨달음이 어려운 것이 아니다.
진실로 깨닫고 싶어 하는지 스스로에게 물으라!

만약, 깨달음이 그대를 세상에서 폼 나게 만들 것이라는 환상에서
시작한 것이라면, 그것은 꿈의 연장선이다!
그런 마음가짐으로는 결코 훤칠하게 깨달을 수 없다!
고작 그림자만을 볼 뿐이다!

절실한 마음으로

이 공부를 진정으로 해보겠다는 마음이 들면,
그리하여 가슴 깊이 진정으로 공부하겠다는 마음이 들면,
이제는 무슨 일이 있어도 깨닫고 싶다는 비장한 각오가 든다면,

그대여, 이제 비로소 '발심'이라는 것이 형성된 것이다.
솔직히 말하자면, 이전의 그대는 겉멋만 잡은 것에 불과하다!
그러니까 남들이 하고, 또 좋아 보이기도 하고,
나 역시 그런 문제로 궁금했던 차였기에,
이 공부를 시작해본 것에 불과했다.
그렇게 출발한 공부였기에… 공부를 시작하면서 궁금했던
어떤 부분들을 조금씩 알아가면서 공부의 의욕 또한 그만큼 줄어든다.
그대가 깨닫고 싶다는 바람은 고작 그만큼의,
그러니까 호기심 차원에 불과했음이 분명해진 것이다.
이 공부는 그대가 원하는 만큼만 얻을 수 있다.

왜 자신은 깨닫지 못하느냐고? 스스로 가만히 생각해보라!
참말로! 진정으로! 깨닫고 싶은지를 스스로에게 물어보라!

아닐 것이다!

왜냐하면 정말 간절하게 절실히 깨닫고 싶다는 마음이 가득하다면,

그대는 즉시 깨닫게 된다!
진정으로 깨닫고 싶다는 마음이 순도 백 퍼센트라면,
지금 즉시 깨닫는다!

깨닫는 법

깨닫는 방편은 이미 무수히 나와 있다.

이는 사람마다 깨닫는 계기가 여러 가지라는 말이기도 하다.

그런데 여전히 깨닫지 못하는 사람이 많다.

왜 그럴까?

간절하지 않아서.

이 말은, 정말로 절실하면 깨달을 수 있다는 말이다.

하지만 왠지 실감나지 않는다.

왜냐하면 각자 스스로 나름대로 애써봤기 때문이다.

애는 써봤겠지만 제대로 된 깨달음 방식을 택했는지 묻고 싶다.

분명히 책에서 말하는 대로 제대로 실천했는가,

스스로 점검해야 한다.

만약 방법을 제대로 이해했고, 그리고 실행했다면 될 수밖에 없다.

환자의 치료법처럼 확실하게 정확하게 처방대로 한다면 반드시 된다.

안 되는 것이 오히려 이상하다.

건성으로 하지 말고, 제대로 마음먹고 해보라! 왜 안 되는가?

그것이 어렵다면 될 수도 있고 안 될 수도 있겠지만,

본래의 마음을 회복하는 것인데 뭣이 어렵다는 것인가?

아무리 생각해보아도 안 되는 이유는

제대로 하지 않았기 때문이리라!

진지하게 참으로 진지하게 해보기 바란다!
방법이 문제가 아니라, 행하는 사람의 마음이 문제인 것이다.
더군다나 마음을 깨닫는 것 아닌가? 비결은 여기에 있다.
마음을 깨닫겠다고 확실하게 마음먹는 그것이,
바로 깨치고 보면 같은 마음이다.

지금처럼 깨닫기 좋은 때가 언제 있었는가?
이제야말로 깨닫지 못한다면,
몇 겁을 윤회해도 어려울 것이다.
호시절이 왔다. 지금이 기회이다.

의식의 각성도 다양하다!

어떤 마음을 갖느냐에 따라 각성의 질도 다르다.
가령, 의미심장한 각오로 책을 읽을 땐, 똑같은 내용이더라도
새로운 내용으로 읽힌다. 관점만 달리해도 책의 내용은
다르게 이해된다. 그대가 참으로 준비되어 있다면,
그 어떤 것이라도 그대를 깨어나게 할 것이다.

진지하게, 의미심장하게, 스스로 의식의 각성을 가다듬어라.
불현듯 의식 깊숙한 곳에서 아! 하는 탄성과 함께 명료한 의식이
솟구치며, 그대의 의식 전체를 송두리째 바꾸어놓을 것이다.
진지하게! 처절하게! 절실하게!
당장 죽어도 좋다는 마음으로 책을 읽으면,(혹은 사색을 하면)
이같이 번개 맞는 것 같은 명료한 앎이 솟구치며,
지금까지 알고 있던 알음알이의 시스템 전체가 무너지면서
전면적으로 구조개편이 일어난다.
전식득지(轉識得智)는 이렇게 일어나는 것이다!

깨닫기 어렵다는 님이시여!
대충, 어중간히, 그냥그냥, 건성건성, 막연한 마음가짐으로
책을 읽거나 대하지 않았는지?
스스로를 점검하시기 바랍니다!

원하는 만큼만 얻는다!

이 공부를 할 때에는, 마음을 어떻게 먹느냐에 따라
공부의 질적 수준이 결정된다.

이를테면 나만 깨달으면 된다는 생각이라면,
꼭 그 정도에서 이루어진다.
그러나 내가 깨닫게 되면, 반드시 다른 사람들도 깨우쳐주리라
하는 마음이면, 정말 그렇게 된다.

사실, 깨닫는 것은 쉽다.
그러나 다른 사람을 깨닫게 하려면, 훨씬 공부가 분명해야 하고
또 어떻게 일러줄까, 하는 문제의식을 가져야 한다.
바로 그것 때문에, 그 사람의 공부는 깊어지고 넓어진다.
신기하게도, 이 공부는 마르지 않는 옹달샘마냥
공부를 하면 할수록 무궁무진한 즐거움이 샘솟는다.

한편, 어떤 사람은 조금 안 것으로 안주하는 경향이 있다.
아마도 처음부터 목적지에 닿기만을 바란 것일 게다.

안타깝다! 목적지에 있는 온갖 보물과 진기한 음식들을
미처 보지 못하는구나!

제대로 공부해야

바르게 정진해야 성과가 있다.
모든 공부가 그렇듯이, 기초를 분명하게 다져야 한다.
기초적인 공부가 어려운 것은
기존의 선입관을 내려놓지 못하는 데 있다.

공부를 잘못하는 경우란?
이미 알고 있다고 여긴 앎에다가, 새롭게 배운 것을
접목시키려 하는 것이다. 그러니까 기존의 선입견과 맞는 것은
받아들이고, 그렇지 않으면 배제하는 식이다.

아무것도 모른다는 심정으로 돌아갈 필요가 있다.
초심으로 돌아가야 한다.
초심은 빈 마음이다. 비어야 담을 것 아니겠는가?
안다는 생각, 이런 경우를 두고, 아는 것이 병이라고 하는 것이다.

진지한 공부인은 스스로를 점검한다. 참으로 알고 있는지?
만약, 아는 것도 같고 모르는 것도 같은 상태라면
그것은 모르는 것이다.
스스로 분명하여, 부정하려야 부정할 수 없는
명명백백한 앎이 드러날 때까지!

깨닫는 일엔 선후배가 없다!

이 공부의 특징은, 먼저 공부한 순서대로 되는 것이 아니라는 점이다.
깨닫지 못했다면, 언제나 왕초보다.
또 왕초보라는 심정으로 공부해야 한다.

공부를 오래했다는 마음의 때를 벗겨내야 한다.
안다고 여기는 그 생각이 공부를 방해하기 때문이다.
안다고 여길 때, 새롭게 들어설 여지가 없어진다.
깨달음은 기존의 관점을 비운 상태에서 일어난다.

텅 빈 마음을 깨닫기 위해서 안다는 생각을 텅 비워야 한다.
먼저 하고 시간이 길고가 중요한 것이 아니라,
바르게 해야 깨닫는다.
이 공부는 어려워서가 아니라,
제대로 하지 않기 때문에 깨닫지 못하는 것이다.

깨닫는 일에는 선후배가 없다!

극기훈련이 아니다!

수행은 극기훈련이 아니다.
물론, 공부과정에서 인내가 필요한 것은 사실이다.
하지만 그 모든 것이 존재의 실상을 깨닫기 위한 것임을
잊어선 안 된다.

공부 과정이 길어지다보면 처음의 목표의식이 불분명해지고,
결국 무엇 때문에 이 공부를 하고 있는지를 망각한다.
그리하여 그냥 습관적 행동이 되고… 결국 타성에 젖는다.

초발심의 의미는 다양하게 해석되는데, 이 공부를 막 시작할 때,
의욕에 차고, 생기 넘치며, 신선한 마음과 순수한 열정으로 가득하다.
그러다가 시간이 지나면서 공부의 성과가 나타나지 않으면
첫 마음의 생기(生氣)는 빛이 바랜다.

하지만 깨달은 마음과 매우 닮아 있는 이 마음이 활짝 열린
순수한 마음이다. 이 마음은, 비단 이 공부뿐만이 아니다.
여행을 가기 전날에, 가슴 설레며 잠을 설치는
약간은 들뜬 기분과 비슷하다.
이제 막 처음 공부하는 마음가짐으로,
기분 좋게 공부를 해야 활짝 깨어난다!

솔직하게 표현하면 깨닫는다!

있는 그대로의 느낌·생각을 솔직하게 표현하면 마음이 점점 맑아진다.
스스로를 포장하려는 유혹을 떨쳐버리고 진솔하게 표현하면,
그림자에서 해방되어 건강한 페르소나가 된다.
물론 처음엔 두려움이 앞선다. 그래서 상당한 용기가 필요하다.

좋게 보이고 싶은 에고의 욕구를 멀리하고,
자기 자신의 있는 그대로의 모습을 들여다보는 것은
가식과 허위의식에서 벗어나는 행보가 된다. 이 자체가 수행이다.
물론 정글법칙이 적용되는 삶의 현장에서 섣불리 솔직하다가는
먹이가 될 수 있으니, 때와 장소를 가려야 할 것이다.

공부의 장에서는 스스로를 들여다보는 습관을 들여야 한다.
그리하여 있는 그대로를 보는 힘이 강해지면,
드디어 마음 자체가 맑고 투명해지면서 깨닫게 된다.
이것이 팔정도와 육바라밀이 말하고자 하는
일상생활에서의 실천(수행)이다.

스스로의 마음을 깨닫는 일에 비법 같은 것은 없다.
꾸밈이 많으면 꾸며진 상만을 볼 것이요,
꾸밈이 없으면 꾸밈 없는 순수함이 드러날 것이다!

글은 자기 자신을 드러낸다!

글을 읽어보면, 그 사람의 공부 수준을 알 수가 있다.
어떤 의식의 영역에서 그 글들이 나오는지
분명하게 드러나기 때문이다.

마치 산을 오르면서 눈앞에 펼쳐지는 풍광을 묘사하는 것과 같다.
자신의 관점이 글을 통해서 표현되기 때문이다.
산의 정상에 올라본 사람은, 산 아래를 묘사할 때조차도
그 안에 산 정상이 전제되어 있다.

그런데 정상을 가보지 못한 사람도 마치 가본 양
떠드는 경우가 있는데, 우스운 일이다.
왜냐하면 가본 사람의 글을 자신의 것으로 표절하면
어울리지 않는 조합의 글이 되기 때문이다.
바지는 한복, 상의는 양복 차림 그리고 모자는
갓을 쓴 것 같은 모양새다.

글에서는 어차피 글 쓴 사람의 살림살이가 드러나게 되어 있다.
진솔하게 쓰는 것이 가장 좋다!

유
연
한

자
세

3

믿음의 힘!

이 공부의 관건은 믿음이다.

이미 이대로 부처임을 믿는 것이다.

물론, 깨달음을 통한 확신은 이후의 일이 되겠지만,

일단은 믿고 시작해야 그 출발점에서부터 힘 있는 공부가 된다.

공부 과정에서 겪게 되는 여러 차례의 심리적 변화가 있겠지만,

그때마다 이 공부를 성취시키는 힘은 믿음이다.

이 믿음은 공부에 대한 부담을 덜어주고,

긍정적이고 활기차게 나아가도록 해준다.

마음은 묘하게도, 자신감이 없는 것을 회피하며

외면하는 경향이 있다. 그래서 억지로라도 믿음을 가져야 할

필요가 있는데, 처음에는 저항하는 마음이 올라온다.

'나는 부처다!' 라고 생각하는 순간,

'네가 무슨 부처냐? 웃기고 있네!' 와 같은,

또 다른 속삭임이 들린다.

그러나 이 속삭임에 굴복해서는 안 된다.

이 속삭임은 여태 주변에서 주워 모아온 선입견에 불과하기 때문이다.

비단 이 공부뿐만이 아니다.

어떤 일을 행하기로 다부지게 마음먹고 실천하려고 할 때에도

같은 현상이 일어난다.

주변에서, '네가 어디까지 하는지, 그런 결심이 얼마나 오래가는지 지켜보겠다'는 등의 비아냥거리는 소리가 들려올 수도 있다.

이것은 공부하고자 하는 이들이 당연히 치러야 할
하나의 의례와도 같다.
참된 공부인은 그 어떤 유혹의 목소리에도 흔들리지 않고 길을 간다!

할 수 있다고 생각하면!

혹 '내가 어떻게 감히 깨달을 수 있겠는가?' 라는 생각에
사로잡혀 있는가? 그것은 진실이 아니다!
그대는 다른 누군가로부터 그러한 말을 들었고,
그 말을 받아들였던 것뿐이다.
만약 그런 말을 수긍하면, 깨닫겠다는 시도 자체를 할 수 없게 된다.
때문에 그대가 속해 있는 동네가 깨달음에 대한 공부 의욕을
꺾거나 부정하거든 거기에서 나와라.
그곳은 그대가 있을 곳이 아니다.
사람은 전체적인 분위기에 영향을 받기 때문이다.

이 공부를 해내려면 엄청난 노력과 열정이 필요하다는 말을
들었을지도 모르겠다. 주눅이 드는가? 그럴 필요 없다!
그대가 좋아하는 것을 떠올려보라!
이미 그대는 그런 능력을 충분히 갖추고 있다.
예를 들어, 담배 피우는 것을 좋아하는 사람은 그 얼마나 부지런한가?
그들은 어떻게 해서라도 담배를 피운다.
그 어떤 수단과 방법을 동원해서라도 담배를 피운다.
담배를 피우지 않는 사람이 볼 때, 그들은 대단히 경이롭기까지 하다.
부지런하고, 민첩하며, 준비성이 철저하고, 매일매일 하루도
거르는 일이 없고, 특별히 티를 내지 않고, 혹 누군가가 핀잔을
줘도 개의치 않는 초연함을 갖추고 있다.

와우! 적어도 이런 정도의 자질을 갖추고 있는 그대가
어떻게 깨닫지 못하겠는가?
그대 아닌 누가 깨닫는단 말인가?

주눅 들면 끝장이다!

존재의 실상을 깨닫기 위해선 마음이 밝고 활기차야 한다.
시작이 절반이라는 말이 있다.
이 공부는 마음이 스스로의 마음을 깨닫는 일이기에,
심리적으로 위축되면 공부는 날샌다.

진실을 말하자면, 이미 그대는 부처다.
비록 스스로 부처인 줄 모른다고 해도,
모르는 그대로 아무런 모자람 없는 완전한 부처다.

그렇긴 하나, 깨달아야 한다. 그래야 부처로서의 삶을 향유할 것이다.
실상을 깨달아야 비로소 마음은 자유롭고, 평화롭고,
그리하여 더불어 행복한 삶을 살아갈 수 있다.
때문에, 이미 스스로가 부처임을 믿어 주눅 들지 말고
당당하고 자신 있게 공부에 임해야 한다. 그래야 공부가 잘된다.
수많은 경전과 어록은, 그대가 이미 부처라는 것을
확인시켜주기 위한 것들이다.
그것들 모두가 그대를 위해서 마련된 것들이다.
오직! 그대를 위해서!

그러니 경전이나 어록은 그대가 받들어 모시고 숭배해야 할
상전이 아니다!

하심에 대하여

공부에서 하심(下心, 스스로를 낮추는 마음자세)을 강조한다.
대개의 사람에게 두루 적용되는 말이긴 하지만,
꼭 맞는 말은 아니다.
이 말은 평소 에고(아만심이 강한 사람)적 성향이 강한 사람에게
해당되는 말이다.

그런데 아이러니하게도, '하심하라'는 말을 듣고
가장 잘 실천해야 할 사람은 하지 않는다.
오히려 하심이 아니라 상심(上心)을 해야 할 사람이
더욱 열심히 실천하는 경향을 볼 수 있다.
이렇게 되면 오히려 '하심하라'는 말은 독이 되고 만다.
이러한 점을 잘 살펴서, 사람의 특성에 따라 공부 지침을
제시하였다는 공자의 슬기로움이 돋보인다.

어쨌든 중도수행이다.
실천을 중도에 맞게, 알맞게 하라는 지침이다.
이 말은 자연스럽게 하라는 말로 이해하면 무리가 없다.

이렇듯 중도적 실천이 중도의 깨달음으로 나아가게 한다!

수행자의 길

이 공부길에서 의외로 철저한 계율 등을 준수하는
엄격한 수행자의 길을 걷는 사람이 많다.
겉보기엔 무척 멋져 보인다. 그리하여 뭇사람에게서
칭송을 듣고, 철저한 극기수련의 길을 걷는다.
물론, 어느 정도의 인내는 필요하지만 어디까지나 존재의 실상을
깨닫기 위한 것이다.

해탈의 길을 가는 것은 극기 자체에 목적이 있지 않다.
존재의 실상을 깨달아 마음의 자유로움을 성취하는 길이기에,
마음을 경직시켜서는 안 된다. 율을 준수하면서도
한편으론 율에 함몰되지 않는 유연한 마음이어야 한다.
그렇다고 아무렇게나 살라는 것은 더더욱 아니다.

이 길은 존재의 실상(진실)을 깨닫는 것이다.
일체의 번뇌망념에서 벗어나, 자유롭고 평화로운 마음을
회복하는 것이다. 따라서 이 공부를 함에 있어서도 본래 마음에
근접한 마음가짐이 필요하다.
오직, 진실을 알고 싶다는 간절한 마음과 함께 유연하게 공부해야 한다.

이 공부는 수행자적 모양새를 갖추는 것이 아니라,
오직 진실에 목말라하는 사람이 가는 해탈의 길이다!

깨달음과 인격수양!

흔히들 깨달음을 인격수양적인 측면으로 바라본다.
그리 틀린 것은 아니지만, 차이를 구분할 줄 알아야 이 공부의
'진정한 멋'을 알게 된다.

물론 이 공부 또한 먼저 인격을 다듬는 인간됨의 공부가 선행되어야 한다.
그러한 토대 위에서 존재의 실상을 깨닫는 공부로 나아간다.
이를테면 깨달은 사람인 무위진인(無位眞人), 출격장부(出格丈夫)가
되는 길이다. 그 행동의 특징은 자연스러움에 있다.

존재의 실상을 깨닫지 못한 사람이라면, 늘 스스로의 마음을 살펴서
삿된 길로 나아가지 않도록 조심해야 하는 엄격함을
기본으로 지니고 있어야 한다. 또한 수행자는 그럴 필요가 있다.
때문에 일반적으로 자연스럽지 못하고 경직되어 있다.

간단하게, 탐진치가 보리인 입장과
탐진치를 경계해야 할 입장의 차이라 할 수 있다.
어쨌거나 깨달음의 길을 가는 사람들은 인격수양의 길을 초월하여
포함하는 길이기에 걷는 품새가 처음부터 달라야 한다.
즉, 조심도 하지만, 그렇다고 매이지도 않아야 한다.

그는 유연하기에 지킬 것은 지키지만,

그렇다고 묶이지도 않는 활기찬 기상을 갖고 있다.

하긴, 예로부터 이 공부는 '새색시' 같아서는 힘들다고 경책하였다.

경계가 경계 아님을 깨치려는 사람의 기상이 어떠해야 하겠는가?

경계를 단번에 싹 쓸어버리자!

경계라니? 아니 무슨 헛소리인가?

계정혜

존재의 실상이 무엇인지를 아는 것이 반야지혜다.

그렇다면, 그러한 반야지혜는 어떻게 얻을 수 있는가?
이는 존재의 실상을 깨칠 때 생겨난다. (반야)

존재의 실상은 어떻게 깨치나?
먼저 마음이 고요해야 집중력이 생기고[定], 그 집중력과 함께
깊이 관(觀)해야 한다.[慧]

무엇을 관해야 하나?
'존재가 어떻게 생겨났는가'를 관하면 연기법을 깨치게 되고,
'존재의 근원이 무엇인가'를 관하면 마음을 깨치게 된다.

집중력은 어떻게 생기나?
마음이 맑아야 의식이 차분해지고 고요해지고 집중력이 생긴다.
집중력은 볼록렌즈처럼 마음이 분산되지 않고,
한곳에 의식을 모을 수 있을 때 가능하다.[定]

마음을 맑게 하려면 바른 생활을 해야 한다.
바른 생활이란, 악한 행위는 그치고 선한 행위를 하는 것이다.[戒]
남을 괴롭히거나, 나를 괴롭혀도 마음은 편치 않다.

결국, 계정혜는 깨닫기 위해서 자연스럽게 갖추어야 하는 것이다.
대개 이 공부를 하는 사람들은 삶을 살아오면서
공부에 필요한 계정혜를 갖추고 있음을 본다!
때문에 굳이 계정혜에 연연할 필요가 없다!(물론 철이 나지 않은
사람에겐 시기상조이다)

어떠한 마음으로 공부해야 하나?

깨닫게 되면 모든 것이 진실의 세계임을 확인한다.
따라서 대수용, 대긍정이 된다.

이 공부를 하는 사람들이 크게 실수하는 것 중 하나가
수행자적 태도를 굳건히 지키는 것이다.
겸손, 겸허, 자책, 낮춤, 청빈, 무소유, 양보, 절제, 인내, 극기…
이러한 태도는 사회적으로 환영받는 것들이다.
그러기에 그런 사람이 되라고 부추긴다.
물론 공동체로 살아가야 하는 사회적 · 기능적 관점에서는
마땅히 가치 있고, 또 그렇게 되어야 한다.

하지만 공부하는 동안은 마음가짐이 달라야 한다.
이러한 생각들이 바로 분별망상이다.
그렇기 때문에 그러한 것에 매이게 되면
결국 분별심을 붙들고 있는 것이나 마찬가지다.
일체의 사회적 가치들을 몽땅 유보하라.
그것들이 필요 없다는 게 아니다.
다만 공부하는 데는 장애가 된다.
그렇다고 막 살라는 것은 더더욱 아니다.

지나치게 겸손하지도 말고, 그렇다고 건방 떨지도 말고

다만 묵묵히 공부에 열중해야 한다.

특히 이 공부를 좀 했다고 하면 겸손한 사람으로 보이고 싶어
야단이다. 또 그러한 사람을 참수행인이라고 부추기는 풍토도
문제다.(무늬만 수행인)

분별심이 무엇인가?

표면적 생각 수준에서의 분별심을 제거하는 것만으로는
분별망상이 뿌리 뽑히지 않는다.

보다 깊이 뿌리박혀 있는 도덕, 윤리, 가치관 등도 모두 비워라.

선도 악도 아닌 것, 선도 악도 넘어서 있는 것이 진실이다.

그러니 이런저런 생각들을 몽땅 비워내라!

무의식적으로 작동하는 도덕적 관념까지도 비워내야 한다.

공부할 때의 마음가짐이 그렇다는 것이다.(실생활에서는 규범을 반드시
엄수해야 한다)

이 공부의 비법은 중도에 있다.

수행방식, 마음가짐, 그리하여 선도 악도 아닌 진실,

이 모두가 중도에서 드러나는 것이다!

자기애

태생적으로 정이 많아서 다른 사람들의 아픔을
나의 아픔으로 느끼는 사람들이 있다.
타고난 보살들이다.

무조건적인 연민은 스스로를 희생하며
타인의 구제활동에 혼신의 힘을 쏟는다.
때문에, 주변의 많은 사람들로부터 칭송을 받으며
따르는 사람도 생긴다.

안타까운 점은 이런 유형의 사람들은 제대로 된
자리이타(自利利他)를 위해서도 균형 감각이 필요함을 놓치기 쉽다.
이런 유형의 사람들 눈에는 깨달음을 추구하는 사람들이
이기적으로 비칠 수도 있다.

냉정하다는 비판이 옛날부터 있었다.
인간미라고 할 수 있는 따뜻한 가슴이 부족해 보이기 때문이다.
재미있는 것은, 대승경전에서 부처는 보살이 열심히 설법하고 나면
인정만 하는 형태로 그려지기도 한다.
물론 보살정신의 핵심인 실천행을 강조하기 위함이다.

그런데 엄밀히 말하자면, 이 공부는 깨달음이 먼저다.(자리自利)

세상은 아무런 문제가 없다.
문제가 있다고 여기는, 당신만의 문제일 뿐이다.
그런 후에 자비(사랑)를 실천하라!(이타利他)
깨닫기 전에는 자비(사랑)를 실천하지 말라는 식으로
지금 이 말을 오해하지 않을 것이라 믿는다.

실천에 열정적인 사람, 그 얼마나 멋지고 훌륭한가?
그러나 그 열정은 자칫, 내가 세상을 구원해야 한다는
에고심을 증폭시킬 수 있다.

부디 살피고 살펴야 한다.
에고의 영리한 계략에 말려들 수 있다!

공부인의 자세

이 공부는 무엇보다도, 스스로 주인이 되는 공부이기에
그 무엇도 숭배해서는 안 된다.
물론 존경할 수는 있다. 또한 필요도 있다.
하지만 숭배는 안 된다.
숭배는 필연적으로 굴종을 낳고,
그 즉시로 가슴이 펴지지 않고 쪼그라들기 때문이다.
그리 되면 이 공부는 어렵게 된다.

어쩌면 교회, 절에 다니면서 그저
엎드려 비는 것, 기도하는 것 때문에 이 공부는 어렵다.
그렇게 나는 한낱 보잘것없는 피조물, 노예 등으로 전락해버린다.
이렇게 뇌리에 설정되면, 영영 이러한 테두리에서 벗어나기 어렵다.
마치 이 공부가 불경을 저지르는 것 같고, 죄스럽고,
뭔가 잘못을 저지르는 것 같다.
이런 경우 필경은 본래의 위치인, 종속적 위치로 돌아가게 된다.
절하고, 기도하는 행위는, 결국 깨달음에 이르는 길에 장애를 낳는다.

필요하면 해라. 하지만 주변의 정황으로 그냥 그렇게 하는 것이어야 한다.
중요한 것은 심리적으로 굴종되어선 안 된다.
이 공부는 처음부터 당당하게 시작하여야 한다.
깨닫지는 못했어도, 깨달음이 무엇이라는 것은 알고

시작해야 하지 않겠는가?(모른다면 그것부터 배워라)

하지만 주변에서는 오히려 기도하고, 예배하고, 복 빌고,
눈치 보게 만든다.
그렇게 하지 않으면 불손하고, 겸손치 못하고,
아만심이 하늘을 찌른다,
인간 됨됨이가 잘못되었다는 등의 비난을 들이댄다.
이런 점을 현명하게 극복해야 한다.(이미 종교학에도 나와 있지 않은가?
미신적인 요소는 무지에서 나온 것이라고!)
물론, 요령은 있다.

유연하게 처신한다.
겉으로는 상황에 따라 처신하고,
마음은 굳건히 한다.

배움이란?

배움이란 그 무엇이 되었든 결코 녹록지 않다.
지난한 과정을 거치면서 담금질당하는 자기 시련의 연속이다.
때문에 배움에서의 필수덕목은 인내다.
그 과정을 참아내지 못하면 결코 성취할 수 없다.

이 공부를 하는 사람들은 대체로 아주 민감하다.
민감한 사람들이 갖는 특성 중 하나는 척박한 상황을
잘 참아내지 못하는 것이다.

한편 굳건한 사람들은 어떤 환경에 처해도 잘 감내하며 적응하지만
다소 둔감한 탓에 미묘한 부분에 감응하지 못한다.
이 공부는 민감하면서도 강인한 기질의 소유자에게 유리해 보인다.

그런 가운데 공부도 각자의 성향에 따라 하는 것을 본다.
때문에 자신에게 잘 맞는 수행법, 혹은 스승을 찾으면 효과적이다.
처음부터 잘 알 수는 없기에 아무래도 시행착오를 거치면서,
이렇게 저렇게 시도해보는 것이다.

그렇긴 하나, 새로운 배움의 길에 들어섰다면
기존의 것들은 일단 옆으로 잠시 유보시키는 것이 좋다.
나중엔 모든 것이 회통되겠지만, 당장엔 기존 것을 고집하면

혼란만 가중된다.

이 동네에서는 이렇게 해야 한다고 일러주고,

저 동네에 가면 그것이 아니라고 일러주는 일이 흔하다.

나중엔 그 모든 것의 이유를 알게 되지만,

기존의 것을 놓지 않으면 공부의 진척이 느리다.

일단, 이렇게 하라면 이렇게 해보고, 저렇게 하라면 저렇게 해보자!

그렇다고 바보가 되지는 않으니까!

활짝

깨어나는 공부

4

명료한 의식으로!

깨닫기 위해선 의식이 명료해야 한다.
그렇다고 잔머리를 잘 굴려야 한다는 뜻은 아니다.
쉽게 말해서, 의식의 빛이 선명해야 하는데,
이것은 의식에 떠오르는 상(영상)이 뚜렷한 정도로 가늠할 수 있다.
달리 말하면, '마음의 스크린에 나타난 이미지가
어느 정도 선명한가' 로 구분한다.

마음에 떠오른 이미지를 선명하게 볼 수 있다는 것은,
의식의 힘이 그만큼 집중력을 갖추었다는 말이고,
사티(알아차림)의 힘도 좋아졌음을 의미한다.
이것을 두고 의식이 명료해졌다고 한다.

먼저 이 같은 의식의 힘을 길러야 하는데,
연기법(심법) 수행을 해나가다보면 자연 그 같은 힘이 생긴다고도 할 수 있다.
명료한 의식으로 연기법이든 심법이든 공부를 하는 것이다.
정혜쌍수, 지관겸수, 성성적적 등으로 이를 표현하고 있다.
'어렵다! 잘 안 된다!' 하는 사람이 있는데,
그런 사람도 좋아하는 것을 설명할 때면 마치 눈앞에 두고 보듯이 말한다.
갑자기 눈동자가 초롱초롱해지면서, 얼굴엔 생기가 가득하고,
들뜨지도 가라앉지도 않은 마음 상태가 된다.
바로 이 같은 마음, 이러한 의식 상태로 공부하면 깨닫게 된다!

공부는 즐겁게!

이 공부는 마음이 마음을 깨닫는 것이다.
깨닫고자 하는 것도 마음이고, 깨달아야 할 것도 마음이다.

마음은 부담을 싫어한다.
마음은 억압당하는 것도 싫어한다.
마음은 재촉당하는 것도 싫어한다.
그런데도 굳이 강제하면 청개구리마냥 어디로 튈지 아무도 모른다.

마음은 본래가 자유롭기에, 자유롭게 해주어야 한다.
마음은 텅 비어 있기에, 비워주는 것을 좋아한다.
마음은 살아 있는 생명이기에, 생각으로도 변신하고 느낌으로도,
이미지로도 변신한다. 마음은 부끄러움이 많아서 쳐다보면 숨지만,
보지 않으면 늘 자신을 드러낸다.

진실을 일러주자면, 마음은 중도다.
중도인 마음은, 이렇게도 하려 하지 않고,
저렇게도 하려 하지 않으면, 저절로 드러난다.
저절로 드러나 있는 마음을 어떻게 하려 들면,
저절로의 마음이 아니게 되어 알 수 없게 된다.
편안하게, 즐겁게 공부하면, 거기에 늘 함께하는 그 마음이
스스로를 드러낼 것이다!

마음을 활짝 열자!

이 공부를 효과적으로 하는 방법 중 하나는
마음을 활짝 열어두는 것이다.
그렇게 되려면 마음이 평화로워야 한다.
평화로우면 마음은 특별히 어딘가에 맺혀 있지 않고(머물지 않고)
집중이 잘 된다.
몸도 어딘가 불편하면, 불편한 부위에 신경이 쓰여서
공부에 집중하기가 쉽지 않다.

공부를 빨리 이루려고 의도해도 마음은 고요해지지 않는다.
마음은 그만큼 민감하다.
그러한 마음을 고요하게 하려면,
이렇게도 저렇게도 하지 말아야 한다.
어떻게 하려 하면, 이상하게도 마음은 반발한다.
청개구리 성향이 있다.
때문에 마음이란 것이 본래 중도적이어야 고요해진다는 것을
터득하게 된다.

책에 몰입을 잘하는 사람은 이러한 것에 숙련된 사람이다.
일단 몰입에 익숙해지면 그다음은 수월하게 집중할 수 있다.

얼굴은 가볍게 미소를 짓고, 마음은 활짝 열어두고,

즐겁게 읽어가자.

글을 읽을 때는 그저 맥락의 흐름에 따라 흘러가보자.

그렇게 하다보면, 글이 드러내고자 하는 것에 닿게 된다.

글을 읽다가 깨닫는 경우가 많다.

깨달음이 삶에 활력을 주지 못한다면?

이 공부는 삶을 짓누르는 고(苦)를 넘어서는 것이다.
때문에 마땅히 공부를 하면 할수록 마음이 경쾌하고
생동감이 넘치게 된다. 그래서 생명력을 갖춘 유연한 마음이 된다.
따라서 이 공부를 할 때에도 긍정적이고 밝은 마음가짐이 중요하다.

만약 이 공부를 하는 사람이 오히려 우울하고
침잠한 기분이 든다면 문제가 있다.
진실을 깨달으려는 공부가
신선한 호기심과 도전적인 자극을 주지 않는다면,
공부하는 방법에 무언가 문제가 있음을 간파해야 한다.

때때로 수행자라는 사람이 목을 떨구고, 어깨를 축 늘어뜨리는
모양새를 보이는데…, 이때 스스로를 점검해야 한다.

이 공부는 재미있는 공부이고, 활력을 주는 공부이고,
살맛나게 하는 공부이다.
생사가 허구라는데 어찌 신명나지 않으리오?
생사가 없는 가운데 '생!사!'라는 생명력이 활발발하게
살아 움직이니 어찌 즐겁지 아니한가?

깨달은 마음이란

본래 마음이란 밝고, 맑고, 싱그럽고, 활기찬 마음이다.
옹달샘에서 맑은 물이 샘솟듯이 언제나 새로운 물이며
늘 그러한 물이다.

이것이 본래의 마음이지만, 살아가면서 이런저런 생각과
기억에 붙잡혀 생기를 잃어버린다.
따라서 몸도 천근만근 무겁고 버거워 어릴 적 근심 걱정 없을 때의
생기발랄함을 되찾을 수 없다.
생명력이란 비루먹은 개처럼 맥 빠진 것이 아니고,
한여름의 무성한 숲이 푸름을 마음껏 펼치는 것과 같다.

이 공부를 한답시고 몸을 돌보지 않으면 힘을 소진하여 지치게 되고,
결국 공부를 제대로 해낼 수 없게 된다.
중도수행이란 것을 늘 염두에 두어야 한다.
이 공부는 특하나, 맑고 밝은 마음 상태에서 하는 것이다.
마음이 활짝 깨어나는 공부이기 때문이다.

대체로 심신이 어느 정도 지쳐 있는 상태에서 깨닫게 된다.
그래서 한동안 푹 쉬는 사람이 많고,
다른 사람의 공부에 도움을 주려 하는 마음을 내기도 쉽지 않다.
물론 충분히 휴식을 취하기도 해야겠지만,

그러다가 완전 퍼지는 사람도 있다.
마라톤에서 1등으로 들어오는 선수는 골인하고도
여분의 힘이 남아 녹초가 되지 않는다.

최선을 다하면서도 적절하게 자신을 추스르면서 공부하자!
(사람마다 다양하게 해석하겠지만)

끝까지 그리고 진지하게!

진지한 마음자세는 경직됨을 말하는 게 아니다.
진지한 마음자세는 표면적 분별망상을 떠나
보다 깊은 내면으로 향하도록 한다.

동시에 홀가분한, 평화로운, 자연스러운, 경쾌한,
즐거운 마음가짐과 함께할 때 공부는 더욱 순조로워진다.
이는 의식이 이성과 감성이라는 측면을 지니고 있기 때문이다.
핵심은 의식을 최대한 활짝 열고 공부해야 한다는 것이다.

불가에서는 정혜쌍수, 성성적적(惺惺寂寂)으로 설명하고 있지만,
부족한 점은 감성적 측면이다.
마음이 차분하게 가라앉아야 할 뿐만 아니라, 그러한 상태에서
미묘한 즐거움과 평화로움이 깃들어야 한다. 쉽게 예로 든다면
입가에 살포시 미소가 감도는 정도라고 보면 된다.

책을 읽어나갈 때, 그 책이 정말로 마음에 와 닿을 때
스스로의 마음이 어떠한가?
마치 연애하는 듯한 야릇한 기분이 함께한다.
이때가 가장 깨닫기 좋은 마음의 상태이다.(몰입의 즐거움)
물론 그러려면 평소에 마음을 불편하게 했던 그 모든 것이
없어져야 할 것이다.

아니면 공부에 집중하는 동안이라도 오로지 몸과 마음을
다하여야 할 것이다.
희한하게도 게임, 도박할 때는 그러한 마음을 쓴다.
가르쳐주지 않았는데도.

중도의 마음가짐이 바로 이러한 것이다.
붓다는 거문고의 줄을 조율하는 비유로 이러한 요령을 알려주었다.
진지함이란 바로 이러한 길로 들어서기 위한 첫걸음이다!

과정을 건너뛸 수는 없다!

공부를 할수록 일상의 모든 것이 소중해지고 고마워진다!
물론 그런 가운데에서도, 때때로 에고의 습성에 휘둘리기도 하지만
예전과는 질적으로 다르다.
에고의 공성을 확연하게 꿰뚫고 있기에 휘둘리고 말고 할 것도 없지만,
그렇다고 그런 습성을 방관해선 안 된다는 것 또한 알고 있다.
바야흐로 공부는 활기찬 기상과 부드러운 겸허함이 함께한다.

대체로 공부를 성취하지 못한 수행인에게 겸허함은 배어 있지만
자유로움에서 나오는 활달함이 없고, 왕초보 도인은
너무나 나부대는 바람에 다른 사람을 불쾌하게 하는 경향이 있다.

그러나 공부과정에서 나타나는 여정이므로
지나치게 조숙해서는 공부가 여물지 못한다.
과정을 건너뛸 수는 없고, 착실하게 과정 과정을 겪으면서 나아가야 한다.
그 모든 여정이 소중하고 감사하다.

누구나 그렇게 공부가 자리매김해가는 것이므로,
지금 이 순간 마음을 활짝 열어 온전히 살아가는 것뿐이다!
사실, 그 무엇을 하든 그대로 완전하다.
다만, 스스로 움츠러들지만 않는다면!

사
유
수
와

집
중

5

어떻게 하면 깨닫는가?

생겨나는 것은 반드시 사라지니… 생멸법이라 한다.
생멸법은 원인과 조건들이 갖추어지면 생겨났다가,
원인과 조건들이 흩어지면 따라서 흩어진다.

본래부터 있는 것이 아니고 원인과 조건들로 말미암아 생겨나고
사라지니… 있다고 할 수 없고 그렇다고 없다고 할 수도 없는
묘한 존재이다. 말(생각)의 표현방식에 해당되지 않는다.
고작, 환영 같고 꿈같은 존재라고 표현할 수밖에 없는 존재이다.

지금까지 믿어왔던 나와 세계가 실체가 없는 환영이라니… 황당하다.
그런데 이것이 진실이다.
이 황당한 진실은 지금까지 견고하게 믿어왔던 것들에 대한 믿음이
깨지는 데서 생겨난 배신감이다.
잘못된 믿음을 배신해야 한다.
따라서 진실을 깨닫고자 하는 공부인은 결단력이 있어야 한다.

내가 속한 집단에서 요구하는 신앙심을
그저 맹목적으로 수용하지 말아야 한다.
스스로 확인되지 않은 것들에 대해선 의심의 눈길을 버리지 않는다.
비판적이고, 분석적이고, 사색적인 사람은
진실을 볼 것이다.

믿음이란

종교에서는 믿음을 강요한다.
어떻게 믿음을 강요할 수 있단 말인가?
믿음은 믿고 싶지 않아도, 믿을 수밖에 없는 것이어야 한다.

또한 믿기 위해서도 의심해야 한다.
의심이야말로 제대로 된 믿음으로 가는 길이다.
스스로 확인하지 않고 어떻게 믿음이 생기는가?
확인할 수 있는 길을 차단하는 가르침은 무언가 수상하다.

철저히 의심하라! 그리하면 의심할 수 없는 진실을 발견하리라!
그렇다면, '처음부터 믿으면 될 것 아닌가'라고
반문하는 사람도 있다.
하지만 그런 사람이 궁극적 진실을 발견하는 경우는 없다!
'신애의 길'이 있음을 부정하지는 않지만,
고작 유신론 수준에 머물고 만다.

지혜의 길을 가는 사람들은 의심을 추진력으로 삼아,
결국 구경의 진실을 맛본다!

깨달음 공부를 잘못하면 부작용이 생긴다!

모든 공부가 그러하듯, 마음공부라는 것도
잘못하는 경우에 그 부작용이 만만찮다.
깨달음이 무엇인지도 모른 채 무턱대고 의식(마음)을
탐험하는 경우가 그러하다.

마음도 밀림처럼 위험지역도 있고, 늪도 있고, 풍광이 좋은 곳도 있다.
때문에 제대로 된 지도를 확보한 상태에서 여행을 떠나야 한다.
물론 이미 검증된 지도, 즉 경전·어록 등이 있다.

그런데도 사람들은 희한하게 그런 것을 무시하는 경향이 있다.
그리하여 무턱대고 떠난다거나, 안내자라고 자처하는 사람을
지나치게 맹신하는 경향이 있다.
이 깨달음 공부라는 여정 또한 한편으로는 의심이 필요하다.
속지 않고 제대로 길을 가기 위해서이다.

자칫 이 공부가 잘못되어 평생을 허비하고 끝나는
경우도 있다. 그런 경우는 대개 발심부터
잘못되어 있고,(명예, 출세, 권력을 추구하는 형태)
이 공부가 무엇인지에 대한 전체적인 지도를 손에 넣지 못하고
출발하는 경우이다.

이 공부는 올바른 삶을 위한 공부이다.

깨달음은 결국 충만한 삶을 살아가기 위한 것이다.

건강한 깨달음은 나의 참 행복과 너의 참 행복을 위한 길이다.

그러한 맥락에서 존재의 실상을 깨우치는 공부이다!(마음의 고苦를
해결하는 공부)

공부는 곰곰이 생각하는 수행

마음공부의 기본은 사유를 행하는 것이다.
모든 것이 지금 우리가 보듯이 낱낱이 따로따로가 아닌데도
그렇게만 보이는 허구를 폭로하기 위해서는 면밀하게 살펴야 한다.
하긴, 비단 이 공부만 그런 것은 아니다!

본래 있는 그대로를 보기 위해서는 크게 두 가지가 있다.
우선 현상에서, 현상의 생성과정을 면밀히 관찰하면 현상이라는
존재의 정체가 드러난다. 관찰한다고는 하지만 육안으로는
지극히 제한되어 있기 때문에 명징한 사유로써 들여다보아야 한다.

또 한 가지 우리의 마음을 깊숙이 들여다보면, 마음의 바탕을
깨닫는다. 나의 마음바탕이 모든 것의 바탕이다.

어쨌거나 존재의 실상을 깨닫는 과정에는 공통적으로
깊은 사유가 필요하다. 편안한 마음으로, 고요히,
집중된 마음으로 깊이 사유하는 과정에서 진실이 드러난다.
연기든 선이든 위파사나든 모든 수행법이 마찬가지다!
그렇기 때문에 진지함을 요구하는 것이다!

그렇다고 침잠한 마음 상태로, 어깨를 늘어뜨리고, 목을 숙인 채
공부하라는 것은 결코 아니다!

한 번은 몰입해야 한다!

처음에는 이러저러한 계기로 이 공부를 시작하게 된다.
그렇게 입문한 공부를, 언젠가는 제대로 된 발심으로 공부에
몰입해야 한다. 몰입이 되어야 공부가 깊어진다.

특히 자발적으로 공부를 할 때, 저절로 집중력도 높아진다.
마치 미지의 장소에 들어가는 것 같은 묘한 긴장감이 흐른다.
또한 딱히 공부를 해야 한다는 강박감도 없다.
바로 이러한 태도가 이 공부를 성취하는 데 있어서 매우 중요하다.

이 공부는 홀로 고독하게 해야 한다.
물론 함께하는 공부이지만, 엄밀히는 홀로 하는 공부이다.(사실 모든
공부가 그러하다)

홀로라는 느낌이 강할 때, 의식의 각성은
매우 민감하게 깨어 있게 된다.
무소의 뿔처럼 홀로 가야 한다!(스스로의 마음자세)

비장한 각오가 언젠가 한 번은 생겨나야 한다.(붓다도 막판에 그러했다)
그때에야 비로소 제대로 된 공부가 될 것이다.
그러한 비장한 각오가 서지 않는다면, 솔직히 아직은
때에 이르지 않은 것이라고 봐도 된다.

일상생활에서 무언가가 본격적으로 이루어지려면
비장한 마음이 생겨야 하는데 이는 평소의 정신자세로는
좀처럼 잘되지 않는다.

그러한 동기를 유발할 수 있는 정도로
정신적 충격을 받아야 비로소 마음이 착! 가라앉고 고요해진다.
이제 아무것도 생각이 나지 않는다.(그렇다고 생각을 못 한다는
말도 아니다)
이것이 고요한 마음이고, 집중된 마음이고, 내려놓인 마음이다.
이제 그는 연기법이든 심법이든 깨닫기 좋은 때이다!

그대는 어떻습니까?

공부 리듬을 살려야

이해만으로는 깨달음이라고 할 수 없다.
왜냐하면 의식의 수평적인 변화만 일어날 뿐,
질적인 변용이 없기 때문이다.
물론 변화가 집적되면 질적인 변용이 일어난다.
마치 물에 열을 가하면, 점차로 온도가 올라가다가
임계점을 넘어서면서 끓기 시작하듯이.

이 공부도 마찬가지다.
공부를 해나가면 수많은 의식의 변화가 일어난다.
그러다가 질적인 변용이 일어나면서 지금까지의 앎과는
질적으로 다른 차원의 앎이 생겨난다.

그리고 질적인 변용이 일어날 무렵이면,
스스로 의식의 미묘한 변화가 느껴지기도 한다.
공부를 해나가다가 때가 되면 내면의 이끌림 혹은 갈증이
보다 증폭되면서 자신도 모르게 열심히 공부에 몰두한다.

이 같은 현상은 다른 공부에서도 마찬가지다.
알 듯 말 듯, 될 듯 말 듯… 이때가 비유하자면 물이 끓기 직전인데,
이 순간에 한 번 집중적으로 공부에 힘을 쏟아부어야 한다.
어찌 보면 이때가 참으로 중요한 공부의 전환점이다.

이 순간을 놓치면 좀처럼 다시 기회가 오지 않는다.
그러면 결국 공부가 지지부진해지며, 싫증이 나고,
결국 포기하게 된다.

꾸준히 하는 것이 무엇보다 중요하지만,
공부의 리듬을 놓치지 말아야 한다.
물론 중도수행이라는 큰 틀을 유지하면서도,
공부의 리듬을 잘 살려야 한다!

집중적으로!

공부는 집중력이 필요하다.

산만해서 어찌 공부가 되겠는가?

그렇다고 해서 지나치게 집중하면 오히려 사고가

유연하게 흐르지 못한다.

연기법을 사유하는 방법은 유연한 사고방식이 좋다.

마치 온몸에 힘이 빠져야 비로소 운동의 동작이 자연스럽게 되듯이,

의식에 힘(고집, 편견, 의지, 의향 등)이 빠져야

새로운 공부를 잘 받아들일 수 있다.

의식이 활짝 열려 있는 상태에서 그저 설법에만 몰입하면 된다.

마치 스파이가 기밀을 염탐하느라, 귀를 쫑긋 열고

무슨 소리를 하는지에만 관심을 두었기에,

곁에 다가가도 모를 정도로 몰두한 상태!

이러한 상태에서 깨달음이 일어나기 쉽다.

그렇지 않으면 마음 깊이 들어오지 않는다.

그러나 다소 억지로라도 거듭해가면,

어느 순간에는 마음이 동할 때가 있다.

바로 그때를 놓치지 말고, 집중적으로 파고들어가보라!

공부도 참으로 잘되는 때가 있다. 운동도 마찬가지다.

물론 평소에도 열심히 해야, 그러한 최상의 컨디션이 온다.

어느 정도 일정하게 공부를 해가다보면,

그것들을 왠지 전체적으로 정리정돈하고 싶을 때가 있다.
바로 그러할 때, 집중적으로 공부를 해가다보면,
어느 순간 확연해지면서 눈앞이 탁 트인다!

대개 공부가 깊게 되지 않는 이유는,
내면에서 진정으로 받아들일 준비가 되지 않은 탓이다.
이런 이유로, 깨닫고 싶은 마음이 진정 있느냐고 묻는 것이다!

당신은 진정 깨닫고 싶습니까?

고에 대한 자각

깨닫고 난 뒤에 무엇을 하는가?
삶을 살아가는 것이다. 깨달음은 삶을 위한 것이다.
삶에서 고(苦)가 없었다면… 굳이 깨달을 것도 없다.

그러니 이 공부는 삶에서의 고(태어나고, 늙고, 병들고, 끝내 죽고 마는)의
질곡에서 벗어나,
소중한 각자의 삶을 고통 없이 행복하게 살아가기 위한,
즉 본래의 무한한 생명의 즐거움을 향유하기 위한 것이다.
하여 이 공부에 진입하려면 고(번뇌)에 대한 자각이 있어야 한다.
고에 대한 철저한 자각은, 이 공부를 하게 하는 추진력과
원만한 성취로 이끈다. 막연한 공부 혹은 남이 하니까
나도 한다는 식의 공부로는 어림도 없다.

고를 사무치게 자각한 공부인은 물불 가리지 않는다.
깨달음에 도움이 된다면, 그 무엇도 실행에 옮겨보는 열정이 있다.
아침에 도를 얻는다면, 저녁에 죽어도 좋다는 비장함이 필요하다.
언젠가, 딱! 한 번은 이 같은 진발심(眞發心)이
가슴을 치고 올라와 정신이 번쩍 들어야 한다.
사실, 이것만큼 중요하고 시급한 공부가 어디에 있는가?

솔직히 내일을 보장할 수 없는 목숨 아닌가? 참 안타깝다!

공부는 언젠가 비약해야 한다!

어느 공부인들 그렇지 않으리오?

공부는 알게 모르게 조금씩 축적되어가다가
결정적으로 비약하는 순간이 온다!
내면이 성숙해가다가, 드디어 임계점의 순간이 온다.
임계점은 사람마다 다르긴 하다.(없는 경우도 있다)

우리가 공부, 운동을 통해서 경험해보는 것이기도 하지만,
열심히 해도 도무지 진전이 없는 경우도 있고,
애쓰다 보면 어느 순간 홀연히 터득하는 경우도 있다.
어느 경우라도 열심히 해야 그러한 비약의 순간이 오는 것이다.
어중간하면 결국 어중간해진다. 언젠가는 죽음을 불사하는
용맹정진이 필요하다. 이것은 억지로 되지 않는다.

모든 것을 걸 때, 모든 에너지가 한곳에 모아지면서 무명을 뚫게 된다!
언젠가는… 단 한 번의 승부수를 띄워야 하는 날이 오리라!
바로 그때 추호의 망설임도 없어야 한다.
만약 망설인다면, 아직은 아니다! 아직은 아닌 것이다!
깨닫고 싶은데 깨달아지지 않는다고?
웃기지 마라! 제대로 준비된 자는 저절로 깨닫게 된다!
깨닫기 싫어도 말이다!

IV.
공
부
여
정

어디론가 떠나고 싶은 충동!

세상에서 생존하려다보면
어쩔 수 없이 자기중심적으로 행동할 수밖에 없다.
그러나 한편으로는 그러한 삶의 방식에 회의가 느껴진다.
왠지 마음이 불편하다.
꼭 이렇게 살아야 하는가? 달리 방법은 없을까?

나의 행복은 다른 사람의 희생의 대가일 수도 있다는 데
생각이 미치면 왠지 기분은 착잡해진다.
생존경쟁에서 살아남기 위해 어쩔 수 없는 일이라는 것도 잘 안다.
그렇다고 해서 박애주의자도 감상주의자도 아니건만,
칙칙하고 무거운 느낌이 나를 짓누른다.
탐진치에 물들어 있다는 말은 바로 이를 두고 한 말이다.

이제 삶의 모든 것이 고(苦)임이 분명히 느껴진다.
비로소 괴로움을 낳는 삶의 방식에 회의를 느끼며,
달리 대안을 찾고자 하는 그대는 이 공부를 하기에 적합하다.
삶이 도대체 무엇인가를 탐구해보자 하는 마음이 열린 것이다.

대체로 이 공부는 이렇게 시작되기에
삶의 현장에서 '떠나면서 찾는 방식'이 된다.
산으로, 절로, 아쉬람으로, 인도로, 티베트로, 외진 곳으로…

하지만 그곳도 여전히 똑같다는 것을 발견하고는 이내 실망한다.

깨달음은 밖에서 찾는 공부가 아니라고 일러주는 것도
이를 두고 하는 말이다.
모든 것이 마음에서 연기하여 생겨나고 사라지는 현상일 뿐임을
깨닫기만 하면, 지금까지 나를 따라다니는 음울하고
음산한 유령 같은 그림자는 말쑥하게 사라진다.

진실이 드러났기 때문이다!
진실은 모든 것을 밝게 비춘다!

어디론가 떠나고 싶은 충동은,
깨달음이 출현코자 하는 내적 성장통이다!

일체개고!

대체로 이 공부는, 삶이 나에게 안겨주는 처절한 고통에
몸부림치면서 출발한다.
인생을 살아가다 보면, 어느 정도의 고통은
감내해야 한다고 들었고 그리고 각오하고 있다.
그러나 인내의 한계점을 넘어서는 고통이 닥치기 전에는,
이 공부길로 들어서지 못한다.

한편 이 공부의 출발점이 고통인 것은,
지금까지의 삶에 대한 집착을 놓아버리게 하기 때문이다.
이 같은 상황이 '더할 나위 없는 축복'이었음을 깨닫기 전까지는
참담하게 진행된다.
'도대체 아무런 잘못이 없는 나에게 왜 이런 일이 벌어지는 걸까?'
도무지 이해할 수가 없다.
그러나 벌어진 상황을 되돌릴 수도 없기에
그 같은 원망은 푸념으로 바뀌고… 드디어 체념으로 나아간다.
그러다가도 문득문득 화가 치솟기도 하지만 이내 또다시 풀이 죽고 만다.

이 상황에 처한 사람들은 대체로 '죽음'에 대하여
깊이깊이 숙고한다.
하지만 경솔하게 생각해서는 안 된다는, 그 어떤 일깨움이
마음 깊은 곳에서 솟아오른다.

그것은 하늘의 계시와도 같은 것으로,
진정으로 나아가야 할 바를 일러주는 본성의 목소리다.

이렇게 해서… 나아가야 할 길은 선택이 아닌 소명이다.
비록 명확하게 인식하지는 못하고 있지만,
자신과 우주의 참된 본성을 찾도록 초대받은 것이다!
그대는 입문을 위한 통과의례를 치르고 있었다.

그토록 참담하게 만든 그 번뇌가 '번뇌 아닌 행복'임을 깨닫는
행운이 주어진 것이다!

무소의 뿔처럼 나아가라!

무엇을 찾아야 할지 다소 막연한 상태이지만, 막연한 그 무엇이
스스로를 알아보라고 끊임없이 내면에서 꿈틀거리면서
틈만 나면 의식으로 떠오른다.

이 내면의 소리에 접촉한 사람은 이후의 삶의 방향이,
이것을 찾는 수행자의 길을 걷게 된다.
그러한 과정이 때론 저주스럽기조차 하다.
'차라리 모르고 살았다면, 이런 고생은 하지 않았을 터인데…'
하는 생각도 든다.

여기저기 기웃거리지만 성에 차지 않는다.
그러다가 그럴듯한 곳에 인연이 닿아서 바로 '이곳이로구나!'
하고 생각을 하며 안도의 숨을 쉬면서 마음을 붙이고 있었는데,
시간이 한참 흐른 후에 내면의 목소리가 다시금 나를 일깨운다.
'이곳은 아니다!' '이것은 아니야!'
이제 다시금 발길을 돌려야 할 때임을 알려준다.

다시 한 번, 결단을 내려야 할 때임을 내면의 지혜가 일깨워준다!
내면의 지혜로운 목소리는 그대가 이 공부여정을
완결 짓도록 이끌어준다!
그 과정에서 우여곡절을 겪는 것 또한 필요한 수업들이었음을

나중에야 알게 된다!

걸어온 여정을 되새기는 것은
교훈을 얻고 보다 지혜로워지는 길이지만,
결코 지나온 여정에 연연해할 것은 없다.
다시 한번 큰 행보를 하라는 신호다!

에고가 철이 날 때

깨달음을 추구하는 것은 누구인가?
에고인가?
어찌 에고가 깨달음을 추구할 수 있단 말인가?
하지만 에고는 본시 진아(眞我)이기에
한편으로는 스스로의 정체성을 찾고픈 본능(그리움)이 새겨져 있다.
(일반적으로 아상과 불성을 구분하여 설명하지만, 사실은 동일하다)

각 종교마다 '왜 이런 세상이 있게 되었을까?'에 대한 설명이 있다.
공통점은 '심심해서' '외로워서'다.
(물론 창조주 나름의 원대한 계획이 있어서라는 설명도 있다)
참 재미있는 설명이다.
다른 설명은, 하나였던 것이 둘로 나뉘어서
놀이를 즐긴다는 것이다.

이러한 설명은 한편으로 많은 점을 시사한다.
에고는 놀이에 빠져서 스스로의 정체성을 망각한 것인데,
놀이도 때가 되면 지겨워진다.
《대승기신론》에서는 이를 진여의 물듦(염)으로 해석하고 있다.
무명놀이에 열중하게 되면 스스로를 잃어버릴 수 있는
능력(물듦)이지만, 본성은 어디까지나 진여(진아)이기에
한편으로 스스로의 정체성을 찾고픈 그리움이 비로소 작동한다.

켄 월버는 이를 우리의 의식에 이미 갖춰진 기저무의식으로 설명한다.

어쨌든 스스로의 정체성(불성)을 찾도록 하는,
그대 내면의 깊은 본성이 깨어나기 시작한 것이다.
이는 스스로가 하는 것 같지만, 사실은 우주가 하고자 하는 일이다.
어찌해야겠는가?
사실 그대는 선택받은 것이다.
물론 선택을 받아들이는 일은 그대에게 달려 있다.
왜냐하면 그대 또한 우주의 주인이기에!

근기라는 것!

이 공부에서 말하는 근기란 마음가짐이라고 할 수 있다.
공부의 내용 자체가 어렵다기보다는,
공부의 내용을 받아들이기가 어렵다.
기존의 상식적 관점이 완전히 붕괴되고,
뜻밖의 관점으로 자리매김하는 공부이기 때문이다.

내가 있고, 이 세상이 있고, 태어남과 죽음이 너무나 분명한데…
이 모든 것이 허구(꿈)라는 가르침을 어떻게 받아들이겠는가?

그런 의미에서 진실은 사람들에게 반갑지만은 않다.
기존의 관념을 허물어버리기 때문이다.
그중에서도, 나라고 할 것이 없다는 진실은 황당하기 이를 데 없다.
지금까지 살면서 노력한 그것들을 아무 의미도 없는 것으로
내동댕이쳐버린다.
삶에 의미를 부여하고, 움켜잡으려 노력한 그 숱한 세월은
그 무어란 말인가?

바로 이것이 에고의 저항이다.
에고가 추구한 그 모든 것들이 헛것임을 어떻게 견디겠는가?
에고는 오히려 진실을 은폐하고 외면하려 들 것이다.

에고는 진실을 깨달을 때까지는,
끝없는 갈증과 타는 듯한 욕망의 부추김에 농락당할 것이다.
따라서 진실을 깨닫는 이 공부의 출발점은 에고 스스로가
에고의 놀이에 지치고 싫증이 나는 때이기도 하다.
세상에서의 그 모든 것들이 꿈같다는 것을
어느 정도 실감해야 한다.

이제! 에고는 진실을 받아들일 준비(근기)가 된 것이다!

깨달음 수행 방편

우리의 의식이 성장함에 따라
드디어 스스로의 정체성까지 깨닫게 된다.
그런데 의식이, 스스로에 대한 자각이
왜 그렇게 힘든 것일까?

물론 어느 정도까지는 의식의 전반적 성숙이 요구된다.
그러나 지금의 학력으로 분류하자면
보통 고등학교 학업을 마친 수준이면 충분하다고 여겨진다.
최소한 그 정도의 의식 발달이면
스스로의 정체성을 밝히는 데 충분하다.
다만 그러한 방향으로 의식을 발달시키지 않은 것뿐이다.

'깨달음이란 무엇인가'에 대한 바른 이해가 지름길이다.
깨달음은, 의식하는 것이 무엇인지를 깨닫는 것이라고만
명확히 이해하면 언젠가 깨닫게 된다.

우리가 살아가는 데 필요한 것은 생존을 위해
외부를 잘 관찰하는 것이다.
그러다보니 그러한 것에 적절하게 반응하는 방향으로
의식을 발달시킨 것뿐이다.
그러니까 의식 그 자체에 대해서는 관심을 갖지 못했다.

그렇기 때문에 이제부터 그것에 관심을 갖고,
탐구해 나아가다보면 의식 스스로 눈을 뜨게 된다.

그것을 위한 별다른 수행은 필요 없다!(도움이 되는 것은 있겠지만)
그것에 관심을 갖는 그 자체가 수행이다!
점차적으로 온 마음으로 관심을 갖게 될 것이고,
진심으로 알고자 할 때 깨닫게 된다.
왜냐하면 온 마음으로 알고자 하는 그 마음이
곧 깨달음이기 때문이다!
가장 쉽고, 가장 확실하게 깨닫는 방법이다!

의 식 의 각 성

2

어느 순간에!

깨달음은 의식이 강력하게 각성되면서 일어난다.
마치 꾸벅꾸벅 졸다가 번쩍하고 졸음에서 깨어나듯이
그렇게 깨어난다.

이러한 각성은 답답한 마음이 해소되는 상황이나,
매우 좋아하는 것에 몰입할 때에 일어난다.
경전이나 어록 등을 깊이 몰입하여 읽어가다보면,
평소에는 그냥 그렇게 무심코 넘긴 어떤 구절, 어떤 문맥이
그날따라 전혀 다르게 다가와 순식간에 전기충격을 가하듯
영혼을 송두리째 흔드는 사건이 일어난다.

단순한 어느 구절이, 그날 그렇게 도화선으로 작용하여
폭발적으로 의식을 바꾸어버린다.
하지만 그 구절이 다른 사람에게도 그렇게 되는 것은 아니다.
이렇게 뇌리에 꽂히는 구절은 사람마다 다르다.

사실 이러한 깨달음을 촉발하게 하는 기연도
충분한 공부가 선행되어야 한다.
공부가 충분히 무르익으면 어떤 것이든 그러한 계기가 되어준다.
한편으로는 의식이 충분히 익어서 준비된 상태라고도 볼 수 있다.

그중 순수한 마음이 핵심이다.
순수한 마음은 선입견과 편견을 배제하고
현상을 있는 그대로 보게 한다.
그렇게 순수한 마음으로 경전이나 어록 등을 읽어가다보면,
언제 어떻게 그런 일이 벌어진지도 모른 채 깨달아 있는
자신을 발견하게 된다!

어디 책뿐이겠는가? 모든 것이 설법을 하고 있다.
다만 그것을 외면할 뿐이다!

싱그러운 마음

마음이 스스로의 마음을 깨닫게 되면,
마음은 본래의 맑고 깨끗한 상태가 되어 싱싱해진다.
그렇게 순수한 마음이 드러나면서, 눈앞에 보이는 사물들과
귀에 들려오는 모든 소리는 마치 보석처럼 아름다운 빛을 발한다.

이런 마음은 이따금 우리 곁에 찾아오기도 한다.
오랫동안 보지 못한 친구를 만날 때, 모처럼 고향을
방문했을 때에도 그와 같은 싱그러움과 정겨움을 맛본다.
또 오랜 소원이 성취되는 순간에도 그러한 마음이 활짝 드러난다.

그러다가 싱싱한 마음은 서서히 사라져서
그저 그런 둔감한 마음이 된다.
더군다나, 바쁜 생활 속에서 사람들과 부딪칠 때면
마음은 더더욱 시끌벅적해지고, 맑고 투명했던 그 마음은
온데간데없이 사라져버린다.

깨달음은 우리의 일상이 매 순간 경이로움과 신비로움으로
가득하다는 것을 맛보게 한다.
어떻게 하면 이 마음을 유지하면서 일상을 살아갈 수 있을까?
마음을 영구히 맑게 하는 방법은 존재의 실상을 깨닫는 것이다.

깨닫기 위해선 어떻게 해야 할까?

곧장 깨달으면 좋긴 하지만, 쉽지 않다.

먼저 마음의 묵은 때를 벗겨내면서,

동시에 존재의 참모습이 무엇인지를 공부하는 것이 좋다.

모든 수행법이 그러하다.

팔정도, 육바라밀, 선의 견성법도 먼저 마음이 쉬어야 함을 강조한다.

무엇이 그러한 마음인가?

앗! 드러났구나!

의식이 한바탕으로 확 트여야 한다!

이해만으로는 의식이 하나로 확 트이지 않는다.
그러나 이해가 깊어짐에 따라 의식의 변용이 일어난다.
의식의 트임이라는 것은 분명히 있다.
이것은 의식이 나뉘어 있다가 하나로 통합될 때에 느껴지는
확연함 같은 것이다.

마치 마주 보고 있던 대치 국면이 한순간에 붕괴되면서
한바탕이 되는 것과 같다.
그렇다고 둘로 나누어놓은 구체적인 칸막이가 있어서
어찌된 것도 아니지만, 의식의 구조가 그와 같이 바뀐다.

이제 모든 것이 한바탕에서 일어나는 일이라는 것이 명백하다!

현상으로 드러나는 것이나, 사라지는 것이나,
그저 여여한 한바탕에서의 일이다.

일체의 존재가 매 순간 변화하는 것도,
그래서 그것들이 환과 같다는 것도,
그 모든 것이 여여한 한바탕에서 일어나는 것임을 여실히 본다!

죽어봤는가?

죽어봤는가?
이는 공부여정에서의 점검용 질문이다.

임사체험을 한 사람의 공통점은 죽음에 대한 공포가 없다는 점이다.
본인 스스로 죽어봤다고 믿으면서, 그전까지 가지고 있었던
죽음에 대한 불안감이 해소된다.

깨달음과의 차이는 무엇일까?
존재의 실상을 깨닫는다는 것은 죽음이라는 자체가 허구임을
직접 확인하는 것이다.
그러니까 살아 있는 채로 죽는 것이다.
그러나 임사체험은 존재의 실상에 대해선 여전히 무지하다.
즉, 반야지혜가 없다.

물론 그러한 깨달음은 많은 경우에,
죽음을 경험하면서 일어나기도 한다.
사실 죽지는 않았으니까, 죽음의 체험이라는 말이 성립하지는 않는다.
때문에 죽음의 체험은 육체적 죽음이 아니라,
분별심(에고)의 죽음이다.
그러나 에고의 죽음은 육체적으로 죽는 것과 다름없이
경험되기에 흔히들 죽음의 경험이라 한다.

존재의 실상을 깨닫는 순간이 분별심(에고)이 죽는 순간이다.
사람에 따라서 죽음의 체험이 선행하면서
깨달음이 오는 경우도 있고, 그냥 곧장 실상을 깨닫는 경우도 있다.
그리고 죽기만 하고 살아나지 못하는,
즉 반야지혜가 없는 경우도 있다.

죽어봤느냐고?
본래 생사 없음이다!

앞뒤가 끊어진 자리가 무엇인가?

기절(졸도)하거나, 꿈도 없는 깊은 잠 속에서는 앞뒤가 끊어진다.
그렇다고 죽지는 않았다는 점에서, 의식이 없는 것도 아니다.
정확하게 말해서 의식이 있는지조차 모르는 상태이다.

깨달음이란?
의식이 온전한 상태에서 나를 포함한 존재의 실상이 무엇인지를
분명하게 꿰뚫어보는 것이다.
공부를 하다보면, 간혹 의식이 앞뒤 없이 뚝 끊어지는
체험을 하는 경우가 흔하다.

핵심은, 그러한 체험을 통해서
실상을 체득할 줄 알아야 한다는 것이다.
그 어떤 체험을 통해서도, 존재의 실상이 무엇인지를
꿰뚫어보는 지혜를 얻지 못한다면 소용이 없다.
때문에 깨달음은 존재의 실상을 꿰뚫어보는 앎(지혜)이다!

우리는 일상생활에서도 의식의 앞뒤가 끊어지는 경험은 많이 한다.
그 상태가 무엇인지는 모르기에 그냥 그러고 지나갈 뿐이다.
의식의 앞뒤가 끊어졌다는 것은, 의식의 내용이 사라진 상태다.
이때, 내용이 비워진 순수의식이 무엇인지를 알아차리는
각성이 있느냐, 없느냐가 관건이다.

수행이 없는 경우, 대개는 의식내용이 비워지면
깜깜해지고 잠으로 떨어진다.
즉, 체험을 못해서가 아니라 그러한 체험을 통해서
실상을 깨달을 수 있는 능력이 부족한 것이다!

그 힘을 키워가는 과정이 수행이다.

의식의 질적 변화

이해와 증득의 차이는 곧 의식의 질적 변화 차이라 할 수 있다.
물론 이해한 만큼 의식의 새로운 앎이 생겨났기에
분명 변화이긴 하지만, 의식의 깊은 곳까지는 미치지 못한다.
이를 두고, 아뢰야식을 투과하지 못했다고 한다.

존재의 실상을 깨닫는 것은 각성(자각)력이다.
흔히 '알아차림' '사티'라고도 한다.
이것은 순수의식이다. 의식내용이 담겨 있지 않은
의식 그 자체라는 의미이다.
그러니까 알아차림(각성)으로 깨닫는 것이다.

수행을 한다는 것은 모두 각성력을 키우는 것이며,
그 힘으로 대상을 관찰하면 보다 세밀하게 볼 수 있다.
각성의 힘이 갖추어져야 모든 것이 변한다는 것을 깨달을 수 있다.
모든 것이 생겨났다가 사라지는 현상은
그에 상당한 각성력으로 관찰된다.
제행무상이기에, 제법무아라는 통찰이 생겨나면서,
홀연 자유로워진다.
각성의 힘이 지극해지면서 그러한 통찰력이 생긴다는 것은
곧 의식의 깨어남을 말한다.

각성력이 갖추어져야 연기법도, 심법도 깨달을 수 있다.
물론 각성력은 집중력이 함께한다.

관관(觀觀)은, 관 자체가 관 스스로를 관한다는 것을 의미한다.
이것은 대상을 관하는 방식이 아니다.
그러한 의미에서 절관(絶觀)이라고도 한다.

관관 혹은 절관이 되면, 수행이라고 할 것도 없이 깨닫는다!
그렇지 않으면, 각성력을 키워야 한다!

앎의 힘!

이미 보고 안 이상 결코 모르는 상태로 되돌릴 순 없다!
짐짓 모른 체는 할 수 있을지라도,
결코 앎 그 자체를 무화시킬 수는 없다.
경험의 일부를 묻어버릴 수는 있겠지만,
앎은 결코 없어지지 않는다.

진실을 한 번만이라도 보게 되면 그것 또한 마찬가지다.
그 한 번의 앎이 그대가 지금까지 잘못 알고 있던
그 모든 것을 말끔히 날려버린다.
마치 단 한 번의 빛으로도 어두운 곳을 훤히 알게 되듯이!

존재의 실상을 일별하기만 해도, 이미 그대는 그 소식 이전으로
되돌아갈 수 없다. 그만큼 진실의 힘은 뛰어나다.
왜냐하면 그 진실이 곧 그대 자신이기 때문이다.

공부의 진척이 더디다고 자책하는 경우가 있는데,
사실 그럴 만한 이유가 있다.
지금 그대에게는 가장 적절하게 진행되고 있는데도,
욕심이 앞서기에 안달하는 것뿐이다.
과정에 충실하면 결과는 저절로 드러난다.
이것은 철칙이다.

콩 심은 데 콩 나고, 팥 심은 데 팥이 나는 것보다 더 정확하다.
다만, 알이 부화하는 데는 시간이 필요하듯,
이 공부도 충분히 무르익는 시간이 요구된다.

공부에 조급증을 내지 않고, 그렇다고 게으름도 피우지 말고,
그렇게 착실히 나아가면 싹이 돋고 꽃이 피고 열매가 열린다.
이미 지금 이 순간 예전과는 다른 자신을 발견하지 않는가?

공 부 의 성 숙 과 정

3

공부에 임하는 마음가짐

공부하는 마음가짐은 매우 중요하다.
물론 공부에 몰입하다보면 저절로 갖추어지는 것이긴 하지만,
미리 알아두는 것이 도움이 된다.

무엇보다도 심신이 편안해야 한다.
그래서 몸도 마음도 건강해야 한다.
마음이 분산되는 일들을 만들지 않는 것이 좋다.
그렇다고 지나치게 수동적이고 소극적인 삶의 태도를
유지하라는 것은 아니다.
심신이 편안해야 공부에 집중할 수 있고,
공부삼매라 할 수 있는 몰입이 잘되기 때문이다.
그리고 공부가 즐거워야 공부에 푹 빠져들 수 있다.

물론 어느 정도는 의지가 필요하지만,
재미있고 즐거운 공부로 여겨져야 진척이 크다.
우린 평소에 자신이 좋아하는 것을 할 때에 저절로 그러한 마음이 된다.
바로 이러한 마음가짐이 깨달음 공부에 아주 적절하고,
그러할 때 공부는 일취월장한다.
흔히들 성성적적(마음은 착 가라앉고 의식은 명료한 상태)이라는 말로
이러한 마음 상태를 일러준다.
이러한 마음 상태에서 공부에 몰입해 들어가면,

미묘한 희열 같은 야릇한 즐거움이 뒤따른다.
이제 공부는 순조롭게 일심으로 내달리게 되고,
그러한 몰입이 지속되면서, 어느 순간 예상 밖의 경지가
눈앞에 활짝 펼쳐지는 경험을 할 수도 있다.
간단히 말하자면, 생각이라는 망념의 늪에서
홀쩍 벗어난(벗겨진) 체험이다.
이제 그대는 있는 그대로를 보는 순수한 마음이 된 것이다.

하지만 이 순간에 욕심을 내어,
이 순간을 움켜잡으려 하는 마음이
습관적으로 일어날지도 모르겠다.
그렇게 되면 다시금 희미해진다.
무의식적인 관념의 늪 속으로 다시 빠져들기 때문이다.

하지만 이런 전진 후퇴를 부단히 반복하면서 꾸준히 공부해간다면,
점차로 순수한 마음의 힘이 강해져서
더 이상 망념에 휘둘리지 않게 된다.
이제 망념마저도 진념으로 바루는 반야의 힘을 갖춘 것이다!

공부의 진행과정

공부는 점차로 이루어져가다가
어느 순간에 도약하는 계기를 맞게 된다.
그 이전에는 공부가 지루하게 답보 상태에 머문다.
더 이상 공부를 하고 싶지 않다는 마음이 하루에도 몇 차례씩 오간다.
그만두고 싶다는 유혹은 이미 자리 잡은 지 오래고,
이제 적당한 빌미만 생기면 그 즉시로 합리화할 구실을
만들 준비가 되어 있다. 이렇게 마음의 저울은 이쪽저쪽을 수없이 오고 간다.

다행히 산전수전을 겪은 수행인은
그러한 심리적 상황을 이미 경험한 바 있기에
스스로를 추스른다.
이러한 고비를 잘 참아내면,
어느 순간 눈앞이 탁 트이는 경험을 하게 된다.
마치 구름이 활짝 갠 것 같다.
이전에 이해되지 않던 것들이 막힘없이 소화된다.

그러다가 이러한 의식의 수준도 시간이 지나면서
점차로 미흡하다고 느낀다.
이는 의식이 세밀해지면서, 더 높은 의식 수준에 대한
내적 요구가 일어난 것이다.
초기에 막힘없이 소화되던 부분도 더욱 세밀하게 파고들게 되고 무언가 미진함이 있음을 느낀다.
공부는 분명히 진전된 방향으로 나아갔음에도 불구하고
스스로는 옛날보다 못한 것 같다.
이러한 과정을 거치며 점차점차 나아간다.

특히 초견성 이후, 어느 순간엔 분별심으로 헤아리던 습성이
치성할 때가 있다.
갑자기 또렷또렷하던 각성은 희미해지고,
느닷없이 망상 속을 더듬는다.
가슴은 답답해지고, 마치 안갯속을 걷는 것 같다.
이때는 당황하지 말고, 마음을 편안하게 쉬는 것이 좋다.
쉬는 동안에 분별심으로 향했던 습성은 거두어지고,
다시 각성이 되살아난다.

이렇게 공부는 전진 후퇴를 반복하며 그 길을 간다!

어떻게 공부가 익어가는가?

깨달음 공부도 다른 공부와 마찬가지다.
꾸준히 공부해가다보면, 어느새 공부의 수준이 상당히 깊어져 있다.
그러다가 어느 시점에 이르면, 열매의 꼭지가 떨어지듯이
구경각(묘각)이 된다.

이와 같은 과정이 다른 공부와 공통된 부분도 있다.
먼저 새로운 정보가 나에게 입력되면,
그 정보가 아무리 좋은 정보라고 해도 낯설다.
그리고 또다시 그와 유사한 정보가 들어오면,
이번엔 지난번 것을 떠올리며 이미 알고 있다고 여기게 된다.
여기에서 또 다른 기회(책, 설법 등)에 동일한 정보를 접하게 되면,
이번에는 기존의 정보와 겹쳐져 의식에서는 유사한 정보끼리의
분류가 일어나고, 서로가 서로를 확인하는 관계로 작용하며
확실한 정보로 정착된다.

무슨 이야기일까?
공부를 할 때 한 가지만 곰파는 것도 좋지만, 두루 좋은 정보를
함께 취하며 비교 분석하다보면, 보다 효과적인 공부가 되고,
잘하면 그러는 과정에서 통찰이 번쩍! 솟구칠 수 있다.
이 공부는 사유수(思惟修)다.
'사유'라는 말은 분별심 속에서, 꼬리에 꼬리를 무는 식의

생각과는 다르다.
보다 심층적으로 깊이 꿰뚫어보는 것이다.
그러한 과정이 곧 수행이다.

선 수행 풍토에서 생각을 떠나야 함을 지나치게 강조하다보니,
아예 생각 자체를 거부하는 것이 문제다.
말 이전의 본래면목도, 먼저 충분한 생각을 통해서
생각을 뛰어넘는 것이다!

요요현상!

이 공부도 마찬가지로 요요현상이 있다.
이것은 의식이 질적으로 변화(성숙)되어가는 과정에서 나타나는
일반적인 현상이다. 쉽게 말해서, 전진 후퇴를 거듭하며 나아간다.
입체적 도표상으로는 나선형 상승곡선을 그린다.

공부인 중에는 이 과정에서 혼란스러워하는 사람도 있는데,
사실 이러한 전진 후퇴를 거듭하며 나아가는 공부가 일반적임을
알아야 한다. 흔히 책에서 최종적인 체험을 소개해놓은 것을 보고
'나는 왜 그렇지 않을까?' 하며 실망하기도 하는데…
오해하지 말아야 한다.

대체로 처음 맛본 공체험은 시간이 지나면서 희미해진다.
그럴 때, 그 체험을 붙들기 위해서 애를 쓰게 되는데,
애를 쓰면 쓸수록 되지 않는다.

이유는 간단하다. 붙잡으려는 노력은 필시 주객이
원의 분별심(에고) 방식으로 행하기 때문이다.
이때, 그 노력을 포기하면… 의외로 한바탕인 공(마음)이 드러난다.

그래서 이것을 두고 하는 말,
"알려고 하면 할수록 모르게 되고, 모르려고 하면 할수록 모를 수 없네!"

왜 다시 희미해지나?

열심히 공부를 하다보면, 어느 순간 환해지는 때가 있다.
사람에 따라 수분에서 며칠까지 지속되기도 한다.
이때는 그 어떤 경전·어록도 술술 소화되고 화두도 막힘없다.

그러다가 시간이 경과하면서 선명했던 의식은
다시금 희미하게 후퇴한다.
이제 더 아쉽다.
그전처럼 분명한 상태로 있고 싶다는 갈증이 자리 잡는다.
그리하여 다시 공부에 정진하여 애를 쓰다보면,
어느 순간에 확연했던 마음 상태가 된다.
그러나 이 역시도 시간이 지나면서 다시 퇴보하고 만다.
이것은 열심히 수행하는 과정에서,
마지막 지점에서 겪는 공부의 한 형태이다.

초기 경전에도 이러한 부분이 소개되고 있다.
다름 아닌 붓다의 경우인데, 당시 붓다는 삼매수행에 전념하고 있었다.
깊은 삼매에 들었을 때, 그는 지복감에 젖어 있었다.
하지만 삼매에서 나오면 그 같은 지복감은 사라졌다.
수없이 반복해보았지만 결과는 마찬가지였다.

그리하여 이것은 아니다, 싶어 완전한 깨달음을

성취하기 위한 방법을 모색했다.

신기하게도 일체의 존재가 연기임을 깨닫게 되자,

그 전과는 비교할 수 없는 그리고 후퇴하지 않는 완벽한 깨달음을

성취하게 되었다. 붓다는 연기법이 아니고는 완전한 깨달음을

성취할 수 없다고 천명하였다.

최근 심리학의 발달로 인해서 초견성 이후에

다시 퇴행하는 이유가 밝혀졌다.

간단하게 말해서, 상위의 의식(비이원 의식)이 수행을 통하여

일시적으로 드러날 수는 있지만, 그러한 의식이

일상적인 의식으로 자리 잡지 못한다는 것이다.

결국 의식이 성숙 발달하지 않으면 안 된다.

쉽게 설명하자면, 성품을 일별해도 그것에 대한 올바른 이해가

갖추어지지 않으면 확연하지 못하다.

분명 깨닫긴 한 것 같은데도 가슴이 답답한 이유이며,

여전히 공부의 미진함이 남아 있다는 신호이다.

이런 점에서, 연기법 공부는

이해 수준에서 깨달음 수준으로의 연결고리를 제공한다.

즉, 의식 수준을 전면적으로 성숙시키는 공부인 셈이다.

의식의 변화는 어떻게?

단박에 완전한 깨달음을 얻지는 못한다.
의식의 질적 변화가 일어나는 과정이 점진적이기에,
하나하나 이해하고 익혀가는 내용들이 집적되면서,
그것들이 임계점에 이르러 의식의 질적 변화가 일어난다.

비단 이 공부뿐만이 아니다.
모든 공부가 다 그러한 과정을 거친다. 그래서 이 공부과정을
전진 후퇴를 거듭하며 나선형으로 나아간다고 한다.
어떤 때는 공부가 확연했다가… 그다음에는 희미해지는 현상이
일어난다. 누구나 다 이 같은 공부 성숙과정을 밟는다.

어느 순간에 깨달음을 얻었다고 하는 사람도, 사실은 이 같은 과정을
거쳐서 나타나는데, 존재의 실상에 눈뜨는 그 순간의 의식변화를
이야기하기에, 마치 한순간에 깨달음이 일어난 듯 보이는 것뿐이다.

또 깨달음을 일시적으로 체득해도 그것이 지속되지 못하고
다시금 후퇴하는 것은, 의식의 평균적 발달수준이
깨달음의식(비이원의식)으로 나아가기에는 아직 부족하기 때문이다.

그렇긴 하나… 이미 고지가 눈앞에 있는데 예서 멈출 수는 없다!

공부는 한없이 깊어진다!

진지하게 공부를 해나가다보면
어느 틈엔가 의식에 변화가 일어나고,
지금까지 알고 믿어왔던 세상에 대한 고정관념이
근본적으로 바뀐다. 실재한다고 여겼던 세상이
꿈같은 신기루임이 밝혀지니 어리둥절하면서도 황홀하다.
시원하면서도 한편으론 섭섭하다.

진실에 눈뜬 사람은 한동안 쉬는 경향이 있다.
진실에 적응하는 기간이라고 해도 좋겠다.
간혹, 진실에 취해서 현실감각이 없는 경우도 있고,
진실을 얼핏 본 것이 오히려 에고적 성향을 부풀려
살짝 맛이 가는 경우도 있다.
한동안 그러한 기간을 지나면서,
점차로 에고적 습벽이 남아 있음을 눈치채기 시작하고,
공부는 제대로 자리를 잡아간다.

이 모든 여정이 매우 소중하다.
자연스럽게 이 여정을 겪는 것이 좋다.
만약 이 과정을 거치지 않고 건너뛰려 한다면,
그것이 곧 에고의 또 다른 술수임을 명심하는 것이 좋다.
그렇다고 겸허해야 한다고 지나치게 스스로를 다그치는 것도 부자연스러울 뿐만 아니라 공부가 제대로 익지 못한다.

차라리 철부지처럼 활달한 것이 낫다.

이 공부는 시작도 마지막도 중도다!

중도는 자연스럽고 건강해야 함을 일러주는 이정표이다!

무엇이 중도인가?

하하! 지금 묻는 그것이 중도라네!

바른 견해는 어떤 도움이 되나?

충분히 이해되지 않는 것들은 마음속 깊이
받아들여지지 않는 경향이 있다.
마치 음식을 꼭꼭 씹지 않고 삼키면 소화되지 않는 것처럼!

색(色)이 공(空)이라고 일러주어도, 지금까지 알고 있던 색이
공으로 보이지 않는다.
왜냐하면 왜 색이 공인지? 소화되지 않기 때문이다.

이미 알고 있는 전체적 앎의 체계와 부합되어야 받아들여지고,
그렇지 않으면 배척되거나 파편으로 남아 있게 된다.
즉, 기존의 앎의 체계에 통합되지 못한다.
하지만 때때로 이 같은 이물감으로 남아 있는 정보가 오히려
기존의 앎을 송두리째 뒤집어 새롭게 개편되는 일도 일어난다.
깨달음이라는 것도 기존의 앎이 뒤집어지는 인식의 전환이다.

바른 견해는 바르게 인식하도록 만들어주는 앎의 기반이다.
물론 이해의 강도에 따라 단숨에 기존의 앎이
무너져 내리는 경우도 있지만, 대체로 서서히 침투하는 방식으로
진전되다가 임계점에 다다르면서 급속하게 재정립된다.
이때가 바른 견해에 의한 안목이 열린 것이며,
이러한 안목으로 모든 것이 새롭게 보인다.

흔히들 열심히 수행하면서 겪는 체험들이
그냥 일시적인 해프닝으로 끝나는 것은,
그러한 체험이 말하는 바가 무엇인지를 읽어낼 수 있는 바른 견해가
결여되어 있기 때문이다.

또한 바른 견해에 합당하지 않은 비위생적 체험들 역시 걸러진다.
그래서 이상한 체험들은 일어나지 않게 되고,
설령 일어나도 곧바로 사라진다.

바른 견해는 바른 깨달음으로 이어지게 하는 길이다!

의문의 형성

수행을 통해서 얻고자 하는 것은 최종적으로 통찰력(지혜)이다!
같은 현상을 보고 통찰을 얻는 사람이 있고, 그렇지 않은 사람도 있다.
간단히 일러주는 한마디 말로도 알아듣는 사람이 있고,
그렇지 못한 사람도 있다. 어느 순간 어떤 상황이 그간에 풀지 못했던
문제를 해결하는 단서가 되기도 하고, 그렇지 않기도 하다.

무슨 차이일까?
먼저, 의문이 형성되지 않으면 의문의 풀림도 없다.
풀리지 않는 의문은 의식 속에서 이물감으로 남아
늘 마음을 불편하게 하며, 해결코자 하는 방향으로 나아간다.
때문에 의문이 형성되어 있지 않으면,
의문을 해결하는 답도 생겨날 수 없다.

공부의 여정이라는 것도, 결국 이러한 의문이 가슴속에 자리 잡고
응축되어 조그마한 해결의 단서만 주어지면
스스로 발화(해결)할 수 있는 조건을 만들어가는 것으로도 볼 수 있다.
왜냐하면 이미 모든 것이 답으로 분명하게 드러나 있지만,
스스로가 외면해왔던 것뿐이기 때문이다.
보는 것도 보이는 것도, 소리나 소리를 듣는 것이나, 행하는 것이나
그 결과로 나타난 것이나, 보이는 것이나 보이지 않는 것이나…
도대체 이것 아닌 것이 없다!

진실은 황당하다!

누구나 진실을 깨닫고 싶다고 하지만,
사실 진실을 온전히 수용할 수 있는 사람은 드물다.
진실을 모르는 편이 오히려 나약한 인간의 삶에 보호막 역할을
하는 듯하다. 그래서 경전에서도 상근기가 아니고는
이 법(진실)에 대해 듣게 되면 심히 감당키 어렵다고 한다.

실제로 진실을 일러주면 소수만이 환희할 뿐, 대체로 실망한다.
'어째서 진실이 그 모양이냐?' '어떻게 진실이란 것이 그럴 수 있는가?'
이런 식의 분노 혹은 허탈해하는 반응이다.
진리란 마땅히 이러이러해야 한다는 나름대로의 선입견이
머릿속에 자리 잡고 있기 때문이다.

웃기는 일이지만, 진리를 모르는 사람이 되레 진리에 대한
망상적 기준으로 이리저리 재본다.
그리하여 자신이 가지고 있는 기준에 부합하면 취하고
아니면 버린다.
그렇게 찾는 과정을 통하여 시행착오를 거듭하게 되고,
그에 따라 자신의 기준을 조금씩 수정해간다.
쉽게 말해서 안목만큼 찾게 되고, 찾는 만큼 안목이 열린다.
그렇게 감당할 만큼만 안목이 열려가는 것이
사실은 스스로를 보호하는 생존체계이기도 하다.

너희가 나를 보려는가?
나를 보는 자는 진정 죽으리라!

내가 없다니?

분명히 내가 이렇게 있는데, 내가 없다는 말을 듣게 되면
어떤 느낌, 생각이 들까?
무아! 이는 우리의 의식이 받아들이기 어렵다.
전혀 상식과는 거리가 먼 진실이다.

상식의 허를 밝히는 것이 공부이지만,
무아는 그야말로 상식 자체를 송두리째 뒤집는다.
그렇다면 여기에 이렇게 있는, 나는 무엇인가?
'허깨비[幻]'라는 말이다. 에고에게 이러한 선언은
사망선고나 다름없다.
그러니 어찌 에고가 이 같은 진실을 받아들이겠는가?

하지만 어떤 면에서는 에고 또한 이미 예상한 것이다.
죽고 싶지 않지만, 죽을 수밖에 없음을
이미 삶의 현장에서 목도하였기 때문이다.
결국은 삶의 끝자락에서 죽음을 맞이할 수밖에 없는…
삶의 의미를 추구하고자 하는 에고의 처절한 삶의 몸부림을
여지없이 무화시켜버리는 죽음을 받아들이기 어려운 것이다.

'제행무상!'
누가 이러한 것을 모르겠는가?

다만, 직시하고 싶지 않았던 것이다.
외면하고 싶었던 것! 짐짓 모른 체하고 싶었던 것!
피하고 싶었던 것뿐이다!

공부는 어려운 것이 아니다!
과연 진실을 받아들일 마음의 준비가 되어 있는가, 하는 문제다.

이제 죽음을 자연스러운 현상으로 받아들일 각오가 되어 있는가?
이 부분을 에고(아상)가 받아들여야,
에고는 더 이상 저항하지 않고 죽음을 순수하게 받아들인다.

깨달음에 가까이 다가갈수록 공포가 엄습하는 느낌이 들 때가 있다.
공부의 관문을 통과할 쯤에는 이러한 공포가 있다.
이 관문은 준비된(각오가 되어 있는) 에고인가?

공부과정에서 나타나는 공포감은 에고의 소멸에 대한 공포다.

죽어야 살리라!

진실을 감당할 수 있을 때!

왜 깨닫기 어려운가?
진실을 깨닫기 어려워서가 아니다.
진실을 감당할 만한 역량이 부족하기 때문이다.
따라서 그대를 위해 진실을 감당할 수 있는
역량을 갖출 때까지 기다려준다.

그럼에도 불구하고 욕심으로 추구한다면
되지도 않거니와 결코 바람직하지 않은 부작용이 생긴다.
솔직히 이 공부의 부작용은 적절히 제대로 하지 않았기 때문에
생겨나는 것, 어쩌면 당연한 것이다.
비단 이 공부만 그런 것은 아니다.
예를 들어, 운동을 무리하게 하면 건강해지는 것이 아니라
몸이 망가진다.

성실하게 차분하게 배우고 익혀야 하는 것이며,
이는 곧 스스로를 돌아보며 성찰하고 정화해 나가는 성숙과정이다.
간단히는 계정혜를 갖추는 것이다.
이것 없이 단숨에 어찌해보겠다는 것은 어리석다.

선에서 표방하는 '견성성불' 또한 충분한 과정을 거처서
준비된 자에게 일러주는 가르침이다.

자칫 이러한 말에 속아서 쉽게 어떻게 해보려는
얄팍한 마음으로는 세월만 허비한다.
진실을 감당할 만한 역량이 갖추어지면 깨달음의 문은 열린다.
문은 사실 자동문이다. 문 앞에 서면 센서가 그대의 마음을 감지하고
합격이면 스르륵 열린다. 하하!

깨닫고 싶은가?
이제 와 생각하니 스스로가 너무 부족하다고 여겨지는가?
비슷하지만 아직은 때가 아니다.

그럼 언제쯤에나?
그런 마음마저도 놓아야 한다.
그러니까, 그것이 그러고 싶다는 욕심으로 되겠는가?

어떻게 깨달을까?

우리 일상의 의식은 생존에 맞추어져 있다.
생존을 위해 의식이 발달해왔고 진화해왔다.
즉, 내 밖의 적으로부터 잘 지켜내고,
먹잇감을 사냥해야 살아갈 수 있다.
그러니 분별심만을 발달시키면서 살아온 것이다.

그러나 어느 정도 의식이 발달하다보면,
그러한 의식이 궁극 혹은 스스로에 대해서
의문을 갖게 되기에 이른다.
과연 이렇게 살펴보고 있는 이 의식은 무엇인가?
많은 사람이 그렇게 의문을 품었으나 해결하진 못했다.
그저 그렇게 의문을 가질 수는 있지만,
알 수는 없는 것이라고, 인간의 한계라고 포기했다.
하지만 용감하게도 이러한 한계를 극복한 사람들이 있었다.
그들은 진실에 대한 답을 제시하였다.
그들을 깨달은 자라 한다.

그리하여 '왜 깨닫기가 어렵나?' 하는 문제를 제시하게 되었다.
다름 아닌, 우리의 사고 유형에 답이 있었다.
우리의 사고는 연기적인 존재에 불과한 것을 실체적 대상으로,
실재하는 실체적 대상으로 착각하는 시스템이다.

때문에 우리가 갖고 있는 잘못된 시각을 교정하면 된다.
이러한 교정은 이해와 더불어 인식의 전환(깨달음)이 일어나야 한다.

그래서 이러한 깨달음은 의식의 충분한 성숙을 우선 요건으로 한다.
만약 그렇지 못하면 깨달음의 완성을 기대하기 어렵다.
그러기에 깨달음에 대한 체험은 누구에게나 일어날 수 있지만,
그러한 체험을 제대로 온전히 소화해내지 못하는 것이다.

따라서 이 공부를 하는 사람은 의식의 전반을
고루 충분히 성장시켜야 한다!
그런 연후에, (의식의 힘이 갖추어진 상태에서) 정혜를 갖추도록
수행을 하는 것이다.

수행은 어려운 것이 아니다. 수행에 필요한 전반적인 여건을
조성하는 것이 관건이다!
결국 수행이라는 것은
이러한 제반 여건을 성숙케 하는 것이기도 하다!

V.
공
부
중
의
장
애

스
승
과

제
자

1

스승과 제자

공부란, 스승과 제자 사이에서
가르침을 매개로 일어나는 교류의 장이다.
때문에 가르침이 중심이 되고,
나머지는 공부를 위한 부수적인 것이 된다.
그럼에도 가르침의 내용보다는 가르치는 사람에게로
무게 중심이 실리는 경향이 있다.
그렇게 되면, 수행상의 문제점들이 불거진다.

흔히 보게 되는 문제점은 스승의 제자 집착과 제자의 스승 집착이다.
건강하지 못한 스승은 공부를 가르치면서도, 한편으로는 제자가
스승에게 의존하게 만든다. 다른 곳으로 가지 못하도록 하거나,
다른 가르침을 듣지도 보지도 못하게 만든다.

이 공부는 최종으로는 스스로 홀로 서는 것이다.
누구나 '천상천하 유아독존!' 임을 깨닫도록 하는 공부이다.

그럼에도 심리적으로 미숙한 스승은 제자가 스승에게 의존토록 한다.
때문에, 제자도 이러한 의존관계에 묶이지 않도록
정신을 바짝 차려야 한다!
왜냐하면 심리적으로 미숙한 부분들에 의해 무의식적으로
서로를 유착관계로 만들기 때문이다!

영성 분야가 가진 고질병

영성(깨달음) 분야가 가진 고질병은 권위주의다!

물론 영성으로 이끌어주기 위해서 적절한 권위는 필요하기도 하고
존중받아야 한다. 하지만 언제나 그렇듯, 빛에는 그림자가 있게 마련인데
우리는 바로 이러한 점에도 깨어 있어야 한다.
역사 속에서 영성의 순수함이 권위적인 모습에 감추이고
변질되어감을 예외 없이 보게 된다.
다행히 그럴 때마다 영성의 순수함을 스스로 회복하려는 운동이
펼쳐진 것은 고무적이다.
어쩌면 권위라는 뿌리 깊은 인간적 속성을 매개로,
거들먹거리고픈 인간과, 복종하고 의지하고픈 인간의 두 속성이
잘 맞아떨어진 짝짜꿍 궁합이기도 하리라.
온전한 인간으로 거듭나려는 당초의 순수함은 온데간데없다.

이것이 지금까지 모든 영성(신성)의 빛이 바래서
결국 제도적 종교로 자리 잡는 연유다. 그렇게 되면,
종교로 먹고사는 성직자의 배만 불리게 된다.

영성(신성)의 참모습은, 모든 영성이 태동하는
초기의 순수한 가르침에 잘 갈무리되어 있다!
본래의 순수한 영성을 알고자 한다면 초기 가르침을 잘 살펴보아야 한다!

구루라는 인간들!

특히나 깨달음을 가르쳐준다는 스승(구루)은
무엇을 하는 인간인가?
똑같은 인간이다.
때문에 구루에 속아서 숭배하는 일이 없어야 한다.

무엇이든 배우려면, 스승이 필요하다.
그는 '가이드'이기 때문이다.
그런데 구루 중에는 어설픈 놈이 많다.
특히나 깨달음이 어설픈 인간이 구루 노릇을 할 때에는
더더욱 똥폼을 잡는다.

제대로 된 구루는 오직 공부만을 말한다.
그리고 공부인의 자존심도 그다지 다치게 하지 않는다.
그렇게 하지 않아도 얼마든지 공부해갈 수 있기 때문이다.

경전이나 어록 등에서는 대체로 구루에 대한 경외심을 고취하기 위해
상당히 띄워놓았다. 지금 시대에는 어울리지 않는다.

학교에서 공부를 배우는 것과 같다.
물론 배우려는 기본자세(예의)인 존경심은 반드시 필요하다.
하지만 숭배하는 자세는 결코 아니다.

이 공부가 숭배로 나아가면 날샌다.
이미 이대로 그대가 부처인데, 누구를 떠받드는가?
만약 그런 것을 요구한다면 사기꾼이거나 또라이다!
따라서 공부하는 사람은, 언제나 건전한 비판정신이 필요하다.
무조건 따라가는 것은 어리석다!
또한 제대로 된 공부는,
언제든지 제자들의 질문을 허용하며 환영한다.

간혹 묻는 질문에는 답하지 않고 윽박지르는 경우가 있는데,
그것은 구루가 몰라서 답을 교묘히 피하고 있다는 증거이다!
깨달음 공부도 철저히 따지면서 공부할 수 있다.
따지는 것도, 어느 정도 때가 되어야 한다.
그때 그는 스스로 어리석다는 것을 납득하게 된다.
질문은 그때에야 없어진다.

매우 그럴싸해서 헷갈려!

이 공부길에서 만나는 가르침들은 매우 그럴듯한 것들이 많다.
구경각에서 일러주는 말들을 사용하는 점도 비슷해서
무엇이 진품인지 식별하기가 어렵다.

그래서 선가(禪家)에서는, 깨달은 자들만이 나타내는
여러 가지 증거를 비밀로 했다.
말로 된 것들은 공부인들이 달달 외워서,
스승에게 인가를 받을 때 써먹기 때문이다.

그러다보니 노골적인 가르침은 자연 조심성 있게 다루어진다.
제대로 공부시키기 위해서이고,
알음알이에 빠져 있지 않도록 하기 위한 스승의 배려다.

문제는 그러한 답답함의 틈새를 이용하여
짝퉁들이 비집고 들어서는 것이다.
'공부는 이런 것이다!' '공부는 요것이다!' '공부란 이것이 전부다!'
심지어 '깨달음은 없다!' 등.

물론 정법공부에서도, '공부는 이런 것이다!' 하고 일러주지만,
결코 분별망상에 빠트리지는 않는다. 하지만 짝퉁들은,
현란한 감언이설로 사람의 사고를 마비시켜서 끌어들인다.

진품과 짝퉁의 차이는 존재의 실상을 말뿐만 아니라,
실제로 제시할 수 있어야 한다.
실상은 무상이지만,
깨친 자는 무상인 실상이 어떤 것인지를 보여줄 수 있다.
또한 이러한 맥락에서 화두 형식의 점검도 있게 되었다.

하나 마나 한 말이지만, 결국 스스로 눈을 밝혀야 한다!

겸손에 대하여

겸손이란 인간관계를 맺고 살아가야 하는 공동체의
중요한 덕목이다. 하지만 인간의 얄팍한 에고는
겸손까지도 스스로의 생존전략을 위한 기술로 활용한다.
물론 그렇기는 하지만, 그런 태도가 주는
사회적 순기능은 여전히 필요하다.

그런데 깨닫게 되면 어떻게 될까?
즉, 깨달음과 겸손이 어떻게 연결될까?
간단하다.
존재의 실상을 깨친 자는,
모든 것이 진여의 세계임을 확인하며 살아가기에
무엇이 무엇보다 나을 것도 부족할 것도 없다.
즉, 모든 것의 평등성을 몸소 체험하는 것이다.
그런 사람에게는 겸손이 굳이 따로 없다.
달리 말하면, 겸손해야 함에서 해방된 것이다.
그렇기 때문에 자연스럽게 된다고 말한다.
평범한 사람이 되는 것이다.

그런데도 깨달은 사람은 무언가 다를 것이라고 보는 시각이 있다.
이러한 선입견을 역이용하는 것은 사기꾼들이다.
그들은 에고의 심리에는 달통한 자들이다.

참으로 그럴듯하게 처세를 한다.
그들은 사람들이 아마도 그럴 것이라고 상상하는
깨달은 자의 특징들까지도 연출해낸다.
바로 그런 연출이 가짜임에도 불구하고 말이다.

겸손은 분명 권장해야 할 덕목이지만,
동시에 겸손은 겸손이 아니라
겸!손!임을 깨달아야 한다!

깨달은 자를 식별하는 기준

깨달은 사람은 진실을 가르칠 뿐이지,
스스로를 특별한 존재로 내세우지 않는다.

만약 누군가가 깨달았다고 선언하면서,
사후세계를 빙자하며 공포심을 심거나,
사후세계에 대한 영향력을 행사하는 힘을 갖춘 것처럼 말한다면,
이는 사기꾼에 불과하다.
제대로 깨친 사람은 방편이라는 핑계로도 거짓을 가르치지 않는다.
오로지 진실을 밝힐 뿐이다.

물론 이 공부에 합당한 성숙된 의식이 아닐 경우에
선의의 방편이 필요하지만, 그렇다고 방편적 가르침에 눈이 가려
진실을 왜곡하도록 하지는 않는다.

이미 진실이 무엇인지 밝혀진 지 오래되었지만,
그럼에도 불구하고 그러한 진실을 접해보지 못한 사람도 많다.
그 이유는 뭘까?
궁극적인 진실은, 그 진실을 충분히 감당할 만한 능력이 있지 않으면
오히려 해로울 수 있기 때문이다.
이것이 진실을 누구에게나 밝히기 조심스런 부분이다.

그렇긴 하나, 진실과는 너무나 먼 방편으로
공부인을 미혹하게 함은 옳지 않다.
가르침이 아닌, 스승의 특별한 능력으로만 깨달을 수 있다고 한다면,
이는 명백한 사기꾼이다.
스승은 안내할 뿐이다.
깨닫는 것은 공부인 각자의 몫이다!
물론 그대는 이미 깨달았지만 말이다!

공부와 정

존재의 실상을 깨닫는 것과,
따뜻하고 훈훈한 인간적인 면모를 보여주는 아름다운 인정은
함께 추구해야 하는 것이다.
즉, 지혜와 자비다.
하지만 공부하는 과정에서 이 둘 사이를 분명하게 구별하지 못하면,
공부에 장애가 된다.

쉽게 말해서, 분별심 차원에서는
이 공부를 한다는 것 자체가 매정하다.
누구나 그렇게 살아가듯이 그냥저냥 세상적인 가치로 살아가면 될 것을,
굳이 존재의 실상을 깨닫고자 하는 것 자체가 기이한 것이다.
때문에 이 공부는 세상에서의 가치와는 다른 출세간적인 것이다.
따라서 근기가 되지 못하거나, 관심 없는 사람들에게
억지로 권할 수도 없는 공부다.

누구나 할 수 있는 공부이지만, 아무나 깨달을 수도 없다!

공부인이나 이 공부를 일러주는 사람은
정에 휘말리지 않도록 유의해야 한다.
어찌 보면, 냉정하고 싸늘한 분위기를 연출하는 것 같지만,
그렇진 않다.

마치 심리치료를 하는 과정과 비슷하다.

치료자는 환자에게 어느 정도 냉정해야 한다.

그래야 병을 치유할 수 있기 때문이다.

이는 부모가 자식을 키우는 것과 같다.

보다 큰 자비(정)를 모두에게 쏟아붓기 위해서는

당장의 사사로운 감정에서 눈길을 거두어야 한다!

물론 몰상식하고, 인정머리 없고, 싸가지없는 인간이 되라는 말은

결코 아니다!

자긍심과 아만심 차이

흔히들 마음공부라고 하면 '하심'을 떠올린다.
그런데 이 '하심하라'는 말을 잘 들여다보아야 한다.
'하심'이라는 것은 공부에서 가장 중요한 열쇠가 되는 말이면서
동시에 독이 될 수 있다!

하심을 강조하는 것은, 대개의 사람들이 분별망상으로 치닫기에
그 마음을 쉬어보라는 말이다.
나아가 이는 깨달음을 구하고자 하는 마음까지도
쉬어보라는 말이 된다.

우리는 무엇을 찾고 구하는 본능적 습관이 배어 있다.
이는 그렇게 살아왔고, 그렇게 해야만 원하는 바를
얻을 수 있었기 때문이기도 하다.
이러한 경험이 우리의 뇌리에 꽉 박혀 있기 때문에,
우리는 무엇을 하든 찾고 구하는 방식을 취한다.

그러나 궁극적인 실재가 무엇인지를 깨닫는 방법은 그와는 정반대다!
바로 이점을 충분히 이해해야 한다.
이러한 것을 간단하게 '하심'이라고 할 수 있다!
문제는 이 말을 잘못 받아들여서 공부의 필수 요소인
'자긍심'마저 팽개쳐야 하는 것으로 착각하는 것이다.

그리하여 이번엔 '본래 부처'라는 말로
그 부작용을 막는 처방을 제시하기도 하지만,
특히나 집단을 이루는 조직생활에서는
이러한 '하심'을 아랫것들 길들이기로 써먹는다!

이래 가지고야 어찌 깨닫겠는가?
처음부터 자긍심을 잃게 하여,
"너는 근기가 그 정도이니 그저 이번 생에는 시키는 일이나 열심히 해라!"

이렇게 한심한 작태를 빚어내는 말로 '하심'이 변질되었다!

'하심'을 잘못 알아, 부처되는 길에서 낙오한 자 헤아릴 수 없이 많다.

깨달음 환상?

예부터 깨달은 자는 대단히 신비하고 특별하게 여겨져왔다.
특히나 경전들이 그러한 신비감을 조장한 주범이다.
다행스럽게도 선에서는 평상심이 도라고 하면서,
평범함, 자연스러움으로 해독제 역할을 해왔다.

그런데도 깨달은 자는 매우 특별한 인물로 인정되고,
또 그렇게 대접을 받다보면, 어느 틈엔가 그러한 행세를 하게 된다.
수요와 공급의 만남인가?

깨달은 자가 하는 모든 것은 중생을 위한 행위로 합리화되고 포장된다.
또 스승에게 귀의(복종, 순종)한 제자들도
이제는 충실한 종으로서의 역할을 기꺼이 떠맡는다.
그리하여 공부를 위한다는 명분으로,
오히려 부도덕한 행위까지도 서슴지 않는 협력자가 된다.
희한하게도 이러한 구루·제자놀이에 열중하는 동안에는
이성적 판단이 마비된다.

깨달음의 길에서 이성적 판단은 매우 유효하다.
다만 이성의 한계를 자각하고 뛰어넘는 공부이다!

고
요
한

경
계
에

머
무
르
지

마
라

2

편안함이 아니라 앎이다!

이 공부는 존재의 실상을 깨닫는 것이다.

존재의 실상을 깨달았다는 것은,
실상이 무엇인지를 아는 앎이 생겨난 것이다.
물론 그 앎은 공(마음)이 본래부터 갖고 있는 앎이지만,
공부를 통해서 자각(발현)한다.
그런데 바른 견해 없이 공부를 하다보면 옆길로 새는 경우가 있다.

이 공부는 '앎'이지, '느낌'이 아닌데도
편안한 느낌에 매몰되는 경향이 있다.
쉽게 말해서, 심리적 편안함을 깨달음으로 착각한다.

존재의 실상이 공(마음)이라는 것을 앎(깨달음)으로써,
지금까지 극복(조복)하고자 애를 쓰던 그 모든 수고로움이
한바탕 꿈(해프닝)임이 밝혀지는 것이다.

그러니까 이 깨침(앎)은 편안하다는 심리적 안정 따위와는
비교도 안 된다!
그런데도 심해탈 수준에서 맛보는 편안함에 머무는 사람들이 있다.
심해탈 수준은 일시적으로 생겨난 심리상태(경계)이기에
반복적으로 평생 노력해야 한다.

깨달음은 앎이다! ❶

이 공부는 존재의 실상을 깨닫는 것이다!
따라서 공부의 핵심은 '앎'에 맞추어져야 한다.

더러는 편안한 마음 상태 혹은 그 어떤 황홀한 느낌(기분)을
깨달음으로 오해하는 경우가 있다.
물론 공(마음)을 깨닫게 되면 그 자체의 해탈감(자유로움)이 있다.
그리고 잔잔한 행복감이 함께한다.

그러나 그 같은 느낌을 붙잡으면 안 된다.
그 모든 것이 공(마음)임을 꿰뚫고 있는… 각성(앎)이 그것이다.

그 앎에 초점을 맞추어야 한다.
왜냐하면 그 앎이 곧 공(마음)의 눈에 해당하기 때문이다.

그 눈이 더욱 밝아지면, 공(마음) 자체의 본성을 보게 된다!

반듯한 공부

바른 견해는 이 공부에 있어서 필수다.
따라서 바른 견해 없이 하는 공부는
거의 삿된 방향으로 나아가게 된다.
이를테면, 생각을 비우는 것이 공(마음)을 깨닫기 위한 방편임에도
불구하고, 생각이 머릿속에서 비워질 때 나타나는
편안한 심리 상태를 깨달음이라고 착각한다.
경전이나 어록에서도 이런 공부 수준에 머물지 말아야 함을
지적하고 있다. 이것은 진무심이 아니다!
고작해야 말라식 수준에서의 가무심이다. 깨달음은 아뢰야식 수준의
가무심(제8마구니 경계)까지 넘어가야 한다.

예부터 근기가 낮은 자들은, 이런 마음 상태를 깨달음이라고
오해하곤 했다. 바른 공부의 안내를 받지 못하고,
그저 그런 사람들끼리 서로 경험적 공감대를 형성하고는,
그것을 깨달음이라고 착각하는 일들은 흔하다.
바른 깨달음이 무엇인지도 모르면서, 심리치유 효과에 불과한
공통적 체험을 마치 깨달음으로 여기는 착각도인들이 언제나 있어왔다.

부디! 정신 차려야 한다!
이미 바른 깨달음이 무엇인지를 밝힌 경전이나 어록이 많다.
왜 그런 분명한 근거가 되는 책들을 참고하지 않는 걸까?

고요한 경지를 깨달음이라 착각하지 마라!

나홀로 공부하는 사람들에게서,
모든 것이 끊어진 고요한 경계를 깨달음이라고 착각하는 것을 본다.
공부과정에서 나타나는 현상인데,
생각 등 모든 것이 사라진 상태에서 맛보는 고요함이다.

평소의 산란한 마음으로 인해서 번뇌로부터의 해방감을 느끼기에
매우 만족해한다.
그리하여 이러한 '죽은 마음'을 탐닉하며 주저앉는다.
이것은 깨달음이 아니기에,
특히 공부인은 이러한 경계를 주의해야 한다.
이를 두고 '승묘경계'라 하며,
'죽기만 하고 살아나진 못한 것'이라고 하는 것이다.

달리 말하자면, 아직 반야지혜가 발현되지 못한 것이다.
반야지혜가 발현되어야만, '색 그대로 공!' '번뇌 그대로 보리!'임을
깨달아 활발발하게 살아간다.

선에서는 대사대활(大死大活)이라 하며,
기독교 버전으로는 영적 부활이다!

마음이 편하다고 깨달음은 아니다!

마음이 편하고, 세상사에 초연하고, 죽음까지도 문제되지 않고,
생각에 꺼둘리지 않고…
자! 이런 것을 깨달음이라고 착각하지 마라!
깨달음은 존재의 실상이 무엇인지를 깨닫는 것이다!

마음이 편할 때도 있고, 불편할 때도 있다. 슬플 때도 있고,
기쁠 때도 있다. 이를테면 평상심 그대로다!
물론 존재의 진실이 무엇이라는 것은 분명하다(번뇌는 없다)

마음을 조작하여 한생각도 일어나지 않게 할 수도 있다.
무덤덤한 마음으로도 유지할 수 있다.
그래서 좋은 것도 싫은 것도 없는 마음으로도 될 수 있다.
하지만 깨달음을 그러한 것으로 착각하지 말아야 한다!

이 간단한 것을 놓치면, 공부의 방향이 엉뚱한 곳으로 나아간다!
수행자들 중에 이러한 점을 놓치는 자가 얼마나 많은가?
깨달음은 간단하다! 무아(진아)를 깨닫는 것이다.
그리하면 이 세상 그대로가 진여의 세계가 된다!

이러저러한 느낌, 생각, 감정 등은 본래마음(공)에 나타나는 현상(색)이다.
또한 당연히 그러한 묘용이 펼쳐지는 것이다.

안
다
는

한
생
각
이

장
애

3

깨달음이라는 의식의 질적 변화가 있다!

반 마음이 아니라, 온 마음으로 공부에 임해야 한다!

매번 공부에 임할 때는, 마치 처음인 듯 마음을 활짝 열고
공부해야 한다.
이미 알고 있다고 여기는 부분들이 가장 큰 문제다.
왜냐하면 건성으로 알고 있는데도 묘하게 이미 알고 있다고
스스로를 속이기 때문이다.
물론 그런 사실은 언젠가 그대가 깨닫게 될 그때에
뉘우치게 되겠지만, 미리 알고 점검해야 한다.

그러니까 그대가 깨닫지 못했다면, 하심하여 안다고 생각한 것들을
다시금 철저히 확인해야 한다.
바른 견해에 의지하여, 바른 깨달음으로 종결된다.
따라서 공부가 되어가는 과정이라는 것은,
이해와 깨침의 간격이 메워지는 것이기도 하다.

어떻게 이해해도 이해 수준일 뿐이다.
반드시 이해를 뛰어넘는 의식의 질적 변화가 온다.
때문에 이해를 분명히 해야겠지만, 그렇다고 이해에만 매달리면
결코 깨달을 수 없음을 명심해야 한다. 이 공부는 이해를 통해서,
이해를 뛰어넘는 반야지혜가 발현될 때까지 해야 한다.

사실 이 부분은 매우 신비롭다. 왜냐하면 본래 갖추고 있는
반야지혜가 발현되는 것이기 때문이다.
우리의 일상생활에서도 이러한 일을 수도 없이 경험한다.
한 가지 일을 열심히 하다 보면 어느 순간에 의외로 새로운 능력이
드러나서 달인이 되듯이 이 공부도 그러한 순간이 온다.
만약 그런 경지가 오지 않는다면 그것은
그냥 열심히 노력한 사람에 지나지 않는다.

때문에 이해 수준에서 하는 말과 깨달음에서 하는 말은 판이하다.
아무리 많이 알고 있어도, 깨닫지 못한 사람의 말은 정곡을 찌르지
못하고 주변을 빙빙 돈다.
이를테면 부처를 그리는데 콧구멍의 털까지도 그려내지만,
정작 눈은 그리지 못하는 것이다.
반면에 깨달은 사람의 말은 다소 거칠고 다듬어지지 않아도
정확하게 핵심을 관통하고 있음을 본다.

이 공부는 깨닫기 위해 하는 것이다!

일념으로 공부하면 무념이 된다!

어떤 문제의식을 가지고 오랫동안 숙고하다보면, 어떤 부분은
해결이 되지만 어떤 부분은 도대체 해결되지 않고 남게 된다.
그러다가 어느 순간에 조그마한 단서가 계기가 되어,
그 짧은 순간에 의식은 전반적인 역전현상이 일어난다.
그러니까 전면적이며 혁신적인 새로운 앎이 생겨나는 것이다.

비유컨대 탐정이 범인을 찾아가는 과정에서, 결정적인 증거를
확보하면서 심증에서 물증을 확인하면서 확신을 굳힌 것과도 같다.
확인하고 보니 예상 밖의 결과다. 상식적 믿음과는 전혀 다르다.
그래서 이 공부의 결과도 상상불허다.

그러니 미리 이러이러할 것이라는 예상을 걷어버려야 한다.
그러는 동안에는 그것이 장애가 되어
깨달음은 드러나지 않는다.
'깨달은 마음'은 어떤 것일까? 궁금하겠지만 오히려 방해가 된다.
지금까지 듣고 알고 있는 것이 있다면, 내려놓는 것이 좋다!
깨달음은 그러한 선입견이 작동하는 동안에는 나타나지 않는다.

바란다는 것 자체가 탐욕이다. 그렇다고 멍하게 있으라는 게 아니다.
진지하고 순수하게 공부를 해나가면,
드디어 성취코자 하는 마지막 의도를 스스로 넘어가게 한다!

공부가 느리게 진행되는 까닭

이 공부를 비교적 수월하게 하는 사람도 있고,
어렵게 하는 사람도 있다.
이 공부가 학교공부와 다르지는 않지만
마치 운동을 배우는 것처럼, 이 공부도 그 나름의 방법이 있다.

새로운 것을 배울 때는 기존의 것을 잊는 것이 효과적이다.
적어도 옆으로 밀쳐놓아야 새로운 것이 들어간다.
만약 그렇지 않고 기존의 것을 고집하면,
새롭게 배우고자 하는 앎이 자리 잡지 못한다.
때문에 유연한 사고를 가진 사람들이 무엇이든 잘 배운다.
유연한 사고는 평소 다른 사람의 처지에서
생각해보는 '역지사지'에서 익힐 수 있다.
이를테면, 관점을 달리해보는 것이다.

대체로 이 공부를 하기 전에 나름대로 주입된 선입견을 가진다.
주입된 선입견을 교정하는 시간이,
즉 공부하는 데 걸리는 시간이다.
그러나 이것이 만만치 않다.
문제는 스스로 잘못 알고 있음을 알아차리기 어렵다는 것이다.
새롭게 일러주는 것이 기존에 알고 있다고 여겨지는 것과
매우 유사하다고 느낄 때 그러한 일이 일어난다.

그 미세한 차이를 눈치채지 못하기 때문인데,
이러한 차이를 스스로 알기까지 많은 시간이 걸린다.
훗날 "아, 내가 알고 있다고 여긴 것이 잘못 안 것이었구나!" 하고
탄식하게 된다.

알고 있다고 당연시하던 것들을 철저히 점검할 필요가 있다.
공부가 오래되었음에도 진전이 없는 경우는
대부분 기초가 부실한 탓이다!
분명 새로운 것을 일러줌에도, '아! 그것 나도 알아!' 라는 생각이
기존의 앎을 대체한다.
의식의 이러한 간교한 술수를 철저하게 파악해야 한다!

이것은 새로운 앎을 살짝 빗나가게 왜곡하는 의식의 장난이다.
대충대충 건성건성인 중생의 삶에 안주토록 꼬여서
진실을 보지 못하게 하는 에고의 교묘한 술수다!

나중 된 자 먼저 되고!

이 공부는 마음을 깨닫는 것이므로, '어떻게 마음을 갖는가'
하는 것이 결정적이다.
가장 좋기로는 그 어떤 생각도 없이 오로지 공부만 하는 것이다.
선입견 없이 공부를 하다보면,
공부에 대한 바른 견해가 자리 잡는다.

그런데 선입견을 가지고 있다면, 그 생각에 부합되면 받아들이고,
그렇지 않은 것은 배척한다.
결국, 바른 견해가 전반적으로 온전하게 정착되지 못하고,
기존의 선입견과 끼워맞추기 게임을 한다.
이렇게 해서는 오랜 시간 공들여도 성과가 없다.

설령 자기가 알고 있는 것이 너무나 귀하게 얻은 것이라서
차마 버리지 못하겠다면, 잠시 옆으로 치워두라.
나중에 공부가 되고 보면, 기존에 알고 있던 지식들이
저절로 납득이 되며 그것들의 위치가 보인다.
비유컨대, 새로운 수영법을 익히기 위해선 기존의 수영법을
잠시 유보하는 것이 좋다.

태양이 지구 주위를 도는 것이 아니라,
지구가 자전하며 태양 주위를 돈다는 진실을 깨닫게 되면,

기존의 선입견이 자연스럽게 재편성된다.

확연하게 깨닫지 못했다면 이미 알고 있던 것을 놓아버려라!
그렇게 하지 못하겠거든, 그것들을 철저하게 검토하라.

안다는 그 한생각이 걸림돌이다.
나도 이젠 좀 안다는 생각은 여전히 생각이다.
비록, 깨달음이 무엇인지에 대한 견해는 익혔지만,
아직은 생각 속의 일이다.

깨달음은 그 어떤 생각도 아니다.
심지어 바른 견해라는 생각조차 없다!

절집문화에 익숙하면 깨달음은 뒷전이 된다!

우리 주변에서 절에 다니는 불자들을 흔히 볼 수 있다.
그런데 그들에게 깨달음을 설해보려 하면 매우 힘들다.
엄청난 장애가 있다.

어떻게 된 일인지, 그들은 잘못된 가르침, 좋게 말해서
저급한 방편적 가르침에만 중독되어 있기 일쑤다.
이러한 것이 문제다. 그래서 절집에 다니는 사람을
제도하기가 가장 어렵다.
기독교적 신앙 형태로 굳어버린 것이다.

붓다가 그렇게 배제코자 한 것을 지금의 불자들은 껴안고
있는 것이다. 엄밀하게 말하면 외도가 된 것이다.
이러한 풍토에서 진정한 깨달음을 꽃피울 수 없다.
붓다가 그렇게도 간절히 일러준 스스로의 자각을
일깨우는 방향으로 향하지 않고, 대상에 의존함으로써
주인됨으로부터 멀어진 것이다. 그만큼 무명은 지독하다는 반증이다!

차라리 불교에 대해서 아무것도 모르는 것이 좋다.
그들은 오염되지 않았기에 공부가 수월하다.
왜냐하면 잘못된 선입견이 없기 때문이다.
지성을 갖춘 사람만이 냉철히 바라보고 그러한 오염에서

벗어날 수 있다.

이젠 영성의 시대가 도래하였다.
기복적 신앙형태에서 벗어나,
진정한 주인됨인 깨달음으로 거듭나야 한다!
종교적 형태를 믿지 마라! 가르침을 믿으라!
가르침은 이미 책으로 나와 있다!

깨달음은 앎이다!❷

깨달았다면, 무엇을 깨달았다는 것인가?
우리의 눈앞에 펼쳐진 존재들의 참모습이 무엇인지에 대한
참된 앎이다.
이러한 기본적인 것을 놓치면 평생 공부한다고 헤매고 다녀도
결국은 헛고생으로 끝난다.
어떤 사람은 공중부양을 하기 위해서, 또 어떤 이는 유체이탈을
혹은 초능력을 얻기 위해, 그리고 흔히들 사후에 좋은 곳에 태어나기
위해서… 이렇게 어리석게도 무명 속에서 평생을 허비한다.

어쨌든 의식 속에서 한번 방향이 설정되면,
그다음부터 부합되지 않은 정보는 차단된다.
인간의 마음은 실로 오묘하다. 무지의 힘도 이처럼 엄청나다.
누가 말리겠는가? 스스로가 마음먹은 대로 행할 수 있음이여!

깨달음은 이러한 의식이 만든 관념의 함정에서 벗어나는 것이다.
그래서 이 공부는 어렵다면 한없이 어렵고, 쉽다면 한없이 쉬운 것이다.
생각의 한계를 철저하게 실감하기 전까지는,
스스로가 만든 관념에 속박되어 있다는 것을 모른다.

그럼 어떻게 해야 하나?
지금 그렇게 묻는 그 순간에, 묻는 그놈이 무엇인지를 돌이켜 보라!

열어두고 비워보자!

새로운 것을 받아들이려면 기존의 사고를 꽉! 채우고 있는
앎의 내용물들을 일단은 비워야 한다.
비운다는 것은 그것들을 삭제하는 것이 아니다.
잠시 그것들을 옆으로 밀쳐놓은 상태다.
다만 열어놓고 비워야만, 새로운 관점에서 바라볼 수 있다.
그만큼 새로운 시각이 확보되는 셈이다.

이 공부는 전체적 관점, 통합적인 관점을 얻는 지혜이기도 하다.
존재의 본질을 깨닫게 됨으로써, 현상적인 삶의 구조들이
비로소 명료해진다.
이 공부가 어렵지는 않지만, 기존의 관점(고정관념)을 비우는 일은
결코 만만한 일이 아니다.
누구나 한번쯤은 새로운 시선으로 사물들을 바라보았을 때,
지금까지와 전혀 다른 새로운 모습이 드러나는 것을 경험했을 것이다.

깨달음의 관점은 중도적 관점이기에 존재의 본질을 꿰뚫는다.
중도적 관점은 어떠한 관점도 가지고 있지 않을 때
드러나는 관점이다.
마음을 비워보자! 마음을 활짝 열어보자!
그리고 이미 알고 있던 내용들도 재차 확인해보자!
마치 처음 접하는 것처럼!

의외로 가장 기초적이며 기본적인, 그리하여 당연히 알고 있다고
여긴 것들 중에서 사실은 제대로 알고 있지 못한 경우가 있음을
발견할 수 있다. 이같이 사소하게 보이는 것들이,
공부가 깊어지지 못하게 하는 결정적인 원인이 되기도 한다.

대개의 일이 그렇듯이, 원점에서부터 확인하는 것이 현명하다!

건강한 공부, 삶을 위한 공부

4

깨달음은 삶을 포용하는 것이다!

깨달음은 삶의 모든 것을 전체적으로 포용하는 것이다.
대수용이라고도 한다.
이러함을 망각한 채, 수행이라는 과정에 혼신의 힘을 쏟는 것은
매우 안타까운 일이다.
출발 상태에서 이미 어긋나 있는 것이다.
그런데도 많은 사람들이 이러한 사실을
제대로 인지하지 못한 듯 보인다.

만약 이렇게 방향을 제대로 잡지 못하고 공부하면,
과연 공부가 제대로 될 것인가?
아마도 신비한 그 무언가를 찾아서 헤매게 될 것이다.

이러한 관점으로 경전의 내용을 살펴보면 오해의 소지가 수두룩하다.
경전을 잘못 읽으면(이해 부족으로) 오히려 해가 되는 것이다.

또한 깨달음만을 강조하다보니 다른 부분(삶)을 소홀히 하고
놓치게 된다.
좀 더 노골적으로 말한다면, 당시 경전을 쓴 사람들이 무지하여
통합적이지 못한 탓이다.

경전 · 어록을 읽을 때면 균형 잡힌 시각이 필요하다.

어느 부분을 어떠한 관점에서 말하고 있는지
주의 깊게 살필 줄 알아야 경전의 노예가 되지 않는다.
주인이 되어 경전을 읽어낼 때,
경전은 본래의 역할과 사명을 다하는 착실한 종이 될 것이다!

전반적인 조화와 균형을 이루어야

수행자들은 깨닫는 데 도움이 된다면 무엇이든 하려 든다.
그러니까 오직 깨달음이라는 것에 매달린다.
그것은 필요한 일이기도 하지만, 한편으론 깨닫는 데
장애가 되기도 한다.

깨달음은 수행의 결과로 나타나는 것이다.
즉, 수행에 충실하면 그 결과로 깨닫게 되는 것이다.
그런데도 많은 사람이 결과에만 집착하여,
이를테면 열매만을 따겠다는 성급함이 앞선다.
그러다보니, 단기간에 깨닫게 해준다는 선전문구에 현혹된다.

공부에 왕도는 없다! 하지만 효율적이고 바른 공부법은 있다!
공부과정을 뛰어넘어 단숨에 어찌해보려는 마음을 비우고,
차근차근 바른 견해를 익혀 나아갈 때
우리의 의식은 그만큼 변화한다. 변화하는 그만큼 의식이 성숙하고
발달해가고 있음이다.

누구나 깨달았다고는 하지만,
스스로 그러함을 확인할 수 있는 의식이 발달해야 한다.
그리고 누군가가 각고의 노력 끝에 존재의 실상을 엿보았다고 해도,
그러한 실상을 충분히 감당할 만큼의 의식수준이 성숙되어 있지 않으면

오히려 그 사람의 온전한 삶을 망치기도 한다.

그런 예를 심심찮게 볼 수 있는데, 깨달았다는 자들의

몰상식적인 기이한 행태가 바로 그것이다.

이것은 상부구조인 깨달음의식을 튼튼하게 떠받치는

하부구조의 의식이 건강치 못해서이다.

이 공부는 삶을 온전히 충만하게 꽃피우기 위한 것이므로,

전반적으로 의식이 조화와 균형을 이루면서 진행되어야 한다!

삶을 위한 공부!

깨닫고자 하는 이유는, 지금 발 딛고 살아가는
현실적 삶을 위한 것이다.
'집착을 버려라!' '모든 것이 꿈과 같다!' '나를 버려라!'
등등의 가르침도 결국 삶을 위한 것이다.

그런데 방편적인 가르침에 휘둘리고 속으면, 방편이 독이 된다.
그렇게 되면, 지금 여기의 삶을 희생하게 된다.
사실 그 가르침은, 존재의 실상을 깨우쳐,
'지금 여기'에서의 삶을 행복하게 살아가기 위한 것이다.

수행을 왜 하는가?
수행 그 자체가 목적이 아니다!
그런데도 수행을 위한 수행이 되고 있다.

물론, 수행을 통해서 원하던 깨달음을 성취하지 못했기에
수행에 매달리기는 하겠지만, 그렇다고 수행병에 걸려서
허우적거리면 차라리 안 한 것만 못하다.
때문에, 깨달음만을 지나치게 강조하는 것은 문제가 있다.
이미 이대로 아무 문제가 없음을 깨닫기 위해
그대의 삶을 온통 희생한다면, 대가는 너무나 가혹하다.

예전엔 아득하게 멀리 있던 깨달음은 동경의 대상이었지만,
지금은 우리 삶에 가까이 있다.
많은 각자에 의해서 존재의 실상이 무엇인지는 밝혀졌다.
이젠 바른 견해로 공부해 나아가면 깨닫게 된다.
물론 거저먹기는 아니지만, 발심한 그대에게는 그리 어렵지 않다!

잔칫날 잘 먹으려고 생으로 굶지 말자!
깨닫고자 하는 그대여, 깨달음에 희생되지 마세요!

깨달음은 모든 것을 통합한다!

깨닫기 위해 처음엔 버리고, 놓고, 떠난다.
그것은 마음의 일이다. 그런데도 삶 속에서
그러한 형태로 행동하는 사람이 많다.
진정으로 떠나고 찾는 것은 각자 내면의 일이다.

그리하여 깨닫게 되면 어떻게 될까?
모든 것이 통합된다.
모든 존재가 진여라는 실상으로 통합되는 것뿐만 아니라,
다양한 가치, 학문적 지식, 삶의 형태, 관계 맺음 등이
긍정적으로 수용되고 포용되며 통합된다.

결국 삶이 최종적 귀착지이다!
그런데도 깨닫는 수행과정이 지루하게 오래 진행된 탓인지,
진정으로 중요한 삶이 망각된다. 그야말로 전도몽상이다!

대개 이 공부에서 깨달음에만 지나치게 조명을 한 탓인지,
삶을 희생해도 좋다는 부추김이 있다. 그것은 잘못 이해한 것이다.
모든 것은 삶에 있다. 깨달음도, 명예도, 권력도, 돈도…
모두가 행복한 삶을 위한 것인데,
스스로 행복하지 않다면 그런 것들이 무슨 소용이겠는가?

깨달음에 붙들리면?

지리산, 계룡산 등 깊은 산속에는 지금도 조용히 도를 닦는
사람들이 많다고 한다.
이것을 두고 가치판단을 하기에 앞서,
한마디로 도에 붙들린 사람이라고 해야 할 것 같다.
귀신한테 붙들리듯, 도에 붙잡힌 사람이 한둘이 아니다!

깨달음은 지금까지 많은 사람들에 의해서 밝혀졌고
방법도 제시되어 있다.
때문에 일상의 삶을 포기한 채 산속으로 은둔하면서까지
이 공부에 전념할 것은 없다. 결국은 삶으로 돌아오는 공부이며,
삶의 소중함을 일깨우는 공부이기 때문이다.

물론 도가 터지지 않아서 환장하겠다는 심정은 알겠지만,
그렇다고 일상의 삶을 포기할 정도로까지는
일을 저지르지 말아야 한다.
그것은 도에 대한 간절한 마음일 수도 있지만,
한편으론 지금의 삶에 대한 회피이기도 하다.
깨달음은 삶에서 생겨난 문제이기에, 삶과 함께하면서 해결하면 된다.
더군다나 지금의 시대는 얼마나 정보가 넘쳐나는가?
의식의 성장발달 과정에서의 궁극이 깨달음이고 보면,
다소 공부의 진척이 더딘 듯한 때가 좋은 것이다.

물론 답답한 마음이야 어찌 모르리오.
하지만 그렇게그렇게 익혀가는 것이 공부이다.

로또복권 당첨을 기다리듯, '언제나 깨달음이 내게 당첨될까' 하며
기다릴 것인가?
이 공부에서 명심할 것은, 지나치게 조바심(조급증)을 내는 것은
금물이라는 점이다. 한편으로는 넉넉한 마음으로,
또 한편으로는 치열하게 길을 가야 한다.

깨달음에 붙들리면 날샌다!
이미 이대로 부처이니,
주인된 마음으로 삶과 함께하는 공부여야 한다!

깨달음은 삶을 위한 것이다!

열심히 깨달음공부에 몰입하다보면, 방향감각을 잃는 수 있다.
무슨 말이냐 하면, 깨달음 또한 우리의 삶을 위한 공부라는 것을
깜박할 수 있다는 것이다.
삶을 위한 깨달음이라는 것을 간간이 되새김질한다면,
공부가 크게 궤도를 벗어나는 일은 없을 것이다.

우리는 이상향을 꿈꾸고 추구하는 본능이 있다.
그런데 이 공부의 끝자락에서 얻게 되는 깨달음은,
이 세상이 꿈에도 그리던 이상향이며,
우리의 삶이 그토록 신비로운 것임을 확인하는 것이다.

모든 것이 삶을 위해 펼쳐져 있다.
그러니 깨달음이라는 미명하에, 지나치게 몸과 마음을
황폐화시켜서는 안 된다.(중도수행)
설령 깨달음을 얻는다 해도, 생명을 잃는다면 무엇이
유익하리오?(물론, 아침에 도를 얻는다면, 저녁에 죽어도 좋다는
말도 있지만, 이것은 공부에 임하는 태도다)

공부하는 사람들 중에는, 마치 세상의 삶을 포기한 것처럼
생활하는 사람들도 있다.
결국 지금 여기 삶의 현장으로 돌아오는 공부인 줄 안다면,

과연 그렇게 할까?

깨달음은 삶을 위한 것이다!
바로 그러하기에, 존재의 실상이 무엇인지를 깨닫고자 하는 것이다!

깨달음은 만병통치약인가?

이 공부에서 가끔씩 웃지 못할 일들이 벌어진다.
평생을 진지하게 공부한 사람들 중에도, 이 공부를 성취하면
무언가 신령스런 힘의 도움으로 의식주가 거뜬히
해결될 것으로 믿는 부류가 있다.
아마도 경전 등에 나오는 '깨달은 자에 대한 떠받듦'
표현 때문으로 보인다.
물론 '지극히 평범한 사람'이라는 진솔한 표현도
있지만 그런 것은 눈에 들어오지 않는다.
그리하여 오해는 벌어지고, 깨달음을 대박 터뜨리는
'로또복권' 쯤으로 여기며 꿈을 키운다.

이런 유의 사람들이 어찌 깨달을 수 있겠는가?
이미 욕심으로 물들인 마음으로, 어찌 텅 빈 마음을 깨달을 수 있을까?
또한 어찌어찌해서 성품자리를 얼핏 보았다 해도,
여전히 그런 환상에 대한 미련을 버리지 못한다.
그것 참, 왜 이렇게 맛이 간 걸까?

물론 존재의 실상을 깨닫게 되면 인생살이가 술술 풀린다.
그러나 이 말을, 아무런 노력도 없이 가만히 있는데도
그 무언가가 도우사! 기적이 일어나는 것으로 착각하면 안 된다.
붓다가 왜 매일매일 탁발하러 다녔겠는가?

존재의 실상을 깨닫고자 하는 그대!
그대 스스로 일용할 양식을 해결하라!
그것이 진여의 묘용이다.

깨달음은 바른 정신을 갖는 것이다!

깨달음은 자칫 기이한 그 무엇으로 살짝 왜곡되어 알려져 있다.
때때로 깨달았다는 자들이 별별 희한하고 웃기는 헛소리를 많이 했다.
물론 제대로 된 경전을 보면 깨달음이 무엇인지 분명하게
밝혀져 있지만, 일반인은 접하기 어렵다.

공부의 동기가 순수하지 못한 이들이 많다.
대개는 깨달음으로 그간의 상처받은 것을 보상받으려는
기형적 심리가 배후에 깔려 있다.
어찌 그런 마음으로 존재의 실상을 깨치려 드는가?
실상을 알고 싶다는 순수한 마음이 아니면 안 된다.

이 공부는 온전한 사람들이 하는 공부다.
먼저 삶을 충실하게 살아야 한다.
삶 속에서 다양한 경험을 하면서, 웃기도 하고 울기도 하며,
때론 비참한 심경에 젖어보고… 그러면서도 바르게 살아가려는
마음을 놓지 않고, 삶의 여정을 거쳐온 사람들이 이 공부에 적합하다.

군이 수행이라고 한다면, 결혼하고 자식 낳고 사는 것.
이것이 진짜 수행이다. 이 수행과정에는 지옥에서 천당까지
골고루 체험할 수 있는 시스템이 있다.
깨달음은 바른 정신을 갖는 것 외에 그 어떤 것도 아니다!

건강한 공부!

의외로 이 공부판에 기웃거리는 사람 중에는 약간 이상한,
그러니까 의식의 발달이 불균형한 경우가 많다.
자신의 문제를 제대로 인식하지 못하고 영성을 추구하는 쪽으로 접근한다.
하지만 심리적인 문제를 갖고서 영성을 추구해보아야
별 진전이 없으며, 설령 있다고 해도 많은 문제점을 노출한다.
즉, 바르고 건강하지 않은 공부가 된다.

심리적인 문제는 심리치료를 통해서 치료해야 함에도 불구하고,
도판에 어슬렁거리며 영성을 추구하는 것으로 스스로의 문제를 숨긴다.
그러한 병적인 증상이 도판에서는
제법 감추어지는 것 같기에 이곳에서 그들 나름대로 휴식을 취한다.
그들은 평소의 비상식적인 행동을 하는 것을
마치 이상이 없어지는 공부인 양 스스로 위장한다.

이런 사람들 중에는 제법 열심히 노력하다가 깨달음 비슷한
체험이라도 하게 되면, 이젠 불균형에서 비롯되는 문제점을
살피지 못하고 그것조차도 문제 없음으로 덮어버리는 경우가 많다.
이쯤 되고 보면, 말릴 길이 없다.

특히, 대인관계는 엉망이 되고
더불어 사는 삶의 소중함을 망각하는 '나홀로족'이 된다.

이것은 건강하지 못한 공부다.

이 공부는 삶을 위한 공부임을 잊어선 안 된다.

건강한 깨달음!

깨달음공부를 잘못하면,
일상생활에서 무기력한 사람이 될 수가 있다.
바로 이러한 점이 공부의 부작용이다.

진리를 아직 깨닫지 못하였기에,
오히려 공부하기 전보다 더 못한 상태다.
아직은 미혹 속을 헤매는 경우인데,
이러지도 저러지도 못하는 심리 상태다.
물론 이러한 과정이 없지는 않지만,
되도록 빨리 지나가야 하는 과정이다.
그러나 바른 견해를 충분히 익히고서 진행하는 공부는
그러한 위험부담이 없다!

일반적으로 우리 사회는 '도' 공부하는 사람에 대해 부정적이다.
바로 그러한 비정상적인 사람들(약간 맛이 간 사람들)이
많았기 때문이다.
그만큼 우리 주변에는 '도'를 찾는 사람은 많지만,
'도'가 무엇인지 모른 채 나름대로 상상한 '도'를 찾아서
헤매는 일이 비일비재하다.
그런 사람들은 행색부터 두드러진다.
대체로 기인이라는 평가를 받는다.

깨달음에 대해 오해를 불러일으켜 많은 사람들로부터
외면받는 주요 이유다.

이제는 마음공부가 본래의 건강한 깨달음으로 정착되어야 한다.
깨달음은 모두를 위한 것이다.
삶을 충만하게, 건강하게, 활기차게, 조화와 균형을 이루며
살아가는 것이다!

공부의 위상

깨달음은 존재의 모습을 있는 그대로 봄으로써, 여태까지
잘못 알아왔던 탓에 생긴 문제들이 일시에 해소되는 것이다.
때문에 존재(상) 자체를 조작할 필요 없이 제대로 보기만 하면 된다.
그러니까 심리치료를 위한 기법으로 접근하여 심리적 문제를
해결하는 것이 아닌, 존재의 실상을 깨닫도록 하는 데 초점을 맞춘다.

물론 그렇게 하기 위해서는, 심리적인 문제들도
어느 정도는 해소되어야 한다.
그렇지 않으면 심리적인 문제의 장애로 인해
깨닫기 어려워지기 때문이다.

설령 얼핏 맛을 본다고 해도, 심리적인 문제는 해소되지 않은 채
남아 있고, 경우에 따라선 남아 있는 심리적인 문제를 방치하며
상관없다는 치우침이 생겨나 꼴불견이 되기도 한다.
그래서 깨달음 이후의 공부인 보임과정이 무척이나 중요하다.
공부 자체를 충분히 익히기도 해야 하지만,
원만한 인격 수양 측면에서도 많은 공을 들여야 한다.

최근엔 깨달음과 심리치료를 접목해야 한다는 공감대가
형성되고 있으니 매우 바람직하다.
깨달았다고 해도 그것과는 별개로 심리적 문제를

가지고 있을 수 있다는 것 자체가 금기였다.
왜냐하면, 심리적인 문제가 있다는 것은
곧 깨달음에 문제가 있는 것으로 치부되었기 때문이다.
불교가 서양으로 전파되고, 그들이 깨달아본 후에
지적하는 문제점이니만큼 동서양의 좋은 결실이다.

이 공부의 위상이 제대로 자리매김해가니, 좋은 시절이다!

깨달음은 의식의 성숙을 가져온다!

의식의 전반적인 성숙에서 상위의식인 깨달음이 발현되는 것은
바람직하다.
물론 궁극의 깨달음은 당연히 그러하다.
하지만 공부인들 중에는 깨달음 영역만을 집중적으로 추구하여
일별하는 사람도 있다.

그것은 오히려 본인에게 해로울 수도 있다.
깨달음을 감당해낼 만큼 하위영역의 의식구조가 충분히 튼튼하지
못하여 왜곡되거나 질식하기도 한다. 더불어 살아가는 삶에서
필요한 건전한 상식도 허약해지고 윤리도덕의 가치관도
무의미하게 여긴다. 일종의 심리적 공황상태인데,
미혹한 이들은 이것을 깨달은 자의 기행으로 바라보기도 한다.

이 공부는 철드는 공부라고도 할 수 있다.
때문에 철든 사람이 공부하면 수월하게 깨달을 것이고,
그렇지 못하면 철이 들어가면서 이 공부도 깊어진다.
만약 이 공부를 하면서도 철들지 않는다면, 무언가 잘못된 것이다.

전반적인 의식의 성숙을 위해선,
몸도 적절하게 단련하는 것이 효과적이다.
결국 통합적인 공부가 바르고 건강한 깨달음을 낳는다!

건강한 자아가 온전한 깨달음을 성취한다!

먼저 자아가 건강해야 한다.
자아가 충분히 성숙한 후 그다음 단계인 자아를 넘어서는
초자아의 공부이다.
때문에 이성과 감성이 원만하게 조화된 성숙한 인격,
즉 건전한 상식을 갖춘 사람이어야 한다.

만약 그런 부분을 배제한 채, 깨달음에만 집중하면
어느 정도 맛을 볼 수는 있지만 오히려 그런 식의 공부는 스스로를
망칠 수도 있다. 궁극의 진리는 선악을 초월해 있지만,
선악을 넘어서 다시금 선악이 분명한 현실로 돌아오는 것이다.
이 과정에서 선악이 없다는 경계에 떨어져,
허접한 막행막식을 행하는 어리석은 자도 있다.
그런 짓거리가 무애행이라며 옹호하는 경우도 있는데,
정말이지 웃기는 말이다.
너와 내가 함께하는 우리의 삶에서 어떻게 윤리도덕이 필요 없겠는가?
모를 땐 당위적인 규범이지만, 깨닫고 보면 주인되어
자연스럽게 행한다.

이 공부의 성취 직전에 마지막 유혹이 온다.
에고의 극으로 치닫는 길인데,
마치 예수가 광야에서 마귀로부터 받은 유혹과도 같다.

이 과정에서 자아가 건강치 못한 사람은 필시 유혹에 떨어진다.
그리하여 그는 잘못된 길로 접어들며, 또한 삿된 가르침으로
다른 사람의 삶을 망친다. 한마디로 사이비 교주이다.

그의 가르침도 정법과 비슷하게 여겨져서
안목 없이 들을 경우 매우 그럴듯하여 속기 쉽다.
때문에 바른 길을 가는 공부인은 언제나 살펴야 한다.
다행스럽게도 오랜 시간을 통해서 검증된 길이 있다.
우리는 그러한 가르침을 참고하면 된다!

깨달음은 건강한 마음으로

흔히들 깨달은 자는 조금 정상적이지 않은, 즉 기이한 행동을
한다고 알려져 있다. 하하! 완전히 잘못된 정보다.
한마디로 지극히 평범한 사람이다.

그러나 간혹 책을 통해서 접하게 되는 몇몇 광기 어린 인간들도
눈에 띈다.(물론 사이비 종교의 교주가 벌이는 짓거리는 별개로 하고)
이것은 병리현상이다. 개인이 갖고 있는 병리적 현상이
해결되지 않은 상태다. 물론 이러한 사람은 온전히 깨달을 수도 없다.

정신적으로 문제가 있는 인간이 깨달음을 추구하다보면,
이상한 경계를 체험하고 그 나름대로 주저앉아서 비정상적인
행태를 보인다. 한마디로 맛이 간다.

때문에 이 공부는 특히나 심신이 건강해야 한다.
그러한 상태에서 존재의 실상을 깨닫는,
초월적·통합적 관조영역의 의식이 발현되는 것이다.
붓다의 팔정도, 대승의 육바라밀 수행방편이 모두 계정혜로 집약되고,
이는 한마디로 심신의 건강이 전제되어야 함을 가리킨다.

바로 이러한 필요에 의해서,
먼저 계율이 몸에 푹 배어 자연스럽게 흐르도록 요구하는 것이다!

스스로를 신이라 칭한다?

이 공부의 궁극은 무아를 깨닫는 것이다!
무아를 깨닫지 못하면,
제아무리 공부를 했다고 해도 그 무언가를 붙잡고 있다.
그는 여전히 생각 속에 갇혀 있다.
하지만 이젠 어설픈 수행을 통하여 망상이 교묘해진다.

이는 에고의 뿌리인 아상이 사라지지 못했기 때문에
자기중심적 성향이 그대로 남아 있는 것이다.
이젠 에고가 교활해져서, 겸손으로 포장하며 사람들을
잘 속이기까지 한다. 그러니까 영성 사기꾼인 셈이다.

공부를 하다보면 마음자리를 얼핏 엿보는 경지까지 간다.
중요한 것은 그러한 진실에 부합된 의식으로
변용되어야 한다는 점이다. 그러나 에고적 성향이
그리 쉽게 전면적으로 전환되진 않는다.

결국 무아로 귀착되지 못하면, 또다시 자신을 은밀한 형태로
내세운다. 아상의 뿌리가 근절되지 못한 상태에서
잔머리를 굴린 탓이다.

스스로도 속아 넘어간다. 물론 스스로를 속이는 이유나 변명은

무수히 많다.

하지만 그것이 곧 스스로가 속아 넘어가는 일이라는 것을
미처 감지하지 못한다.

사탄의 유혹이란 것이 본래 그렇게 천사의 말처럼 여겨진다.

그러니까 스스로도 의식하지 못하는 가운데
아주 은밀한 에고의 속삭임으로 설득당하는 것이다!

깨어 있어야 한다!

에고의 술수!

나름대로 깨달음을 얻었다는 사람이 스스로를 내세워
또다시 신격화 작업을 은근하게 책동한다면, 이는 제대로 깨달은 것이
아니다. 그저 마음자리를 엿본 것에 불과하다.

수행을 제법 간절하게 하다보면, 어떤 순간에 진실을
얼핏 엿볼 수 있다. 그런데 이때가 매우 조심스러운 때이다.
아직 에고적 속성이 충분히 녹지 않은 상태이기에,
그런 체험을 오히려 에고가 이용하려 들기 때문이다.
그리하여 에고의 자기중심적 성향을 강화한다.
이제 아무도 말릴 수 없다.
에고적 성향은 아주 미묘하게 작용하며 뿌리가 깊다.

또 어떤 사람은 나름대로 일별을 했다면서
세간에서 필요한 삶의 기준들을 무시하는 태도를 갖는다.
이는 어설픈 공부가 오히려 스스로에게 독이 된 것이다.
아직은 진실을 충분히 소화할 만한 역량이 부족한 탓인데,
이 역시 에고의 성향 때문이다.
단 한 번만이라도 진실을 제대로 본 자는 에고가 죽는다.
만약 그렇지 못하다면, 진실의 그림자를 본 것에 지나지 않는다.

진실을 본 자는 진실하게 된다!

비판적 태도는 필요하다!

이 공부는 의식을 건강하고 성숙하게 만든다.
만약 그렇지 못하다면… 그것은 결코 바른 공부가 아니다.

자리이타적인 삶이 아닌, 자아도취적으로 사는 것을
자유로운 삶이라고 착각하는 수행단체가 있다.
그들은 함께 살아가는 사회에서 꼭 필요한 윤리, 도덕… 등
건전한 상식을 뭉개버린다. 그리하여 삶에 지친 자들에게
무제한적 방종을 허용하는 마취적인 가르침으로 일탈을 허용한다.

선악 등의 시비분별이 모두 마음에서 비롯된 것이라는 점을
부각시키고, 그것을 가로막는 것은 기존의 가치관을 형성한 윤리,
도덕이라고 지적하면서, 이것을 넘어서야 한다고 부추긴다.
의외로 사람들이 말도 안 되는 어수룩한 꾐에 넘어간다.
물론 그들도 시간이 한참 흐르고 나면 깨어나게 되어 있다.
사람에겐 모든 것을 객관적으로 통찰해보는 초인지 능력이 있기 때문이다.

이 공부는 바른 견해로 시작하지 않으면, 샐 수 있는 옆길이 너무 많다.
비슷해 보이는데 삿된 것들이 의외로 많다. 즉, 사이비다!

때문에 늘 살펴볼 필요가 있다.
혹, 내가 공부하는 내용과 내가 공부하는 수행단체가 바른 것인지를!

이 공부의 멋!

이 공부는 우아한 멋과 맛 그리고 향기가 있다.
만약 이 공부가 그저 실상을 엿보는 방법을 제공하는
테크닉 위주로 흐른다면 천박하게 될 것이다.
물론 실질적인 체득이 없는 알음알이만 늘려가는 것은 더더욱 공부가 아니다.

이 공부는 의식 전반을 성숙시키는 것이다.
공부를 하면 할수록 의식이 깨어나 영적이면서도
이성과 감성이 조화로운 사람이 되는 것이다.
존재의 실상을 체험하고, 그 실상을 통해 전면적 의식혁신이 일어난다.

실상을 봤다면 이제 한 걸음 더 나아가 폭과 깊이를 더해야 한다.
이 공부가 자칫 현학적으로 흐르는 것도
지탄을 받아왔지만, 단순하게 마음을 편하게 하는
테크닉에 그치고 마는 것도 안타깝다.
당장에 심리적 장애에 시달리는 사람에게는 씨알도 먹히지 않는
말이긴 하지만 이 공부가 결코 심리요법에 불과한 것은 아니다.
깨달음은 우아함과 멋과 맛 그리고 향기를 가지고 있다.
지금 얻은 것에 만족하는 것도 좋지만,
부디 조금만 더 마음을 내어야 한다.

중간 과정의 가르침을 궁극으로 삼지 말아야!

공부과정에서 그때마다 일러주는 필요한 가르침들을 궁극으로
삼아서는 안 된다!
공부과정에서 나타나는 여러 가지 심경에 대한 표현들을,
마치 공부가 완성되었을 때의 그것으로 착각하는 경우가 있다.

특히 열심히 선 공부를 정진하는 사람들 중에는, "아! 이제 선어록
아닌 책은 읽기도 싫어!" "생각하는 것도 싫어!" "텔레비전, 영화도
보기 싫어!" 등의 말을 하는 사람이 있다.

아니 도대체 이게 무슨 말인가? 이 공부는 결코 이러한 것이 아니다.
이는 선이 마음자리에 집중하는 공부로 치중하는 과정에서 나타나는
특정의식만의 쏠림현상이다.
그런데도 이런 왜곡된 의식현상을 마치 공부를 잘하고 있다는 징표로
받아들이는 경우가 많다.

물론 선 공부 과정에서 일시적으로 드러나는 현상일 수도 있지만,
내버려두면 의식이 균형과 조화를 잃어버린다.
심지어 바보같이 사는 것을 공부의 극치로 삼는 경우도 있다.

아니 도대체 왜 이렇게 병적으로 치닫는 걸까?
우리의 의식은 어떤 부분을 집중적으로 개발하느냐에 따라,

어느 특정 영역만 활성화될 수도 있다.

바른 깨달음은 의식의 전 영역을 골고루 활성화시킨다.
그래야 건강한 깨달음이다.
존재의 실상을 깨닫고 있다는 점에선 깨달음이 아니라고
할 수 없지만, 의식 전반이 균형과 조화를 이루지 못한다면
문제가 있는 깨달음이다.
제대로 깨닫게 되면, 삶에서 필요한 모든 것을
거부감 없이 수용하며 즐긴다.

깨달음은 삶을 위한 것이다!
그런데 이상한 병적 징후를 보이는 수행이라면,
한번쯤 검토해보아야 하지 않겠는가?

에고는 나쁜 놈인가?

공부가 워낙 서서히 진행되다 보니까,
어중간한 상태로 머무는 경우가 많다.
때문에 반드시 공부의 끝 지점은 어떤 것인지를 미리 알고 가야 한다.
선무당이 사람 잡듯이, 이 공부도 어설피하면
차라리 하지 않는 것만 못하다.

무슨 말인가?
공부과정에 대한 것이 많은 부분을 차지하다보니,
완성되었을 때의 그림이 없다.
그러다보니, 어설픈 사람이 되어 맥없이 살아가기 십상이다.

흔히들 분별심(에고)을 버리라고 한다.
그러나 이러한 가르침은 자칫 오해를 불러일으키기 쉽다.
왜냐하면 분별심(에고) 또한 삶에서 꼭 필요한 기능이기 때문이다.
다만, 분별심이 스스로를 깨닫는 데는 장애로 기능하기에,
그 한계를 넘어서기 위해 일러주는 가르침이다.
그러한 전체적 그림을 놓치게 되면, 오히려 기능장애를 낳는
수행 쪽으로 갈 수 있다.
사실 이 공부를 한다는 현장을 들여다보면,
그러한 웃지 못할 광경이 많이 벌어진다.

중도를 강조하는 것은, 우리의 모든 삶의 모습이
대긍정으로 귀결되기에 처음부터 슬기롭게 공부하라는 것이다.
이를테면 에고를 나쁜 놈 취급하여 죽이는 쪽으로 내몰다가는
돌이킬 수 없는 불구가 된다.
에고 또한 나름대로의 임무를 충실히 수행하는 것이다.
다만 스스로의 정체를 모르기에 스스로 고통을 만드는 것뿐이다.
그러한 에고를 진정으로 해방시켜주는 것이 깨달음이다!

깨달음의 완결은 무분별후득지다.
즉, 존재의 실상을 깨닫고,
상황에 따라 알맞게 분별을 하며 살아가는 것이다.
'사랑하라! 자비를 베풀라!'고 하지만,
지혜롭게 분별하지 못하면 오히려 그것은 독이 된다!

탐진치를 끊지 않고 보리를 증득한다

5

집착을 제거하라는 까닭!

욕심(집착)을 제거하면 마음이 평화로워진다.
하지만 이러한 평화로움은… 조건적인 평화로운 마음상태에
불과하다. 고작, 심해탈에 불과하다.

욕심(집착)을 완전히 제거하는 길은,
욕심(집착) 그 자체가 공(마음)임을 깨닫는 것이다.
깨달은 마음이어야만, 욕심(집착)이라고 할 것이 사라진다.
이것은 욕심(집착)이라는 감정적 욕구 자체가
아예 일어나지 않는다는 말이 아니다.

초기불교에서는, 마치 욕구 자체가 사라져서
전혀 욕심이 일어나지 않는 마음이 곧 깨달은 마음인 것처럼
설명하고 있다. 하지만 이것이 불이법인 완전한 깨달음은 아니다.

완전한 깨달음은, 탐진치 그대로가 보리여야 한다!(이 같은 표현은
불교의 공부가 꽤나 성숙된 다음에 나온다)
욕심(집착)이 제거되어야 한다는 것과는 사뭇 다르다.
그렇다고 욕심(집착)을 조장하는 것은 결코 아니다.
욕심(집착)마저도 공(마음)임을 깨달은 마음이다.
이 마음은 욕심(집착)을 벗어나 있으면서도,
건강한 욕구를 긍정하고 포용한다.

하긴 욕심(집착)을 끊었다는 사람들도… 살기 위해 밥 먹고,
숨 쉬고, 길조심하고, 병들면 약 먹고 한다.
웃기지 않는가?

이 공부는 존재의 실상을 깨닫는 것이다.
욕심(집착)을 제거하는 것도…
결국, 존재의 실상을 깨닫기 위한 수행방편이다.
깨닫고 보면, 탐진치 그대로 보리다!

한 점 티끌 없는 마음?

수행을 열심히 하다보면 한 점 티끌 없는 마음상태가 된다.
그때의 마음은 지극히 편안하고, 맑고, 투명하며…
순수 그 자체로 느껴진다.

그러나 그 상태는 오래가지 않는다. 일시적으로 그런 상태가
될 뿐이며, 시간이 지나면 다시 상념이 끼어든다.
이런 현상은 매우 당연하다.
왜냐하면 텅 빈 마음을 유지하지 않고, 이런저런 현상을 일으키는
진여의 묘용 때문이다. 따라서 이런저런 생각, 느낌 들이 모두가
진여임을 깨닫게 되어… 그것을 없애려 하지 않는다.
이대로가 그대로임을 깨달은 것이다!

하나, 그러한 진실을 모르면 한생각도 없는 마음상태를
희구하게 된다. 그 상태는 몹시 지복감이 느껴져서,
자칫 그 맛을 잊지 못하고 집착하게 되는 경향이 있다.
이것을 일러, 아무것도 없는 경지에 떨어진 자들이라고 한다.

궁극의 공부는, 이 상태에서 한 걸음 더 나아가야 한다.
생각 그대로가 진여(공)임을 깨달아,
생각을 지워버리는 어리석은 짓을 하지 않는다.
이것이 궁극의 공부인 불이법(비이원)이다!

구경각이란?

구경각(究竟覺, 최후 · 최고)의 깨달음이란?
이를테면 묘각이라는 것은 무얼까?
번뇌 그대로 보리임을 깨닫는 것이다!

이 말은 번뇌를 없애고(끊고) 열반(해탈, 보리)을 증득하는 것이 아니다!
지금 없애버리고 싶은 번뇌가,
사실은 번뇌가 아니었음을 깨닫는 것이다.
이것은 반야지혜의 눈을 갖추었을 때 가능하다.

그리할 때 비로소 더 이상 번뇌를 떠나려는 모든 짓을 하지 않게 된다.
무명(무지)에서 벗어난 것이다.
본래 아무런 일이 없었던 것을, 무명으로 말미암아 착각했던 것이다.
이렇게 하여 구경각을 얻는다!

그런데 잘못된 깨달음 정보를 얻게 되면 공부가
엉뚱한 방향으로 진행된다.
이 점을 공부 초기에 명확히 해야 한다!

1. 작병(作病) — 의식이나 신체의 조작을 통해 깨달음을 추구하는 것.
          (물론 도움이 될 수 있다)
2. 임병(任病) — 번뇌가 깨달음이라는 말에 취해서 깨닫지도 않고,

번뇌에 내맡겨두는 것.

3. 지병(止病) ─ 번뇌가 번뇌 아님을 모르고,
　　　　　　　억지로 생각을 끊는 것.(없애려는 것)

4. 멸병(滅病) ─ 번뇌를 끊어버린 공적한 것에서
　　　　　　　깨달음을 추구하는 것.

이러한 선병은 이미 선가에서 잘 소개해놓았다.

탐진치가 보리다!

흔히 종교에서 무조건적인 사랑(자비)을 내세워 포교를 한다.
이러한 자비(사랑)에 그 누가 반발하겠는가.

하지만 자비(사랑)라는 관념만을,
인간이 실천해야 할 이상적인 것으로 상정하고 추구한다면 문제가 많다.
사랑이라는 관념(개념)에 붙들리면,
사랑과 반대되는 성향들은 좋지 않은 것으로 치부되어 억제하거나 왜곡한다.
그리하여 삶을 살아가기 위해 필요하고 정당한 욕구의 많은 부분이
부정되어 배척해야 할 것으로 간주된다.

사랑이 무엇인지를 이해하면 오해한다.
이해 차원을 넘어서 깨달아야 한다.
사랑은 사랑이 아니라, 사!랑!이기 때문이다.

탐진치가 보리라는 말은,
탐진치의 본질이 무엇인지를 깨달으라는 것이지,
탐진치를 억압하는 것은 잘못된 공부다.

선에서도 이를 두고,
염불기(念不起, 생각 자체가 일어나지 않는 것)와
불기념(不起念, 생각을 일어나지 않도록 하는 것)으로 구분하여

공부가 어긋나지 않도록 강조한다.

이 공부는 생각이 본래 일어난 바가 아님을 깨닫는 것이지,
생각을 억눌러 일어나지 않도록 하는 공부가 아님을
분명히 해야 한다!

이 공부와 관련된 별별 희한한 이야기들

깨달음 공부가 왜 이렇게 왜곡되었을까?
이를테면 깨닫게 되면, 세상과는 담을 쌓는가?
그리하여 산속에 은둔하는가?
돈, 재물, 명예, 권력을 쳐다보지도 않으며 가난하게 살아야 하는가?
청빈한 삶이란 무소유라고, 거지처럼 사는 것일까?
어떤 사람은 무소유를 실천한답시고 밥그릇 하나, 책 한 권 등
아무것도 소유하지 않음을 은근히 자랑하는데…
그런 것이 무소유가 아니다!

그럼 무엇인가?
마음이 본시 무소유임을 깨닫는 것이다. 마음뿐이다.
마음에는 이런 것, 저런 것이 없다.
마음이 본래 청정한 것이다.

그러한 마음을 깨닫고, 충만하고 풍요로운 삶을 살아가는 것이다!
돈, 명예, 권력… 이 모두는 바르게 추구되어야 할 것이지,
혐오대상이 아니다! 문제는 마음공부 과정에서 집착을 떠나는
수행을 위해 설한 것을 지나치게 붙들고 있는 데 있다.
이러한 문제점은 선불교에서 많이 다루었고,
계율을 준수하되 계율이 비었음을 아는 것이 계율준수라고 일러준다.
탐진치가 보리라는 말이 무엇이겠는가?

꼭! 찍어 맛을 보지 않아도 알 수 있는 것 아니겠는가?
번뇌를 없애려는 시도는 잘못이다!

대체로 공부인이 저지르는 실수 가운데는,
탐진치가 문제의 핵심이라면, 어떻게든 그것을 없애면 되겠구나!
하는 생각이 있다. 그렇게 하여 깨달음의 공부 방향이 어긋난다.

결론적으로, 번뇌(탐진치)라고 알고 있는 것은 없어지지 않는다!
왜냐하면 번뇌는 본시 번뇌가 아니기 때문이다!
잘못된 앎에서 빚어진 결과가 번뇌라는 착각이다.

그렇다면 어떻게 해야 번뇌를 없애겠는가?
착각(무명)을 벗어나야 한다.
번뇌는 내버려두고, 잘못 알고 있는 것을
바르게 알도록 해야 하는 것이다.
그래서 '깨달음'이라고 한다.

나의 무명(망상)에 문제가 있는 것이지,
번뇌 그 자체를 없애려는 시도는 무명의 아이디어다.
그럼 어떻게 해야 하나?
모든 것이 끊임없는 변화과정이니, 고정불변의 실체가 없음을
뼈저리게 실감하면 그것이 곧 '무아'의 진리를 깨닫는 것이다.

내 속에 나라고 할 것이 없는데, 무엇이 두려운가?

무엇이 문제가 될 것인가?

내 속에 나라고 할 것이 없는데도, 이렇게 보고 듣고 생각하고 판단하는 묘한 작용(묘용)이 있으니 내 입장에선 '진아'라고 부르지만, 우주 입장에서는 '진여'라 한다.

온통 진아(진여)일 뿐이니, 하나의 참된 진실의 세계라 한다!

에고는 단지 '나'라는 생각일 뿐이다!

깨달음을 얻는 가장 핵심이 '아상(에고)을 어떻게 없애는가'다.
아마도 많은 사람들이 그렇게 여길 것이다.
그러나 이러한 생각은 적절하지 않다.

아상(에고)을 없애려고 하지 마라!
아상은 죽는 것(없어지는 것)이 아니다.
다만 아상이라는 정체가 밝혀지는 것뿐이다!

물론 아상이 없어진다는 말도 옳다.
하지만 이 말은 오해를 줄 수 있다.
정확하게는 뱀이 아니라 새끼줄이었음을 확인하는 것이다.
그런데 수행자는 자칫 뱀을 없애야 한다는 잘못된 노력을 할 수 있다.

모든 깨달음의 핵심은,
있는 그대로(실상)를 제대로 보는 것이라고 가르친다.
하지만 이 말 또한 제대로 알기 어렵다.
왜냐하면 깨달아야만 있는 그대로 볼 수 있기 때문이다.
그렇긴 하나 최대한 제대로 이해하자는 측면에서 말하자면,
연기적 존재(환영과 같은 존재)임을 알라는 것이다.
이때 주의할 점은 환영이기 때문에 아예 아무것도 보이지 않아야
한다고 생각하는 것이다. 그래서 마치 말쑥한 허공 같은 경지가

실상이라고 추측한다. 그렇게 되면 그러한 경지만이 나타나길
학수고대한다.(이렇게 망상에 빠진다)
깨닫게 되면, '나'라는 생각도 있다.
하지만 '나'라는 생각이 깨닫기 전과 같지는 않다.
왜냐하면 단지 '나'라는 생각일 뿐이지,
'나'에 해당하는 것이 없음을 훤히 알기 때문이다.(무아)

마찬가지로 나를 표현함에 있어서도 자유롭다.
하지만 어설피 공부한 자들은,
나를 표현함에 있어서 무척이나 조심한다.
왜냐하면 나를 드러내는 표현은 '아상(에고)'이 남아 있는
증거라고 여기기 때문이다.

하하하! 바보 같은 수행자들!
그렇게도 아상이 없는 척! 하고 싶나?
그렇게도 깨달은 척! 하고 싶나?
그것이야말로 아상의 전형적인 속성임을 그들은 모른다!

에고를 죄악시 말자!

마음공부에서 오해하는 것 중 하나가 에고를 나쁜 놈으로
취급하는 것이다. 에고는 스스로의 본성을 모르는 것뿐이다.
모른다는 점(무명)이 문제다.
이미 우리에게 익숙한, '죄는 미워하되, 사람은 미워하지 말아야
한다'는 말과 같다.

탐진치(에고)를 벗어나는 방법으로, 탐진치를 없애버리려 노력한다.
물론 수행을 위해선 탐진치를 녹여내야 한다는 것도 옳기는 하다.
하지만 그것은 정확하게 말해서, 탐진치가 탐진치 아님을
깨닫기 위해 필요한 마음의 정화다.

또한 제대로 존재의 실상을 깨닫기 위해서는 먼저
'성숙한 에고'여야 한다. 그런 다음에 에고가 갖는 한계를
극복해가는(초월하는) 것이 깨달음으로의 여정이다.

때문에 이 공부는, 에고의 정체(본성)를 깨달으면 되는 것이다.
에고는 연기된 것이기에 무아이며, 무아이기에 진아이다!
공부의 초점을 늘 여기에 두어야 한다.

이 공부를 하고자 애를 쓰는 것도 사실은 에고다.
에고는 스스로를 넘어서기 위해서 기꺼이 스스로를 희생하려 한다!

그러니 그러한 에고가 사랑스럽지 않은가?

에고와 놀아나는 것은 미혹이지만,

에고를 나쁜 놈 취급하는 것도 미혹이다.

결국, 이 공부는 성숙한 에고가 스스로의 한계를 극복해가는

숭고한 여정인 것이다!

하긴 그것도 깨닫고 보면, 스스로의 궁극적인 근원(진아, 불성)에

의한 이끌림이요, 피어남이다!

깨달은 자도 에고가 있는가?

깨닫고 보면, 색이 곧 공이다!
색을 비워낸 상태가 공이 아니라… 그 모양 그대로가 공인 것이다.
물론 텅텅 빈 공의 바탕도 공이지만, 그 공의 묘용으로
이런저런 형상으로 드러난 그대로가 공이다.

깨달아보면, 탐진치가 보리다!
진실을 말하자면, 깨닫기 전부터 탐진치는 본래 공이며 보리다.
그러나 깨닫기 전에는 탐진치에 덮여 있기에,
그 자체가 공(마음)임을 깨닫지 못하는 것뿐이다.
그래서 수행을 통해 탐진치에 물든 마음을 정화하여,
본래부터 탐진치라고 할 그 무엇도 없다는 것을 보게 되는 것이다.
탐진치 그대로가 공(마음)이다.

깨달아보면, 에고 그대로가 공(마음)이다!
깨닫기 전에는 자기중심적인 에고에 갇혀서 살았지만…
깨닫고 보니, 에고조차도 공(마음)인 것이다.
물론 해탈된 에고이기에, 깨닫기 전과는 하늘과 땅처럼 다르다.

이제, 공(마음)의 묘용으로 기능하는 에고는…
우리 삶에서 매우 건강하게 운용된다.
이때의 에고는 에고가 아니라 공(마음)이라는 점에서,

깨달은 자는 에고가 없다고 할 수 있다.

하지만 각자의 삶을 살아가기 위한
에고의 기능적 측면이 여전히 필요한 것이다.
밥을 먹고, 몸을 건강하도록 챙기고, 자동차를 잘 운전하는
그 모든 것이 엄밀히는 에고의 기능이다.
이런 점에서 깨달은 자도 에고가 있다고 하는 것이다.

깨달은 자는 에고가 없다는 말을 흔히 들어왔을 것이다.
그리하여 에고를 없애려는 노력을 한다.
하하하! 참으로 어리석다!
에고가 에고 아님을 깨달아야지, 어찌 에고를 없애려 하는가?

결론적으로 말하자면, 지금 이대로의 모든 것들이 공(마음)이다!

아상이 없는 사람?

흔히들 오해하는 것 중에 하나는, 깨닫게 되면
아상·인상·중생상·수자상이 없어진다고 여기는 것이다.
그리하여《금강경》에서 설하는 네 가지의 상이
모두 사라진 사람이 곧 깨달은 사람이라는 관념을 갖게 된다.
이렇게 해서 깨달음과 깨달은 자의 상이 형성되고,
그러한 목표에 걸맞는 공부를 하게 된다.

결국, 아상·인상·중생상·수자상을 모두 없애려는 방향으로
공부하게 되고, 이는 상을 깨닫는 공부가 아닌 상을 제거하려는
공부로 진행된다. 이는 공부가 살짝 빗나간 경우다.

아상을 제거해야 한다는 말은 대체로 우리의 일상적 관념과
잘 어울리기에 의심 없이 받아들인다.
그리고 수행으로는 탐진치를 없애야 한다고 굳게 믿는다.
물론 이러한 수행은 깨달음 공부에서 정서적 장애(탐진치)를
녹여야 하기 때문에 필요하기도 하다.
그러나 공부의 핵심이 '존재의 실상을 깨닫는 것'임을 놓치고,
아상을 없애는 것에 온 삶을 허비한다.

아상(인상·중생상·수자상)이 없는 자란?
아상의 실상(연기, 성품)을 깨달은 자이다!

물론 깨달음 후에도 습기를 닦는 공부는 계속되지만,
이것은 이후의 공부거리다.

공부는 일단 깨달음에 초점을 맞추어놓고,
정서적 장애를 해소해가는 방향이어야 한다.
그러니까 공부를 방해하는 정서적 장애를 해소하는 수행과
실상을 깨닫는 공부를 함께해가는 것이다.

이 점을 놓치면, 까만 밤을 하얗게 지새워도 성과가 없다!

탐진치를 끊는다는 것은!

탐진치를 하나하나 없애고 나서야 해탈이라 한다.
그렇게 해서는 끝이 없다.

탐진치가 연기임을, 공임을, 마음임을 깨우치면 그것이 해탈이다.
탐진치는 탐진치가 아니다. 이것이 탐진치를 끊는 것이다.

이러한 것을 모르고 공부하면 평생토록 수행해도 끝나지 않는다.
그런데 수행자 중에는 이러한 것을 모르고
무작정 공부만 하는 사람들이 있다.
처음부터 어긋난 공부다.

이러한 수행자는 평생토록 마음대로 웃지 못하고,
평생토록 마음대로 울지 못하고,
평생토록 마음놓고 화내지 못하고,
평생토록 마음놓고 욕심부리지 못하고,
평생토록 편하게 살지 못하니
그것을 일러 어리석은 중생이라 한다!

청정심

마음… 본래의 순수하고 때묻지 않은 마음…
그것을 일러 청정심이라고 한다.
이러한 설명을 듣자마자 오해가 생겨난다.
지금 내 마음은 불순하고 더러운 마음이구나, 하고 말이다.
그러면 어떻게 하려 들까?
필경은 깨끗하게 하려고 노력을 할 것이다.
바로 이렇게 함으로써 깨달음이 어렵게 되고 만다.

깨달음공부에 여러 가지 장애도 많지만,
가르침을 주는 용어(말)가 단연 으뜸이다.
말이 주는 의미가 이 동네처럼 왜곡된 곳도 없을 것이다.
때문에 맥락으로 새겨 들어야 한다고 누차 강조를 하는 것이다.
말을 통해 말 너머에 있는 것(가르치는 바)을 파악해야 한다.
말을 하는 사람도 일단 오해할 수 있는 부분은 가급적 줄여주어야 한다.

그렇다면 무엇이 청정심인가?
진실을 말하자면, 청정심밖에 없다! 청정심뿐이다!
그러니 청정심이란 말도 웃기는 말이 된다.
하지만 우리는 청정심이라는 말을 통해서…
본래 청정한 마음을 깨닫게 된다!

자! 그렇다면 어떻게 해야 하나?
청정하게 만들려고 어떻게든 마음을 애쓸 것인가?
아니면 본래 청정하다는 마음을 확인할 것인가?
본말을 그르치면 고생만 하고 소득이 없다!

무념에 대하여

이 공부를 접해보면, 먼저 용어가 혼동을 일으킨다.
무념(無念), 무주, 무상… 주로 무(無)가 많이 나온다.
이때 주의하여야 한다.
무(無)는 없을 무가 아니다. 대개 없다는 뜻으로 새김으로써
오해를 불러일으킨다.
이런 점이 특히 선(禪)에서 많다.

물론 이유는 있다.
먼저 분별심에서 벗어나게 하려고, 무분별심을 일러주는 것이다.
그런데 이것을 오해하여 무념이라 하면 아예 생각을 안 하는 것으로
공부를 삼는 경우가 있다. 이러한 병폐가 줄곧 많았다.

진실을 말하자면,
염 그대로가 무념이다.(무념은 마음바탕이지, 생각 없음이 아니다)
생각을 하지 않는 것이 아니라,
생각을 하면서도 생각에서 벗어나는 것이다.
왜냐하면 생각이 곧 마음임을 깨달았기 때문이다!
때문에 무념은 마음바탕을 일러주는 것이다.
만약 이렇게 되지를 못하고,
생각을 안 하거나 피하거나 생각이 망상이라고 한다면
이것은 잘못되어도 한참 잘못된 것이다!

분별을 잘하자는 공부!

이 공부는 한마디로, 분별에 빠지지 말고,
분별을 잘하고 살자는 것이다.
달리 말하면, 분별이 분별 아님을 깨닫고, 분별에서 해방되어,
분별을 옳게 바르게 하고 살자는 공부이다.

이러한 공부길에서 '분별하지 마라!' 하는 경우가 있는데,
이것은 오히려 삿된 길로 이끄는 엉터리 가르침이다.
분별하지 않으려는 것이 곧 분별이기 때문이다.
때문에, 분별 혹은 분별하는 그 자체가 무엇인지를 깨달아야 한다.
간단히 말하자면, 존재의 실상을 깨달아야 분별에서 벗어나게 되고,
그때 분별하지 않게 된다.

이것은 분별하지 않는다는 것이 아니라, 분별이 분별 아님을 깨닫고,
분별에서 벗어나 분별을 잘하는 것이다.
익히 알고 있는 유교의 측은지심, 사양지심, 수오지심, 시비지심이 그것이다.

이 공부는 지혜로운 사람이 되는 것이지,
멍한 사람이 되는 것이 아니다!
이런 사람이 어찌 삶에서 필요한 그 모든 것(윤리, 도덕, 예의, 관습 등)을
무시하거나 함부로 하겠는가?

집착하지 말라는 이유

사람들은 흔히 마음공부를 '집착하지 않기!' 정도로 여긴다.
이 말을 곰곰이 씹어보지 않으면, 오해하기 십상이다.

집착을 놓으라고 하는 것은, 지나치게 분별망상을 강화시키기에
좀 완화시키는 처방이다.
그래야 존재의 실상인 연기법을 공부할 수 있게 되기 때문이다.

집착을 내려놓는 것으로 공부를 삼게 되면,
이 공부는 끝장이 나지 않는다.
집착을 내려놓으려는 노력 또한 집착이기 때문이다.
어떻게 노력해도 마찬가지이다.
열심히 집착을 내려놓으려는 공부가 주는 효과는
고작 마음이 편해지는 것뿐이다.
그러나 이것이 깨달음은 아니다!

그럼 어떻게 해야 하나?
집착하는 마음이 비어 있음을 봐야 한다.
집착이라는 욕심의 당처가 비어 있다는 말은,
그것이 곧 연기된 것이기 때문이다.
그리해야 비로소 집착이 집착 아님을 깨닫고,
집착으로부터 근원적으로 자유로워진다.

그래서 깨달음이라고 하는 것이다!
모든 것이 연기된 것임을 깨닫는 것이고,
모든 것이 실체가 아닌 마음의 묘용임을 깨닫는 것이다.

이것이 곧장 본래의 진실을 깨닫고 진실하게 살아가는 길이다!
붓다도, 달마도 모든 깨달은 이도 한결같이 이것을 일러주었다!

깨달음(불이법)!

흔히들 오해하는 부분이 있다.
여여한 마음, 부동심에 대한 부분인데,
이것은 깨달은 마음을 말하는 것이다.
때문에 깨닫기 전에, 그러니까 생각으로 이해하는
부동심과는 다르다.

생각 수준에 있는 사람은 부동심이라는 말을 듣게 되면,
어떤 상황에서도 마음이 움직이지 않는 것으로 오해한다.
그러니까, 부동심이라고 할 마음상태가 따로 있다고 여긴다.

쉽게 말해서, 부동심을 그 어떤 경계에 부딪혀도
흔들리지 않는 마음이라고 분별한 것이다.

일체가 공(마음)임을 깨달은 마음을 부동심이라고 한다.
그것은 흔들리거나 흔들리지 않거나에 관계없다.
마음은 늘 이렇게 저렇게 묘용을 일으킨다.
기쁘고, 슬프고, 기분 좋고, 나쁘고…
그 모든 것들이 참마음(공)의 묘용이다.

깨달은 마음은 현상으로 드러난 마음상태와 상관없이
늘 여여부동하다.

정확하게 말해서, 참마음은 움직이는 그대로가 움직임이 아니다.
탐진치 즉 보리!
탐진치를 없애고 나서… 보리가 되는 것이 아니다.
탐진치를 끊지 않고, 보리를 증득하는 것이다.

탐진치가 본래 공(마음)임을 깨닫지 못했을 땐,
피해야 할 번뇌이지만… 깨닫고 보면 탐진치 그대로가
공(마음)이기에, 탐진치 그대로 보리인 것이다!

욕망은 버려야 하는가?

마음공부를 자칫 오해하여 끊거나 억제하는 공부로 착각할 수가 있다.
이를테면 탐진치를 버려야 그 대가로 해탈을 얻는 것으로
잘못 아는 것과 같다. 매우 중대한 오해이며,
이런 잘못된 견해로는 평생 애를 써도 헛일이 된다.

욕망을 가지고 말한다면, 깨달음은 욕망을 억제하거나
끊는 것이 아니라, 욕망이 무엇인지를 확인하는(깨닫는) 것이다.
욕망은 연기된 것이며, 욕망은 진여의 묘용이다.

이렇게 욕망의 실상을 깨닫게 되면, 욕망을 억제하거나 끊어버리려는
엉뚱한 노력을 할 필요가 없다. 그렇다고 욕망이 고삐 풀린
망아지마냥 되지도 않는다. 오히려 모든 거짓된 욕망의 사슬로부터
벗어나, 차분해지고 자유로워지며, 자리이타의 행을 펼친다.

그런데 간혹 이러한 말만을 주워듣는 인간도 있다.
그러고는 그러한 말을 망상으로 포장하고,
드디어 무장된 아만심을 드러내며 해괴한 짓거리를 벌인다!
"어떤 짓을 해도 아무런 죄가 되지 않아!" 이런 식으로 말하며
증상만인(增上慢人)이 되고 만다!

참으로 어처구니가 없다!

화에 대하여!

마음공부에서 수행자가 화를 낸다는 것은,
수년에 걸쳐 축적한 내공을 갉아먹는 것이라 한다.
그래서 극도로 화를 자제한다.
물론 자제는 필요하다. 불쑥불쑥 화를 내는 모양새도
보기에 좋지 않을뿐더러, 사회적 관계망에서 살아가기에
역기능의 측면이 많다.

진실을 말하자면, 화도 배고픔처럼 자연스러운 것이다.
다만 화가 주는 부정적 측면이 있다는 것인데,
그렇다고 하여 무조건적으로 화를 나쁜 것으로
치부하는 것은 옳지 않다.

다행스럽게도 선 공부 전통에서는 깨달음으로 가는 길에
신심 · 분심 · 의심을 중요한 요소로 꼽는다.
그중에 분심(화)이 있는데, 물론 공부를 위한 분발심을 말한다.
왜 나는 깨닫지 못할까? 깨달은 자가 무수히 있지 않은가,
하며 스스로에게 하는 질책이다.
이것이 강력한 내적 힘을 갖추게 하면서
평소에는 보기 힘들 정도의 힘을 갖춘 정진력이 나온다.
이러한 각성력이야말로, 몸과 마음을 송두리째 흔들어 일깨운다.
문제는 화의 부정적인 면만을 보고 무조건 억누르면,

화의 긍정적인 기능, 즉 화가 내면의 에너지를 깨우는 강력한 힘이라는 측면을 간과하게 된다는 것이다.

깨닫고 보면 탐진치 그대로 보리다!

마

음

의

정

화

6

의식 속의 갖가지 내용

우리의 의식은 참으로 신비롭다.
본래 갖추고 있는, 생존에 필수적인 정보가 있고,
성장과정에서 생겨나는 우여곡절 끝에 억압·왜곡된 정보도 있고,
또 성장과정마다 드러나는 유전적 성향 정보가
발현되는 경우도 있고, 스스로 살아가면서
의지로 만들어가는 정보도 있다.

중요한 것은 나의 의식내용이라는 것이다.
저 밖에 따로 실체 있는 것들이 아니라, 나의 의식에 저장된 내용들이다.
나의 성장에 장애를 주는 정보는 어느 정도 바로잡아야 한다.
왜냐하면 그러한 왜곡된 정보가 나의 본래적 생명발현에
장애를 초래하기 때문이다.
참회기도도 있고, 게슈탈트 식 풀어냄도 있고,
온전히 받아들임도 있다.

왜곡한 것도 나이지만, 풀어냄도 내가 할 수 있다.

어느 정도 장애가 제거되고 나면,
스스로의 본 성품을 바로 보도록 한다.

그리하면 장애라고 여긴 것을 포함하여, 나에게 펼쳐진

그 모든 것이 모두 한바탕 진여의 묘용임을 깨닫는다.

깨닫고 보면, 지금까지의 드라마가 최종적인 진여의식으로
눈뜨기 위한 여정인 것이다!

마음의 정화

이 공부가 어려운 것은, 마음의 준비가 되어 있지 않아서이다.
이 공부를 하기에 앞서 마음의 정화가 필요하다.
깨닫고 보면, 깨닫기 전에도 이미 깨달아 있다는 진실에 놀라워한다.
도대체 왜일까?

두 가지로 보인다.
첫째, 의식의 발달과정상 어느 정도 성숙된 뒤에 공부를 통해서
의식의 자기인지가 생기는 것이다.
둘째, 충분히 성숙했고, 공부를 통해 노력을 기울였음에도 불구하고
깨닫지 못하는 경우다.

여기서 두번째가 안타까운 경우인데, 거의 감성적 정화가 이루어져
있지 않기에 그러하다. 업장을 정화해야 된다, 용서를 구해야 한다,
마음을 깨끗이 해야 한다 등등의 방법을 많이 제시하는데,
과거에 이런저런 일들로 마음에 걸려 있고, 억누르고, 자책했던
모든 것이 스스로의 마음을 경직되게 하고 있는 것이다.

통상 참회라는 이름으로 불리는데, 여하튼 이러한 감성적 부분을
해소해야 한다. 자신의 삶을 다시 한 번 돌이켜본다는 점에서도 꼭 필
요하다. 물론 어느 정도만 해소하면 된다.
지나치게 여기에 매달릴 필요도 없다.

마음정화와 깨달음!

깨달음은 마음으로 마음을 깨닫는 것이다.
그러니 마음이 정화되지 않고는 깨닫기 어렵다.
마음이 정화되지 않았다는 것은 곧 탐진치에 의한 왜곡된 시각을
지녔음을 말한다.
모든 것을 있는 그대로 보지 못하는 까닭은
그러한 왜곡된 마음 때문이다.

삶과 부대끼면서 생겨난 마음의 상처들, 내가 받은 상처
그리고 남에게 준 상처 등을 반추하면서 가슴에 맺혀 있는
응어리들을 우선 풀어내야 한다. 그렇다고 하여 사소한 것까지
모두 해소해야 할 필요는 없다.
그러는 과정에서 마음은 한결 편안해진다.
따로 신경 쓸 일이 없어야 집중력이 생긴다.

연기법이든 심법이든, 마음이 편안한 상태에서
적절한 집중력이 갖추어져야 몰입이 잘된다.
공부가 깊이 들어가지 못하게 방해하는 것은 산란한 마음이다.

그러나 사회생활과 병행하는 공부인으로서는 이런 부분을
어느 정도 감내하지 않으면 안 된다.
공부할 때만이라도 마음을 다잡고 편안하게 임하면 된다.

어떻게 결심하고 공부하느냐에 따라 공부는 상당 부분을
극복하는 능력을 가지고 있기도 하다.
그래서 재가수행자는 사실상 상근기다.

할 수 있다고 마음먹으면 할 수 있다!

우울!

우울증은 흔히들 치료하기 어렵다고 한다.
여러 가지 원인과 조건이 상호작용하여 나타난 결과이기 때문에,
한두 가지의 접근방식으로는 좀처럼 해결되지 않는다.
물론 그 사람에게 특별히 문제가 되는 핵심 원인들을 살펴 접근하면
의외로 쉽게 풀리는 경우도 있지만, 대체로 오랜 세월 속에
그 같은 연기적인 조건들로 굳어진 것이기에 만만치가 않다.
최근에 뇌과학 분야에서 밝힌 바로는, 어릴 적에 받은 심리적 상처는
편도체 기억에 저장되어 지워지지 않는다고 한다.

무엇이든 일단 한번 형성되면,
이제는 그 자체 스스로 지속하려는 힘이 작용한다.
이를테면 관성의 법칙인 셈인데… 이 공부에서는
업력(습관적인 힘)으로 표현한다.

그렇긴 하나, 우리 자신의 본성이라고 할 수 있는 불성(성품)은
생명으로서 그 자체가 맑고 투명하며 활기차다.
이러한 성품은 그 어떤 업으로부터도 오염되지 않는다.
그럼에도 불구하고, 망념(생각)으로 물든 것처럼 여겨지는
묘한 작용이 있다. 무명이 본래 없지만, 스스로 진실에 미혹한 탓에
스스로가 괴로움을 당하는 환 같은 상황이 전개되는 것이다.
괴로움을 당하는 당사자 입장에서는, 결코 환이 아닌 실제상황이다.

생각(기억)과 함께 들러붙은 감정적인 응어리들이 번뇌로 작용한다.
그러한 경험들이 축적되면서 경험에 반응하는 방식도 구축되고,
그 이후의 경험들은 이미 형성된 방식으로 반응한다.
일상의 모든 경험이 기저에 깔린 우울 프로그램으로
쉽게 물들여진다.

근원적으로 벗어나는 길은 존재의 실상을 깨닫는 것이지만,
당장엔 심리적인 시달림으로부터 완화되는 치유가 필요하다.
문제는 본인 스스로가 심리치료 등에 거부감을 갖는 것이다.
이런 사람은 대개 자아가 굳건하게 형성되지 못하여, (자긍심이 약한)
상처받기 쉬운 심리적 취약성을 가지고 있다.
때문에 매우 주의하여, 그런 취약한 부분을 자극하지 않는 가운데,
힘을 북돋우도록 격려해야 한다. 그들은 삶의 의미를 상실하였기에
더 이상 살아 있을 필요가 없다고 생각한다.
자긍심을 굳건히 할 만한 보살핌을 받지 못한,
애정결핍의 결과이기도 하다.

이때는 자연 속에서 생활하는 시간을 늘리며,
농작물, 화초 등 식물 가꾸기, 애완동물 키우기가 매우 도움이 된다.
동시에 사정을 잘 알고 따뜻한 마음을 가진 사람의 보살핌이
무엇보다 중요하다.
모두가 상호의존적 관계로 연결되어 있다는 것을
생활 속에서 몸소 체득하는 것이 무엇보다 중요하다.

한편으로는, 상처에 대한 기억들이 만들어낸 부정적인 사고로
흐르는 인지왜곡도 알아차려야 한다.
우울은 지나치게 자기 속에만 갇힌 것 때문이기도 하고,
남에게 지나치게 의존한 결과 자기를 잃어버린 탓이기도 하다.

엄밀히는 존재의 실상을 모르는 동안에는
누구나 번뇌망상으로 인한 우울증을 앓고 있다고 할 수 있다!

공부의 답보 상태

7

바른 견해의 중요성

깨달음으로 가는 정확한 길을 제시하는 것이 바른 견해다.
이러한 지침을 먼저 명확히 이해하는 것이 무엇보다도 중요하다.
그런데 일부 성급한 사람들은, 얄팍한 요령으로 보다 쉽게
깨달음을 얻고자 한다.
이러한 마음이 엉뚱한 길로 가도록 유혹하는 에고의 책동이다.

비단 깨달음뿐만이 아니다. 모든 공부가 똑같다.
운동 실력이 수준급이 되려면 바른 자세를 몸에 익히는 것이
우선이다. 수준급의 피아노 연주를 하려 해도 마찬가지다.
정확하게 익혀야 하는 교본이 있다.
수준급의 바둑 실력을 갖추는 것도 마찬가지이다.
정석부터 배워야 한다.

그런데 이러한 바른 공부의 공통점은 사이비 가르침에 비해
재미없다는 것이다.
무언가를 쉽고 빠르게, 힘들지 않게 획득하려는
얄팍한 속성이 그렇게 하도록 충동질한다.
그래서 그러한 옆길로 빠지게 되면… 어중간한 상태에 머물고 만다.

그래서 속효를 내는 잔기술로 세간을 한바탕 떠들썩하게도 하지만,
깨달음과는 거리가 멀다.

그러한 것이 바로 심리적 조작이기 때문이다!
때론 일시적인 마음의 안정을 주기에 많은 사람들이
솔깃해하기도 하지만 그런 방식으로는 깨달음에 이를 수 없다.
심리치료적 효과는 기대할 수 있지만 깨달음과는 거리가 멀다!

깨달음은 깨달음으로 가는 여정을 밟아야 이를 수 있다!

지루함을 견디지 못하면?

어떤 것을 배우고 익히든지, 처음엔 흥미롭다가
마침내 그것(말)이 그것(말) 같은 시점이 온다.
공부에 별 진전이 없고… 어느 정도는 아는 것도 같고…
딱히 여기서 무엇을 더 이상 해야 할 것도 없어 보이고…
그래서 결론적으로 지루하다고 느낀다.

마음은 무언가를 찾는다.
새로운 것, 호기심을 자극하는 것을 찾으며
그리하여 마음 스스로를 향하지 못하게 저항한다.
물론, 새로운 것을 찾는 것은 공부를 더욱 깊고 넓게 하는 방향으로
나아가게도 하지만, 지금 하고 있는 공부를 심화시키지 못하게 하는
원인이 되기도 한다.

모든 공부의 성취 여부는, '이 지루한 기간을 어떻게
잘 넘기느냐?'에 달려 있다. 거의 이 지점에서 탈락하고 만다.
처음의 발심 정도에 따라, 호기심 수준인 구경꾼은 여기서 도중하차한다.
그럼 어떤 사람이 성취하는가? 독종만이 원하는 깨달음을 얻는다!
그는 결코 포기하지 않는다!

만약 그렇지 않다면, 지금 당장 그만두는 것이 좋다!

밀쳐냄!

스스로의 본성을 탐구하는 것은 수월치 않다.
핵심에 가까이 다가갈수록, 거부하거나 밀쳐내는 것 같은
저항감을 느낀다.
대개는 이 단계에서 포기하고 만다.
왜냐하면 더 이상 진전이 없기 때문이다.

그런데, 이 공부만 그럴까?
사실은 가치 있다고 여겨지는 것들을 추구하는 과정에서는
모두 다 비슷한 심리적 고충이 있다.
처음엔 배우고 익혀가는 것이 재미있게 진행되다가,
점차 정체된 듯한 단계가 나타난다.
도무지 더 이상 진도가 나아가지 않는 것 같은
답보적인 정체상태가 지속된다.

사실 이 과정을 거쳐서 다음 단계로 비약한다는 것을 모르기에,
많은 사람이 여기서 포기한다.
그래서 처음엔 많은 사람이 시작하지만, 나중엔 단 몇 사람만 남는다.
'잘 안 될 때가 느는 때!' 라는 말이 있다.
에너지를 축적해서 그다음 단계로 나아가기 위한 준비단계인 것이다.
문 앞에서 돌아가는 사람이 많다!
안타깝다! 문이 코앞에 있는 줄도 모르고!

길을 가다보면…

수행이라는 길을 통해 끝까지 가다보면 막다른 곳에 다다른다.
막다른 길은 길이 더 이상 없다는 것이다.
그렇다면 거기서 무얼 하나? 난감하다… 아니 제대로 오긴 한 건가?
되돌아가기도 한다. 하지만 잘못 온 것 같지는 않다.

바로 이 지점이 터닝 포인트다.
만약 그대가 참으로 미련 없이 공부해왔다면,
그대는 여기서 '좌절'할 것이다. 이 좌절은 좌절 이외에는 아무것도 없기에
결코 그 어떤 이유나 핑계거리를 만들지 않는다.
이미 그대가 지나온 길에서 할 수 있는 것은 다 해보았기 때문이다.
그러니 아무 미련이 없다. 그렇게 좌절에 온몸을 던진다.
쉽게 말해서 좌절 속에 빠져 죽어야 한다.
그러면 먼저 아무런 생각이 없게 된다. 마음 심층부까지,
그대로 무심해진다. 이러한 경우가 되기 전에는 무심이 되질 않는다!
제아무리 무심해지려고 해도 말이다.

바로 여기까지가 그대가 할 수 있는 부분이다.
나머지는 저절로 일어나는 부분이다.

네가 최선을 다하고 나면, 그 나머지는 신이 해주리라!
Do your best and God will do the rest!

간절히 원하는데도 왜 깨달음은 오지 않지?

거의 모든 수행자가 공부를 계속하면서, 마음 한편으로는
'나처럼 열심히 하는 사람이 어디 있어? 그런데도 왜 나는
깨닫지 못하지?' 하며 다소 불평스러운 생각을 품는다.
이 생각이 더 발전하면 짜증이 나게 되고 결국 그만두게
될지도 모른다.
십년공부 도로아미타불이다!

이때가 사실 공부의 고비다.
이미 알고 있듯이 모든 것에는 고비가 있고,
나중에 알고 보면 그 고비가 새로운 국면전환의 시점이다.
기존의 노력으로 인해서 드디어 새로운 국면으로 전환되는
임계점인 셈이다.
그러나 안타깝게도 많은 사람이 이 고비를 넘기지 못하고
돌아서고 만다.
솔직히 표현하자면, 반발하여 이 공부 자체를 부정하는 쪽으로
돌아선다. 신포도가 되는 것이다.

마음공부는 종국엔 마음이 없어져야 한다.
지금 마음이 없어져야 전혀 예상치 못했던 참마음이
드러나는 것이다.
그런 때 묻은 마음으로 어떻게 청정심을 얻겠는가?

그렇다면 어떻게 해야 하느냐고?
바로 '어떻게 해야 하느냐'고 갈구하는 그 마음을 버려라!

마지막 관문은 어떤 의미에서는 무척이나 어렵다.
왜냐하면 지금까지 이 공부를 하도록 했던,
갈구하는 마음을 버려야 하기 때문이다.
깨닫고자 하는 마음을 버리라니? 황당하지 않을까?
그러나 그렇지 않다. 완전히 올인하는 마음이란,
갈구하는 그 마음까지도 던져버린 마음이다.

간단하게 말하자면, 사랑하는 마음과 같다!
처음엔 대상을 사랑하지만 종국에는 사랑만 남아야 한다!
대상을 사랑한다는 마음이 여전히 따로 남아 있다면
어찌 그것이 가능하겠는가?

한소식은 언제 오나?

흔히들 궁금해하는 것 중에 하나가,
'언제쯤 깨달음이 오겠는가?' 이다.
물론 깨달음이 물건이 아니기에, 택배 오듯이는 아니란 것을 알지만
어쨌든 사뭇 궁금하다.

단적으로 말하자면, 기다리지 않을 때, 온다!

정확히는 기다림, 희망, 기대 등등 기다리고 기다리다 지쳐버려서
더 이상의 그 어떤 조그만 희망조차도 완전히 포기하고 좌절했을 때,
바로 그때에 나타난다.

그렇다고 처음부터 잔머리 굴려서
간사하게 포기한다고 되는 것도 아니다.
어찌할 수 없는 상태, 선택의 여지가 없는 상태, 희망 없음을
받아들일 수밖에 없는 상황에서 완전히 좌절했을 때이다.
이때 아무 미련이 없다.
원망도 없다.
실망도 하지 않는다.
만약 실망감, 원망감이나 미련이 남아 있다면,
그것은 아직은 좌절(완전한 포기)이라고 할 수 없다.

사실 이러한 마음 상태가, 밖을 향하지 않고,
지금 이 순간에 머무는 상태이다!
비로소 본래의 마음자리에 눈길을 두게 되는 것이다.

더 이상 다른 곳에는 마음을 두지 않는다.
지긋지긋하기 때문에, 아무런 미련도 남아 있지 않기 때문에,
어쩔 수 없이 지금!여기!로 향한다.

아하! 이것!이구나!
처음부터 찾지 않았다면 본래 그 자리이건만, 어찌 이렇게 몰랐을까,
하게 된다. 물론 찾고 난 다음의 회고담이다!

물론 꼭 이러한 것은 아니다! 수행방식에 따라 차이가 있다.
'오직 할 뿐!' 이지 결과에 집착하면 공부에 역효과라는 것을
꼭 기억해야 한다!

깨달음은, 깨달음에 온당한 마음이면 절로 된다!

깨달음은 어렵지 않다. 깨달음에 온당한 마음가짐을 갖추기만 하면
저절로 된다. 가르침을 종합해보면, 한마디로
'깨달음에 적합하게 마음을 만들면 된다!'라고 할 수 있다.
왜냐하면 이미 우리가 깨달아 있기 때문이다.
이를 두고 우리 안에 불성이 있다고 한다.

때문에 공부에 실패하는 이유는 간단하다.
'깨달음을 훔쳐오겠다'는 열망으로 가득 차서 밖으로 치닫는다.
물론 세상의 성공이 모두 열심히 노력하여 얻어내고자 하는
방식이기 때문이다. 이러한 공부방식은 분별심으로 행하는,
그러니까 욕심으로 얻고자 하는 방식이다.

그러나 깨달음 공부는 그와 반대다.
정확하게 말하자면 역설적이다.
깨닫기 위해서는, 깨닫고자 하는 마음을 내려놓아야 한다.
이 말은 깨닫지 말라는 것이 아니다. 다만 방식을 바꾸어야
한다는 것을 일러주는 것이다.
마치 행복을 추구하는 것과도 같다.
행복해지고 싶은 동안에는 결코 행복할 수 없고, 행복은 오히려
행복 같은 것을 원하지도 않았을 때 저절로 찾아오는 것처럼!

깨달음의 열매를 따먹겠다는 마음을 내려놓으면,
이미 거기에 깨달음이 있음을 발견하게 된다!
그러나 사람에 따라서는 그러한 마음가짐이 잘 되지 않을 수도 있다.
그럴 때 수행이라는 이름하에 이런저런 것들이 동원되는 것이다.

바른 견해에 따라 공부를 해가면,
스스로가 깨달음에 온당하도록 마음을 갖추어야 함을 알게 되고,
그리하여 팔정도, 육바라밀에 갖추어진 계정혜가
몸과 마음에 자연스럽게 정착될 때 깨달음은 절로 피어난다!

본래 깨달아 있건만, 못 깨달은 척하네!

깨달음은 운동공부처럼!

깨달음은 진실을 체득하는 공부다.
진실은 이미 이대로의 세계가 진실이지만,
진실을 바로 보지 못하는 무명에 가려져 있다.
그렇기 때문에 바로 볼 수 있는 능력을 갖추면 된다.

그런데 이러한 능력은 학문을 공부하듯이
무언가를 열심히 배우고 익혀야만 터득되는 공부는 아니다.
마치 운동을 배우듯이 약간의 요령을 배운 뒤에,
그대로 실습하면 터득되는 공부다.
만약 그러지 않고 학문을 배우듯이 시도한다면 무진장 어렵다.
그렇게 해보면 그렇게 깨닫게 된다는 것이 가르침이다.(실습)
왜 그렇게 되는지는 나중에 연구하면 된다.(이론)
물론 필요하면 약간씩 이론이 가미될 필요가 있겠지만,
전적으로 체득을 위한 것이란 점을 잊어선 안 된다.

마치 운동을 배우고 익히듯이
'감'을 잡는다는 느낌으로 공부하면 좋다.
예를 들어, 선도 생각하지 말고, 악도 생각하지 말라! 했을 때,
어떤 생각도 하지 않은 마음상태가 어떤 것인가를 '감' 잡아보란 말이다.
또 이것도 아니고, 저것도 아니다! 했을 때,
'그럼 뭐야?' 하지 말고, 이것도 아니고 저것도 아닌 상태를

'감' 잡아보란 말이다.

또 '생각을 하는 그것은 생각이 아니다!' 라고 했을 때,

생각이 일어나기 전에 맞추어, 그 상태의 마음이 어떤 것인가를

'감' 잡아보라는 것이다.

이렇게 감 잡아보라는 말은 그 상태를 체득해보라는 것이지,

그것이 어떤 것인가를 따져보라는 말은 아니다!

공부는 요령껏!

군대에서 흔하게 사용하는 말 중에 "요령껏 좀 해라!"라는 말이 있다.
듣기에 따라서, 적당히 하라는 말 같기도 하고,
아니면 일에 맞는 이치를 터득해서 하라는 말 같기도 하다.

마음공부도 요령껏 해야 한다.
적당히(적절히) 해야 한다. 이를테면 중도수행인 셈이다.

우리는 대체로 무엇을 성취하려면,
열심히 그것도 피눈물 나게 해야 한다고 알고 있다.
더구나 깨달음공부는, 거기다가 한술 더 떠야 할 것이라고 생각한다.
그렇게 하여, 열심히 하려는 마음은 필연적으로 이원적 사고인
분별심을 더욱 강화하는 쪽으로 기능하면서 역기능을 낳는다.

결국 열심히 하려는 그 마음이 마음공부에 오히려 장애가 된다.
하지만 아무것도 하지 않는다고 깨달아지는 것도 아니다.
그렇다면 무얼 어떻게 해야 하는 걸까?
당장에 알고픈 마음을 잠깐 쉬어야 한다. 여유로운 마음이어야 한다.
마치 문제를 해결하기 전에, 문제와 엉켜 있는 상태에서 떨어져 나와
문제 자체를 객관적으로 살펴보는 것과 같다.

이러한 마음자세란?

깨달음에 필요한 '고요하면서도 또렷또렷 깨어 있는
의식(성성적적)' 상태다.
바로 이러한 마음상태로 공부를 해야 한다!
책을 보거나, 연기법을 사유하거나, 화두를 들거나,
위파사나를 해야 한다.(정혜쌍수)

이러한 마음자세는 유연한 마음상태로 이끌고,
선도 아니고 악도 아니며, 있는 것도 아니고 없는 것도 아닌
마음상태에 있게 하며, 그러한 마음상태에서 존재의 실상이
무엇인지를 깨닫게 된다.

이것이 공부 요령의 전부다.
괜스레 애매한 용어로 무엇인 양 붙여놓았지만
다 쓰잘머리 없는 말이다!

공부요령

다른 공부와 마찬가지로, 이 공부도 먼저 전체적인 그림을
감 잡아야 한다. 그렇기 때문에 처음부터 꼼꼼히
파고들어가는 공부는 더디다.
편하게 생각하는 것이 요령이다. 붓다가 연기법을 설할 때
학문적으로 접근해서 가르친 것이 아니다.
그저 일상적인 용어로 상식적인 수준에서 시작한 것이다.
때문에 이러한 설법을 편하게 받아들이면 된다.

그런데 이러한 설법을 심각하게 긴장해서 받아들이면
따지게 되고, 따지는 바람에 의식이 자연스럽게
설득(이해)되지 않고 걸리게 된다.

깨달음은 실습을 위한 가르침이다. 따지는 것은 그후의 일이다.
이를테면, 수영하는 데 간단하게 영법에 대한 가르침을 듣고서,
물속에 뛰어들어 허우적거려보면 그간의 설명이 저절로 이해가 된다.
또한 설명이라는 것도 결국엔 물에서 뜨게 하는 것이다.

걷는 것도, 이치적으로 따져서 설명하자면 엄청 어렵다.
그러한 설명으로 언제 걸음을 걷겠는가? 그리고 언제 뛰겠는가?
우리에게는 이미 걷는 능력이 갖추어져 있다.
그러니까 그만 따지고 따라해보면 된다.

하면 될 터인데, 해보지는 않고 왜 그렇게 머릿속에서 정리만 하는가?
그것은 나중에 하면 된다.

모든 설법은 실습편이다.
듣고 이해하고, 이해한 바를 따라서 실행하면 깨닫게 된다!
공부 요령은 이미 나와 있다.
문사수(聞思修)! 혹은 신해행증(信解行證)!

꼼꼼히 성실하게 행해야 할 부분은 이론이 아니고 실습이다.
거듭거듭 착실히 충분히 행해보는 것이 요령이고 비결이다!

안 되는 사람은 반대로 한다.
하기 전에 따지기만 열심히 하고, 막상 실행으로 옮기지는 않는다.
그러니 아무리 좋은 설법도 그림의 떡이 되고 만다!

깊이 몰두하면!

깨달음이 어려운 것은 아니나,
깊이 몰입하지 않으면 드러나지 않는다.
보통 우리의 의식은 일상의 정보들을 처리하느라
표층적 사고에 길들여져 있다.
조금 골치 아픈 일을 처리하려고 몰두하면 머리가 어찔해진다.

이와는 대조적으로 이 공부는 머리에 힘을 빼고,
편안한 마음으로 깊이 몰두하는 공부다.
이를테면 연기법을 관할 때에도, 심상의 이미지를 활용하여
연기의 과정을 찬찬히 음미하듯이 깊이 들여다보는 것이다.
그렇게 할 때, 의식은 쉽게 그러한 연기적 사유방식에 적응한다.

마치 운동을 배울 때처럼, 힘을 빼는 것이 중요하다.
한 번도 해보지 않은 새로운 동작을 배울 때,
기존의 습관적인 동작들을 모두 잊어버리는 것이 좋다.
그렇게 하여 그 운동에 알맞은 동작(폼)을 익히고 나면,
비로소 자세가 흐트러지지 않으면서도
힘을 적절히 줄 수도 있게 된다.

경전이나 어록을 읽다가 어느 부분에서 막히면,
바로 그 부분이 깨달음으로 들어갈 수 있는 입구다.

"에이! 무슨 말이야?" 하지 말고, 그 부분을 집중적으로
파고들어가면 답이 나온다.
물론 이 답은, 분별을 통한 지식을 얻는 것과는 다르다.
지금까지와는 다른 차원의 앎이 드러나면서,
의외의 역설적인 답이 드러난다!

사실 알고 보면 모든 부분이 입구이지만,
특히 자신과 잘 맞아떨어지는 입구가 있다.
꽉 막히는 그곳이 입구이니, 부디 그냥 지나치지 마세요!

책

읽

기

수

행

8

책 읽기는 매우 중요하다!

선가의 '불립문자, 교외별전'이라는 말에 속아
책을 멀리하는 공부인이 많다.
이 말은 책(경전, 어록)을 충분히 읽은 사람들에게 해당되는 말이다.
책만 가지고는 깨달아지지 않으니, 그래서 이젠 본격적으로
깨닫기 위한 수행을 해보자는 취지다.

책은 깨닫기 전이나, 깨닫고 난 후에나 반드시 읽어야 한다.
읽는 것 자체가 수행이다.
읽는 과정에서 의식은 더욱 깊어지고, 명석해지며,
더불어 삶에서 필요한 정보들과 소통한다.

만약 존재의 실상을 밝히는 공부만이 목적이라면 단기간에 이루어진다.
그러나 진정한 공부의 맛은 그다음부터 진행된다.
평생 동안 독서의 즐거움을 즐길 수 있으며…
그 앎은 나와 다른 사람에게 많은 도움을 줄 수 있다.

좋은 책을 꾸준히 읽어나가면, 의식이 질적으로 변화하면서
끝없이 성장한다!

어떻게 읽을까?

주인이라는 마음가짐으로 읽어야 한다.
읽는 사람이 상전이고, 책은 상전을 위해 설명하는 내용에 불과하다.
때문에, 편안한 마음으로 무슨 말을 하고 있는지에
관심을 기울이면 된다.

깨닫기 전이라도 결코 책(경전, 어록 등)에 주눅 들어서는 안 된다.
그렇게 되면, 스스로의 주체성을 상실하여 책의 내용을
떠받드는 하인이 되고 만다.
물론 모르기 때문에 책의 내용을 따라갈 수밖에 없긴 하겠지만
위축되어서는 안 된다.

그렇게 되면, 주체적인 인간이 되지 못하고
사대주의적 사고방식으로 전락하고 만다.
그렇다고 교만하고 건방을 떠는 천박한 인간이 되어야 함은 결코 아니다.

모든 가르침은 방편이다.
방편에 휘둘리지 말고, 그 방편이 나에게 일러주고자 하는 바가
무엇인지를 살피는 것이다.
이를테면 '제상이 비상이다'라고 하면 '왜 비상일까?'라고
따져봐야 한다.
아무리 비상이라고 하고 싶어도, 비상으로 보이지 않는다.

그럼에도 불구하고, 경전의 말씀이라고 떠받들고
그것을 모르는 나는 어리석다고 자책한다.

자책할 것이 아니라, '왜 비상인지'에 대한 의문을
강하게 제기해야 한다.
그래야 잘 읽은 것이다!
주체적 근성이 약하면 주눅만 들고, 의문도 제대로 만들지 못한다.

의문을 만든 사람은 그 의문을 풀기 위해서
또 다른 책을 읽어보거나 선지식을 찾을 것이다!

경전을 맹신하면 골로 간다!

깨닫고 난 뒤에 경전을 읽는 것이 좋기는 하다.
그래야 경전에 나오는 비위생적인 설명에 휘둘리지 않고
바르게 읽어낼 수가 있다.
하지만 깨닫기 위해서 읽는 경전이고 보니 헷갈리기만 한다.
깨달음의 진실에 충격을 받지 않으면서도, 반듯한 사람이 되어
자리이타행을 하도록 배려코자 설명하는 말들이 상호충돌을 일으킨다.

예를 들면, 사춘기 아이에게 성교육을 하는 것과 유사하고,
또 졸지에 졸부가 되는 것과도 비슷하다.
그래서 때때로 진실을 마주하고는…
사이비 교주가 되거나 망가진 삶을 사는 경우가 많다.

깨닫는 것이 어려운 것이 아니다.
깨달음으로 드러나는 '황당한 진실' '불편한 진실'과
마주할 수 있는 역량을 갖추었는가가 중요하다.
어쩌면 당신에게 깨달음이 일어나지 않는 것이
도리어 당신을 보호하는 것일 수도 있다.
감당하기 어려운 진실을 마주할 때도, 그대는 심적 충격이 없겠는가?

나라고 할 만한 그 무엇도 없다!
윤회는 없다!

부처도 없다!
마음도 없다!
그리고, 없다는 것도 없다!

하하하… 그렇다면, 지금 여기에서, '없!다! 없!다!' 하고 있는
이것은 무엇인가?

경전을 읽을 때 유의할 것들

경전들은 공부할 때 도움이 되기도 하고, 장애가 되기도 한다.
분명하게 진실을 밝혀놓은 것도 있고, 초보자를 위해서
노심초사하는 발심용 경전도 있다.
경전을 제대로 읽어낼 수 있는 안목이 갖추어져 있지 않으면,
자칫 경전에 굴림을 당한다.

경전에는 요의경(了義經, 궁극적 진리를 설해놓은 것)과
불요의경(不了義經, 방편상 필요해서 다소 비위생적인 부분까지
들어 있는 경전)이 있다.

모든 경전은 딱 하나의 진실을 위해서 쓰여 있다.
일체가 연기이며, 진여(마음)다!

이것을 놓치면, 경전이 마구니가 되어
오히려 우리를 속박하게 된다!

경전이라 하면, 불경을 위시해서 세계의 주요한 경전이 그러하다.
켄 윌버(Ken wilber)에 의하면, 경전의 내용 중에서 80퍼센트가
비위생적이라고 한다.

깨달았다는 것을 어떻게 검증하나?

깨달았다는 것은 스스로가 검증한다.
물론 이미 깨달은 사람들에 의해서 확인할 수도 있지만,
먼저 스스로가 분명하다. 문제는, 궁극적인 의식이 아닌,
중간단계의 상위의식을 궁극적인 깨달음으로
착각할 수 있다는 데 있다.
때문에, 이 공부를 하는 사람들은 스스로의 공부를 경전이나
어록들을 통해서 확인할 필요가 있다.
물론 확철한 선지식을 통해서 점검할 수 있다면 더욱 좋다.

대체로 이 공부의 궁극을 모르기에, 장님이 장님을 이끄는 경우가
흔히 있다. 수행단체 중에는 그들만의 경전을 고수하며
다른 경전들을 배척하는 경우가 있는데, 희한한 일이다.
공부를 했다고 자부한다면 깨달음에 관한 여러 경전이나 어록 등을
두루 읽어볼 필요가 있다. 왜냐하면 모두가 똑같은 진실인
불이법(비이원)을 설하고 있기 때문이다. 만약 어떤 경전은
소화되는데, 다른 경전들은 소화되지 않는다면,
공부가 미진하다는 증거다.

예를 들어, 어떤 술을 통해서 술맛을 체험했다고 해도,
다른 술을 맛봄으로써 술맛을 더욱 깊게 알 수 있다.
보다 열린 마음으로 다양하게 접해보는 것이 좋다!

실 상 은 무 상 이 다 !

9

왜 깨닫기 어려운가?

사람들은 '깨달음은 이런 걸 거야!' 라는
나름대로의 선입견을 가지고 있다.
이러한 선입견에 잘 맞아떨어지는 설명을 하면
별 의심 없이 받아들인다.
핵심은 사후세계에 관한 것이며, 이 세상에서 저세상으로
이동하는 과정에 대한 이야기다.
바로 그러한 이야기 모두가 생각이 만든 상상물이다!

그래도 바른 견해는 있다.
'언어로 표현할 수 없다! 실상은 무상이다!
존재하는 것들은 연기된 것이다! 마음뿐이다!'
문제는, 진실이 무엇인지를 일러주는 이 같은 가르침을
접해본 일이 없다는 데 있다.

때문에 신비주의적으로 상상하며, 꿈같은 이야기에 현혹된다.
허무맹랑한 이야기들을 진실이라고 믿는 천진난만한 사람들을
상대로 영성 사기꾼들이 판을 친다.
영성에 관심 갖는 사람들의 공통점은 한결같이 순수하다는 것이다.
그런데 영성 사기꾼은 바로 이런 점을 이용한다.
한편으론, 이 공부를 바르게 일러주는 가르침의 부재도 한몫한다.
또 깨달은 사람을 너무 붕 띄운 것도 문제로 작용한다.

지금은 모든 것이 환하게 드러나는 정보화시대다.
예전엔 소수의 사람들이 정보를 독점하였지만,
이제는 원하면 누구나 접할 수 있는 시대다.
바야흐로 깨닫기에 좋은 시절이다!

실상은 무상이다!

이 공부를 하다가… 신기한 것들을 보게 되는 경우가 있다.
신도 만나고, 천상계도 구경하고, 사후세계도 보고…
문제는 그런 것들이 실재한다고 생각하는 것이다.
참으로 어처구니없다.

실상(實相)은 무상(無相)이다!
이것은 마음공부에서 기본적인 공부지침이다.
'존재의 참모습은 무형상이다'라는 것을 모르면,
형상적인 것으로 구하고 찾게 된다.

아무리 기막힌 것을 보고 체험한다 할지언정,
그것은 스스로의 마음이 만들어낸 허상이다.
마치 꿈을 꾸는 것과 같다.
꿈속에서는 분명해 보이는 것들이 꿈을 깨고 나면 사라진다.

제대로 발심하고 바른 견해를 갖추어 공부하면,
그런 비위생적인 것들은 나타나지 않는다.
'실상은 무상이다'라는 것을 알기 때문이다!

모양을 붙잡지 말아야

공부가 깊어짐에 따라, 그만큼의 의식 수준이 드러나게 된다.
따라서 궁극의 공부가 어떤 것인지를 모르는 공부인은
중간과정을 붙잡고 공부가 끝난 것으로 착각한다.
이미 궁극의 깨달음이 어떤 것인지는 밝혀져 있지만,
의외로 모르는 경우가 많다.
그리하여 기이한 심리적 현상들에 현혹된다.
'사후세계를 보았다!' '천당 지옥을 보았다!' '전생을 보았다!' 등…

공부인들은 '실상은 무상이다'라는 것을 꼭 기억해둘 필요가 있다.
모든 형상의 근원은, 모양 없는 무형상으로 실재하는 진여(성품, 마음)이다.
존재의 실상을 깨닫지 못한 사람은
'무형상의 궁극적 실재'라는 말을 듣게 되면 무척이나 혼란스럽다.
없다는 것과 있다는 것이 뒤섞인 말로 생각되기 때문이다.

존재의 실상을 깨닫지 못한 사람은 생각이라는 이원적인 구조 속에
갇혀 있기 때문인데, 생각을 벗어나보기 전에는 알 수가 없는 일이라,
이해시키기도 이해하기도 무척 어렵다.
설사 비슷하게 이해했다고 해도, 어디까지나 이해는 이원적 구조를
벗어나지 못하기에 모른다는 점은 역시나 마찬가지다.

바로 이러한 점에서, 이 공부는 반드시 깨달아야 한다고

역설하는 것이다!

완전한 깨달음은, 현상으로 드러난 모든 존재가
실체가 없다는 점에선 무아를 증득하는 것이며,
무형상의 궁극적 실재(진여, 성품)가 현상적 존재로
드러난 것이라는 점에선 진아(진여, 성품)를 증득하는 것이다!

깨달음과 신통력

깨달음이란 존재의 진실이 무엇인지를 밝히는 것이다!
도를 통한다고 할 때에도 바로 이러한 존재의 참모습에 대한
깨침을 말한다. 그런데도 도라고 하면 신통력을 개발하는 것으로
오해하기 십상이다.

깨달음에서 보면 그러한 신통력은 쓰레기와 같다.
또한 신통력에 관심을 갖는 사람은 깨달음이 어렵다.
신통력은 에고에 기인하기 때문이다.
이 공부는 에고의 소멸로 가는 길이다.
핵심은 에고를 죽여서 소멸시키는 것이 아니다.
본시 에고가 없음을(무아) 깨달음으로써 에고가 소멸하는 것이다.
그러니 소멸이라는 말도 옳지 않다.
부득이 말을 통한 설법이기에 말이 갖는 제한과
그로 인한 오해의 소지가 없지 않다.
하지만 맥락상 잘 이해하면, 말을 통해서 말을 극복하고
말을 넘어설 수 있다.

시중에는 깨달음을 신통력이 생기는 것처럼 오도하는 책들이 있다.
언제나 그래 왔다. 이를테면 데이비드 호킨스(David R. Hawkins) 같은 이
의 책들이 그렇다. 또《신과 나눈 이야기》의 닐 도널드 월쉬(Neale Donald
Walsch)도 마찬가지다.

내용은 깨달음에서 말하는 것과 유사하지만,
신을 내세우고
자신의 무의식에서 흘러나오는 이야기를 그대로 옮기는
기본적인 발상구조가 허접하다!
신이라는 존재를 전제하고 있기 때문이다!
창조주 같은 것은 따로 없다!
진정한 창조주는 지금 여기에 창!조!주!라고 하는 이것!이다.
우주가 통째로 나이며, 내가 우주다!

그래서 깨달음의 핵심은 불이법이다.
우주(신)와 나 사이에 아무런 구분이 없다!

부실한 깨달음

부실공사는 늘 문제를 안고 있다.
이 공부도 기초(바른 견해)가 부실하면,
공들여 쌓은 탑이 무너지는 날이 오고야 만다.
겉공부는 화려한데 속공부가 엉성하면,
약간의 비바람에도 흔들리며 무너진다.

흔들림 없는 공부는 오만하지도 않지만, 그렇다고 자신의 공부를
입증하지도 못하는 좀팽이도 아니다.
공부에선 누구에게도 뒤지지 않는 당당한 자부심이 있다.

문제는 의식의 서로 다른 영역이 혼재된 경우다.
이를테면 정묘영역에서 나타나는 기이한 영상들(신장, 불보살,
조상신, 천사, 천당, 지옥 등)을 실재하는 세계로 믿는 경우다.
그러면서도 그것들이 공(마음)이라고 받아들인다.

쉽게 말해서, 꿈에서 본 세계가 진짜로 있다고 믿는 어리석음이다.
그것은 지금 살아가는 세계를 실재하는 것으로 믿기 때문이다.
바로 이것이 그 사람의 공부를 가늠할 수 있는 결정적인 부분이다.

깨달음은 존재의 실상을 깨닫는 것이며, 실상은 무상이다.
지금 살아가고 있는 세계는 무상인 공(마음)이 펼쳐낸 환과 같은 현상이다.

연기법을 설한 붓다의 가르침은 바로 이것을 일러준 것이다.
이 공부가 어렵다는 이유는,
기존의 존재론적 믿음체계가 송두리째 무너지기 때문이다!
공부 자체가 어려운 것이 아니라,
기존의 상식을 뒤엎어버리는 진실을 받아들이기 어려운 탓이다!

깨달음에 대한 환상

분명 존재의 실상을 깨닫는다는 것은 엄청난 사건이다.
그것은 지금까지 알고 믿어왔던 사실이 허구였다는 폭로다.

자신이 사기당한 줄 모르고 살아가는 사람들을 위해서,
사기당한 것이라고 일러주어도 믿지 않는다.
진실은 때론 불편하다.

사기당하고 살아왔다는 진실에 눈을 뜬다는 자체가 결코 쉽지 않다.
그 사람은 그냥 사기당하는 꿈일망정 그대로 그 꿈을 꾸고자 한다.

더욱 가관인 것은 깨달음에 대한 환상이다.
깨달은 이를 보통 사람들과 다르게 몸에서 상서로운 광채가 나고,
앞날을 내다보고, 죽은 자를 좋은 곳으로 데려다주며,
병도 낫게 하고(그러면서 자신이 아프면 병원에 가서 치료받고) 등등
특이한 능력을 갖춘 사람으로 본다.

이처럼 터무니없는 환상을 갖도록 부추기는 일들이
지금까지 있어왔다. 경전에서 방편으로 든 비유와 꺼벙한 인간들이
근거 없이 믿고 부풀린 뻥들이 합쳐져서 회자된 이바구 탓이다.
중독 수준이다.

평생을 독신으로 지내며 경을 읽고, 채소만 먹고,
술은 입에 대지 않고, 다리 꼬고 앉아서 졸고,
이번 생에 깨닫지 못하면 다음 생에서 깨달을 수 있을 거라고
위안 삼으면서 고통을 감내한다.

이런 식으로 젊은 청춘을 바친 사람들에게 진실은
불쾌하기 짝이 없을 것이다!
하지만 어찌하겠는가? 진실이 본래 그런 것을…

그러기에 누구나 깨달을 수 있건만, 아무나 깨닫지 못하는 것이다!

깨달음을 방해하는 것!

바르지 못한 견해들이다!
깨달음이 무엇인지도 모르는 사람들이 오염시킨 이야기들이다.
모르는 사람들이 서로서로 황당하게 지어낸
그럴듯한 이야기들로 가득하다.
옛날에 비하면 지금은 과학적 사고가 발전함에 따라
미신적 요소들은 많이 제거되었다.
깨달음에 관한 것도 이미 명확하게 밝혀놓았건만,
여전히 별별 요상한 소리에 현혹된다.
근본 무명이 그만큼 지독하다는 반증이다.

죽음의 문제는 사뭇 심각하다.
죽고 싶지 않다는 본능적 욕구 때문이다.
그러니 자연의 이치를 매일같이 눈앞에서 확인하면서도
자신만은 예외로 하고 싶다.
두려운 것이다. 결국엔 죽음이 나의 모든 것을
무(無)로 되돌린다는 사실에 몸서리쳐지는 것이다.
혹시라도 죽음에 관계된 것은 우선 피하고 싶다.

죽음이 두렵다면 철저히 죽음을 탐구하여야 한다!
과연 죽음이란 무엇인가를.
그리하면 기묘하게도, 본래 죽음이란 없음을 깨닫게 된다.

그러한 진실을 깨달을 때까지는 무조건 죽음이라는 허상에
속고 도망치며 삶이라는 축제의 장에 참여하지 못하고 만다.

우주는 지금 지복으로 가득하다!
우리의 삶은 축제를 벌이는 놀이마당이다!
모든 것이 끊임없이 생멸함은 삶의 풍요로움을 위한
역동적 무대장치다!

궁극적 깨달음이 주는 메시지,
"모두 모두 행복하세요!"

의

문

들

10

의문이 사라진다!

확실하게 깨달으면 의문이 사라진다.

의문은 생각이다.
생각을 통해서 만들어진 의문은,
생각의 근원(바탕)이 확인됨으로써 해소된다.

이제, 생각은 생각이 아니라… 공(마음)이다.
그러니까 생각이 사라지는 것이 아니라,
생각 그대로가 공(마음)임을 깨닫고 있는 것이다.

따라서 이것을 일러… 생각이 사라졌다고도 표현할 수 있다.
생각이 공(마음)임을 모르는 무명이 사라진 것이다.

무명이 사라졌다고 표현하지만, 무명조차도 공(마음)이다.
무명은 스스로를 부처임을 모르게 하는 놀라운 공(마음)의 묘용이다.

분명하게 깨치면, 더 이상 찾을 것이 없다!

진제와 속제에 대하여

진제(眞諦)는 진실(생각을 떠난) 차원에서 일러주는 것이고,
속제(俗諦)는 생각 차원에서 일러주는 말이다.
때문에 진제와 속제를 오가면서 설명한다.
그러면 속제에서 이해하게 되고, 그 이해한 바를 좇아
진제를 눈치채면서 궁극적으로는 진제를 깨닫게 된다.
그래서 깨달음에 대한 설명이 언제나 어렵게 여겨진다.
정확하게 말하자면 좀 낯설다.

그렇게 해서 일단 깨닫게 되면, 이제는 진제에서
속제를 바라보기 때문에 속제가 진제가 된다.
무슨 말인가 하면 모래성을 모래로 만든 것인 줄을 모를 땐,
나름대로 성에 대한 망상(관념, 착각)을 갖는다.
그러다가 그 성이 모래였음이 확인되는 순간에
모래로 된 성이라는 바른 인식(깨달음)이 생긴다.
똑같은 모래성이지만, 이제는 있는 그대로의 성을 보는 것이다.

깨닫지 못할 때의 모래성이 깨닫고 나서도 여전히 모래성이다.
하지만 진제(모래)에서 보는 속제(모래성)이기에,
속제는 진제가 된다!
때문에 깨닫지 못할 땐, 진제를 일러주어도 속제적 진제가 된다!

불교용어, 왜 그렇게 헷갈리게 사용하나?

불교서적을 들여다보고는 용어가 주는 난해함 때문에,
그리고 같은 용어도 다양한 의미로 읽는 사람을 고려하지 않고
마구 사용하고 있기에, 누구나 이내 손을 들고 만다.

참 곤혹스러운 부분이다.
굳이 이렇게 해야 할까? 무슨 비밀스런 이유라도 있는 걸까?
결론적으로 말하자면, 없다!

물론 사유의 이원적 분별기능인 말·글로는 담아낼 수가 없다.
그렇다고는 하나, 주의 깊게 세심한 배려를 하면 얼마든지
헷갈림을 최소화할 수 있다.
이 분야의 책들은 그러한 노력이 매우 적어 보인다.

또 한편으로는, 근원을 설명해가는 방식에 차이가 있다.
현상적 차원에서 접근하는 방식.(연기법)
근원 차원에서 일러주는 방식.(선법)
존재론적으로 접근하는 방식.(연기, 공=반야)
인식론적으로 접근하는 방식.(유식)
각기 논지를 펴는 필요에 의해 동일한 용어가 다양하게 사용된다!

하긴 일반 학문도 마찬가지다.

제아무리 논리정연하게 설명한다고 하지만
단계마다 논리적 비약, 도약이 없을 수 없다.
그래서 그 어떤 부분은 읽는 자의 몫이기도 하다!

방편이라는 유혹

언제나 초기 가르침은 신선하다.
시퍼렇게 날선 칼날처럼,
소금 같은 역할을 하며 흐리멍덩한 정신에 충격을 가한다.
그러나 이런 가르침은 섬뜩한 긴장감을 주기 때문에,
에고에게는 치명적이다.

시간이 흐르면서 부드럽게 일러주는 가르침을 원하고,
더불어 현실적 상황과도 타협하게 된다.
누이 좋고, 매부 좋고…
또 근기가 낮은 자에게도 다가가는
점진적인 가르침의 필요성도 느껴진다.
참으로 방편적인 가르침이 절실하다.

문제는 적절한 방편,
그러니까 진실을 일러주기 위한 점을
놓치지 않아야 함에도 불구하고,
방편적 가르침은 방향을 상실하고
방편에 빠져서 허우적거리는 경향이 있다는 것이다.

그때쯤 신선한 가르침이 새롭게 등장한다.
지금은 칼날 같은 가르침이 요구되는 시대다!

윤회 없음을 천명하는 무아의 가르침이,
무아인 업이 윤회한다고 변질되었다.

윤회란?

윤회는 진실을 알지 못하기 때문에 일어나는 착각이다!
우리는 일상적으로 알고 있는 개별적인 존재들에게
독립된 실체성을 부여하고는 그것들이 조금씩 변화하는 것으로 바라
본다.
그러니까 개별적인 실체로서의 존재가 있다고 굳게 믿는다.
이러한 믿음 위에서 제행무상(諸行無常)을 이해하고 받아들인다.
그렇게 되면, 생멸현상이 끝없이 이어지는 윤회의 흐름이 끊이지 않
는다.

모든 존재가 끝없이 변화하기에,
변화하지 않는 것이 없다는 것을 일러 무아(無我)라고 한다.
아(我)는 '변화하지 않은 것[我]'을 의미한다.(모양으로 드러난 존재 측면
에서 일러주는 것이다)

그렇다면 눈앞에 버젓이 있는 것은 도대체 무엇이란 말인가?
분명히 존재하는 것으로 알고 있는 그 모두가
환영과 같은 것이란 말이다.

그것들이 나타날 만한 원인과 조건들이 갖추어지면 생겨나고,
원인과 조건이 변화하면 그에 따른 모습으로 변화하며,
원인과 조건이 없어지면 역시 사라진다.

그러니까 생겨난 것들은 지금 이 순간에 원인과 조건들이
합쳐져서 나타난 결과이다.
즉, 원인(조건)이 곧 결과이다.
생각으로는 원인(조건)이 있고 결과가 있다고 시간의 순서로
구성하지만, 실제로는 원인과 결과가 같은 것이다.
그러니까 인과는 동시다.

여기에서 저기로 옮겨간다고 할 수 있으려면,
변화하지 않는 자기동일성(아)이 유지된 채로 이동해야 한다.
그런데 한순간도 변화하지 않는 그 무엇도 없다면,(제행무상)
도대체 무엇이 옮겨간다고 할 수 있을까?
갈 것도 없고 올 것도 없다.
다만, 우리 눈에 가고 오는 것처럼 보일 뿐이다.

윤회란 우리의 의식이 만들어낸 착각이다!
지구가 돈다고 밝혀졌지만,
여전히 우리 눈에는 태양이 도는 것처럼 보이듯이!

<u>순수 공!</u>

현상으로 드러나기 전, 그러니까 모양 없는
순수한 근원(마음, 성품, 본래면목, 불성)은 어떻게 생겼을까?
모양이 없다고 하니까, 아예 없다고 여기는 사람도 있다.
하지만 궁극적 실재는 '모양 없이 있다!'
그래서 비어 있다!(공空) 그리고 무형의 궁극적 실재(심心)로 충만하다.
텅 비어 있는 것에서 모든 형상적 존재들이 드러난다.
그래서 드러난 존재들은, 그 모두가 텅 비어(공) 있는(마음) 존재이다.

이 모양 없는 것은, 심안을 뜨면 볼 수 있다.
이것을 볼 수 있는 심안은, 존재의 실상을 깨달을 때에야 뜬다.
깨닫는다는 것은, 심안을 뜬다는 것과 같은 말이다.

궁금하겠지만 깨달아야 확인된다.
그전에 그것에 관한 설명은 오히려 상상을 불러일으켜서,
실제로 체득하는 것에 장애를 초래할 수 있다!

별들의 고향

우주에서 별들이 태어났다가 사라진다.
내 마음에서 생각·느낌이라는 별들이 태어났다가 사라진다.
우주라는 공간과 마음의 공간이 무척이나 닮았다.

우주라는 공간과 마음이라는 공간이 다른 것일까?
내 몸을 기준으로 하면 다른 것 같다.
그런데 몸을 이루는 피부는 외부와 연결되어 있다.
폐쇄된 것이 아니다.
그런데도 우리는 몸을 기준으로 나와 나 아닌 것으로 나눈다.
몸은 의식의 각성이라는 불꽃을 만들어내는 장치일 뿐이다.

공간과 의식은 다르지 않다.
공간은 공으로, 의식은 마음이라고 할 뿐, 결국 같다.
저 하늘에서 반짝이는 별빛이 과연 어디에서 반짝이는 것일까?
저기 하늘인가? 여기 마음하늘인가?
이미 둘이 아니다!

깨달음의 끝은 어디인가?

깨달았다고 하는 사람은 많고도 많다.
대체로 무언가를 '봤다'고 한다.

물론 의식의 영역이니까 별별 것을 다 볼 수 있겠다.
그리고 일상적인 경험과는 판이하기에 나름대로 확신도 있을 것이다.

천사를 보는 사람, 신의 음성을 듣는 사람, 신령한 빛을 보는 사람,
계시를 받는 사람 등…
무언가가 보인다면 그것은 환영이다.
때론 그것이 인간을 의식상승으로 상당히 끌어주긴 하겠지만 말이다.

그럼 깨달음은 무엇인가?
존재의 실상을 깨닫는 것이다.
실상은 무상이다.
무상은 곧 공이다.
공은 곧 마음이다.
마음은 생명이다.
생명은 연기한다.

그리하여 우주는 그대로 법계이다.
이대로가 그대로이다!

VI.
이원인식을 넘어서

희론적멸로 드러나는 진실

1

생각의 끝은 어디인가?

생각을 치밀하게 따지고 따져 들어가면 최종적으로는
'생각이 뭐냐?'에 닿는다.
재미있지 않은가?
하지만 당연하다! 생각으로 시작했으니까
마지막에도 생각이 남는 것이다.

그러니까 첫출발에서 생각 자체가 무엇인지는 따져보지 않고,
생각하면서 시작한 게임이다. 생각은 왜 이렇게 있는 것이냐,
혹은 생각은 뭐냐는 짚어보지 않고 간과한 것이다.

하느님은 왜 본래 있는가? 이런 질문에 대해서는,
대개 그런 것은 따질 것이 아니라고 결론짓지만,
사실 이것도 생각이 있은 후에 성립한다.
즉, 생각이 만든 의문이다.
따라서 모든 의문은 생각으로 귀착하게 된다.
따라서 '생각이 무엇인가?'라는 의문은 생각을 가지고 할 수 있는
의문의 종점이다.
바로 여기가
'생각을 넘어서느냐? 또다시 생각의 굴레로 빠져드느냐?'의
갈림길이다!

사실 여기서 더는 규명할 수 없다. 해봐야 생각일 뿐이다.(때문에
답답하게 여겨진다면 제대로 접근한 것이다)
철학에서는 이 부분을 '에포케(epoche, 판단중지)'라고 하지만,
그것은 어디까지나 생각의 연장선상이다.
불교의 유식으로 말하자면 에포케 해도 여전히 육식(의식) 차원이다.

자! 이제 생각이 무엇인지를 알아야 하는데,
그것은 생각으로는 해결되지 않는다.
생각을 생각으로 풀어보려는 자체가 이미 생각이기에
결국은 생각의 굴레를 벗어날 수 없다.
그럼에도 불구하고, 어떻게든 생각으로 규명해보려는
시도를 하는 것이 철학인데 이는 희론일 뿐이다.
철학의 한계는 곧 생각의 한계다.

그럼 어떻게 해야 하는가?
바로 여기에서 생각의 한계를 절감해야 한다.
참으로 생각이 무용지물임이 뼈에 사무치면,
그 순간에 생각이 뚝 끊어진다!
하하! 그 순간 전혀 예상치 못했던 의외의 답이 나온다!
생각이라는 이원적인 앎의 방식을 포괄하면서도 초월해 있는
근원적(비이원)인 앎이 드러난다!

또 다른 방법으로는, 생각을 만드는 것이 무엇인지 찾으면 된다!

진실은 단순하다!

진리란 심오하지 않지만, 분별심
입장에서는 심오하게 여겨질 뿐이다.
진리는 분명한데도, 분별심으로 헤아리기 때문에 오리무중이다.
진리는 복잡한 것이 아닌데도, 분별심에서는 간단치 않다.

이처럼 분별심(생각)으로 진리를 따져보는 동안에는
무진장 어렵게 여겨진다. 그러나 먼저 실컷 따지고 따져보아서
따짐의 한계를 스스로가 납득해야 한다.
문제는 많은 사람들이 이 지점에서 공부를 포기하고 만다는 것이다.
포기를 하더라도 한편으로는 공부의 한 가닥 끈마저 놓아서는 안 된다.
쉽게 말해, 포기한 상태에서 공부하는 것이 진짜 공부다.(모순적이긴 하지만
이해하기 바란다)

대체로 사람들은 이러한 상태가 되어야 분별심의 힘이 약해진다.
처음부터 분별심을 쓰지 않을 수만 있다면야
무슨 말이 필요하겠는가?
분별심의 기력이 소진되고서야 비로소 무분별심이라고 하는
성품이 드러난다.

그래서 공부는 처음부터 편안하게 이완된 마음으로 하라고 주문하는 것이다.
바로 이러한 마음 상태에서 맑은 정신으로 깨어 공부해야 하는 것이다.

말 때문에

존재의 실상을 있는 그대로 보지 못하게 하는 것은 생각이다.
무엇이든 생각(의미)으로 환원시켜서 인식하기 때문이다.

생각은 나와 나 아닌 것으로, 그러니까 이것과 저것으로 나눈다.
본래는 한바탕이지만, 생각이 가상으로 분리시켜서
마치 따로따로 존재하는 것처럼 믿는다.
이렇게 각각 독립된 존재들이 있다고 믿는 이것이 곧 실체시인 것이다.
대상으로 존재하는 것뿐만 아니라, 생각으로 인식되는
그 모든 상(모양)도 똑같은 실체라고 보는 것이다.

초기경전에 보면 연기법은 상주(常住)와 단멸(斷滅)을
벗어나 있다고 설한다.
상주는 죽고 난 뒤에도 영혼이 있어서 영원히 지속된다는 것으로
설명하고, 단멸은 죽으면 끝이라는 물질주의적 사고이다.
그런데 연기법은 이 두 가지 모두가 옳지 않다고 지적한다.
왜냐하면 모든 것은 연기이기에 상주도 아니고,
단멸도 아니기 때문이다.

이것을 쉽게 설명하면 "생각을 넘어서야 한다!"가 된다.
'상주'도 말(생각)이고, '단멸'도 말(생각)이기 때문에
말을 넘어서야 연기법이다.

있다/없다, 무아/진아, 실체/비실체…
이 모두가 말이다.
말을 넘어서야 비로소 진실이 드러난다!

말에 묶여 있는 어리석은 자가
어찌 희론적멸로 드러나는 진실을 볼 것인가?

생사일여

이 공부에 일여(一如)라는 단어가 많이 등장한다.
동정일여, 오매일여, 생사일여…
일여는 '같다'는 것인데, 어떻게 해야 같을 수 있겠는가?
이 말은 현상에서 해당되는 말이 아니다.
두 개의 서로 다른 상을 세워놓고 그것이 같다는 것이 아니라,
그것들의 본성(성품)이 같다는 말이다.

흔히들 《반야심경》에서 '색즉시공'을 접하면서도 소화하지 못하는 것은,
'색이라는 상'과 '공이라는 상'을 일단 상정하고,(개념화)
그것들을 같게 하려는 시도에 있다.
달리 말하자면, 분별심으로 헤아리기 때문이다.
결국 그 좋은 경전의 내용이 그림의 떡이 되고 만다.

그럼 어떻게 해야 하는가?
'조견(照見)오온개공!'이라고 하니,
조견해야만 《반야심경》에서 일러주는 진실에 동참할 수 있다.
오온(일체)이 모두 공이라고 깨닫는 것을 일러 조견이라고 하니,
그것 참! 그렇다.
비추어본다(조견)는 것은, 주관으로 객관을 보는 방식이 아니다.
주객으로 분리해서 보는 방식으로는 공을 깨달을 수 없다.
공이란, 주관도 공이고 객관도 공이어서 오직 공으로 일여하다.

때문에 궁극적으로는 비추어볼 것이 따로 없음을 본다는 말이기도 하다.

말이 복잡해 보이지만,
사실은 연기법으로 보는 것이 바로 조건이다.
연기법은 주객이원으로 분별하는 방식이 아니고,
존재의 실상을 꿰뚫어보는 방식이다.
그리하여 일체가 연기(공)이고 보면,
무엇이 따로 없기에 본다고 할 것도 없다.(무소득)
본다고 할 것이 없지만, 보지 못함도 없다!

있는 그대로 보려면?

있는 그대로 보려면 어떻게 해야 하나?
먼저 마음을 비워야 한다. 내가 가지고 있는 갖가지 선입견을
일단 내려놓는 것이다.
문제는 알게 모르게 작동하는 무의식적 선입견들이다.
이를 무명이라 한다.
아무리 정교하게 알고 있는 것이라 할지라도 무명이다.
오히려 머리 좋고 공부 많이 한 사람들이 더 깨닫기 힘든 것도
이러한 이유이다.

이 공부는 선입견만 내려놓으면 되는 공부지만,
앎을 축적해왔던 방식이 분별방식이었기 때문에
좀처럼 그러한 분별적 사고의 틀을 내려놓지 못한다.
설사 내려놓으려 할 때에도, 어떻게 하면 내려놓을까를 생각하게 된다.
그래서 그러한 지식으로도 궁극적 실재를
알아낼 수 있을 거라는 믿음이 작동한다.
이러한 경우엔 화두 같은 것으로 도저히 해결할 수 없음을
스스로 뼈저리게 느낀 후에야 포기한다.
그렇다고 놓아버리지도 못한다.
어찌할 수 없는 막다름에 처해서야 놓아버리는 것이다.

이만큼 선입견의 습은 뿌리 깊다.

아무 생각 없이 대상을 바라본다고 하지만,
자동적으로 의미세계로 바꾸어놓는다.
만약 참으로 그러한 관념이 떨어져나간 세계를 본다면
깜짝 놀랄 것이다.
그것들은 한 번도 본 적이 없는 너무나 기이하고 신비하기
이를 데 없는 광경이다.
이렇게 경이롭고 생생하게 살아 있는 모습이,
우리가 관념을 통해서 보기에 왠지 생명력을 잃는다.

그래도 이따금 뺨을 부드럽게 스치는 바람결의 감미로움에서…
코끝에 전해지는 미묘한 향내음에 취해 입가에 미소가 번질 때…
따스한 햇볕이 나뭇가지 사이를 비집고 내비칠 때…
바로 그때, 살짝 열린 틈으로 원초적 신비가
스스로의 모습을 드러낸다!

생각에서 벗어날 때!

생각을 벗어나보기 전에는 도무지 알 수 없다.
어떻게 지금까지 이렇게 생각에 갇혀 있었는지.

생각 속에 있을 때는, 생각에 갇혀 있다고 상상이 되지 않는다.
왜냐하면 생각세계도 얼마든지 무한히 자유롭기 때문이다.
어느 날 생각이 탁! 사라질 때,
그때에야 아하! 생각세계였구나! 하게 된다.

생각이라는 망념이 구름처럼, 안개처럼 실재를 가린다.
희한하게도 망념이라는 관념의 안경을 쓰고,
있는 그대로의 세계를 관념의 세계로 물들인다.
민감한 사람들은 느낀다. 왠지 좀 이상하다고 느끼며 의심한다.
이러한 세계가 전부가 아닌 것 같다고!

막상 망념이 휙! 사라지고 나면 모든 것이 확연히 달라 보인다.

모든 것이 생생하다.
또렷또렷하고, 살아 있다.
모든 것이 본래 보석이고 꽃이다.
돌·나무들도 살아 있으며, 막 말을 끝내고 잠시 침묵에 든 것 같다.

이렇게 진기한 것은 모두 처음 본다.

와우! 이것들이 본래 이러한 모습이었구나!

이들은 필시 빛으로 만들어진 것들이야!

아! 반갑고! 고맙고! 사랑스러워! 은총, 축복, 환희, 지복으로 가득하다!

이것은 생각이라는 망상이 걷힐 때 드러나는,

진여가 펼쳐지는 신비한 세계다!

이원적인 생각과 비이원적인 진실

2

깨달음을 주관적이라고 보는 것은 어리석다!

깨달음이라는 비이원적(불이법)인 합일의식을 두고,
혹자는 집단적 주관, 주관이라는 인식 등으로 해석한다.
이러한 오해는 종종 있다.

이는 깨달음이라는 비이원적 의식을 이원적 의식인 생각으로
헤아려본 것이다. 이것은 깨닫지 못한 개체적 의식(분별심)으로,
비이원적 의식은 이러한 것일 수밖에 없다고 규정지은 것이다.

왜냐하면 깨달음 또한 우리의 의식상에서 일어나는 것이기에
주관일 수밖에 없다고 생각한 것이다.
그런데 이러한 생각은 매우 그럴듯하지만 잘못된 것이다.

주객이라는 이원적인 인식(앎)과는 또 다른 차원의 앎이 있다.
물론 우리의 의식상에서 이루어진다.
그렇다고 이것을 주관적이라고 해서는 안 된다.
존재의 근원과 하나된 앎이기 때문에,
그냥 비이원의식 혹은 우주의식이다.

바다와 파도를 예로 들어보자.
파도가 주객이라는 개체적인 인식을 갖는다고 가정하자.
파도가 곧 바다라는 앎은, 파도라는 개체적 인식을 떠나야 한다.

물론 파도의식에서 일어나는 비이원적 의식이다.
그러나 이것은 파도라는 개체의식이 아닌,
바다라는 근원(비이원)의식이다.

파도라는 개체의식으로는 결코 바다라는 비이원을 알 수 없다.
또한 바다라는 비이원의식을 파도의식이 결코 규정할 수도 없다.

이것을 모르기에 깨달음도 집단적 주관이라고 하는 것이며,
이는 환원적 오류를 범하는 것이다!

확인해야 믿어진다!

존재의 실상에 대해서 듣고 이해하는 것만으로는 부족하다.
반드시 그러한 가르침에 입각한 수행으로 확인하기 전까지는
의심의 뿌리가 남아 있게 된다.

의심은 직접 확인하지 못한 상태에서 단지 생각으로만 헤아려
생각논리에 부합하지 않으면 틀리다고 판단하기 때문에 생겨난다.
문제는 생각으로는 결코 진리를 알아낼 수가 없음을 모른다는 것이다.

진리는 불이법(비이원)인데, 이원적인 생각으로
어떻게 알 수 있겠는가?
《도덕경》에서는 이것을 간단명료하게, '도가도 비상도(道可道
非常道)' '도를 도라고 생각(개념)하면 도가 아니다, 혹은 도라고
생각하는 순간 있는 그대로의 도가 아니라 생각으로의 도다'라고 한다.
그래서 선에서는 도(본래면목)를 생각 이전이라고 말한다.

때문에 생각으로 어느 정도 이해할 수는 있지만,
이해한 그것이 곧 확인(깨달음)은 아니다.
그리고 깨닫기 전에는 언제나 생각 쪽으로 끌려갈 수 있다.
생각으로 판단하는 버릇이 워낙 몸에 배어 있고,
생각에 맞지 않으면 틀리다고 간주하게 마련이다.
존재의 실상을 깨닫기 어려운 것은,

그만큼 생각에 깊이 빠져 있기 때문이다.

깨닫고자 하는 자는 생각이 무엇인지 철저히 살펴보아야 한다.

생각이 허구인지만 알아차리면 이 공부는 쉽다!

깨달음은 생각으로 아는 것이 아니다

대개는 무엇을 안다고 할 때, 생각을 통해서 정보(지식)를 습득한다.
때문에 생각방식으로 수집하고, 분류된 것이다.

이렇게 생각방식으로 얻어진 것은 이원적 구조임을 알아야 한다.
상대적인 개념으로 만들어진 개념들의 조합에 불과하기에 간접적이다.
예를 들어 '물'이라는 개념이 곧 물 그 자체는 아니다.
아무리 물이라는 뜻을 알았다고 해도, 여전히 물을 경험한 것이 아니다.

이러한 차이를 이해해야 공부가 진행될 수 있다. 어떤 것에 대하여
정확하고 자세하게 아는 경우에, 우리의 의식은 다 이해했고
의심 없는 진실이라고 받아들이는 경향이 있다.

이렇게 안다는 것은 깨닫는 것과는 전혀 다르다는 것을 알아야 한다.
그러하기에… 존재의 실상이 무엇인가 하는 진실은,
생각만으로는 절대 불가능하다.

생각을 넘어선 '반야지혜'가 있다!
이를 얻기 위해 하는 모든 것을 수행이라 한다!

얻고 보면… 결코 새롭게 얻은 것이 아니기에
'무소득(無所得)'이긴 하지만…

앎의 두 가지 방식!

앎(인식)은 일반적으로 대상을 아는 것을 말한다.
이는 생각방식의 앎이다.

생각은 이원적 인식방식이기에 주관이 대상을 마주하여 아는
앎의 방식이다. 인식하기 위해서는 주객으로 나뉘지 않고는
알 수가 없기 때문이다. 그리하여, 어떤 것을 인식하기 위해서는
그 자체를 떠나 있어야 한다는 말이 성립한다.
따라서 세계를 보는 눈은 스스로를 볼 수가 없다.
그러나 세계를 보는 눈이, 스스로를 보는 방식의 앎이 있다.
이 앎(눈)은 대상을 바라보는(거리를 두고 보는) 방식이 아니다.

이 눈(앎)은… 눈(앎)이 눈(앎) 스스로를 보는 방식이다.
그러니까 이원적 인식방식과는 다르다.
비이원(불이)방식의 앎이다.
이것을 깨달음이라 한다!
비유컨대, 꿈속에서 꿈임을 아는 앎이 있다.(자각몽)
그 앎이 더욱 강해지면 꿈에서 깨어난다.

이것을 일진법계의 깨달음이라 한다.
일체가 순수 공임을 아는 앎, 순수 공 스스로가 스스로를
아는 앎(깨달음)이 발현된 것이다!

분별심의 한계

분별심이 갖는 한계를 이해해야 공부의 목표가 명확해진다.
분별심은 모든 것을 분별해서 인식하는 방식이다.
그중 생각이 대표적이다. 생각세계에 갇혀 있을 땐,
그러한 생각을 펼쳐낸 이원적 방식의 틀을 모른다.

이원적이란, 이것과 저것, 있음과 없음, 길고 짧음 등이
상대적으로 작동하는 프로그램이다.
이렇게 펼쳐지는 것들은 모두가 상대적이라는 것을 알 수 있다.
하지만 그러한 앎 또한 생각이다.

깨달음은 이러한 상대적(이원적) 세계에서,
절대적(비이원적) 진실(진여) 세계로의 눈뜸이다.
이는 상대의 반대말인 절대가 아니다.
그야말로 대가 끊어진 절대다.

어떻게 해야 눈뜰 수 있겠는가?
생각(이원적, 상대적)을 하는 것은, 생각이 아니라는 것을
먼저 알아야 한다.
그것은 이원성으로 분열되기 전이며, 생각의 본질(성품)이기도 하다.

생각을 할 때, 생각이 막 생겨나는 쪽으로(생각을 거슬러)

눈길을 돌려보라!
거기에는 보는 자도 보이는 자(주객)도 없다.
그저 본래부터 그렇게 있는 한마음이 있다!
이는 모양이 없기에 무엇이라고 할 수 없지만,
아무것도 없다고도 할 수 없다!
이것이 나와 우주의 본원이다!

언어, 의미, 생각

3

깨달음은 없는가?

우리는 말을 듣게 되면 곧장 말의 의미를 가지고 생각하게 된다.
말은 서로 간에 의사소통의 수단으로는 매우 유용하다.

그러나 존재의 실상(근원)이 무엇인지 깨닫는 데에는 장애가 된다.
왜냐하면 말의 의미를 따라 헤아리게 되면, 말이라는 구조 속에
갇혀버리기 때문이다.

모든 논쟁은 말로써 한다.
그렇다면 말이란 무엇인가? 즉, 말의 성품(본질)은 무엇인가?

이는 대단히 중요하다.
말은, 말을 만들어내는 것에 의해서 나타난 의미이다.
의미는 필요에 의해서 만든 약속체계이기에 그 자체는 가상적이다.
사과를 보고 그것을 사과라고 이름 붙여 쓴 것이었는데,
어느덧 말과 사물을 동일시하게 된 것이다.

말이 소용없다는 뜻이 아니다.
과연 말의 정체가 무엇인지 살펴보아야 한다는 것이다.

의미(생각)를 만들어내는 것은 본래면목(성품, 본질, 불성, 도, 진아)이다.
바로 이것을 깨달을 때, 비로소 말이라는 의미체계에서 벗어난다.

이 공부를 위해서 논쟁을 벌이는 것도, 말의 내용을 만들어내는
것이 무엇인가를 보여주려는 데 있다!

예를 들어, 깨달음 같은 것은 없다고 누군가가 주장한다고 치자!
깨달은 사람이 이 말을 한다면, 깨달음이라고 할 그 어떤 것(실체)도
없음을 일깨우려 하는 말이다.
하지만 깨닫지 못한 사람이 이 말을 한다면, 그는 깨달음 같은 것은
없다는 관념(의미)에 매몰되어 있는 것이다.

'깨달음은 없다!'라고 하는 이놈이,
이번에는 '깨달음이 있다!'라고 한다.
있다고 하든, 없다고 하든, 그 말을 만들어내는 놈은 동일한 놈이다!
때문에 말의 의미에 갇히지 않는다면, 깨달음이 있다/없다고 하는
그것이 진여묘용일 뿐이다!

본래면목(진아, 성품)은 '있다/없다'라는 말의 의미로 규정할 수 없다.
그래서 그!것!은 말을 벗어나 있다고 하는 것이다!

왜 어려운가?

깨달음에 장애가 되는 것은 과연 무엇인가?
생각이다.
생각하는 능력을 갖게 되면서부터, 생각을 통해서 보기 때문이다.

그러니까 생각을 만들어 그 생각으로 인식하는 것이다.
생각은 실재하지 않는 것을 가상으로 만들어낸다.
그러니까 상상물이다. 그렇기 때문에, 이러한 생각이 만들어
펼쳐낸 세계는 꿈세계와 동일하다.
분명히 눈을 뜨고 살아가지만, 그는 생각 속에 매몰되어
살아가기 때문에 꿈속에 있는 것과 같다.
생각 속에 파묻혀 있을 땐, 무언가 희끄무레한 막으로
눈을 가린 것같이 뿌옇게 느껴진다.
이럴 땐, 의식이 맑지 않아서 상쾌한 느낌이 없다.

그렇다고 생각하지 않을 필요는 없다.
생각은 자연스러운 것이다. 다만, 생각의 막에 가려
몽중(망상)인으로 살아가는 것이 문제다.
때문에 생각을 벗어나면 된다. 벗어난다는 것은
생각이 무엇인지를 깨닫는 것이다.
생각이 무엇인지를 깨닫게 되면, 생각의 주인으로,
즉 생각을 벗어나서 생각을 부리고 쓴다.

환상과 현실!

깨닫기 전까지는, 살아가고 있는 시공간이 현실이라고 믿는다.
그러니까 삶의 근거인 현실을 실재하는 실체적 세계라고 보는
환상 속에서 산다.

그런데 세계가 유동하는 가상적인 시공간임을 받아들이면,
그의 인식은 어떻게 바뀔까?
그 속에서 살고 있는 나 또한 해체됨을 느낄 것이다.
'내가 한다'고 믿으며 살아가고 있는 에고가
어찌 이런 진실을 좋아하겠는가?
진실이 환영받지 못하는 이유이다.

하지만 진실을 깨닫고 보면, 그야말로 대자유가 주어지고
무한한 지복이 함께한다. 이러한 지복과 비교하면,
에고가 부여잡은 탐진치의 욕망은 번뇌에 불과하다.

그렇다면 무엇이 환상을 만드는가?
진화의 산물이라는 의식의 발달과정에서의 생각기능이다.
생각은 많은 혜택을 주는 놀라운 기능이지만,
한 가지 단점을 가지고 있다.
생각세계라는 가상의 시공간을 만들고는,
스스로가 그 세계에서 빠져나오지 못하는 것이다.

그렇다고 생각기능을 폐지할 필요는 없다.
생각을 하되, 다만 생각 속에 머물지 않으면 된다!

그럼 어떻게 하면 되느냐?
존재의 실상을 깨달아야 한다!
그리하면 실상의 세계에서 살아갈 수 있다.
진실을 말하자면, 본래부터 실상세계에서 살아가고 있음에 눈을 뜬다!

생각은 묘용인데도?

이 공부의 궁극적인 진실은, 모든 것이 마음뿐이라는 것이다.
즉, 일진법계임을 깨닫는 것이다. 진여(마음)가 꾸며놓은 세계이다.

이러한 진실엔 생각도 당연히 포함되지만,
잘못된 공부는 생각을 일으키지 않으려 노력한다.
물론 이해는 간다. 왜냐하면 생각이 결국 번뇌를 만들기 때문이다.

그런데 깨달음은 생각이 생각 아님을 깨닫는 것이다.
이러한 점을 잊어선 안 된다.
생각을 하지 않는 것이 아니라,
생각을 자유롭게 하지만 생각에 걸리지 않는 것이다.
생각은 진여가 펼쳐내는 묘용임을 깨달았기 때문이며,
동시에 그러함을 깨친 의식은 생각의 이원적 의미체계에 갇히지 않는다.

간단히 말하자면, 생각이 생겨나고 사라지는 모습이 훤히 보인다.
또한 생각의 주인인 진여(진아) 입장이기에,
생각을 자유롭게 하기도 하고 비우기도 한다.

비유컨대, 전체적 관점과 부분적 관점이 함께한다.
배경과 전경이 함께한다.
본질적 관점과 현상적 관점이 함께한다.

진여의 묘용이 없다면, 이렇게 아름답고 멋진 세상이 펼쳐질 수 없고,
아름답다는 생각도 할 수 없다! 생각이 잘못된 것이 아니다!
생각이 생각 아님을 모르는 것, 그것이 어리석음이다!

역설을 잘 음미하라!

깨달음은 역설적이다.

깨달음은 본래 진리의 세계인데(비이원), 표현인 말·사고가
이원적이기에 역설적으로 표현되어질 뿐이다.
어쩌겠는가? 알려는 주어야겠고, 알려주는 수단이
이원적인 것밖에 없으니 말이다.

선은 직지인심하여 이심전심하는 것으로 깃발을 쳐들었지만,
그렇게 하기 위해서도 말은 해야 한다.
그래서 말의 이원적인 구조에
허우적대지 않도록 매우 조심하면서 일러준다.

한편으로는 매우 사려 깊다 하겠으나, 이미 말이 이러함을 알고
공부를 시작하면 굳이 별 문제없다.
조심이 지나치면 죽도 밥도 안 된다.(구더기 겁나서 장도 못 담그겠는가?)

그러기에 잘 듣고, 충분히 음미하고, 실행하면 되는 것이다.

무엇이 어렵나?
이원적으로 사고하고 말해왔던 습관적인 버릇을 고치는 것뿐이다!

역설에 대하여

말을 떠나 있다는 진리는 역설구조를 활용하는 수밖에 없다.
말(생각)은 어차피 이원적 구조에 바탕을 두고 있어,
비이원적인 것을 담아낼 수 없기 때문이다.
그래서 선(禪)은 설명방식이 아닌 보여주는(직지) 방식을 구사한다.

말은 '있다'와 '없다' 사이를 오간다. 선택적이다.
이러한 규칙에 어긋나면 말의 논리구조에서 벗어난다.
이를테면 동일률, 모순율, 배중률의 규칙에 적합해야 한다.
바로 이것이 이원적 구조이므로 실상을 드러내지 못하는
망상구조인 셈이다.

번뇌 즉 보리!
이 말이 어떻게 언어구조에 적절하겠는가?
하지만 지혜로운 이는 이러한 말을 들을 때, 그 말이 가리키는 바를
헤아린다. 즉, 행간을 읽을 줄 알아야 한다.

보살은 보살이 아니다! 그렇기 때문에 보살이다!
이러한 말도 마찬가지로 역설적이다.
'나는 거짓말쟁이다!'
이 말에 따라, 거짓말쟁이라는 것이 사실이면 이 말도 거짓이 되어
결국은 거짓말쟁이가 아니게 된다.

만약 거짓말쟁이가 아니라면, 이 말은 사실이 되고
결국 거짓말쟁이가 된다.
따라서 이 말은 역설이다!

그렇다면 어떻게 이러한 역설구조를 해결할 수 있겠는가?
물론 서양에서도 러셀을 위시해 많은 사람이 해법을 제시하였다.

완벽한 해법은 이미 붓다가 내놓았고,
나가르주나 역시 명료하게 밝혔다.
언어구조의 허구성을 밝힌 것이다.

이를 선에서는 실천적으로 활용하고 있다.
'나는 거짓말쟁이다!'라는 내용을 따라가면 역설이 성립되어
말에 빠져서 허우적거리지만, 그 같은 말이 생겨나게 하는
지금 이 순간에 있다면, 말의 망상구조에서 벗어난다!

보이는 세계는 나의 의식이 만든 세계

내가 저것을 본다고 알고 있지만, 이미 저것도, 나도, 생각도,
몽땅 의식이 연출한 세계다!
우리의 의식은 이처럼 신통방통한 능력을 지니고 있다.

개미는 더듬이를 사용하지만, 그것 또한 의식이 정보처리를 하여
인식세계를 만든다. 모두 다 동일한 의식을 바탕으로 그 의식이
만든 세계를 자신이 알고 살아가는 세계라고 믿는다.
인식 시스템이 다르면, 그러한 인식 시스템에 걸맞은 인지세계가 펼쳐진다.

이러한 이야기는, 우리가 지금 보고 있는 세계가 우리의 인식이 만든
것이기에 인식의 기능에 따라 수많은 인식세계가 펼쳐질 수 있다는
말이기도 하다.

그러니 인식으로 펼쳐낸 내용인 갖가지 모습은,
단지 그러한 모습으로 볼 수밖에 없는 제한된 인식의 결과이다.
어떻게 생겨먹었든 모습은 가상적이다. 하지만 진짜가 있다.
그러한 모습을 만들어내는 것이 바로 의식(마음)이다!
문제는 모양(모습)이 없다는 점이다. 하지만 분명히 실재한다!

'이것을 볼 수 있는 눈!'을 이름하여,
견성! 반야! 공적영지! 깨달음!이라고 한다!

생각의 막!

생각하는 기능은 매우 유용하다.
하지만 생각은 개념으로 구성되기에, 생각은 곧 개념세계이다.
개념은 실재하는 것을 표현하기 위해서 사용하는 약속된 수단에
불과하지만, 어느 틈엔가 실재를 지칭하는 매개물이라는 것을
잊어버리게 된다.

예를 들어, 눈앞에 있는 사과를 가리키는 말로 사용하지만
사과와는 관계없이 사과라는 머릿속 사과 이미지로 대신한다.
그리하여 이제 눈앞에 있는 사과를 볼 때에도 사과의 이미지를
덧칠하여 사과를 본다.
사과는 있는 그대로의 신비스러운 모습이건만,
사과라는 개념이 덧씌워져 본래의 신비로움은 감춰진다.

간혹, 아무 생각 없이 사과를 볼 때가 있다.
바로 그때, 본래 사과의 신비함이 그 모습을 드러낸다.
그러다가 이런저런 생각이 끼어들면서…
그 신비로운 사과의 모습은 자취를 감춘다.

그렇다고 생각을 안 하고 살 수는 없다.
사실 생각은 아무런 잘못이 없다.
다만 생각을 하면서 생각 속에 갇혀버리는 것에 문제가 있다.

생각을 하면서도 그 생각의 막(관념세계) 속에 갇히지 않는 방법이 있다.

생각을 만들어내는 것이 있다.

생각을 만들어내는 것은 생각이 아니다.

그러니까, 생각을 하니까 생각이 생겨나는 것이다.

생각을 하는 것이 무엇인지를 확인하는 순간, 그것과 하나가 된다.

그리하면 생각을 하면서도 생각을 만들어내는 위치에 있게 되어

생각에서 벗어난다!

깨달음의 기억과 깨어 있음!

깨어남 체험 후에 깨어 있지 못하고, 다시금 미미한 생각의 막 속에
갇히는 경우가 있다. 많은 공부인이 이 과정을 겪는다.

이것은 생각의 습관적인 힘이 강하기 때문에 드러난
본래면목(성품)의 힘이 생각을 활짝 걷어내지 못한 탓이다.
그래서 깨달음의식으로 깨어 있지 못하고,
깨달은 진실을 다시금 생각으로 이해(해석)하게 된다.

쉽게 말하자면, 경전을 읽는 경우에, 그 즉시 공감하지 못하고
깨달았던 기억을 떠올려서 공감한다.
그러다가 점점 진여의 힘이 강해지면 언제나 깨어 있게 되어,
기억이 아닌 지금 이 순간이 된다.

이것은 초기공부(초견성)가 익어가는 일반적인 과정이기에,
그런 줄을 알면 공부는 나아간다.

이제 '눈앞에 홀로 밝은 것!' 이 늘 여여함을 보게 된다!

생각에서 벗어나는 것!

우리의 삶을 힘들게 하는 것은 잘못된 착각이다.
그 착각은 생각이 만든 것이다.
생각은 이원적으로 작동하는 의미 시스템이다.

의미는… 있음과 없음, 긴 것과 짧은 것 등 상대적(이원적)으로
기능하는 상상체계이다.
문제는 이 같은 상상 시스템에서 생겨난 것들을 실재하는 것으로
착각하는 데 있다.

생각이라는 상상물들은 실재하지 않는 것들임에도 불구하고,
생각 속에 있을 때는 알지 못한다.
확인해보라! 있는 것도 아니고 없는 것도 아닌 것이 무엇인지를!

깨달음은 존재의 실상을 증득하는 것이고, 이것은 생각으로
덮어씌운 망념에서 벗어나 있는 그대로를 보는 것이다.

생각은 머릿속 상념뿐만 아니라, 눈앞에 보이는 물건도 실체시한다.
내가 있고, 물건도 있고, 그리하여 내가 물건을 본다고 생각하면서,
나와 물건 사이를 이원적으로 경계 짓고, 나는 여기에 존재하는
실체이고, 물건은 저기에 존재하는 실체로 여긴다.
결국, 생각으로 바라본 물건이다. 그래서 물건 또한 생각이다.

따라서 생각에서 벗어나야 하는 것이다!

그렇게 하여 생각에서 벗어나면, 의외로 기막힌 '반전'이 일어난다!
이제까지 망상이라고 치부하던 생각조차도 실상(공, 마음)임을
깨닫는다! 어디 생각뿐인가?
눈앞에 보이는 모든 것이 실상뿐이다!

탐진치와 삼라만상이 본래부터 아무런 문제가 없는 공(마음)이다!
그러니까 공(마음)뿐이다!

지금 여기?

'지금 여기'는 곧 깨어 있음을 말한다.
의식적인 깨어 있음이 아니라, 깨달아 있는 마음을 말한다.

그러하기에 그렇지 못한 사람은 지금 여기에 있지 못하고,
시간적으로는 과거에, 공간적으로는 생각세계에 있다.

참으로 희한하다.
분명히 함께 있으면서도 각각의 생각세계에 빠져 있는 가운데
대화를 나눈다.
마치 몽유병 환자가 일어나서 마주 앉아 서로
이야기 나누고 있는 것과 같다.
그들은 눈을 뜨고 있고, 듣고 말하고는 있지만 사실은 꿈속에 있다.

지금 여기에 있지 않다!
돌아오오! 지금 여기로!
부디 깨어나세요!

생각이 사라진 자리

4

생각의 한계와 벗어남!

생각은 의미이기에, 결국 의미들의 조합이라 말할 수 있다.
의미는 상대적 개념으로 짝지어진다.
그러니까 개념은 홀로 성립하지 않는다.

생과 멸, 있다와 없다.
생이라는 개념은 반드시 멸에 의해서 성립하고,
있다는 개념은 없다는 개념이 있어야 성립할 수 있다.

이러한 생각의 틀에서 벗어날 때, 어떻게 되나?
생이라는 개념도 벗어나고, 멸이라는 개념에서도 벗어나면?
즉, 생이라는 생각에서도 벗어나고, 멸이라는 생각도 벗어났을 때,
무엇이 남는가?

아무것도 없는가?(아무런 생각도 없이 멍한가?)

아니다! 생각을 벗어난 그 자리에 무언가가 있다!

생각이 생겨나고, 생각이 사라지는, 그곳이 무엇인가?
정말 아무것도 없다면,
어떻게 생각이 생겨났다가 또한 사라지겠는가?

지금 이 글을 보고, 읽고, 생각하는 것이 거기에 있다!

깨 · 달 · 음 · 은 · 없 · 다 · 고 말할 때에도,
거기에 있는 그놈이 하는 짓이다!

왜 모를까?

이미 이대로 부처라는데? 왜 부처인 줄 모를까?
이것이야말로 미스터리다.
알고 보면 지극히 간단한데도 그토록 어려운 것은,
교묘하게도 역설적 구조로 작동하기 때문이다.
알려고 하면 할수록,
오히려 그 자체가 알지 못하도록 하는 구조다.
찾으면 찾을수록,
오히려 찾아지지 못하도록 하는 구조다.

알고자 하고, 찾고자 하는 행위는 필연적으로
분별적 인식방식을 취한다. 이미 이대로 온전한 한마음인데,
나누어 인식하는 이원적 방식이 일을 그르치고 만다.
결국 생각을 통해서 찾게 되고,
생각은 이것과 저것, 있다와 없다,
길다와 짧다 등으로 작동한다.
이렇게 생각세계는 의미체계다. 의미는 꿈과 같다.
그러나 의미를 만드는 놈이 있다. 그것은 의미가 아니다.
의미를 연출해내는 능력을 가진 것!
그것을 마음(진여, 불성, 본성, 도)이라 한다.
따라서 찾아야 하겠지만, 찾는 방식을 달리해야 한다!
찾는 그 마음을 역으로 거슬러 올라가 맞닥뜨려야 한다!

이를 회광반조라고 한다!

마음이 무얼까… 지금 그렇게 묻는 그것이다!

생각! 생각!

우리는 생각을 한다.
생각을 통해서 정보들을 파악한다.
그러니까 그 무엇을 기기묘묘하게 알아도
결국 생각으로 파악한 것이다. 때문에 최종적인 틀은 생각이다.

바로 그 생각이 무엇인지를 모른다면 생각의 틀이라는 범주에
갇히고 만다. 그래서 아무리 기가 막힌 생각도 생각일 뿐이다!

생각은 이원적으로 작동하는 방식이다.
'있다'는 것은 '없다'는 상대적 개념이 없이는 성립하지 못한다.
해탈은 무명(윤회)이라는 상대적 개념이 없이는 성립하지 못한다.

때문에 깨달아야 하며, 깨닫는다는 것은
이러한 이원적인 작동방식에서 벗어나는 것이다.

깨달아보면, 해탈은 윤회와 상대적인 개념 속의 의미가 아니고,
있는 이대로의 진실을 보는 것이다!
해탈은 해탈이 아니고,
지금 당장에 해!탈!이라고 하고 있는 놈이다!

생각의 막이 벗겨지면!

깨달음은 마음 스스로가 만든 한계인 이원성을 뛰어넘는 것이다.
이원성의 핵은 '나'라고 여기는 관념이다.
때문에, '나라고 할 것이 없다'는 것을 깨달음으로써
이원성을 극복한다.

나라고 믿어왔던 것은,
사실 마음이 만들어낸 관념 덩어리에 불과하다.
갖가지 생각과 연결되고 뭉쳐진 가운데, 그것을 행한다는 주체가
형성되었기에 나라는 관념은 매우 견고하다.
모든 생각의 뿌리 역할을 한다.

공부인이 극복하기 어려운 부분이 나에 대한 생각이다.
나라는 생각이 거의 극복된 것 같으면서도, 어느 틈에 되살아난다.
의외로 생각의 뿌리는 깊다.

흔히들 나라는 관념을 없애려고 노력하지만 성공하기 어렵다.
왜냐하면 없애려고 노력하는 주체가 곧 나이기 때문에,
내가 그 노력을 한다는 생각을 떨칠 수 없다.

극복하는 방법은, 내가 한다는 생각이 일어나는 지점으로
뛰어드는 것이다.

대체로 사람들은 생각을 일으키는 것이 무엇인지 모르고,
생각을 일으키고는 곧장 뒤집어쓴다.
생각의 막을 뒤집어쓰고 살다가, 간간이 그 막이 벗겨지는 때가 있다.

그때 눈앞에 보이고 들리는 모든 것이 또렷해지면서
순수한 본래의 모습을 드러낸다.
생각이 만들어낸 내면의 소음이 멈추고,
태곳적부터 존재해왔던 신비한 고요가 주변을 감싼다.
우주가 온통 신비 그 자체임을 본다!

자각공부는 이렇게!

나에 대한 자각이 제대로 이루어지면,
필연적으로 '무아'를 깨닫게 된다!

처음엔, '나'라는 생각으로 자각을 한다.
하지만 나에 대한 주시를 계속해나가면서,
점차로 나라는 생각은 '각성느낌'으로 바뀐다.
즉, '나'라는 생각이 사라지고, 그 자리에 '자각(각성)'이 대신하는 것
이다.

이 자각은 '무아인 자각'이다!
하지만, 여전히 생각의 습이 강하게 작용하기에,
이 자각을 '나'라고 또다시 생각한다.
즉, 생각으로 돌아간 것이다.
이유는, 모든 것을 대상적으로 파악하는 생각방식 때문이다.

이런 식으로 많은 사람들이 기껏 공부를 해놓고도,
결국 생각을 벗어나지 못하고 만다.
생각의 습이 워낙 깊기 때문이다.
이 자각은 스스로가 무엇인지에 대해서 아직 자각하지 못한 상태이다!

더욱 간절하게 정진하여

자각 스스로를 꿰뚫어보는 지혜가 생겨나야 한다.
그때, 생각의 뿌리가 완전히 뽑혀서,
'내가 한다'는 그 '나'가 없음을 깨닫게 된다.

무아를 깨닫게 되면 윤회 없음이 자명해진다!
깨닫지 못하면 내가 한다고 착각하며,
죽어서는 그 '나'가 어디론가 간다고 망상을 피운다!

VII.
수행 안내

수
행
의

기
본
원
리

1

집중

마음공부에 있어 집중의 힘은 필수이다.
산란한 마음으로는 마음이 안정되지 못하기에
그 무엇도 제대로 해낼 수 없다. 특히나 이 공부는 미묘한 부분을
관찰하는 것이기에 더욱 그러하다.

대략적으로 보기 때문에 실상을 제대로 보지 못하는 것이다.
집중은 사실 제대로 보기 위함이기에
지(止)와 관(觀), 정(定)과 혜(慧)를 분리시킬 수 없다.
다만 자세한 이해를 위해서 따로 분리하여 설명하는 것이다.

구체적 방법으로는 호흡, 진언, 한 대상만 의식하기,
의식내용 비우기 등이 있다.
좋기로는 책 읽기(경전, 어록 등)인데, 적절한 집중과 함께
이해가 명료해지며, 보다 분명해진 이해를 바탕으로 하여
결국 깨달음으로 넘어간다. 책을 읽다가 깨친 경우가 많다.
이것 역시 언하대오다.

집중은 훈련이다. 거듭하면 집중력은 커진다.
집중력이 커진 만큼 보다 세밀한 관찰이 이루어진다.
최고의 관찰은, 관찰 대상에서 관찰 그 자체로 옮기는 것이다!

심리적 저항을 간파하라!

스스로의 마음이 동요하고 있음을 알아야 한다.
그 동요는 거칠고 커다란 것에서 미묘한 것까지 다양하다.

마음이 스스로를 알아차리지 못하는 이유는,
마음의 내용에 눈길이 가 있어서이기도 하지만,
무의식적으로 움직이는 마음의 미묘한 동요(파장) 때문이기도 하다.
마음을 끊임없이 요동치게 함으로써,
스스로를 파악하는 온전한 집중을 쏟지 못하게 한다.

먼저 집중력을 길러야 한다. 의도적인 노력으로 강화해야 한다.
그리고 마침내 내면의 미묘한(무의식적) 심리적 동요(저항)까지
모두 사라져야 한다.
이때는 집중하려는 의식적 노력이 오히려 방해된다.
왜냐하면 그러한 노력 자체가 마음을 동요케 하는 원인이 되기 때문이다.

마음은 대단히 미묘해서, 약간의 의도·의지만 끼어들어도 동요한다.
파장(파문)을 일으킨다.
마치 물과 같다.
물을 고요히 하려면 손을 대는 것이 아니라 가만히 두어야 한다.

그때에야 다른 것에 눈길이 가지 않고, 에너지가 소모되지 않고,

주의가 분산되지 않기 때문에 마음 스스로에
주의가 가게 된다.(마음 스스로를 의식하게 된다)

선도 악도 생각지 마라!
이것도 아니고 저것도 아니다!
마음을 텅 비워라!
마음을 곧장 알아차려라!
보고 듣고 생각하고 말하는 것이 곧 마음이다!

이렇게 일러주어도 잘 와 닿지 않는다면,
아직은 내면이 고요하지 않아서이기도 하다!

참 침묵이란?

깨닫는 데 있어서 관건이 무엇인가?
내면의 완전한 고요함이다.

그렇다면 무엇 때문에 고요해지지 못하는 것인가.
어느 정도 노력하면 표면의식에서는 고요해진다.

그런데 그 정도로는 어림없다.
내면 깊이 재잘대는 생각들이 문제다.
이럴까? 저럴까? 이건가? 저건가? 나도 모르는 재잘거림이
내면에서 쉴 새 없다.

우린 평소에 이러한 웅웅거림의 소음에 익숙하다.
그래서 그러한 소음이 있는지조차 모른다.

그것이 소음으로 확인되는 순간이 바로 깨달을 때이다.
난생처음으로 고요함을 맛본다.
아! 그래 이것이 참 고요로구나!
참 침묵! 바로 이거야!

이렇게 내면이 완전한 침묵이 되려면, 제대로 발심해야 한다.
깊은 발심은 내면을 잠재운다.

왜냐하면 간절함이 그렇게 만들기 때문이다.

깨닫고 보면, 우리는 본래부터 그러한 침묵 상태에 있었음을 안다.

그리고 이후부터는 표면의식에서 시끄러운 것과는 상관없이

참 침묵이 함께한다!

이러한 침묵을 어떻게 하면 맛볼까? 하는 것이 수행이다.

단박에 그냥 침묵하는 사람도 있고, 거꾸로 노력의 극한 상황에서

침묵에 드는 사람도 있다.

모든 수행이 지향하는 바가 똑같다!

의식 스스로가 무엇인지를 자각하는 것!

마음(의식)은 인식(아는 것)하는 것이라고 할 수 있다.
눈으로는 대상의 형태를 안다.
귀로는 소리를 안다.
코로는 냄새를 안다.
혀로는 맛을 안다.
이같이 '아는 것'이 마음(의식)의 핵심이다.
'아는 것'을 '본다'고도 할 수 있다.
아는 것과 보는 것은 같은 말이다.(지견知見)

보통 안다고 할 때, 대상에 관해서 아는 것을 말한다.
이렇게 할 때는 필연적으로 보는(아는) 것과, 보이는 대상으로 나뉜다.
사실은 한바탕의 마음(의식)인데, 주객이라는 기능으로 나뉘어
작동하게 된다.
이렇게 되면 보는 쪽(견분見分)을 '나'로 삼게 되고,
보이는 쪽(상분相分)을 나 아닌 대상으로 삼는다.
분별심이란 본래 한바탕일 뿐인데, 이렇게 나뉜 것처럼
착각하는 의식 상태가 된다.(무명)

깨달음은 보고 아는 것(마음)이, 대상에 관심을 두지 않고,
스스로(자체)에게 관심을 두고, 그것이 무엇인지를 보고
아는 것을 말한다!

결코 대상이 될 수 없는 것이기에, 대상으로 관찰해서는 안 된다.

오직 거기에 관심을 두고 "도대체 그것이 무엇일까?" 하는 공부가 '이 뭣꼬?'다.

답답해하는 마음이 문제를 해결하기 위해서 스스로의 의식을 발달시킨다.

그리하여 깨달음의 눈을 뜨게 된다!(반야지혜)

마음이란?

마음을 깨달아야 한다고 하는데, 도대체 이 '마음'이 무엇인가?

이 공부를 하고자 하는 공부인에게 마음이라고 일러주어야
몸 밖에 있던 시선이 몸 안으로 향한다.
마음이라는 말은 매우 친숙하지만,
구체적으로 무엇이 마음인지 알기는 쉽지 않다.
바로 이러한 점에서, 마음이라는 말은 공부를 향하게 하는
좋은 지향점이 된다.
무엇보다도 마음이란 것이 실체화되지 않는다는 점이 좋다.

그럼 이제부터 마음이 무엇인지 살펴보자.
보고, 듣고, 말하고, 생각하는 그것이 곧 마음이다.
이 말은 보이는 것, 들리는 소리, 말이라는 음성, 생각되는 것들이 아닌,
그런 것들을 생성해내는 것을 가리킨다.

바로 여기서 공부인은 깨닫게 되거나 애매하고 모호해진다.
애매모호하다는 것은, 적어도 분별적인 생각에서는
조금 벗어나서 느슨해진 상태다.
때문에 모호한 것을 피하지 말고 모호함을 즐겨야 한다.
생각세계는 모든 것을 명확하게 규정짓는다.
있거나 아니면 없거나!

그런데 진실은 있기도 하면서 동시에 없기도 하다.
그러니 생각 차원에서는 어찌 모호하지 않겠는가?

깨닫고 보면, 마음이라고 했던 그!것!이 마음도 아님을 깨닫는다!

그럼 뭐냐고? 말 이전!
그러니까 지금 그렇게 묻고 있는 놈인데,
스스로 묻는 말의 의미 속으로 휩쓸려 들어가니까 모르는 것이다!

마음은 이미 각성으로 드러나 있다!

마음을 찾을 땐, 마음을 볼 수 없다.
찾는 것이 마음인데, 따로 마음을 찾으니 어떻게 찾을 수 있으리오!

그렇다면 마음을 어떻게 찾아야 하나?
마음을 찾으려(보려고) 하지 않으면,
이미 거기에 각성의 빛으로 드러나 있다!

찾는 순간에, 찾고 있는 마음과 대상으로의 마음으로 나뉜다!(주객으로)
이렇게 됨으로써, 찾고 있기 때문에
결국 찾을 수 없는 길로 들어서고 만다!

바로 이러한 구조 때문에, 찾다가 찾다가 힘이 빠져,
더 이상 찾지 않게 될 때에야 찾아지는 것이다.
그렇다고 처음부터 찾지 않으면 안 된다!
찾는 과정에서 의식(마음)이 성장, 발달한다.
그리고 그 끝자락에서 깨닫게 된다.
지금까지 찾느라고 생고생만 했다면, 이젠 슬기롭게 찾길 바란다!

겉마음과 깊은 마음!

겉마음(분별심)으로는 마음 겉으로 드러난 것만 알 수 있다.
깊은 마음(무분별심)으로 들어가야 비로소 마음속을 알 수 있다.

겉마음은 우리가 생존하기 위해 대상들을 잘 분별하도록 되어 있다.
중간 마음은 마음 내부에서 일어나는 것들을
잘 분별하도록 되어 있다.
깊은 마음은 마음이 무엇인지를 알 수 있는 근원마음이다.

어디에다 관심을 두느냐에 따라 알고 싶은 것이 드러난다.
마음 자체를 알고 싶다면 마음 자체(근원마음)에 관심을 두어야 한다.
마음 자체를 깊은 마음이라고는 하지만, 언제나 지금 여기에서
활발하게 작용하는 마음이다.

마음 자체는 물건을 보듯이 대상으로 볼 수 없는 것인데도,
마주해서 보려 하기 때문에 그르치고 만다.
보려는 순간, 보는 놈과 보이는 것으로 나뉘기 때문이다.(구하고, 찾고,
얻으려는 방식)
사람들은 주객으로 나누는 방식을 취하면서,
왜 한바탕이 되지 않을까 고민한다.

그럼 어떻게 해야겠는가?

어떻게 해보려는 노력이, 오히려 일을 그르치는 분별심으로
치닫는다는 것을 알기에, 그저 답답할 뿐이다.
어떻게 할 수는 없고 알고는 싶으니 가슴 답답할 뿐이지만,
그 답답함이 그대의 마음을 일깨운다.
이제 그대는 하소연만을 할 뿐, 정작 깨닫는 것은
그대가 아니라는 것을 이해할 것이다.

하늘은 스스로 돕는 자를 돕는다!

관이란 무엇을 보는 것일까?

처음엔 눈앞의 사물을 본다.
그러다가 점차 우리 내면의 느낌으로 관의 대상을 바꾼다.
어떤 느낌이 일어나고 사라지는 것을 잘 관찰하는 것이다.
그것이 어느 정도 익숙해지면, 마음의 움직임에 대해서 관찰해보고,
나아가 법(연기법, 사성제, 삼법인)에 대해서 관찰해왔던
그러한 마음으로 깊게 들여다보는 것이다.(결국 관의 힘을 강화하기
위함이다. 그리하여 관이 스스로에 대해 관하게 되는 힘을 갖는다)

법에 대한 관찰은 처음에는 이치를 이해하고,
더욱 이해를 깊게 파고들다보면(궁구) 어느 순간 홀연 연기에 대한
깨달음이 의식의 각성과 함께 일어난다.
눈앞에 있는 모든 것이 연기적인 존재로 분명하게 보인다.(일진법계)
이렇게 되면 내외라 할 수 있는 세계와 의식이 모두 동일하게
한바탕임이 드러난다.

결국, 관의 핵심은 관 그 자체를 관하는 것이다!
그리하여 바로 그 관(마음)에서 현상을 바라보면,
현상 또한 관(마음)과 다르지 않다!
법을 관함에서 깨달음이 일어날 수 있고,
관 스스로가 눈을 떠서 깨달음이 일어날 수도 있다!

앎, 봄 그리고 됨

우리는 어떤 것을 볼 때 '본다'라고 한다.
우리는 어떤 것을 들을 때 '듣는다'라고 한다.

그런데 이렇게 보고 들을 때 '안다'는 앎이 함께한다.
때문에 '보고 안다' '듣고 안다'라고 할 수 있다.
이때 단순히 시각 · 청각만을 의미하는 건 아니다.
거기에는 인식인 '앎'이 함께한다.(그것이 유리눈과 다른 점이다)

마음공부는 바로 '아는 것'이 무엇인지를 추구하는 것이다.(이것이
무분별지 · 무상 · 진아 · 진여이다)

'아는 것'은 곧 '보는 것'이다.
이러한 맥락에서 아는 것이 곧 보는 것이라 할 수 있다.
그런데 중생 입장에서는 아는 것은 스스로를 알지 못한다.(보는 것은 스
스로를 보지 못한다)
수행을 통해서 드디어, 아는 것(보는 것)이 스스로를 자각할 때
깨달음이라고 한다. 이때 앎(봄)은 '됨'이라고도 할 수 있다.
왜냐하면 나뉘어 있다고 여긴 착각이 사라지고,
본래 하나였음이 드러나기 때문이다.
이를 일러 '됨'이라고 한다.

이렇게 진실을 설명하는 수단으로 말을 사용하기 때문에
자칫 말속에 허우적거릴 수가 있다.
그렇기 때문에 말을 통해 전하는 사람도 말을
적절히 사용할 줄 알아야겠고,
동시에 말을 듣는 사람도 말 너머에 있는
진의를 파악하고자 노력해야 할 것이다!

이!것!을 어떻게 확인할까?

생각에서 생각의 내용을 빼고 나면 각성만 남는다.
이것이 의식의 각성이다.(육식)

여기서 한 걸음 더 나아가, 이 각성이 무엇인지를 아는 각성이 있다.
이것을 성자신해(性自神解)라 한다.
즉, 마음이 스스로를 아는 앎(지혜)이다.

보통 각성이라고 하면, 그것이 순수 마음이기는 하지만,
아직 스스로를 모른다.
마음이 스스로를 깨달을 때, 모든 것이 마음뿐임이 확인된다.

사실 우리는 일상에서, 늘 이러한 마음의 관점에서 살아간다.
문제는 그 어떤 것과 동일시하는 버릇 때문에,
그러한 진실을 외면하는 것이다.

가령 생각을 할 때면, 생각과 동일시되어 스스로를 생각으로 여긴다.
느낌을 느낄 때에도, 느낌과 동일시하여 스스로를 느낌이라 착각한다.
의지도 마찬가지다.

그러나 동일시하는 그것은 모양 없는 순수각성이다.
이것을 알기 위해서 동일시된 것들과 분리(탈동일시)해보면,

마지막에 동일시하는 각성만 남는다.

바로 이것이 '진아' 이지만, 스스로 진아임을 아는 앎(지혜)이
생길 때까지 의문을 던져야 한다.
이러한 의문은 분별심으로 헤아리는 것과는 다르다.

오히려 답답함으로 자리 잡는다.
머리가 아픈 것이 아니라 가슴이 답답해진다.
이 답답함이 내면의식을 일깨워서
마침내 그것이 무엇인지를 깨닫도록 한다!

이것은, 눈을 뜨면 밝음과 대상을 보고, 눈을 감으면 어두움을 본다.
보는 놈(아는 놈)이기에, 밝음과 어두움과는 상관없다!

보는 놈이 곧 듣는 놈이고, 생각하는 놈이고, 냄새 맡는 놈이고,
경험하는 놈이다!

주
시
자
관
점

2

주시자!

안다는 것은 무엇인가? 대개는 어떤 대상을 아는 것을 말한다.
하지만 그 무언가를 알기 이전에,
이미 안다는 근거가 되는 앎이 존재한다.

그러니까 이 앎은 대상과 관계없이 홀로 있다.
따라서 이 앎은 대상에 물들지 않는다.
그저 바라보고 지켜본다. 마치 거울이 대상을 비추는 것처럼!
이 앎을 흔히 주시자 혹은 관찰자라고 한다.

주시자 관점에서 보고 듣고 생각하고 말하면 편안해진다.
왜냐하면 대상과의 거리가 유지되기 때문에,
대상과의 밀착에서 오는 감정의 휩쓸림에서 벗어나게 된다.
이렇게 주시자 관점을 부단히 유지하면, 서서히 확고하게 되고,
나아가 주시자 관점이 일상적 주관이 된다.
물론 주시자 관점은 스스로를 모른다는 점에선 아직 그 자체가
경계로 남아 있긴 하지만… 일단 대상으로부터는 벗어나 있기에
이것을 '머물지 않는 자리'라고 한다.

주시자 관점을 확보하면 쉼을 얻는다!
대개의 수행자들이 주시자 관점을 확보하는 것으로
마음의 평화를 얻는다!

보는 놈 따라잡기

눈앞에 있는 물건을 볼 때, 물건을 바라보는 것이 있다.
이 상황에서 물건을 객관이라 하고, 물건을 바라보는 것을
주관이라고 한다. 따라서 객관이 없으면, 주관도 없다.

그런데 주관을 바라보는 것이 있다. 이를 '주시자'라 한다.
주관만큼 분명하게 의식되진 않지만, 주관을 대상으로 바라보면,
주시자가 희미하게 의식된다.(주시자가 의식되지 않는 사람도 있는데,
수행을 하면 주시자 의식이 발달하면서 의식하게 된다)

그래서 그 주시자를 분명하게 보려 하면, 웬일인지 그 주시자는,
주시자를 바라보는 주시자로 물러난다. 주시자는 이 같은 특성을
가지고 있다. 분명하게 파악되지는 않으면서,
마치 나를 포함한 상황 전체를 내 위에서 내려다보는 것 같다.

바라보는 공부는 모든 대상과의 동일시를 분리하는 힘을 키워준다.
바라보는 힘이 강해지는 것은
바라보는 자각(각성)력이 발달하기 때문이다.
결국, 의식의 각성(자각)의 힘을 키우게 된다.
각성(자각) 자체는 순수의식이긴 하지만,
아직 각성(자각) 스스로에 대해선 각성하지 못한(모르는) 상태이다.

대상을 바라보는 수행으로 바라보는 힘이 강해짐에 따라,
의식은 더욱 세밀하게 발달한다.
하지만 바라보는 것만으로는 이 공부가 해결되지 못한다.
대상을 바라보는 힘이 강하면,
대상이 아니라 바라보는 그 자체를 바라보게 되는데,
이것이 회광반조다.

처음엔 바라보는 주시자를 바라보려 하면 주시자는
끝없이 뒤로 물러나는 것 같지만, 거듭하면 꽉 잡힌다.
대개는 영리한 사람일수록 몇 번 해보다가 일찌감치 포기하고 만다.
하지만 인내심을 갖고 거듭해보면 분명히 된다!

마음 안정을 위한 주시자 관점 확보하기!

마음을 공부해가는 과정의 부산물로 마음 안정의 효과가 있다.
물론 이런 것이 궁극적 깨달음은 아니지만,
우선 당장 심리적 안정이 요구되는 사람에게는 절실하다.
간단하다!
주시자 관점을 확보하는 것이다.

주시자란?
누구나 '나' 라는 자기의식을 갖는다.
이 '나' 를 인식의 주체이며, 행위의 주체로 여긴다.
우리는 보통 내가 세상을 인식한다고 여기고
세상에 반응하며 살아간다.
반면에, 자신의 내면을 관찰하는 경우에는,
'관찰하는 나' 와 '관찰되는 나' 로 분리된다.
이 두 개의 '나' 모두가 자기정체감을 이룬다.

우리는 일상을 살아가면서 이러한 두 개의 나에 대한
명료한 구별의식이 없다.
혼합된 상태로 살아가고 있다.(예를 들어, 책을 읽을 때, 읽고 있는 나를
의식하지 않고 책을 읽는다)
즉, 관찰하는 나와 관찰되는 나를 동일하게 여기고 살아가기에, 매 순
간 경험하는 바를 굳이 따로 떼어 바라보기보다는

그것에 함몰되어 동일시하며 살아간다.

그 결과 나의 경험이 변화함에 따라,

울고 웃고 하는 삶이 되는 것이다.

마음관찰을 통해서, 먼저 관찰하는 나(주시자)와

관찰되는 나를 분리함으로써

자기경험을 대상화하여 바라보게 되면,

거리를 두고 바라볼 수 있는 힘이 생겨서 점차 평정심(안정)을 갖게 된다.

그러한 힘이 강해지면 경험들을 생생하게 알아차리면서도

그것에 휘둘리지 않고 평정한 마음으로 살아가게 된다!

이러한 공부가 더욱 익게 되면, 주시자는 다시 한 번 성숙한다.

즉, '관찰하는 나'와 '관찰되는 나'가 통합된다!

이러한 상태가 진정한 주시자 관점이다!

그리고 궁극적 깨달음은 여기서 한 걸음 더 나아가야 한다!

한생각 일어날 때, 바로 그때!

한생각 일어날 때, 생각을 따라가지 말고 생각을 지켜보라!
그저 생각을 가만히 바라보자!

생각이 생멸변화하는 것임을 관찰하여, 실체 없음을 보면 더욱 좋다.
그리 하다보면 나의 의식은 텅 빈 공간으로 여겨진다.

그러한 공간에서 한생각이 돌연히 일어났다, 사라진다.
일어나도 공간에서의 일이요, 사라져도 공간에서의 일일 뿐이다.
이러한 것을 훤히 지켜보는 것이 주시자이다.

사실 주시자는 이러한 의식공간이 가지고 있는 능력이다.
정확하게는 의식공간의 한 점에서 작용한다.
이것이 꿈을 꿀 때에, 꿈속에서도 나라는 놈이
딱 하나로 드러나는 이유이다. 나라는 주시관점이 있다.

다행히 주시자는 어떠한 것도 아니기에 허공성과 동일시된다.
하지만 왠지 주시자가 발 딛고 있는 딱 한 점이 있다.
그러기에 가슴은 미진함을 느낀다. 이러한 주시자라는 관점이 붕괴되면
주시자와 주시되는 것이 같게 된다!
이는 주시자가 스스로를 주시한 경우이다! 관관!
자증분(自證分)에서 증자증분(證自證分)!

무념!

염(念) 그대로가 무념(無念)임을 깨달으면, 곧 구경각이다!

하지만 사람마다 공부를 익혀가는 정도가 조금씩 다르다.
그리하여 먼저 생각을 떠나보아야 한다.
생각을 바라봄으로써, '생각'과 '생각을 바라보는 놈'으로
분리가 된다. '생각'보다는 '생각을 바라보는 놈'에
주의를 둠으로써, 바라보는 놈(주시자)을 더욱 확고하게 한다.

처음엔 바라보는 놈이 무엇인지가 막연할 수도 있겠지만,
점차로 주시자가 분명하게 자각된다.
바로 이 주시자 관점에서(주시자 관점을 놓치지 않고)
보고 듣고 생각하고 말하는 습관을 들이면,
어느 순간에 주시자 관점이 의식 내의 공간으로 자리 잡는다.
이것을 흔히 마음자리라고 한다.

이것은 주관과 객관을 포함하는 바탕의식이 발달하면서 드러난 것인데,
이때 소리와 소리를 듣는 놈이 동일한 바탕에서
일어난 것임을 알게 된다. 이제 소리는 저 밖이 아닌,
여기(마음바탕)에서 나오는 것임을 직감한다.

그리하여 이 마음자리가 더욱 확고하게 됨에 따라,

밖에 있는 모든 존재까지도 모두
이 마음자리에 담겨 있음을 보게 된다.
이쯤해서 염 그대로가 무념임을, 일체가 무념인 성품(진여)임을
깨닫게 된다. 이를테면 아공법공이 성취된 구경각이다!

깨달음은 언제 오려나?

공부인은 수행하면서 깨달음에 대한 체험이
언제 어떻게 자신에게 오게 될지에 대한 기대를 가진다.
이렇게 하면 깨달음이 올까?
깨닫는 순간은 어떤 일이 벌어지는 걸까?
이런 마음이 깨달음일까?

그런데 기다리면 오지 않는다. 왜냐고?
기대하는 그것이 남아 있기 때문이다.
그놈은 그 모든 것을 관찰하는 자로 기능하면서
전체성과 하나 되지 못하는 걸림돌이 된다.
그래서 주시자에는 묘하게도 분리감이 남아 있는 것이다.

그럼 어떻게 해야 하는가?
순수한 성품(진아)을 깨닫기 위해, 동일시에서 벗어나기 위해,
모든 것을 바라보는 주시자로까지 분리되었다면
이제 주시자 관점마저 넘어가야 한다.(초월)
이 부분이 매우 미묘하기에 어렵게 여겨지는 부분이다.

주시자 단계 이후부터는 지금까지의 공부를 이끌어왔던
'의도' '의지'를 포기해야 한다.
공부의 마지막 단계에서는 힘을 완전히 빼야 한다.

완전히 놓아야 한다.

그러나 빼야 하고, 놓아야 한다는 의도(의지)가 없이

저절로 빠져야 하고, 그냥 놓여야 한다.

이런 부분 때문에, 내가 어떻게 할 수 있는 영역이 아니다!

혹은 신의 은총이다! 하는 것이다.

군이 방법을 말한다면, 열심히 온 마음으로 공부에 몰입하는 것뿐이다.

오직! 할 뿐!

수행법은 처방에 불과하다

마음이란 무엇일까?

대략적으로는 알 수 있을 것 같지만,

막상 핵심이 파악되지 않는 묘한 말이다.

이런 것이 마음이라고 생각하는 순간 마음은 이미 빠져나간다.

마음은 늘 가까이서 서성이는데, 분명하게 확인하려 들면

스르륵 자취를 감추고 만다.

왜 그럴까?

마음의 이원적인 분별구조 때문이다.

우리가 무엇을 안다고 하는 것은,

주관인 내가 알고자 하는 대상을 파악하는 방식이다.

그러니까, 나와 대상 사이에는 거리가 있어야 한다.

이러한 방식으로, 관찰하는 주체(나)를 파악하려는 순간에,

주체(나)가 대상으로 되고, 또다시 그 주체(나)를 보는 놈이 있게 된다.

이렇게 한없이 거듭된다. 마치 두 거울을 마주하면 거울 속에

나타나는 거울처럼!

그러나 공부를 계속하면 관찰하는 주체(나)가 확연하게 포착되는 때가 온다.

끝없이 도망가는 것(분열) 같은 관찰하는 주체(나)가,

대상화한 주체와 하나가 된다. 흔히들 이것을 주객합일이라고 한다.

즉, 내적인 분열감이 사라지면서 마음이 편안해진다.

하지만 여전히 주시자와 주시되는 대상과의 미묘한 이원화는 남아 있다.

이 부분은 통합된 주체(주시자)가 스스로를 깨닫게
될 때까지 남아 있게 된다.
수행자들이 이 부분을 해소하는 데는 무척이나 지난한 노력과
시간이 걸린다.
불가능하다고는 할 수 없지만, 이처럼 오랜 세월을 고집하기보다는
연기법 수행을 곁들여보는 것이 효과적이다.
연기법 수행은 현상 그대로를
비현상(연기, 성품)으로 만들어주는 탁월한 효과가 있다.

스스로가 택한 수행법에 문제가 있음을 발견하였다면,
보완책을 강구하는 것이 현명하다!
결국 각각의 수행법은 완전한 깨달음으로 가는 길을 제시하는 것뿐이다.
내가 선택한 수행법만이 최고라는 집착은 어리석다!

보는 놈을 보려면 어떻게 해야 하나?

대개는 열심히 애를 쓰다 보면 보는 놈을 보는 것이 무엇인지 안다.
이것은 주시자의 관점이 확보되는 것인데,
정확하게는 물건을 보는 놈을 보는 관점이다.

처음엔 이것이 어렵다.
왜냐하면 주시자 관점의 의식(자증분)이 아직 발달하지 않았기 때문이다.
부단히 노력하면, 처음엔 무슨 말인지조차 이해가 어려웠을
그러한 의식이 차차 자리를 잡아가게 된다.

좀 성미가 급한 사람에게는, 동일시한 그 어떤 것도 보는 놈이 아니기에,
그 모든 것을 차례로 분리해가다 작업을 극단으로 밀어붙이면,
그 극단에서 의식이 돌연 전회(회전)가 일어난다.
그러면서 주시자 관점의 의식이 출현하여
자리 잡게 된다.(표면적인 주객합일)

문제는 그다음 단계(묘각 · 완전한 깨달음)로 진입하기가 어렵다는 데 있다.

이에 대해 분명히 알아두어야 할 것은,
처음엔, 보는 놈(견을 견하는 놈)과 하나 되지 못한다는 것이다.
주시자 관점이기는 하지만, 여기엔 아직 미묘한 분리감이 존재한다.
왜냐하면 여전히 주시자를 주시하는 방식이

이원적인 상태이기 때문이다.
그런데 모양 없는 주시자를 또다시 주시할 때에는
이원적이라는 느낌이 없다.(이원적이라고 여겨지지 않는다)
하지만 이것 역시 주객으로 보는 방식과 같다.
그렇다면 어떻게 해야 할까?

약간의 요령은 있다. 하지만 바른 견해를 기반으로
충실히 공부해야 하는 것은 기본이다.
어느 한 곳에 집중하고 있을 때에는, 집중한 의식 지점과
그렇지 않은 부위로 나뉜다.
먼저 주시자를 강하게 의식해서 한 점으로 응축시켰다가,
어느 한순간에 집중한 의식을 풀어버린다.
그러면 당연히 의식은 한 점에서, 전체적인 의식으로
바뀐다.(주객이원성이 사라지고 하나 된다)

놓아버림, 쉼, 단전호흡하기, 받아들임, 분별하지 않음,
마음 텅 비우기… 등등이 의도하고자 하는 것이 바로 이것이다.

이때 의식은 전체적으로 한바탕이 되며, 그저 깨어 있음이 된다.
바로 그러한 전체적 깨어 있음의 의식이 무엇인지를
조용히(그 상태를 흩뜨리지 않고) 자각하면 된다.
이러한 자각이란, 마치 그것이 무엇인지를 느껴보려는 것(감지)과도
비슷하다.

한편, 선에서 성품을 본다는 것도 곧 주시자 관점을 확보하는 것이다.
이러한 주시자 관점을 지속적으로 견지해가면,
주시자의 영역이 점차 넓어진다.
그리하여 내면의 공간이 확보되고,(마음자리)
점차로 외면이라고 여겨지는 밖의 대상까지도
내면의 공간으로 편입된다.
이때를 두고 '안팎이 없다'고 한다!

이러한 요령은 공부에 필요한 것이기는 하지만,
공부의 주류인 바른 견해를 통한
충분한 공부의 숙성을 바탕으로 한 것이어야 함을 잊어서는 안 된다!
가장 바람직한 것은,
충분히 익고 익게 되면 저절로 꼭지가 떨어지는 방식이다!

마음바탕

3

마음의 공간!

우리의 내면을 들여다보면 공간이 보인다.

공간이 의식되지 않을 때는 생각(이미지)이 생겨나는 곳을 살펴보자.
생각(이미지)이 생겨나고 사라지는 곳이 내면의 의식(마음)공간이다.

그 공간은 비어 있는 공간과 달리 무언가가 꽉 차 있는 공간이다.
이 공간은 주시자를 강화시켜감에 따라 점차 커진다.

자세하게 관찰하면, 이 공간에서 생각 · 느낌 · 소리 등이 생겨나고
사라진다. 그리고 외부 현상들까지도 이 공간에 담겨 있음을 본다.

일체유심조는 이러한 마음 공간에 온 우주가 담겨질 때에야
비로소 실감하게 된다!
그때, 일체가 마음임을 깨닫는다!

마음의 공간이 연출한 것!

우리가 무언가를 생각하고 어떤 것을 상상하면,
그것들이 내 마음속에서 그려진다.
이렇게 나타나는 곳이 어디인가?
분명하게 나타나지만, 그것을 어떤 장소라고는 하지 않는다.
왜냐하면 그것이 외부에 있는 장소가 아니라는 것쯤은
당연히 알기 때문이다.

이것은 마음공간이다.
이 마음의 공간에 산·들·강·바다 등 외부세계가 나타난다.
진실을 말하자면, 우리는 이 마음의 공간에 나타나 있는 것만을 볼 뿐이다.
물론 외물이 있다 없다를 따질 것도 없이…
이렇게 모든 것이 나타나 보이는 공간은 과연 무얼까?

이 공간을 공(空)이라 한다! 성품이라고도 하고, 마음자리라고도 하고,
의식의 스크린이라고도 한다! 이 마음의 공간이 분명히 의식되면, (감지되면)
현상이라는 모양에는 속지 않는다.
현상이라는 모양은 마음의 공간이 연출한 것이기 때문이다.
그러니 신기한 마음의 공간이다!

모든 현상이 사실은 마음공간과 같은 것임을 알면
곧 부처다! 《금강경》《반야심경》)

내면을 바라보면 무엇이 보이나?

쉽게 편하게 공부를 하는 방법이 없을까?
내면을 바라보면 된다.
내면이 곧 마음이기에 거기에 어떤 것이 있는지를 찾아보면 된다.
생각도, 느낌도, 기억의 영상물도… 보인다.

그러한 것들이 보이는 공간이 마음공간이다.
처음엔 마음공간에 생겨나는 것(모습)들을 살펴보겠지만,
나중엔 마음공간 자체를 관찰해야 한다.
결론적으로 마음공간은 텅 비어 있다. 그런데도 그 공간에서
무엇인가(생각, 느낌, 기억, 영상)가 생겨난다.

그렇다면 외면은 어떤 공간일까?
일반적으로 허공이라고 알고 있는 공간이다.
이 공간은 내면의 공간과 다르다고 생각한다.
몸을 기준하기 때문이다.

물론 외면의 공간은 우리가 살아가는 공간이다.
그러나 본질적으로는 같다. 거울 속 거울이다.
우주라는 공간과 개체마음은 동일하지만,
경험되는 것이 다를 뿐이다.
그러나 둘 다 마음공간에서 경험으로 만들어지는 것이다.

참으로 실감하기 어렵겠지만, 단지 마음이 만들어내는
이런저런 경험일 뿐이다. 이런저런 경험을 만들어내는 것도
마음이고, 그러한 경험을 맛보는 것도 마음이다.
'이것은 우주라는 공간이다' 라는 경험도,
'저것은 마음이라는 공간이다' 라는 경험도 오직 마음이 만든다.
이미 구분은 가상적이다!

때문에 내면을 바라보면 우주가 보인다!

마음바탕!

마음을 깨닫는다는 것은, 마음바탕을 깨닫는 것을 말한다.
마음바탕은 의식하지 않는 것뿐이지, 늘 거기에 그렇게 있다.
눈앞에 보이는 대상들은, 사실 마음바탕에 나타난 것이다.
그것을 모르는 이유는, 보이는 대상에만 눈길이 가 있기 때문이다.

이제, 그 눈길을 마음바탕에 주목해보자.
먼저, 눈을 감고… 마음의 눈으로 내면을 보면, 무엇이 보이는가?
이런저런 상념들이 보일 수 있다.
그 상념들을 물끄러미 바라보면서 그냥 기다려보면,
상념들은 점차 사라진다. 사라진 자리에 텅 빈 공간이 나타난다.
텅 빈 공간은 희미한 밝음으로, 혹은 투명한 허공같이 보이기도 한다.

눈을 뜨면, 그 내면의 의식공간은 사라진다.
사실은 사라지는 것이 아니라, 그 마음바탕인 의식공간에
나타난 현상(모양)들로 가득하기 때문인데,
그럼에도 불구하고 그 바탕은 거기에 그렇게 있다.
눈을 감았다가, 눈을 떴다가를 반복하면… 이런 사실을 확인할 수 있다.
눈을 감으면, 마음바탕이 보이고, 눈을 뜨면, 보이는 대상들이
그 바탕에 나타난다.
그러니까 밖이라고 여겨지는 곳도… 마음이다!

의식의 내용물을 보지 말고!

의식에 떠오른 내용물만을 보지 말고, 그 내용물들이
생겨났다가 사라지는 의식공간을 살펴보라.

의식공간은, 마치 허공처럼 입체공간 같다.
이 의식공간에서… 생각이 생겨났다가 사라지고…
느낌도 생겨났다가 사라진다.

아무 생각도 없이 있을 땐, 그 의식공간은 텅 비어 있다.
바로 그 의식공간을 진아라고 하며,
밖이라고 여겨지는 공간(허공)이 진여이다.
바깥 허공이라고 여겨지는 공간은,
개체성 의식공간을 포괄하는 전체성으로서의 의식공간이다.
즉, 내 마음이라는 개별자 의식공간을 뛰어넘은
전체적 관점으로서의 의식공간이다.

만약 개체성으로서의 내면(안) 의식공간은 깨닫고 있으나
밖의 공간이 따로 있다면,
이는 아직 안팎이 하나로 통합되지 못한 것이다.
그러니까 아직은 공(마음)을 제대로 깨달은 것이 아니다.
물론 제대로 깨달아보면… 안(진아)과 밖(진여)이 둘이 아닌
한바탕으로의 공(마음)이다!

도대체 깨달음이 무언지 모르겠다고?

아무리 궁리하고 수행해보았지만 도대체 깨달음은
나타나지 않는다. 깨달음이란 것이 있기나 한 것인가?
하면 된다고는 하지만… 한편으론 무모한 짓을 하는 것도 같다.

하지만 깨달음(진여) 그 자체는 늘 함께한다.
이를테면 마음이라고 하는 것은, 무엇을 하든지 함께한다.
깨닫고 보면 함께한다는 말도 옳지 않지만,
깨닫기 위해선 귀담아 들어야 한다.

무엇을 할 때, 무엇이 나타날 때, 항상 이놈은 최첨단에 위치한다.
먼저 이놈이 나타나고(움직이고),
그 뒤를 따라 이런저런 모양이 나타난다.
마치 투명인간이 발자국을 남기는 것과 같다.
투명인간은 보이지 않지만, 발자국을 남긴다.
막 생겨나는 발자국을 따라잡다보면,
보이지 않는 투명인간을 붙잡을 수 있다.

예를 들어, 생각은 발자국에 해당된다.
생각이라는 발자국을 남기는 놈은, 보이지 않는 본래면목이다.
어떻게 하면 본래면목을 붙잡을까?

본래면목이란?

물건을 바라볼 때, 우리는 물건만을 본다.
물건이 본래 거기에 그렇게 있다고 여긴다.
그런데 자세히 바라보면 물건 말고 다른 것이 있다.

물건을 드러내 보이는 것인데, 그것이 마음이라는 본래면목이다.
본래면목에 의해서 물건이 존재한다.
본래면목이 물건을 살아 있도록 한다.
본래면목이 물건의 본성이다.
마치 허공 같으면서도 밝다.(빛의 밝음과는 다르다)
이것은 깨달아야만 스스로 확인할 수 있는 본래면목이다!

눈앞에 책이 있다. 그 옆에는 컵이 있다.
이때 눈길이 가는 곳에 나타나는 책과 컵은 다르다.
하지만 책을 드러내는 것과 컵을 드러내는 것은 똑같다.
이것이 없다면 책도 컵도 나타나지 않는다.

그렇다면 '이것'이 무엇인가?
'본래면목(마음)인가'라고 여긴다면 그것은 생각이다.
그냥 분명히 눈앞에 밝게 드러나는 것이어야 본래면목이다!
본!래!면!목!이라는 놈이 눈앞에 밝게 드러나 있다!

눈앞에 홀로 밝은 이것!

본래면목(진아, 도, 자성)을 분명하게 일러주는 표현 중에
'눈앞에 홀로 밝은 이것!' 이 있다.
이것은, 특히나《임제록》의 독특한 표현이다.

'홀로 밝은 것' 이란 무엇인가?
물론 이것은 말로 할 수 없는 것임을 염두에 두면서,
마음속에서 그대로 따라해보면 좋은 일이 생길 수도 있다.

우리가 무엇을 볼 때는, 대상만을 본다.
대상을 나타나게 하는 배경은 관심을 두지 않고,
대상 자체에만 관심을 두고 있는 것이다.
왜냐하면 보이는 대상이 나의 생존에 위협이 되는 것인지 아닌지가
중요하기 때문이다.

이제는 보이는 대상이 아닌, 대상을 드러내는 배경(의식의 바탕)에
관심을 두자! 달리 말하자면, 보니까 보이는 것이기에,
보이는 것은 보는 것에 의지한다고 할 수 있다.

처음엔 무슨 말인지조차 납득하기 어렵겠지만,
간절하게 보고자 한다면
점차로 의식바탕이 무엇인지를 볼 수 있는 눈(반야지혜의 눈)이 발달한다.

이 눈은 본래부터 갖추어져 있지만,
활용하지 않았기 때문에 계발이 되지 않은 것뿐이다.

지금 여기 있는(눈앞에) 이것!(홀로 밝은 것)이 밝게 드러날 것이다!
이것이 모든 존재의 근원이기에 우주는 몽땅 이것이다!

미묘한 움직임!

보고, 듣고, 생각하고, 말하는 것에서… 보이는 형상, 들리는 소리,
떠오른 생각, 뱉은 말… 지극히 짧은 순간이기는 하지만,
이러한 형상보다 먼저(앞서) 미묘한 움직임이 있다.

미묘한 움직임과 이것들(구체적으로 드러난 형상)이 다른 것은 아니지만,
형상 이전의 미묘한 움직임을 알아차릴 수만 있다면,
이것을 일러 진여(성품)라고 한다.

고정된 실체로서의 형상은, 고정되지 않은
무형의 미묘한 움직임으로 드러난 것임을 깨닫게 된다.

예를 들어, '호떡'이라는 말을 듣게 되면,
호떡이라는 소리와 의미로 인지한다.
그런데 자세히 살펴보면, 소리 이전의 미묘한 움직임,
그러니까 소리에 앞서 있는 미묘한 움직임이 있다.
이것이 화두(話頭), 즉 말의 머리다!

화두가 뭐냐?
이미 드러났네!

지나가는 체험들!

이 공부과정에서 이런저런 체험을 하게 된다.
공부라는 것을 모르고 사는 동안에도 이런저런 의식의 변화를
경험한다. 우리는 하루 중에도 많은 의식의 변화를 겪는다.
잠잘 때, 꿈꿀 때, 깨어 있을 때… 또 일상에서도 문득문득
스쳐가는 의식의 변화를 경험한다.

아름다운 꽃, 풍광 그리고 너울거리는 불꽃을 바라보고 있을 때에도
생각이 스윽 사라지면서 마음은 평온해진다. 잠을 자는 중에도
생각은 사라져 마음이 평온해진다.

대개, 생각이 줄어들면서 고요해지면…
마음은 비워지면서 본래의 마음 상태를 회복한다.
다만, 그것이 왜 그러한지, 그런 마음바탕은 무엇인지를 모른다.

마음은 거울처럼… 보고 듣고 생각하고 느끼는
안팎의 그 모든 것을 비춘다.
비출 것이 없으면… 마음은 텅 빈 채로 그렇게 있다.
이 마음은 생각이 사라지면 드러나고,
생각하면 생각에 물들여져 사라진 듯하지만 늘 거기에 있다.

민첩한 사람은… 생각을 하면서도, 생각의 바탕을 알아차릴 수

있겠지만, 생각에 중독된 사람은···
생각을 비우지 않고는,
생각을 비추어내는 바탕을 알아차리기 어렵다.
그러나 일단 마음바탕을 본 사람은 누구나 똑같다.

체험이 일어나는 곳!

이 공부를 하다보면, 여러 가지 일상적이지 않은 현상들을
경험할 수도 있다. 그러나 그 어떤 체험도
결국 의식상에 나타난 것들이다. 때문에 그런 경험을 드러내는 것이
무엇이냐가 이 공부의 핵심이다.

아무리 기가 막힌 체험도 모두가 마음이 만든 내용물이다.
그것은 환과 같다. 나타났다가 사라진다.

꽃을 보면 꽃이 보이고, 나무를 보면 나무가 보이고,
산을 보면 산이 보인다. 내면을 보면 갖가지 상념이 보이고,
꿈을 꾸면 꿈세상이 보인다.
기억을 떠올리면 어제 겪었던 일들이 보이고,
미래를 생각하면 미래의 일들이 보인다.

이 모든 것이 나타났다가 사라지지만,
나타나고 사라지는 그곳은 언제나 변함이 없다!
텅 빈 그곳에서 모든 것이 나타났다가 사라진다!
그곳이 나와 우주의 본향이다!
그곳을 이름하여 마음 · 성품 · 진아 · 진여 · 도 · 불성이라고 할 뿐이다.

생각이 일어나는 곳!

사람들은 일단 생각이 일어난 다음에, 생각이 일어났음을 자각한다.
이때 생각에 대한 돌이킴(자각)이 강하면,
그 순간 생각의 내용은 사라지고 각성만 있게 된다.
즉, 생각이 사라진 자리에 각성이 대신한다.

하지만 이 각성이 마음의 성품(본성, 바탕)은 아니다.
이 각성에 의식을 집중하면, 의식은 더욱 민감해지고 깨어난다.
그리하여 처음에는 생각이 일어난 뒤에나 알아차리게 되지만,
각성이 강해지면서 생각이 일어나는 중간과정에서도 알아차리게 된다.
최종적으로는 생각이 일어나는 처음 순간을 포착할 수 있다.
더욱 각성의 힘이 완전해지면(의식이 깨어나면)
생각이 일어나기도 전에,
즉 생각이 일어나는 마음공간이 확인된다.(《대승기신론》)

이제 마음공간에서 한생각이 일어나고, 머물고, 변화해서,
사라지는 전 과정을 볼 수 있다.
마음공간은 점차 넓어지고 깊어져서,
마음에서 일어나는 것뿐만 아니라 밖이라고 여기는
우주까지 담게 된다. 나와 우주가 둘이 아닌 한바탕임을 확인한다.

이 마음공간을 불성 · 성품 · 마음 · 본래면목 · 진아 등으로 부른다!

마음바탕이 발현되도록 하는 것!

수행이란? 주관과 객관의 의식기능을 가능케 하는
근원(배경)을 일깨우는 것이다. 본래부터 합일된 한바탕 의식에서
일어나는 일이기에 분리되어 있지 않다.

다만 주관과 객관에 의한 인식기능에만 의식의 초점이
머물고 있기에, 그 바탕의식을 자각하지 못하고 있는 상태이다.
때문에, 수행을 통해서 그 바탕의식을 일깨워서(성장발달)
스스로가 자각할 수 있도록 하는 것이 곧 수행이다.

그리하여 주관과 객관을 포함하는 바탕의식이 활성화되어 자각되면,
그 순간에 마치 주관과 객관이 합일된 것 같은 느낌이 든다.
종소리만 있고 종소리를 듣는 나는 사라진 것 같은
의식의 변화가 있다. 이것이 1단계 주객합일이다.

그러나 종소리와 종소리를 듣는 내가 하나로 합일된 의식이 드러났지만,
여전히 종소리를 아는 놈이 거기에 함께하고 있기에
종소리만 있음을 아는 것이다.
이 정도의 공부는 종소리가 곧 나고, 내가 곧 종소리임을
깨달은 수준이다.

이제 다음 공부는 종소리에 머물고 있는 그 의식을,

종소리를 듣고 아는 놈으로 이동해야 한다.

종소리라는 현상과 함께하지만, 종소리를 생겨나게 하는
모양 없는 움직임이 거기에 있다.

그것을 공 · 마음 · 불성 · 본래면목 · 성품 · 진아 · 진여 등으로
이름한다!

의식공간

차를 타고 달린다고 생각해보자.
차창 밖의 풍경은 끊임없이 바뀐다. 그러나 차 안은 언제나 변함이 없다.
자! 이번엔 가만히 관찰해보자. 보이는 모든 것이 끊임없이 변한다.
그러나 그 현상(존재)들을 바라보는 의식공간은 변함이 없다.

우주의 모든 존재 내면에 그 의식공간이 있고,
그 공간은 모든 존재의 공통적 근원(바탕)이다.
우리는 각자의 내면에 자리하고 있는 그 의식공간을 확인해야 한다.
확실한 단서는 '보고 아는 것'에 있다!
'보고 아는 것'은 의식 공간 스스로의 앎이기 때문이다!
모든 것이 변화한다는 것을 '보고 아는 것'은 결코 변하지 않는다.
곧장 '보고 아는 것'을 확인하는 방법도 있다.
또 모든 존재가 끊임없이 변한다는 사실에서…
끊임없이 변해가는 존재라면, 딱히 있다고 할 수 없게 된다.
그리하여 일체가 환상적인 존재임이 분명해지면서…
드디어 그 환상에 사로잡혀 있던
의식의 주의점이 바탕으로 향하면서,
환상을 펼쳐내는 바탕(근원)을 확인하게 된다.

그 바탕(근원)은 모든 존재의 바탕이기에,
우리의 근원(바탕)인 의식공간과 같다!

보는 것과 듣는 것

눈으로 무엇을 본다.
눈은 시각의 세계를 펼친다.
귀로 소리를 듣는다.
귀는 청각의 세계를 펼친다.

시각세계와 청각세계는 완전히 다른 듯하다.

그런데 시각세계의 바탕과, 청각세계의 바탕은 똑같다.
그것이 마음바탕이다. 공이다.

본래는 그것뿐이다.
그 바탕은 온갖 묘용을 펼쳐낼 수 있다.
그렇기 때문에 펼쳐낸 그대로 마음(공)이다!

이
근
원
통
과

안
근
원
통

4

소리가 들리는 곳!

소리가 들리는 곳, 바로 그곳이 마음공간이다.
그곳에서 소리가 생겨나고 사라진다.

소리가 생겨나면, 동시에 소리가 있음을 안다.
소리가 생겨나고 사라지는 마음공간에는
동시에 아는 앎이 함께 있다.

그 앎은 마음공간 스스로의 앎이다.
그 앎은 마음공간 자체가 무엇인지도 안다.

사실, 그 앎은 소리가 있고 없고에 관계없이… 그곳에 있다.
바로 그 앎에 주의를 기울이면 마음공간(바탕)을 깨달을 수 있다!

소리가 생겨나는 곳!

귀에서 들려오는 소리에 집중해보면,
소리의 미묘한 파장이 느껴지고,
이 파장을 더욱 자세하게 관찰해 들어가면,
마치 물결이 일렁이는 듯한 움직임으로 감지되면서,
결국 이 움직임은 무형상의 빈 공간에서 생겨난다는 것을 확인할 수 있다.

빈 공간이라고 하지만, 그 무언가가 있다.

소리라는 형상에만 눈길이 가 있는 동안에는,
이 무형상적인 것을 알지 못한다.
소리가 생겨나는 지점을 자세히 들여다보면,
무형상의 의식공간에서 만들어진다는 것을 보게 된다.

온갖 소리 인연에 반응하는 신비한 이곳을 성품이라 한다!
무형상이 형상으로 현현하는 이것을 진여 · 불성 · 성품이라고 한다!

소리의 진실

소리를 자세히 관찰해보면, 소리는 저 밖에서 나는 것이 아니다.
처음엔 귓가에서 들리지만 조금 더 주의를 기울이면,
소리는 귓속 깊은 곳에 있다.
소리가 나는 지점이 정확하게 확인되지는 않지만,
소리가 나왔다가 사라지는 곳이 있다.
그곳을 '마음(자리)'이라 한다.
그곳은 형상으로 드러나 있지는 않지만
소리가 생겨났다가 사라지는 묘한 곳이다.

더욱 주의를 기울여보면 소리뿐만이 아니라
생각도 일어났다가 사라진다.
더더욱 가만히 주의를 기울이면 저 밖에 있다고 여겨지는
사물들도 여기(마음)에 담겨 있다.
온 우주가 마음에 담겨 있기에, 온 우주 그대로가 마음이다.

출발은 내 몸속에 있다고 여겨지는 내 마음으로 접근하지만,
그곳에 닿고 보면, 나와 우주의 한바탕으로서의 근원으로 드러난다!
텅 비어 있기에 공이라 하고, 모든 것이 생겨나기에
마음(생명)이라 한다!

가만히 있어보면!

생각을 멈추고 잠시 가만히 있어보면 된다.
잠깐 동안만 아무것도 하지 않고,
그저 편안한 마음으로 쉬고 있기만 하면 된다.
그럴 때에도 소리는 들린다. 굳이 소리를 들으려 하지 않았는데도…
이런 소리 저런 소리가 들리고, 그리고 지나간다.
신기하지 않은가? 의도하지 않았는데도 저절로 들리다니?
여기에 마음이 있다. 소리라는 인연이 있거나 없거나 관계없이
마음은 거기에 그렇게 있다.

마음을 깨달으라고 하니까, 오히려 마음이 따로 설정되어
대상이 된다. 마음은 소리라는 인연이 있을 땐 그것에 반응하고,
없으면 그 자체로 그냥 있다.
소리를 듣는, 그러니까 소리에 반응하는 것이 마음이다.

이 마음이 무엇인지를 깨닫는 것인데, 무엇이 어려울 것인가?
이 마음을 보려고 하면 볼 수 없다. 그렇다고 해서 없는 게 아니다.
먼저 편안하게 소리를 듣는 놈을 감지하자.
분명히 거기에 있다.
물건을 확인하듯 그것을 보려 하지는 말아야 한다.
그것은 분별적 확인방식이다.
마치 물속에서 몸을 조금씩 움직여서 물을 감지하듯이,

그렇게 미세한 감각을 활용하자!

어쨌든 편안하게 고요하게 가만히 있어보면,

내면의 공간이 느껴진다.

내면의 공간에 집중하고 있어보면,

바로 거기에서 소리가 생겼다가 사라진다는 것을 본다.

그것이 분명해지면 본래면목(성품, 마음자리)을 감 잡은 것이다!

이제 공부는 첫 관문을 통과한 셈이다!

소리는 어디에서 들려오는가

소리가 들려올 때, 당연히 외부에서 들려온다고 여긴다.
그런데 이것은 소리가 나의 의식(마음)에서 일어난 소리임을 놓치고,
소리와 듣는 나로 분리된 것이다.
즉, 분별적 표면의식화한 것이다.
의식의 해석이라 할 수 있다.
이렇게 되면 이미 이원적 의식상태에 있기 때문에,
분리되기 이전의 마음을 모른다.

그럼 어떻게 해야 하나?
소리가 분명히 우리의 의식에서 생겨날 때의 순간을 포착해야 한다.
그 순간은 순수의식의 상태이다. 그때의 소리는 내부에서 들린다.
그러니까 '저기'에서 소리가 나는 줄 알았는데
'여기'에서 나는 것이다.(물론 여기에 해당되는 곳은 없지만
설명컨대 소리가 여기에서 들린다는 것을 느낀다)

이는 그만큼 의식이 민감해야 함을 말하는 것이고,
깨어 있음을 의미하는 것이고, 이는 결국 사티(알아차림이라는 각성)의
힘이 발달했음이다.

주의할 것은, 정신차린 각성과는 다르다는 것이다.
그것은 백정식이라 불리는 것인데 식이 맑아져 있는 상태이다.

흔히 그러한 상태에서도 제법 비슷한 소리를 하기 때문에
마치 깨달은 것처럼 착각할 수도 있다. 하지만 아니다.
사티(알아차림)는 순수각성이기에 거기에는 생각이 없다.
생각을 돌이킴에, 순간 생각은 사라진다.

이러한 순수각성의 힘을 키우는 것을 경전식으로 표현하면
반야바라밀 수행법이라고 한다.
《육조단경》에서도 이러한 반야바라밀 수행법을 제시하고 있다.

이근원통!

이근원통(耳根圓通)은 소리를 듣고 아는 놈으로 향해가는
수행법이다.
구체적인 수행법은 다음과 같다.

1. 마음을 편안하게 이완한 상태에서 의식만 명료한 상태로 있는다.
2. 여운이 있는 종(징)을 쳐서, 소리에 귀를 기울이면…
   소리가 서서히 사라져가다가 들리지 않는다.
3. 그 지점에는 소리를 듣고 아는 그 무언가가 있다.
4. 그 무언가는, 소리가 있으면 소리 있음을 알고,
   소리가 없으면 소리 없음을 하는 것이다.

아는 그것은 늘 거기에 그렇게 있다.
늘 거기에 있지만, 어떤 모양도 없이 있다.

그것이 깨달아야 할 마음이다!

안근원통!

안근원통(眼根圓通)은 눈앞에 보이는 사물을 보고
아는 것으로 향하게 하는 수행이다!
구체적인 수행법은 다음과 같다.

1. 눈을 뜨고 있을 때는 눈앞에 사물이 있음을 보고 안다.
2. 눈을 감고 있을 때도 여전히 아무것도 보이지 않음을 보고 안다.
3. 이렇게 보고 아는 그것은, 눈앞에 사물이 있거나 없거나에
   관계없이 거기에 늘 그렇게 있다.

그것은 모양 없이 있는⋯ 보고 아는 놈이다!

보고 아는 그것이 깨달아야 할 마음이다!

보는 것이 공(마음)이다!

눈앞의 사물들이 보인다.
눈길을 다른 곳으로 향하면, 역시 거기에 있는 사물들이 보인다.

보이는 사물들은 늘 다르지만, 그것을 보고 있는 것은 한결같다.
보고 있는 것은 무형상의 공(마음)이다.
그것은 텅 비어 있기에… 그 모든 것이 거기에서 드러난다.

마치 거울 속에 비추인 것 같다.
비추인 사물만을 보느라고,
그것들이 마음거울 속에 드러난 것임을 눈치채지 못한다.

마음거울을 깨달으면, 마음거울이라고 할 것도 따로 없다!
온통 마음뿐이기 때문이니… 일진법계다!

너무나 쉬워서 어려운 공부!

너무나 쉬운 공부이기에, 너무나 어려운 공부이다.
다만 어떻게 깨달아야 하는지를 모를 뿐이다.

공부 접근법이 일반 공부하고 차이가 있을 뿐이다.
눈이 눈을 보기 위한 공부이다보니 생소할 뿐이다.
상식적으로, 눈이 눈을 본다는 것은 말이 안 된다.
어떻게 눈이 눈을 본단 말인가? 어허 그것 참!

말도 안 된다고 생각하는 이유는 간단하다.
'본다'고 하면, 눈앞에 볼 것이 있어야 한다고 생각한다.
그러니까 눈으로 대상을 바라보는 것을 본다고 여기는 것이다.
그러나 깨닫는다는 것은, 보는 그 자체를 보는 것이며
그래서 눈이 눈을 본다고 하는 것이다. 보는 것이 스스로를 보려면,
대상을 향한 눈길을 거두어 보고 있는 그 자체를 보면 된다.

어렵다고 생각되는가?
지금 눈앞에 보이는 대상도, 사실은 보는 것에 의해서 드러난 것이다.
그렇다면, 보이는 대상은 눈에 비추인 것이다.
비유컨대, 눈은 거울이고 대상은 거울에 비추인 영상이다.
이미 거울 속에 있다!

생각이 일어나고 사라지는 곳

5

생각 벗어나기!

언제 생각을 벗어나는가?
생각을 하고 있는 놈이 있다. 그놈은 생각이 아니다.
그렇다면 어떻게 그놈을 확인할 것인가?
우리는 대체로 생각이 만들어지고 난 뒤에, 그러니까 먼저
생각 속에 있다가, 문득 생각을 하고 있음을 알아차린다.

한생각이, 일어나고[生], 머물고[住], 변하고[異], 소멸한다[滅]!

공부를 하기 전에는, 한생각이 일어나서 소멸되고 난 후에야
생각하고 있었음을 알아차린다.(멸단계)
공부를 해가면, 생각이 소멸하기 전 단계인
변화하는 과정을 포착한다.(이단계)
더욱 공부가 진전되면, 생각이 생겨났다가
그 생각이 잠깐 유지되는 순간을 알아차린다.(주단계)
공부가 익어지면, 생각이 생겨나는 첫 순간부터 확인된다.(생단계)
즉, 한생각 최초의 자리에 응하기에 본래면목(성품)을 확인한다.(견성)

간단하게 말하자면, 생각이 일어날 때 생각이 일어나는 자리가
곧 본래면목(성품)이다.
본래면목(성품/진여)에서 한생각이 탄생한다.
바로 이 지점을 확인하면 생각을 벗어나는 것이다.

이!것!이라고 할 때, 이것이라는 뜻도 소리도 아닌,
최초의 지점을 확인하라는 것이다! 그렇지 않으면,
생각이라는 의미 속으로 빨려가기 때문이다.
일단 생각 속으로 빠지게 되면,
벗어나기가 매우 어렵다!

한생각 일으키면!

스스로 생각을 일으키고는… 일으킨 생각의 내용에 몰입하게 된다.
그 순간, 그 생각의 내용이 의식화면을 가득 메운다.
마치, 컴퓨터에서 인터넷 익스플로러를 클릭하면,
모니터에 초기화면이 가득 차는 것처럼!
그렇게 되면, 바탕이 가려져서 보이지 않는다.

텅 빈 의식공간에서, 한생각이 일어나면 곧장 그 생각으로
의식공간을 가득 메운다. 이를 두고, 생각으로 덮인다고 한다.
하지만 바탕이 사라진 것은 아니다.
오히려 바탕 위에 그러한 생각들이 나타난 것이다.

따라서

1. 생각이 비면 생각의 바탕이 드러나게 된다.
2. 생각이 일어날 때, 생각의 내용을 따라갈 것이 아니라,
   생각이 일어나는 바탕을 확인하면 된다.
3. 생각 자체가 연기된 것임을 꿰뚫어보면, 생각은 환임을 깨달아,
   환이라는 모양에서 벗어나면서, 환의 바탕이 확인된다.
4. 생각 자체가 연기임을 꿰뚫어보는 순간에, 환임을 아는 앎이
   깨어나면서, 그 앎과 함께하는 바탕을 확인하게 된다.

생각이 확실하게 죽어야

분명하게 생각이 끊어진 상태에서 생각의 바탕이 드러난다.
그동안 생각으로 살아왔기에, 생각과 함께하는 것은
너무나 당연하게 여겨진다. 따라서 생각 속에 갇혀 있다는 말도
이해되지 않는다. 그러나 우리는 때때로 생각을 벗어난 경험을 한다.
산 위에 올라 탁 트인 멋진 풍광을 보노라면, 갑자기 말문이 막힌다.
멋진 풍광에 잠시 생각이 끊어진 것이다.
와! 있는 그대로를 흘낏 보고 있다.

물론, 완전히 생각이 끊겨서, 그리고 그때 생각의 바탕을 깨닫는다면,
정말 있는 그대로의 참모습인 풍광을 감상할 것이다.
공(마음)이 풍광으로 현현한 모습을 누구나 단 한 번만이라도
실상을 본다면 환희에 젖을 것이다. 어찌 이렇게도 장엄한지!
감정의 기복과는 상관없는 평화로움이!
그래서 한없는 지복감이 잔잔하게 머물며 평상심이 된다.
그렇긴 하나, 먼저 생각이 사라지고, 사라졌다는 생각마저도
뚝 끊어져서, 끊긴 그 자리에서 돌연 살아 있는 무형의 공이
활짝 그 모습을 드러낸다!

그것은 본래부터 거기 그렇게 있었다.
다만 생각이 앞을 가려 보지 못한 것뿐이다!

생각은 어디에서 나오나?

생각이 일어난다. 그래서 생각을 한다.
이렇게 생각이 일어나고 난 뒤에… 생각과 함께하며
생각이 곧 내가 된다.

그런데 깨달음은 이러한 생각이 어디에서 출발하는지를 보면
끝나는 공부이다. 어려운 것이 아니라, 관심을 두지 않기 때문이다.
생각이 생겨나는 곳이 어디인지를 한 번만 보면
생각의 정체를 알 수 있다.
이를테면 생각의 출생지를 살피면 된다.

생각이 생겨 나오는 곳은 내면의 공간이다.
내면의 공간을 의식할 수 있겠는가?
그 공간에 생각, 느낌, 소리, 감정… 모든 것이 있다.
바로 그 공간에서 모든 것이 만들어진다.
때문에 그 공간은 살아 있는 공간이다.

처음엔 그 공간이 감지되지 않거나 미미하다.
하지만 사티(알아차림이라는 자각)를 계발하면 뚜렷이 보인다.
그리하여 온 우주가 그 공간에 담긴다!

생각의 빈틈

생각을 하기 전에는 생각이 없다.
생각이 끝난 후에도 생각은 없다.
그리고 자세히 관찰해보면, 생각하는 동안에도 어떤 생각에서
다른 생각으로 바뀔 때, 생각이 없는 빈틈이 있다.

그 빈틈을 볼 수만 있다면, 비어 있는 그것이 바탕이고,
생각은 그 바탕에서 순간순간 생겨났다가 사라지는 것임을 본다.
형상이 없는 그곳에서 생각이 생겨났다가 사라진다.

그 바탕을 깨닫고 나면, 몸 안의 빈 곳과 몸 밖의 빈 곳이 같다.
그 바탕에서 생겨난 생각이나 사물은 같은 것이다.

마치 허공에 그려놓은 무지개 같다!

생각은 과거에 속한다

진실을 말하자면, 생각 또한 지금 이 순간에 일어나는
진여의 묘용이다. 하지만 깨닫지 못한 사람의 생각은
과거에 속한다.

왜냐하면 생각을 만들어내는 것은 생각이 아니기 때문이다.
생각을 만드는 것(놈)은 지금 이 순간에서 생생하게
실재(진여)하는 것이다.

그런데 모양 없는 이것을 실감하지 못한 채, 이것이 펼쳐 보인 형상,
이미지, 생각에 빠져 있는 동안에는 과거에 머물고 있다.

그럼 어떻게 해야 하는가?
생각의 흐름 속으로 뛰어들지 말고, 생각을 만드는 근원으로
거슬러 올라가라!

바로 지금 이 순간이 근원이다!
여기에서 모든 생각, 이미지, 관념이 펼쳐진다!

지난날을 회상하면

과거 일을 떠올리면, 지금 이 순간에 떠오른다.
미래의 일들을 떠올려도 마찬가지로 지금 이 순간에 떠오른다.
그러니 과거도 미래도 지금 이 순간의 일이 된다.
지금 이 순간에서, 과거의 일도 생각하고 미래의 일도 생각한다.

생각은 생겨났다가 사라진다.
생각하는 순간에는 있는 것 같지만, 생각하지 않으면 없다.
도대체, 생각을 하는 것은 뭘까?

생각을 하는 것은 생각 이전이기에, 모양 없는 묘한 움직임이다.
그러니 생각으로(상) 생각하는 것(상 아닌 것)을 헤아려보아도 소용없다.
생각으로 헤아리지 말고, 직접 확인하면 된다.

과거도 미래도 지금! 이 순간! 여기에서! 생겨났다가 사라진다.
한생각이 일어났다가 사라지는 곳!
그곳엔 부처도 갈 수 없다!

생각과 실재!

그대가 알고 있는 이 세상이 실재한다고 믿는가?
지금의 우주는 아득히 먼 옛날에 생겨났다고 하는데… 믿기는가?
그대가 태어나기 전에는 어디에 있었는가?
다른 곳에서 살다가 죽고는 이제 이곳으로 왔다고 생각하는가?
마찬가지로 이곳에서의 삶을 마감하면 다른 곳으로 가거나,
혹 미련 있다면 다시 이곳으로 오는가?

사람들은 이런저런 생각이 펼쳐낸 것과
진실로 실재하는 것을 혼동한다!
생각을 펼친 것은 상상의 산물이다.
따라서 생각의 내용은 허구이다.
생각은 무엇이든 상상해낼 수 있다.

하지만 생각은 생각이 무엇인지 생각해낼 수 없다.
마치 눈동자가 눈동자 스스로를 볼 수 없듯이!

생각은 본래부터 있는 것이 아니라, 생각하면 있고,
생각하지 않으면 없다.
생각을 하는 것! 생각을 일으키는 것! 생각을 만들어내는 것!
그것은 생각이 아니다. 그것만이 유일하게 실재하는 것이다.
그것은 생각을 벗어나 있기에, 생각 이전이다.

생각 이전에 있어야 비로소 생각의 정체를 보게 된다.
그럼 어떻게 해야 하는가?
어떻게 하려 들면, 어긋난다!
어떻게 하려고 시도하는 그것을 확인하라!
생각을 일으켜 생각 속으로 따라 흐르지 말고,
역으로 생각이 일어나는 지점으로 거슬러 올라가라!

물줄기를 뿜어내는 화려한 분수쇼에 취하지 말고,
그것들의 근원인 수원지를 확인하라!

말(생각)이 무엇인가?

말(생각)은, 그 자체가 이원적인 구조로 되어 있기에
진실을 고스란히 담아내지 못한다. 진리는 비이원적이기 때문이다.

그런데 진실을 말하자면…
말(생각) 그대로가 진실이다! 이원적이 비이원적이다!
도대체 진실 아닌 것이 없다!

문제는 말(생각)의 이원적 구조에 함몰되는 것이다.
예를 들어보자.
'물'이라고 할 때, 실재의 물과 그것이 가리키는 뜻은 별개이다.
궁극적 실재는 모른다고 하자. 궁극적 실재를 말로 표현할 때,
바로 이러한 차이를 알고 있으면 된다.
그렇게 되면, 말이 가리킨 바를 향하게 될 것이다.
말을 넘어선 바를 감지하려 할 것이다.

이것을 말에 적용하면 이렇게 된다.
'물'이라고 말을 뱉을 때, 그것은 '물'이라는 개념을
지시하는 것이다. '물'이라는 소리일 뿐이다.
소리를 물이라는 개념으로 의미화한 것이다.
이것을 망상(본래의 것과 다른 상)이라고 한다.
그렇다면 소리가 진실인가? 소리 또한 파동일 뿐이다.

파동을 쭉 연결하여 어떤 소리로 파악한 것이다.

그렇다면 무엇이 진실인가? 소리는 생멸이다. 생겼다가 없어진다.

그렇다면 무엇이 진실인가? 소리가 생겼다가 없어지지만…

바로 거기에 무언가가 있다.

거기에… 늘 있는 거기에서… 소리라는 인연이 오고 간다.

바로 그것이 진실이다!

그것이 포착되자마자, 의식은 그것이 된다.

그것이 본래의식(순수의식)이기 때문이다.

의식이 의식 자신을 자각한 것이다.

이렇게 되면, 무슨 소리를 듣든, 무슨 의미를 짓든,

소리와 의미에 관계없이 순수한 의식이 함께한다.

이것을 깨달음이라 하고 본연삼매라 한다!

이것이 공, 성품, 마음, 도, 불성이다!

오고 감이 없다!

'오고 가고 할 것이 없다'라는 말은 듣는 사람에 따라, 무언가가 있고,
그것이 그냥 거기에 움직이지 않고 있다로 받아들이기도 한다.

오고 감이 없다는 것은, 온다는 생각과 간다는 생각 모두를
비워버리라(놓아버리라)는 말이다.

생사가 없다는 말도 그러하다.
생겨난다고 할 것도 없고, 사라진다고 할 것도 없다는 말이다.

즉, 상대적으로 성립되는 두 개념 모두를 한꺼번에 모두 내려놓을 때,
무엇이 나타나겠는가? 그 어떤 것도 상정할 수 없다.
그러니까 그 어떤 생각도 붙지 못한다. 생각이 몽땅 비워진(사라진)
그곳이 언어도단이요, 심행처멸의 자리다! ('자리'라는 표현 또한
오해의 소지가 있긴 하다. 물건으로 보이는 자리로 여겨지니까!)

만약 여기서, '아하! 이런 것이구나'라는 이미지가 잡힌다면,
그것은 여전히 생각으로 그린 그림이다. 육식으로 붙잡은 자리다.
앞뒤가 딱! 끊어진다. 그러나 의식불명이 아닌,
지금까지의 인식방식과는 전혀 다른 앎이 드러난다.
주객으로 나뉘어 작동되는 것이, 하나로 합쳐져 작동된다.
그리하여 이제 소리를 들을 때도, 저기에서가 아닌 여기!에서 들린다!

회
광
반
조

6

미꾸라지 같은 마음!

의식은 성장하면서 성숙발달해간다.
궁극적 성숙은, 의식 스스로를 알아차리는 것이다.

일반적 의식 수준에서는, 의식 스스로가 무엇인지는 모른 채,
의식으로 만든 이미지 · 생각 · 느낌 등을 바라보고 분석하고
알아내는 일에 골몰한다.
물론 그것도 생존하는 데 있어 매우 중요하다.
하지만 이제는 그런 일을 해내는 의식 자체가 무엇인지를
확인해야 한다.

자신의 의식으로 그 모든 것을 해내고 있으니,
당연히 그렇게 하고 있는 의식을 들여다보면 된다.
그런데 의식은, 의식내용을 만들어내고 있는 그 자체이므로,
눈앞에 있는 물건을 보고 아는 방식으로는 안 된다.

그럼 어떻게 해야 하나?
지금 그렇게 묻고 있는 것이, 그 자체다!

문제는 지금 그렇게 묻고 있는 그놈을 알아차리지는 못하고,
묻는 생각에 그만 휩싸여버린다는 것이다!
묻고 있는 그놈은 결코 생각이 아니다!

단지 물음을 만들어내고는 이내 물음 속으로 들어가버린다.
그렇기 때문에 생각을 통해서 알려고 하는 시도는 포기해야 한다!

이미 나도 모르게 생각 속에서 찾고 있다면,
알아차릴 수 있는 타이밍을 놓쳤다고 여겨라!
미꾸라지를 처음 잡을 땐 손에서 미끄러져 빠져나가겠지만,
요령만 터득하면 쉽게 잡을 수 있다.
잡을 때, 확실히 잡으려면 미리부터 충분히 준비를 갖추어야 한다.

실은, 미꾸라지는 언제나 스치고 지나간다!

확실히 손에 잡힐 때, 물컹! 하고 느껴질 수도 있다.
이를 계합이라고도 한다.

낚아채는 요령!

나는 누구일까, 하는 생각으로 이 공부를 시작하지만,
결국은 나는 누구일까, 하는 생각을 만들어내는 놈이 무엇일까로
귀착되어야 한다.
만약 그렇지 않고, 나는 이러이러한 사람이야… 등으로
생각이 생각의 꼬리를 물고 나아가는 것은
망상 부리는 것이지 공부가 아니다.

그렇지 않고 제대로 자아를 탐구하는 사람이라면,
'나는 누구인가?' 하는 진원지를 향하여 돌진하게 된다.
어렵게 여겨질지 모르겠지만 사실은 간단하다.
생각이 생성되고 있는 근원으로 향하는 것이다.

지금 당장 실행해보자!
생각을 하는 이놈을! 낚아채보자!
생각을 막 만들어내고 있는 이놈을! 낚아채보자!
솜씨 좋은 낚시꾼이 순간적으로 낚아채듯이!

생각을 하면서, 생각 쪽으로 향하는 듯하다가,
순간적으로 역방향(생각이 일어나는 곳)으로 돌이켜 보는 것이다.
그때 딱! 마주친다. 그 순간에 꽉 잡아야 한다.
만약 그렇지 않으면 미꾸라지처럼 싹 빠져나간다.

그러면 다시 시도하면 된다.

처음엔 잡는 동작이 굼뜨기 때문에 잡을 수 없다.

훈련을 열심히 하다보면 잡는 동작도 빨라진다.(의식이 순간적으로 돌이켜 보는 능력을 말한다)

결국 잡는 동작이 도망가는 놈보다 빠르면 잡게 된다.

요령만 터득하면 그놈이 방심한 틈을 타서

순간적으로 탁! 잡으면 된다.(파리, 잠자리 등을 어떻게 잡는가? 도망가고 있는 놈을 쫓아가는가? 잡는 요령은 비슷하다)

물론 마하리쉬처럼 생각의 근원을 향하여 꾸준히 밀고 들어가는 방법도 있다. 하지만 우리나라는 이미 선 공부로 다져진 동네이기에 이러한 방식의 노하우가 축적되어 있다.

생각에 떠밀려 가는 것이 아니라,

생각이 일어나는 원점으로 거슬러 진입하는 것이다.

진지하게 하다보면, 어느 틈엔가 생각에서 벗어난다.

생각이 아닌 생각의 근원인 진여가 드러난다!

생생하게 살아 있는 놈!

지금 '깨달음이 무얼까?' 하고 찾고 있는 놈이 있다.
'찾고 있는 이놈'이 도대체 무얼까? 하고 찾으면,
그 순간 이놈은 죽은 놈이 되고 만다.
왜냐하면 이놈은 생생하게 살아 있는 놈이기 때문이다.
이놈은 대상으로 포착되는 순간, 가짜(죽은 놈)가 되고 만다.

그렇다면, 어찌해야 살아 있는 생생한 그놈을 잡을 수 있겠는가?
사실 그대가 바로 그 생생한 놈이다.
단지 그대가 엉뚱한 곳을 보고 있을 뿐이다.(늘 그대는 한눈을 팔고 있다)

만약 그대가 그놈을 대상으로 포착할 때에, 그놈에게서 눈길을 돌려
지금 그렇게 포착하는 놈으로 옮겨라!

알아두자!
대상으로 보인다면, 반드시 그 대상을 보는 놈이 있다는 것을!
그러니 대상에 눈길을 두지 말고,
지금 그 대상을 보고 있는 놈으로 옮겨라!
이것을 '회광반조'라고 한다!

따로 있지 않다!

모든 것이 한바탕이라 따로 있지 않다.
그렇다고 현상적으로 낱낱의 개체적인 모양이 없다 함도 아니다.
이렇게 낱낱이 따로따로가 그대로 한덩어리다.

이러한 불이(不二)를 어떻게 맛볼 수 있을까?
무아임을 실감하면 된다.
나라는 것이 없음을 실감하면 그대로 전체이다.
그런데 우리가 의식활동을 하고 있는 동안에는 언제나 의식의
중심에 눈이 있다. 그 눈이 나라고 하는 느낌을 갖게 만든다.
이러한 느낌을 지울 수가 없다.
이것이 분리감을 낳는다.

그렇다면 어떻게 이러한 분리감을 해소할 수 있을까?
분리감은 거리가 있을 때 느껴진다.
누가 분리감을 만드는가?
스스로 만든다.

어떻게 만드는가?
바라봄으로써, 바라보는 것과 바라보이는 대상으로 거리가 생겨나고,
그것이 분리감을 만든다.

그렇기 때문에 대상을 바라보지 마라!
대상을 바라보는 것 자체가 분리를 만든다.

바라보는 그 자체를 바라보라!
이렇게 하려면/되려면, 바라보는 놈 속으로 뛰어들어야 한다.
그래야 하나가 되고, 분리감은 사라진다!

이 과정이 쉽지만은 않다!
그러나 그 길밖에 없다!
그리고 생각보다 어렵지 않다!

마음을 밝히려면!

일체가 마음이라지만 도대체 알 수 없다.
내 마음은 마음이 분명하지만, 다른 것도 마음이라니?
도무지 이해할 수 없다. 이렇게 이해하려니까, 항상 오해가 일어난다.
깨달음은 이해될 수 없고, 깨달아야 하는 것이다.
지금 깨달아야겠다고 하는 그 마음이 결국 깨달은 마음이다.
깨닫고 싶지만 깨달아지지 않는 것은,
아직 힘이 부족하고 방법을 모르는 탓이다. 수행을 통해서 힘을 키우고,
그 힘으로 어떻게 하면 마음을 볼 수 있는지 익혀야 한다.

아무리 힘이 강해도 제대로 보는 방법을 알지 못하면
마음을 보지 못한다. 마찬가지로 방법은 알지만 힘이 없으면
마음을 깨달을 수 없다. 대개 수행은 힘을 강화시킴과 동시에
마음을 깨달을 수 있는 방법을 일러준다.

이를테면, 돌이켜보면 된다고 하는 것은 방법을 일러주는 것이다.
그런데 돌이켜보아도 잘 되지 않는 것은 돌이켜보는
힘이 부족한 것이다. 그렇다고 달리 힘을 키울 것도 없다.
거듭 돌이켜봄으로써, 돌이켜보는 힘도 함께 길러지는 것이다.
빠른 사람은 사흘, 제법 하는 사람은 석 달,
늦는 사람도 3년이면 되는 공부다!

마음이란?

마음이 뭘까? 도대체 마음이 뭐기에?
어떻게 마음을 깨닫는 걸까?
마음을 깨닫기 위해선, 마음이 무엇인지를 알아야 한다.

의외로 마음이 뭔지도 모른 채, 깨달으려고만 하는 공부인이 많다.
막상 마음을 파악하려 해도 모호하다.
왜냐하면 마음은 그 자체가 분명하지 않고,
다만 쓰임에서만 드러나기 때문이다.
기쁜 마음, 슬픈 마음, 화난 마음… 다양한 마음 상태에서
홀로 마음만을 떼어내어 알려고 하면 모호해진다.

왜 이처럼 모호해질까?
분명히 거기에 마음이 있지만, 선명하게 인식되지 않기 때문이다.

알고 싶다고 하는 그 마음이다.
너무나 가까이 있기 때문에 보지 못한다.
늘 거기에 그렇게 드러나 있지만, 그것은 스스로를
돌아보지 않고 따로 찾는다.
그 자체를 돌이켜보지 않기 때문에 그 무엇을 찾아 헤매도
어긋나고 만다.

찾는 놈을 놓치지 말아야 한다.
'찾는 놈이 뭘까?' 하는 의문에 휩싸여 있다면 이미 놓친 것이다.

뭘까?
이것은 결코 의문이 아니다!

성품을 보려면!

견성은 성품을 보는 것이고, 성품이란 보는 것이니,
결국 보는 그것이 무엇인지를 깨닫는 것이다.
여기서 본다는 말은 육안으로 보는 것이 아니다.
사실 심안으로 보는 것이고, 육안은 시각정보가 들어오는
통로 역할을 한다.
심안은 기억을 회상해서 보기도 하고,
이런저런 생각을 떠올려보기도 하고,
감각을 느껴보기도 한다.
결국, 본다는 것은 안다는 것과 같다.

그러니까 심안은 보고 싶은 모든 것을 본다.
하지만 정작 보는 것을 보지 못한다.
보는 그 자체를 보지는 못한다.
보는 것이 무엇인지 모른다.
오히려 이 같은 말이 황당하게 여겨진다.
하지만 보는 것에 의해서 보이는 것 아니겠는가?

다만 대상으로 보는 방식 때문에 어려운 것뿐이다.
보는 그 자체가 스스로를 보려고 하지만,
보는 놈과 보아야 할 놈이 같은 놈이니, 딱히 방법이 없다.
하지만 마음의 눈은 스스로를 보는 능력도 가지고 있다.

지금까지 그렇게 해보지 않았던 것뿐이다.

하면 된다!
도무지 말도 안 되는 것 같지만 해보면 된다!
보는 놈이 스스로를 보는 일이 일어난다!

보는 놈은 무엇인가?

모든 것을 부정할 수는 있어도, 부정하고 있다는 것만은
부정할 수 없다. 뭐 데카르트식 표현이긴 한데,
어쨌든 지금 부정하고 있는 것이 무엇인가?
생각인가? 그렇게 여긴다면 아직은 생각 수준이다.

이 공부는 그러한 생각 수준이 아닌,
생각을 만들어내는 것이 무엇인가를 알아내는 것이다.
물론 그것은 생각으로 궁리해도 되지 않는다.
왜냐하면 생각을 만들어내는 것은,
생각이 아닌 무형적 존재인 그 무엇이기 때문이다.

지금 그것이 무엇인지 들여다보자!
하하, 찾지 못하겠다고? 찾지 못하겠다고 갸우뚱하는 그놈이다!
그것은 너무나 가까이 붙어 있기에 볼 수가 없다.

이번 기회에 직접 찾아보자!
눈앞에 있는 어떤 것을 바라보자면,
그 대상에 눈길(주의)이 가 있어야 한다.
그 눈길을 나의 눈 가까이로 끌어당기자.

드디어 눈길(주의)을 눈에 일치시키자.

그때, 보는 것(눈)의 정체를 파악할 수 있다.(주의가 눈 자체에 있으니까)

그렇게 정법은 눈에 감추어져 있다.(정법안장)

본래 그렇게 찾는(눈) 거기에 딱 붙어 있기 때문에,

따로(다른 곳을 보면) 찾으면 절대로 찾을 수 없다!

보는 놈을 본다는 것은?

이 공부의 핵심인, '보는 놈을 보라'고 할 때, 어떻게 보는 걸까?
'본다' 할 때는, 어떤 것을 바라보는 방식을 이른다.
그런데 '보는 놈을 본다!'는 대상을 바라보는 방식이 아니다.
바로 이러한 점이 어렵게 여겨질 것이다.

예를 들어, 감각은 어떻게 느껴지는가?
맛을 느낄 때, 맛과 맛을 아는 놈이 마치 하나인 듯하다.
비교적 분리감이 적다.
그러나 이것도 보는 놈을 보는 방식과는 거리가 멀다.

자각이라고도 표현할 수 있지만, 분별심의 자각과는 다르다.
자각이 스스로를 자각하는 것인데 마치 내가 팔을 움직일 때의
느낌(감지)과 유사하다.
팔을 움직일 때 움직임의 느낌은 어떠한가?
외형적인 팔의 동작을 바라보는 것과는 달리,
팔 근육의 미세한 움직임을 팔에서 느끼지 말고, 마음에서 느껴보라!
즉, 팔을 서서히 움직이되, 움직이는 느낌(감)을 팔에서 느끼지 말고,
마음의 미묘한 움직임으로 느껴보라.
이번엔 손가락을 조금씩 움직여보라!
마음에서 손가락의 움직임이 느껴지는가?
이번엔 생각을 일으켜보라, 생각의 움직임이 느껴지는가?

느껴지는 부위가 마치 액체 같은 것이 움직이는 것으로 감지되는가?
이번엔 어떤 이미지(심상)를 만들어보라! 이미지가 보이는가?
이미지가 생겨난 곳(마음공간)이 보이는가?

물속에서 몸을 조금씩 움직여보면, 물과 몸이 하나 되어 분리감이
없는 것처럼 느껴진다. 마치 물이 움직이는 것처럼 느껴진다.
깨닫게 되면 나와 우주가 하나 되어 함께 움직이는 것이 이와 같다.

또 다른 방법으로는, 이렇게 살펴보자!
아는 놈(자각)이란 과연 무엇인가?
바라보는 놈은 자각이면서 동시에 아는 놈이다!
통상 아는 놈에 대해선 세밀하게 따져보지 않는다.
그저 안다고 여긴다. 하지만 아는 놈이, 과연 어떤 놈이냐고
묻게 되면 순간 모호해진다.
즉, 모른다.

그럼 어떻게 해야 할까?
우리가 일반적으로 깨닫는다고 할 때는
몰랐던 사실에 대한 내용을 알게 되었다는 것을 의미한다.

마음을 깨닫는다는 것은, 보는 놈 스스로가 무엇인지를
깨닫는 것인데, 마음의 질(성품, 본성, 진여)을 깨닫는 것이다.
마음의 질은 일반적인 거친 모습과는 대조적으로 아주 미묘하게(무상) 있다.
공부에서는 모습으로 포착할까 염려하여,

아예 모습이 없다(무상)고 일러준다.
이를테면 허공같이 실재한다.

이것은 정확하게 보는 놈에서 확인할 수 있다.
먼저, 보는 놈 속으로 들어간다.
즉, 주의를 대상에서 거두어들여서, 보는 놈으로 귀속시킨다.
본래 주의(주시)점은, 늘 밖의 대상에 가 있다.
주의를 보는 놈에게로 회수하는 것이다.
본래 보는 놈의 촉수의 기능을 하는 것이기에,
주의가 보는 놈으로 거두어들여서 닿게 되면 보는 놈과 하나 되고,
거기서 비로소 마음이 확인되는 것이다.

물론 처음엔 스스로에게로 향하지 못할 수도 있다.
늘 밖을 보던 버릇이 고착된 탓이기도 하고,
또 한편으로는 스스로를 볼 수 있는 능력이 아직 없기 때문이기도 하다.
때문에 수행이라는 것이 필요하다.
수행은 바로 그러한 능력을 키워가는 것이다.

깨달음이 무엇인가?

남보다 먼저 깨닫고 싶은 사람은 깨달음이 무엇인지 알아야 한다.
대개 깨달음이 무엇인지를 제대로 모르고
무턱대고 깨달으려고만 한다. 그렇기 때문에 깨닫기가
어려운 것이다. 당연한 이치이다.

그렇다면 깨달음은 무엇인가?
내가 보고, 듣고, 느끼고, 생각하는 이것이 깨달음이다.
그런데 이것이 깨달음이라는 것을 모른다.
그러니까 역시 확인이라는 과정이 필요한 것이다.
그럼 어떻게 깨달을까?

보는 것이 무엇인지?
듣는 것이 무엇인지?
느끼는 것이 무엇인지?
생각하는 것이 무엇인지?

결국 '하고 있는 이것'이 무엇인지를 보면 된다.
이를테면 무언지 모르지만 분명 '~하고' 있다.(보고 있다/듣고 있다)
이렇게 '~하고' 있는 이것이 무엇인가?
이것이 마음이요, 진실이요, 불성, 진여이다!

이!것!이란?

이!것!은, 이것이라는 말에서 의미를 빼고, 소리를 빼고
남는 그 무엇이다.

과연 무엇이 남을까?
말의 첫 부분에서 잘 드러나기에, 지금 막 생하는 움직임을
곧장 확인하라는 가르침이다.
그것은 모양 없는 움직임이지만… 그것으로 인해서 소리가
생겨나고, 이어서 의미가 부가된다.

물론 그 머리 부분을 꽉 붙잡기만 하면… 그것은 언제나 있다.
말 이전에도, 말을 하고 있는 동안에도, 말이 끝난 뒤에도,
늘 그렇게 실재한다.

다만 모양 없이 있음이니, 지금 즉시 회광반조하면 된다.
찾고 있는 그놈이, 찾아야 할 그놈이다!

무엇을 어떻게 해야 깨닫나?

깨달으려는 마음을 살펴보라!
사실, 그대가 이미 그 자체인데, 달리 깨달음이 뭐냐고 찾는 순간에
엉뚱한 곳을 바라보고 있다.

지금 그렇게 찾고 있는 그것이 무엇인가?
뭐냐고 묻고 있는 그것인데도, 그렇게 묻고 있는 그것을 보지 않고,
눈길은 그 무언가로 향한다. 찾고 있는 그 자체가 찾아야 할
그것임에도 불구하고 온 천지를 헤맨다.

찾는 것에 지쳐야만 비로소 찾는 것을 그만 포기하고,
밖을 향하던 눈길을 그제야 거두어들인다.
눈길을 완전히 거두어들이고 보면, 본래부터 있던 스스로의
눈에 머문다. 스스로의 눈을 새삼 확인하는 순간이다.

확인하기 전에도 그 눈은 늘 거기에 있었고,
다른 곳을 보고 있을 때에도 그 눈을 떠난 적이 없었다.
사실, 떠나려야 떠날 수 없는 것이다.
그것이 너무나 가깝게 있기에,
오히려 전혀 떨어져 있지 않았기에 볼 수가 없었던 것이다.
대상을 보고 있는 그놈인데도… 대상에만 마음이 홀려 있기에,
보고 있는 그것을 놓친 것뿐이다!

스스로 존재하는 것!

스스로 존재하는 것은 나와 우주의 근원이다.
이것을 신이라고도 하지만, '신'이라고 설정하면
자칫 나와 별개인 위대한 존재로 착각할 수 있다.
한바탕인 근원에서 이런저런 인연으로 형상이 드러난 것이
현상적인 우주다.
이러한 근원을 모르기에 드러난 형상을 각각의 개별적인 존재로
실체화한다.
그러면 어떻게 해야, 모든 것이 본래부터 한바탕이라는 것을
확인할 수 있을까?

보고 아는 놈이 있다.
그것을 주관이라고 하지만, 그 주관마저도 보고 아는 놈이 있다.
그러니까 모든 것을 보고 아는 그것은, 물건처럼 대상으로
파악할 수 있는 것이 아니다.
모든 것을 보고 아는 그것이 나와 우주의 근원인 마음이다.
그 마음은 스스로 존재하는 것이다.

그 마음이… 보고 듣고 생각하고 말한다.
그것은 언제나 시작하는 곳에 존재하는데도 사람들은
끝부분에 눈길이 가 있다.

이를테면 스스로 생각을 일으키고는 일으키는 그것을 보지 않고,
생각의 내용인 끄트머리만을 본다.
스스로 말을 만들어내고… 말을 만드는 그것을 보지는 않고,
음성이나 음성이 해석된 의미에만 눈길이 간다.
지금 이 글을 보고 있는 그것을 놓치고… 보고 있는 것에 의해서,
보이는 글자의 모양과 뜻만을 헤아리고 있다.

그것이 뭘까?
그놈이 지금 그렇게 질문을 하는구나!

VIII. 완전한 깨달음의 길

공
부
체
험

1

공부체험!

이 공부가 익어가는 과정에서 흔히들 체험하게 된다.
공부체험은 기존의 의식 상태가 변화하는 경험이다.
쉽게 말해서, 눈앞에 보이는 사물이 지금까지와는 다른 것으로
보이는 인식의 변화와 변화된 마음의 상태에 관한 진술이다.

하지만 점진적으로 의식이 변화하는 경우에는
딱히 체험이라고도 할 만한 것을 느끼지 못한다.
예를 들어, 오랫동안 병으로 고생했던 사람이 약을 먹고
단박에 건강을 회복했다면, 회복하는 과정을 체험할 것이다.
서서히 나았다면, 건강을 회복하는 과정에서 딱히 회복 체험을
느끼지 못하는 것이다.

또 체험한 것을 다시 체험해보려는 사람도 있다.
왜냐하면 그 체험이 황홀감으로 다가오기 때문이다.
황홀감은 생겼다 사라지는 경계이다.

참된 지복감은 존재의 실상을 깨닫고 누리는 자유로움, 평화로움이다.
그것이 일상에서 함께하는 평상심이다!
중요한 것은 '지금 건강한가?'다.
즉, '지금 존재의 실상을 깨닫고 있는가?'다.
옛날에 그러한 체험을 한 기억을 회상하면서 그것에 대입하는 것이

아니라, 지금 깨어 있어야 한다!

그리고 체험에 관한 진술을 참고로 삼아야 한다.
체험은 사람마다 다르기 때문이다!

체험의 차이들!

이 공부를 해나가면 어느 순간에 의식의 질적 변화가 일어난다.
우리의 의식은 참으로 묘해서, 노력에 상관없이 문득 의식의
변화를 경험하기도 한다.

어쨌든 의식의 질적인 변화가 일어날 때, 우리는 그런 의식 상태를
체험한다. 그 체험은 공부인마다 다르게 나타나는데… 의식의
질적 수준의 차이에 따라, 그리고 동일 수준이라도 깊이가 다르다.
여기에서는 생각이 문득 사라지면서 드러나는 공 체험(시원영역)을
전제로 설명한다.

1. 살다보면 그냥 문득 그 같은 경험이 일어나기도 한다.(바람이나
   기대가 없기에) 그때의 체험이 의식 깊이 각인되어 잊히지 않는다.
   그리하여 그 상태가 무엇인지 알려는 공부여정이 평생 이어진다.

2. 공부 초기에 의외로 쉽게 이 같은 체험이 일어난다.
   그러나 그 체험이 주는 진실을 확인하고 확고히 하기에는,
   의식의 준비가 되지 않은 상태이다. 이때는 그 체험이
   그냥 스쳐 지나간다. 그렇긴 하나, 의식 깊이 각인되어 있다.
   하지만 지금 이 순간에 실현하지 못한다.

3. 체험이 제법 확고하지만, 그래서 그 체험이 지속되긴 하지만,

왠지 확연하지 않다. 마음이 편안한 상태이지만,(심해탈)
아직 그 자체가 무엇인지 분명치 않은 경우(혜해탈)다.

4. 일반적으로, 한 번의 공부체험으로 완성되는 것이 아니다.
   체험이 있기 전의 공부가 헤매는 상태라면, 체험 이후의 공부는
   관문을 통과한 상태다. 물론, 충분히 준비가 된 사람은
   체험과 동시에 깨달음이 확고해질 수도 있지만,
   대개는 점진적으로 의식이 성숙되는 과정을 밟는다.

총체적으로 설명하면…

체험이 일어나지만, 그 체험을 충분히 수용할 만큼
성숙되어 있지 않으면, 그 사람의 평균적 의식 수준으로 복귀한다!
그리고 다시금 공부를 통하여 의식은 성숙하며
완전한 깨달음으로 나아간다.

만약 의식이 전반적으로 건강하지 않으면,
상위 체험을 한 것이 그 사람의 평균적 하위의식 수준을
강화하기도 한다.
그러면 오히려 에고가 부풀려져서 사이비 교주가 된다.
이 사람은 깨달음을 일별했기에,
법을 설할 때에는 매우 그럴듯하게 하지만,
오히려 에고의 성향이 강화되어 사리사욕을 채우는
방향으로 나아간다.

우리의 의식은 성장한다. 그 궁극은 깨달음이지만,
또 다른 측면의 의식도 부단히 발달한다.
존재의 실상을 깨닫는 영성(불성)이 발현되는 것으로
이 공부가 끝나지 않고,
다른 의식의 기능도 발달한다.(도덕성, 성심리, 대인관계, 정서, 인지 등)
이는 우리의 의식이 복합지성이기 때문이다.

끝없는 향상일로만이 있을 뿐이다!

의식의 전환은 상상불허!

깨달음이 막 생겨날 때, 그러니까 깨닫는 순간에
무엇이 어떻게 될까?
그것 참, 궁금하지 않을 수 없다.
깨닫는 순간에 벌어지는 과정에 대한 이야기를 들어보면
그 사람의 깨달음 수준을 알 수 있다.

먼저 중요한 점을 지적해보겠다.
열심히 노력한다.
그러나 그 노력은, 노력의 막바지에서 노력하고자 하는 의지(의도)마저
소멸되는 지점이 온다.
이때 예기치 않았던 의식의 전환이 이루어진다.
이러한 의식의 전환은 상상불허다.
그 어떤 상상도 맞지 않는다.
왜냐하면 상상한 것은 의식이 가공한 산물이기 때문이다.

전혀 예상할 수 없는 이유는,
결국 생각의 소멸과 함께 일어나는 것이기 때문이다.
보통 우리는 생각이 사라지는 경험을 할 수도 있다.
하지만 그때에도 내면의 생각은 사라지지 않고 있다.
깨달음은 내면의 무의식적인 생각까지 끊어져야 일어난다.
온통 순수한 한마음 바탕이 온전히 드러나는 순간이기도 하다.

그렇기 때문에 깨달음이 저절로 일어난다고 한다.

나의 노력(의도)이 있는 한, 그것은 하나의 무의식적 생각이

혹은 생각의 뿌리가 남아서 작동하고 있기 때문이다.

(물론 공부과정에는 열심히 노력을 해야 한다)

그러니 모든 가르침이 입구까지는 안내하지만,

들어가는 것은 각자의 몫이다.

사실은 들어가는 것이 아니다. 빨려든다고 하는 것이 옳다.

하지만 체험이 일어나는 과정은 사람마다 다르니 그저 참고만 할 것!

의식의 전환은 이해가 깊어지면서, 언제 그렇게 변용되었는지도 모른 채

깨달아 있는 경우도 있고, 돌연 일어나는 경우도 있다.

깨달음 체험에 대한 이야기는,

대체로 갑작스럽게 의식이 변용된 경험들에 관한 것이다.

깨닫는 순간에 무슨 일이 일어나는가?

공부를 해나가다가 문득 깨닫는 순간이 온다!
깨닫는 순간은 내 의식의 질적 변화가 일어나는 순간이다.

공부인에 따라, 감성적인 고양이 일어나기도 하고,
별로 느끼지 못하는 경우도 있다.
의식의 각성이 강렬해지면서 눈앞의 사물들이 이전과 달리 보인다.
돌멩이도 살아 있는 생명체임에 분명하다.
나무들은 가지와 잎에서 그전에 보지 못했던 신비한 빛을
발하는 것을 볼 수 있다.
시야에 들어오는 모든 것이 신비롭다.
일체가 살아 꿈틀거리는 생명활동임이 선명하다.

마치 신비한 나라에 와 있는 듯 실감난다.
보이지 않는 무형의 생명이 무한한 형상의 세계를 펼쳐내고 있음을
역력하게 보고 느낀다.

이전의 나라는 자의식은 사라지고,
그 자리에 허공 같은 각성이 대신하며, 전체성임을 깨닫는다.
마음은 이유 없는 자유로움과 평화로움이 자리 잡고,
그저 감사하고 고맙고 반갑기 그지없다.

윤회, 전생, 환생, 사후세계… 모두가
필요한 방편의 가르침이라는 것도 알게 된다.
이 같은 존재의 실상에 대한 깨달음은
결코 나 혼자만의 것이 아님을 알기에 함께하고자 한다.

깨닫게 되면, 의식이 어떻게 바뀌나?

깨달음은 존재의 실상을 꿰뚫어보는 눈(반야지혜)을 갖춘 것이다.
때문에 이해만으로는 의식을 일깨우는 힘이 부족하다.
이해를 넘어선 깨달음이라고 하는 이유는, 의식의 전면적인
변용이기 때문인데, 이때 의식은 어떠한 질적 변화를 겪는가?

1. 마치 눈앞에 놓인 투명한 막을 치우고 직접 보는 것 같다.
2. 그림을 바라보다가 그림 속으로 뛰어들어 그림세계와 하나가 된다.
3. 모든 존재들이 제각각 따로따로 움직이는 실체였는데,
   이제 그것들은 허깨비 같은 존재다.
4. 육체를 기준으로 내면과 바깥 공간이 하나로 통합된다.
5. 소리도 동일한 공간에서 하나되어 들리기에 분리감이 없다.
6. 마음에서 일어나는 다양한 생각, 느낌 등은 투명한 바탕에서
   생겨나는 일시적인 현상(연기 혹은 진여의 묘용)에 불과함을 보기에,
   마치 깊은 바다의 고요함이 마음중심으로 자리 잡고
   그 위에 파도가 일렁이는 것으로 보게 된다.
7. 한마디로 온 우주가 진여라는 미묘한 궁극적 실재의 바닷속임을
   본다.(바다 밖은 없다)

이해하는 정도의 공부는 이러한 의식의 변용이 미약하다.
때문에 의식의 변용을 가져오는 수행이 필요한 것이며
수행과정을 통해서 깨달음의식이 된다!

깨달을 때, 의식에는 무슨 일이 일어나나?

궁금한 것 중에 하나가, 깨닫는 순간에 마음에 무슨 변화가
일어나는가이다.

주객이원적인 인지방식이 주객합일이 됨으로 인해서,

1. 저기 밖의 소리가, 여기 내 안에서 들린다.
2. 눈앞의 대상들도 생전 처음 보는 것으로 느껴지고, 생생하며
   또렷한 모습으로 새롭게 보인다.
3. 머릿속은 텅 비고, 텅 빈 그곳에서 회오리바람이 일듯
   생각이 생겨나고, 생각 속이 투명하게 훤히 보인다.
4. 생각하지만, 생각 없이 그냥 인지하는 것 같다.
5. 마음속 일은 마음속 일이고, 바깥일은 바깥일이면서도,
   동일한 한바탕임이 분명하다.
6. 텅 비어 있으면서도 꽉 찬 것이라서 공간이라고 할 수도 없다.
7. 시간이 멈춘 적막이 있을 뿐이지만, 지금의 현상을 중심으로
   전후를 연결하면 연속적 변화로 보인다.
8. 감정도 섬세하게 깨어나면서 음악이나 미술 분야에도 이전과 다른,
   그러니까 좀 더 깊은 맛을 느끼게 된다.
9. 이전에 느꼈던, 분명하지는 않지만 왠지 모를 부족감,
   외롭고 쓸쓸함, 허전함(공허감) 등이 사라지고 동시에 충만감으로
   가득하여 저절로 배짱이 두둑해진다. 섬세하면서도 강인함이

함께한다.

10. 오래된 기억도 생생하게 재생되기에 오래전에 여행한 곳도 바로 어제 일처럼 느껴져서 굳이 떠나고 싶은 마음도 없다.

이러한 마음은 허공 같아서 자유롭고, 평화롭고, 자연스럽다!

소리만 있다!

공부를 해나가다보면,
어느 순간에 '소리만 있구나!' 혹은
'소리만 있고 소리를 듣는 내가 없구나!' 의 경지가 나타난다.
공부의 전환점을 맞이하게 된 것이다.

이러한 체험은 무엇을 말하는가?
이전에는 '소리'가 있고, 그 소리를 듣는 '내'가 있음이 당연하였다.
이것은 소리를 듣는 현상을, 생각이 '소리'와 '듣는 나'로
나눈 것이다.(이것을 분별이라고 한다)
즉, 생각이라는 필터를 끼워서 해석하고 있는 것이다.

그러나 지금 이 순간에 소리를 주의 깊게 들어보면,
분명히 소리라는 현상만 있음을 알 수 있다.
그런 소리가 감지된 이후에, 생각이 끼어들면서 소리와, 소리를
듣는 나로 구분해낸다.

쉽게 우리의 경험을 예로 들어보자!
갑자기 "꽝!" 하는 소리를 들었다고 치자. 그 순간에는 '꽝!'만 있다.
깜짝 놀라서 정신이 없기에, 차분하게 생각이 개입되어
'오, 그래 저기에서 꽝! 하는 소리가 났구나!' 로 해석할 틈이 없다.
어디에서 소리가 났는지 어리둥절하다. 즉, 소리만 있는 상태다.

그런데 이 공부를 하면 의식이 발달한다.
주관과 객관의 바탕의식이 계발된다. 왜냐하면 의식은 본래
한바탕이기 때문이다.(자증분)
다만 기능상 주객으로 분화된 것뿐이며,
본래 동일한 의식이기 때문이다. 그래서 공부의 한 고비를 넘길 때,
의식의 변화를 그런 식으로 스스로 경험한다.

왠지 오늘은 예전에 들던 소리와는 느낌이 다르다!
저기에서 들리던 소리가 바로 귓가에서 울린다!
마치 모노 스피커에서 스테레오 돌비 시스템으로 전환된 것 같은
입체음향이다. 와우! 신기하네. 도대체 이게 뭔 조화여?
그 순간에, 그토록 따라다니며 나서던 '나'라는 놈이 사라지고 없다!
소리만 있구나!

소리와 소리를 듣는 내가 하나로 된 것이다.(주객합일 혹은 계합)

즉, 주객을 이루는 바탕의식이 드러난 것이다.
이 정도만 되어도 살맛 난다. 분열감이 사라지고 마음은 고요해진다.
웬만한 경전이나 어록도 쏙쏙 소화된다.
하지만 진짜 공부는 여기서 한 걸음 더 나아가야 한다!
소리와 내가 하나인 그놈이 뭐냐?
바로 이것이 아직은 해결되지 않은 상태다.

'뭐냐?가 곧 뭐!냐!하는 이놈이구나!'라는 깨달음으로 이어질 때까지!

경험만 있을 뿐이라고?

어느 유명한 선사가 깨달은 후에,
"종소리를 들을 때 돌연 '나'도 '종'도 없어졌다.
단지 종소리만 있었다!"고 하였다.

물론 이 말이 뜻하는 바를 모르지는 않으나,
솔직히 질이 떨어지는 표현이다. 아직 초보적이다!

주객합일 체험을 바야흐로 막 일별할 때에, 종소리와 종소리를 듣는
'나'가 하나 되는 경험이 강하게 부각된다.
즉, 분리감 없는 하나의 상태인 '종소리'만으로 감지된다.
막 일별할 당시엔 '분리감 없는 경험이라는 사건'으로 강하게
자각되기에 하는 표현이다!

점차 공부가 더욱 익어지면서,
종소리의 본성(성품)이 확연히 드러난다!
이때에는 "종소리만 있다"에서 "마음(진아, 진여, 불성, 도)만 있다"라고
하게 된다!

나아가 공부가 이쯤 되고 보면,
종소리는 종소리인 동시에, 마음임을 분명히 깨닫는다!
종소리는 연기적(공) 존재인 동시에, 진여연기임을 분명히 깨닫는다!

느낌으로 확인하려는 것이 문제다!

대개는 깨달음을 마음의 어떤 상태(합일의식)로 이해하고는,
그러한 느낌에 집착하는 경향이 있다.
물론 깨달음의 마음 상태란 것이 없지는 않다.
주객으로 분열되어 기능하던 의식 상태에서,
주객이 한바탕으로 통합된 의식 상태는 사뭇 다르다.
보이는 것, 들리는 것, 생각하는 것 등이 새로운 감각,
지각으로 재구성된다.

그렇기 때문에 이러한 체험의 첫 일별에서 이러한 심적 상태를
느낌의 측면으로 감지하고는, 이후에 그러한 느낌을 되살리려는
쪽으로 시도한다.
이를테면 황홀함, 지복감, 감사함, 신비함, 야릇함, 눈앞이 환해진,
사물이 싱싱한 모습으로 보이는, 머릿속이 텅 빈,
우주와 하나된, 내가 사라진… 등등.

느낌은 사라진다. 생한 것은 반드시 멸한다. 제행은 무상이니까!
핵심은 반야지혜이다.
존재의 실상을 꿰뚫는 눈(반야지혜)을 떠야 한다.

막 깨달았을 때의 강렬해 보이던 느낌들은 시간이 지나갈수록
차분해진다.(안정된다)

물론 존재의 실상을 체득한 마음은 이전과 다르다.
반야지혜를 갖춘 마음이기 때문이다.

오랫동안 아팠던 사람이 어느 날 씻은 듯 낫게 되면
그 순간에 건강한 상태가 어떤 것인지에 대한 실감이 고조될 것이다.
그러나 이후에 계속 건강하게 되면 그러한 강렬한 느낌은 일반화된다.
무디어진다기보다는 익숙해진다.
그리고 건강하게 살아가는 일만 있다.

존재의 실상을 자각하는 반야지혜를 발현해야
깨달음이라는 의식이 늘 함께한다.

깨달음은 신비한 느낌이 아니다!

깨달음은 마치 무릉도원에 온 것처럼 신비한 느낌을 주기는 하지만,
느낌 그 자체가 중요한 것은 아니다.
진실한 모습을 보았을 때 진실의 세계가 본래 그러한 것이다.
지금까지의 세계를 진짜 세계로 믿고 살아왔는데,
정작 깨닫고 보니 전혀 다른 세계인 것이다.
환상의 세계인 것이다.
이럴 때 얼마나 이상한 느낌이 들까?
이러한 느낌은 진실에 눈뜬 것에 연유한다.

그런데 경우에 따라 이러한 신비하고 기이한 느낌을
곧 깨달음으로 착각하는 경우도 있다.
이러한 것은 의식의 상태에 따라 여러 가지로
나타날 수 있는 현상들이다.
물론 이러한 느낌이 공부에 박차를 가하는 방향으로
도움이 될 수도 있다.
그러나 기이한 느낌에 사로잡히면…
그러한 느낌을 얻기 위해 별별짓을 다하겠지?

깨달음은 존재의 실상이 무엇인지를 분명히 체득하는 것이다!
그렇다면 존재의 실상은 무엇이란 말인가?
일체의 존재가 연기적 존재, 즉 환과 같은 존재라는 말이다.

허공 같은 진여의 세계만이 참되고, 그러한 생명으로서의 허공이
이런저런 모양세계를 만들어 내는 것이다!
그러니 진여에서 연기한 현상적 존재인 것이다.

만약 모양에 속지만 않는다면, 모양이 모양이 아니라 진여인 것이다!
금두꺼비가 두꺼비라는 형태는 환과 같지만, 그 자체는 금인 것처럼!

마음이 스스로를 자각함이 깨달음이다

마음이 자기 자신을 자각함이 깨달음이다.
이를 영각성·원각성이라 한다.

공부를 하다보면, 간혹 어떤 경계를 만날 수가 있다.
어떠한 경계를 체험해도 정확하게는 아직 확철한 깨달음이 아니다.

이를테면, 체험해보니 "거기에는 아무것도 없다! 어떤 것도 없다!"
라고 한다고 해보자. 이러할 때, 엄밀하게는 이것 또한 경계이다.

한 번 더 눈을 떠야 한다. 아직은 아니다!
아무것도 없다는 것은, 지금까지 보아왔던 경계상들이 사라진 상태를
경험한 것이다. 그러나 이것 또한 넘어가야 한다.

마음이 마음 스스로에게 정확하게 초점이 들어맞으면(적중),
그렇게 되면, 결코 아무것도 없다는 말을 하지 못한다!
없다고도, 있다고도 하지 못한다. 그러나 바로 여기에 진실이 있다.
왜냐하면 존재의 실상이 있지도, 없지도 않는
묘한 것임을 깨닫기 때문이다.
그래서 이것을 진공묘유, 중도, 공가중 등으로 묘사한다.

실로 체득해보면 그러하다.

그냥 깨어 있는 그 자체다!

또랑또랑 그 자체이다!

이것이 공(空)이다!

이것이 마음이다!

이것이 법이다!

이것이 마음이 스스로를 자각함이다!(영각성 · 원각성)

이것이 마음이 자기 자신을 자각함이다!(원각성 · 영각성)

이리하여 모든 현상 또한, 모두 이것임을 깨닫는다.(일진법계)

선정과 깨달음

붓다 당시부터 요가식의 선정이 있었다.
물론 요가식 선정수행의 역사는 그 이전으로 한참 거슬러 올라간다.

붓다는 선정으로 깨달음을 얻지 못하였다.
그는 무소유처, 비상비비상처, 멸진정이라는,
선정으로 가능한 최고의 경지까지 가보았지만
결국 깨달음을 얻지 못하였다.
그러한 선정이 주는 효과는 인정했지만(마음을 편안하게 하는 심해탈)
존재의 실상을 깨달을 수는 없었던 것이다.

그에게는 왜 인간이 생로병사하느냐가 문제였다.
이러한 문제가 그러한 선정의 경지에서 해결되지는 않았다.
그리하여 붓다는 존재의 이치에 대해 깊이 사유하게 되었고,(관)
결국 연기법을 깨닫게 되었다.
연기법을 깨닫는다는 것은,
존재의 실상이 무엇인가를 깨달았다는 것이고,
이것은 지혜이다.
달리 말하자면 지혜가 발현된 마음이다.
이는 마음이 스스로에 대해 자각했음이다.

결국 정과 혜를 갖추는 것인데…

정은 선정으로 힘을 얻을 수 있고,

혜는 연기법을 통찰함으로써 얻는다.

여기서의 핵심은 선정을 통해서는 혜의 발현이 어렵다는 점이다.

설사 혜의 발현이 일어난다고 하더라도 불완전하다.

이래 가지고는 무분별후득지(無分別後得智)라고 하는

성불까지는 어렵다고 할 것이다!

공을 체득한다는 것은?

흔히 저지르는 미세한 착각이 있다.
공을 체득한다고 할 때, 삼매 상태에서의 순수 공만을
의미할 때가 있다.

그러한 공은 '공무변처-식무변처-무소유처-비상비비상처-멸진정'에서
말해지는 것이다.
물론 그것이 순수한 공(식)이라고 할 수도 있겠다.

하지만 그래서 어떻다는 것인가?(이 점이 중요하다)

순수 공이 그런 것이라면, 지금의 현상은 무엇이란 말인가?
이러한 것을 깨닫는 것이 바로 지혜(반야)다.
결국 공이 곧 색, 색이 곧 공임을 아는 지혜다.
이는 불이법이라고도 한다.

분명히 알아두어야 할 것은, 공을 체험했다고 할 때,
진실한 공은 곧 색임을 아는 지혜가 함께해야 한다.
만약 그렇지 않다면 그것은 한낱 그렇고 그런 체험에 불과할 뿐이다!

공체험이란?

공체험은 무엇을 말하는 것인가?
일체가 공(비어 있음)임을 깨닫는 체험을 하는 것이다!

그런데 이러한 공체험을 잘못 이해하는 경우가 많다.
대개는 공체험을, 의식이 텅 비었을 때, 식이 텅 비었음을
자각하는 것으로 오해한다.
이것은 하나의 경계체험이다.
초기불교에서 말하는 '공무변처' 경계체험이다.
그리고 '식무변처-무소유처-비상비비상처',
이렇게 식의 다양한 상태를 경험하는 체험을 소개하고 있다.
(그래서 '처'가 붙어 있다)

중요한 것은 이러한 식의 깊은 경지체험이
깨달음이 아니라는 데 있다. 왜 그런가?
반야지혜가 없기 때문이다!
그리하여 붓다는 식의 경계체험을 접고,
깊은 사유를 통하여 연기법을 깨닫게 된다.
일체의 존재가 연기(공)라는 것을 증득한 것이다.
이는 반야지혜다!
결국 식의 공무변처는 깨달음으로 가는 여정에 불과하다.

그리하여 깨닫게 되면, 내면을 관조할 경우 언제나 공(순수의식)임이
확인된다. 외부를 관하면 일진법계다!(공과 색이 원융한 것)
물론 내부·외부가 따로 없지만 굳이 설명하자면 그렇다는 것이다!
때문에 진정한 의미에서 공체험은 하나밖에 없다.
붓다는 해인삼매, 일진법계(공체험)를 체득했다.
아공·법공은 웃기는 말이다. 그것은 후대에 만들어진 것이다.

아공(심해탈)이란, 감성적 장애(번뇌장)인 탐과 진이 정화되어
내면이 고요해져서, 편안한 마음 상태이다.
하지만 아직은 지적장애인 소지장이 해결되지 않은 상태이기에
미진함이 남아 있다.

지적 장애는 반야지혜가 생김으로써 해결된다.

근원적 문제는 존재의 실상을 모르기에 생겨난 무명이다.
그것을 반야지혜로 철견한 것이야말로
진정한 공체험이라고 할 수 있다!

아무리 충만감으로 가득해도

때론 깨달음은 감성적으로 표현된다.
가슴 벅찬, 무어라 말로 표현하기 어려운 감격스러움,(충만감)
그리고 생생한 실재감, 지복감 등이다.
그것을 맛보았을 때 사람마다 그 감흥은 매우 다양하다.
그러나 중요한 것은 존재의 실상이 무엇인가다.
이것이 분명하지 않으면 솔직히 그것은 하나의 체험에 불과할 뿐이다.

물론 일반적인 체험과는 다르다. 하지만 아직은 미흡하다.
궁극적 실재가 무엇인지에 대한 명확한 지혜가 발현되지 않았다.
때문에 엄밀히 그것은 아직 깨달음이라고 할 수 없다!
그러기에 지혜가 분명할 때까지 중단 없는 공부가 요구된다.
이때 발심의 질이 떨어지는 자는 중도하차할 것이다.
어쩔 수 없다. 아쉽기는 하지만 그는 그 정도 그릇이기 때문이다.

또 한 가지, 이 공부를 해나가다가 마음에 상처를 받아서
잘 삐지는 인간은 아예 처음부터 공부를 접어라. 다른 길도 있다.
이를테면 '박티(헌신)'의 길을 가라!

지금 여기서 제시하는 길은 지혜의 길이다.
지혜의 길을 걷는 자는 이 길에 합당한 자질이 필요하다!
누구나 갈 수 있는 길이지만, 누구나 해내기는 어렵다!

의식의 질적 변화에 대하여

공부가 깊어지면, 의식에도 질적인 변화가 일어난다.
변화가 점진적으로 완만하게 일어나기도 하고,
급격한 변화를 겪기도 한다.

의식의 급격한 질적 변화를 겪은 사람들의 체험이 흔히 알려져 있다.
체험에 관한 것은 한편으로 공부를 촉발하기도 하지만,
반대로 꼭 그 같은 체험을 해야 한다는 강박증도 심어준다.
그냥 참고하는 정도로 듣는 것이 좋다.

어쨌든 의식의 질적 변화가 생겨난다.
그것도 지금까지 알고 있던 앎을 전면적으로 뒤집는 변용이다.
하늘과 땅이 뒤바뀐! 죽었다가 다시 살아난! 황홀함으로 넋을 잃은!
알 수 없는 소용돌이 속으로 빨려 들어간!

중요한 것은 체험 자체가 아니라, 그후에 일어난 존재의 실상에
대한 눈뜸이다! 눈뜸도 일시적인 것과 늘 그러한 것이 있다.

만약 일별한 것에 불과하면 과거 경험의 흔적으로 각인되어 있어서
지금 이 순간에는 그렇지 못하다. 이런 경우엔, 좀 더 수행을 해나가면
점차 지금의 것으로 되살려낼 수 있다.
그 과정에서 의식적으로 집중하면 지금 이 순간에 분명하지만,

방심하면 흩어지는 수준이 된다.

여기에서 꾸준히 수행을 지속해나가면… 따로 의식하려
애를 쓰지 않아도 늘 분명하게 되어 그 사람의 일상의식이 된다!

설명하자니 왠지 복잡해 보이지만, 그렇진 않다!

깨달음은 기억이 아니다!

깨달음은 지금 이 순간에 깨달아 있어야 한다.
그런데 어떤 사람들은, "간혹 나도 체험을 한 경험을 가지고 있다…
그것을 언제든지 기억으로 떠올릴 수 있다"라고 한다.
또한 누군가가 깨달음에 관한 이야기를 하면, 자신이 체험했던 바를
그 순간에 회상하여 대입해본다.

이러한 것은 깨달음이 아니다. 추억에 불과하다.
깨달음은, 분명히 '지금 이 순간'에 깨어 있어야 한다.
존재의 실상을 꿰뚫어보는 눈을 갖추고 있어야 함을 말한다.
이 눈이란, 한번 뜨면 감을 수 없다!
한편으론, 깨달음과 미혹 상태를 오가는 사람이 있다.
이 사람은 아직 온전히 깨친 것이 아니다. 여정에 있는 상태이다.
더욱 나아가면 확고한 반야지혜가 드러난다.
대체로 나선식 성숙과정을 겪는다.

깨달은 사람은 늘 존재의 실상에 밝은 상태에서
보고 듣고 생각하고 말한다. 존재의 본질과 현상을 동시에 꿰뚫어보는 것이다.
이렇게 존재의 실상을 꿰뚫어보는 눈을 뜨는 것이 깨달음이다.

진실을 말하자면, 누구나 이 눈을 뜨고 있다.
다만, 못ㆍ본ㆍ체ㆍ할ㆍ뿐ㆍ이ㆍ다!

체험 이후 공부

공부의 진행 정도가 사람에 따라 조금씩 차이가 나는 것 같다.

어쨌든… 본래 마음에 계합되는 체험이 있게 되면,
이러한 체험의 느낌을 가능하면 오랫동안 붙들고 맛을 봐야 한다.
처음엔 느낌이 강하기 때문에 자신도 모르게
신비한 느낌(이는 마음이 놓임에 따라 느껴지는 것임)에 치중하게 된다.
그렇기는 하나, 그러한 체험이 주는 느낌 속에
존재의 실상에 대한 지혜도 함께한다.

그래서 먼저 맛본 것을 놓치지 않도록 주의하면서,
점차 공부를 진행해간다. 경전, 어록 등을 읽을 때에도 마음 한편으로는
내가 맛보았던 체험을 잊지 않도록 한다.(물론 잊히지 않겠지만)
그리하면 점차 경전, 어록 속에서 내가 경험한 바를 환기시키는
구절과 맞닥뜨리게 되고… 더욱 감격스럽다.
그러면서 더욱 확인, 또 확인을 거듭하는 결과가 된다.
이렇게 함으로써 공부는 깊어진다.
시간이 지남에 따라, 공부가 더욱 분명해지는 것이
제대로 된 공부이지만, 희미해지는 경우도 있다.
이것은 깨달음이 확철치 못한 경우인데,
이때는 선지식과 함께 공부하다보면 절로 해결된다.

결국은 반야지혜가 발현되어야 한다.

대체로 처음에는 미미하다가 점차 밝아지는 경우가 보통이다.(처음부터 확철한 경우도 있지만)

결론적으로 첫 경험을 잘 간직해야 한다!(나중엔 그럴 필요가 없지만)

깨달음과 에고적 성향

2

성찰로 이어지는 공부!

이 공부의 논쟁거리 중 하나는,
어느 정도로 공부를 해야 깨달았다고 할 것인가이다.
완전한 깨달음은 일체가 마음뿐임이 드러난 비이원의식이다.
그런데 과연 그러한 비이원의식 수준에서, 에고적 성향은 어느 정도
극복된 것일까, 하는 점이 문제이다.

왜냐하면 깨달았다고 하면서도 여전히 칠칠치 못한 습벽을
드러내고 있는 경우가 지적되기 때문이다.
존재의 실상을 분명하게 깨달았고, 또 늘 깨달아 있지만,
왠지 좀 부적절하게 발현되는 에고적 성향이 그것이다.
때문에 이런 경우엔 거듭 성찰하면서 다듬어야 한다.

최근 심리학의 발달로 우리의 의식이 복합지성임이 밝혀졌다.
영성, 도덕성, 성심리, 대인관계, 정서, 인지가 각각 준독립적으로
발달한다는 것이다. 쉽게 말해서, 깨달았다고 해서
의식의 다른 영역까지도 저절로 성숙해진다는 보장이 없다.
바야흐로 이 공부가 끝없이 익어가는 데서 주어지는 묘미일 것이다.

제대로 깨달았다면, 어찌 스스로를 성찰하지 않겠는가?
물론 처음엔 이제 막 진실에 눈을 뜬 나머지, 속박에서 벗어난
자유로움에 취해서, 미처 다른 사람의 기분 같은 것을 헤아리는

능력이 부족하여 때때로 부적절한 상황을 연출하기도 한다.
하지만 점차 공부가 자리를 잡아 나아가면서 다듬어진다.
맑고 밝은 성품은 스스로를 성찰하며 의식의 전반적인
영역(스펙트럼)을 골고루 발달시키고자 한다.
간혹, 여기까지 나아가지 못하고 깨달음에 취해서
정신 못 차리는 경우도 있는데, 이는 건강치 못하다.

한편 공부의 완성을 위해 늙은 개처럼 되어야 한다고 하는,
웃기는 주장도 있다. 더불어 살아가기 위해 다듬어야 하겠지만,
그렇다고 개성도 없는 인간이 되는 공부는 결코 아니다!

길 없는 길!

깨달음 이후의 공부는 습기(건강치 못한 심리적 장애)를
다스리는 것이다.
존재의 실상을 완전하게 깨닫기 위해서 하는 공부와는 다르다.
그러니까 깨달음이 곧 만병통치약은 아니다.

이대로가 진실하다는 깨침 후에도,
더불어 살아가는 데에서는 여전히 문제가 일어날 수 있다.
오히려 진제적 관점에만 사로잡혀 있을 수 있다.
이를테면 '문제는 문제가 아니다!'라는 태도로 치우칠 수 있다.
여기에서도 훤칠하게 벗어나야 중도.
그렇게 되어야… 문제는 문제이면서도 동시에 문제가 아님을
보는 중도적 관점이 확립된다.

문제임을 분명하게 알기에 문제를 외면하지 않고,
문제를 해결하기 위한 방향으로 실천한다.
동시에, 실상적 측면에서는 문제라고 할 것이 없음을 꿰뚫어보기에
문제에 휘둘리지 않는다.

존재의 실상에 눈을 뜬 공부인은 중도의 길을 간다.
길 없는 길이지만, 그렇다고 길이 없지도 않은 까닭이다!

한편, 습기에 대한 논쟁이 있다.(돈오돈수냐? 돈오점수냐?)
이 논쟁은 '습기가 무엇인가?'를 정의하지 않기 때문에 생기는 문제다.

1. 완전한 깨달음을 성취하기 위해서 닦아야 할 습기.
2. 완전한 깨달음 뒤에도 기존의 습관적인 심리와 의식이
   전반적으로 미숙하기 때문에 생겨나는 습기.

의식이 성숙해지는 공부!

존재의 실상을 깨닫는 것이다.
그러나 의식이 전반적으로 성숙되지 않으면 건강치 못하다.

깨달음의식을 촉발하는 수행을 하면, 의식이 미숙한 상태에서도
일별하게 된다. 그러할 경우, 깨달음을 감당할 만한 하부의식이
뒷받쳐주지 못해서 문제가 생긴다.
가령, 어린이가 너무 일찍 어른세계를 동경한 나머지,
성인물을 접하면 문제가 생기는 것과 같다.
이 공부는, 전(前)이성 · 이성 · 초(超)이성으로의 의식발달이다.
지나치게 이른 나이에 이 공부를 접하면 오히려 건강성을 해칠 수도 있다.

도판을 어지럽히는 사람들은 주로 이 같은 문제점을 가지고 있다.
그들이 표현하는 것들을 살펴보면, 의식의 미숙함이 곳곳에서 드러난다.
표현이 미흡한 것과 미숙한 의식 상태에서의 표현…
그러니까, 미흡한 표현과 미숙한 표현은 다르다.
이 공부는 의식을 성숙시키는 공부이다.
따라서 생각을 깊게 해야 한다.
생각을 하지 않는 것이 아니라, 생각이 깊어져야 하는 것이다.

넓게 접하고, 깊이 사유하고, 사유한 것을 다듬는 글쓰기를 통해서만
의식은 성숙해진다.

간혹 단순하게 생각하라고 하는 말이 있는데…
이 말은 지나치게 생각하여 균형을 상실할 수 있음을 경계하는 말이다.

지금 선 수행(화두)이 가진 문제가
바로 생각의 기능을 퇴화시킬 위험성이다.
가령, 선어록만을 읽는 것을 고집하면
전체적인 의식의 앎에 문제가 생긴다.

의식이 전반적으로 온전히 깨어나는 공부다!
만약 그대가 하는 수행이 그대를 천박하게 만든다면…
그 수행법 자체를 검토해야 한다!

일별만으로는 부족하다!

나름대로 열심히 공부를 하다 보면 존재의 실상을 일별하게 된다.
이때가 매우 중요한 고비다.
왜냐하면 에고의 성향이 아직은 그대로 남아 있는 상태이기에,
실상에 대한 일별체험을 자기중심적 목적으로 이용하려 들기 때문이다.
자칫 그렇게 되면, 스스로 신과 같은 존재로 떠받들기를 원하고,
이를 추종자들에게 강요하게 된다. 누구나 신이라는 진실을 외면하고,
자신만을 높이려는 습성이 곧 에고의 특성이다!

무아임을 깨닫는 공부길에서, 왜 이런 일이 일어나는 걸까?
물론 역량이 부족한 사람이 공부를 제대로 해내지 못한 탓이다.
이 공부는 처음 일별한 때가 가장 위험한 시기다.
이제 막 시작된 공부를, 끝난 공부로 착각하면서 서둘러 끝낸 탓이다.
낯선 것을 익숙하게, 익숙한 것은 낯설게 하는,
푹 익히는 공부를 통해서 의식이 전면적으로 성숙한다.

심리학에서 이미 밝혔듯이, 존재의 실상을 일별한 것만으로는
부족하다. 오히려 해로울 수 있다. 공부인이 수용하기에 넘치는
공부는 스스로를 망치기도 한다. 그런 점에서, 진실을 감당할 만한
역량이 부족한 사람에게는 모르는 것이 오히려 축복일 수도 있다.

먼저, 스스로의 마음을 정화해야 하는 이유다!

깨닫고도 또다시 생각으로 돌아갈 수 있다!

열심히 공부하다가 존재의 실상을 깨닫는 순간,
또다시 생각으로 돌아갈 수 있다.
해탈지견은 존재의 실상을 깨달은 앎이다.
이 앎은 생각이 아니다. 본래의 앎이다.
그런데 그 순간에 깨달음을 상(생각)으로 분별하는 습관으로
돌아갈 수 있다. 예를 들면, '실상에는 선도 악도 없구나!' 라고
생각하면서 마구잡이식 행동을 하는 것이다.
에고의 성향이 그처럼 교묘하게 되살아나 다시 활동하는 것이다.
선악을 벗어난 마음이 되고 보면, 일체가 한바탕으로 드러나서
자리이타적 행위, 즉 지혜와 자비가 함께하는 마음이 된다.
거기에는 에고의 자기중심적 성향이 끼어들지 않는다.

이 공부를 하다가 얼핏 실상을 엿보는 경우가 있다.
그 순간은 매우 위험하다! 기존의 윤리 도덕이 무너지는,
일종의 사회적 규범의 공황상태가 초래된다.
때문에, 이 공부는 반드시 철든(성숙한) 사람이 해야 한다.
그렇지 않으면, 자신과 다른 사람 모두에게 해악을 끼치게 된다.

사이비들도 마지막 순간에 생각으로 되돌아간 것이다!
바른 견해로 공부하지 않았기에 생겨나는 잘못된 공부다.
마치 무협지에서 무공을 잘못 닦다가 생겨나는 주화입마에 해당한다!

암증이란?

암증(暗證)이란? 이를테면 나홀로 깨침을 얻은 사람이
경전이나 어록을 통해서 확인하지 않고,
스스로의 깨친 바에 취해 있는 경우이다.
마음공부의 여정에서 여러 과정(경지)이 나타난다.
때문에 각 과정마다의 경지에 머무는 경우가 비일비재하다.

공부가 제대로 된 것인지는, 스스로의 깨친 바를
경전·어록을 통해서 확인해볼 수 있다.
제대로 된 깨달음은 어떤 경전이나 어록도 막힘없이 소화한다.
만약 어떤 부분들이 소화가 되지 않을 땐, 더욱 공부를 해나가면 된다.

특히나, 공부가 되었다고 해도 지혜가 부족한 경우에는
경전·어록을 읽다가 막힐 수도 있다.
제대로 깨달았다면 스스로의 깨친 바에 의해 저절로 공감하겠지만,
그렇지 못한 경우는 글자를 해석하는 지혜가 부족하기 때문이다.
차분히 공부를 진행해가다보면 어느덧 해결된다.
그러다보면 왜 그런 말이 나왔는지,
그 말의 배경은 무엇인지 공부하게 된다.
어쨌거나, 스스로 공부를 점검하는 자세가 필요하다.
경전이나 어록 등을 통해 탁마를 하게 되면 더더욱 지혜로워진다.
만약 그렇지 않고, 혼자만의 공부로 간직하는 사람은 매우 위험하다.

깨달음도 잊어야 한다는 말에 속으면 안 된다!

깨달음의 완결편쯤을 말하는 것처럼 보이는 글 중에
매우 위험하면서도 그럴싸한 함정이 숨겨진 경우가 있다.

"아는 자는 말하지 않고 말하는 자는 알지 못한다,
빛을 부드럽게 하고, 티끌과 하나가 된다(和其光同其塵)." ─《도덕경》
"티 내지 않고 사람들을 성불케 한다. 종국에는, 깨달았다는
생각(상)마저 내려놓아야 한다." ─《십우도》〈입전수수〉

이러한 말을 듣게 되면, 아주 그럴듯해서 사람들은 또다시
망상으로 빠져든다. 참으로 생각의 뿌리가 근절되지 않는다.

생각이 생각 아님을 깨친 자는, 이러한 말을 들을 때에도
맥락을 살필 줄 안다. 위 말들은, 깨달음이 성숙한 사람들은 말없이
그저 조용히 다소곳이 미소지으며 살아가야 한다는 의미가 아니다.
깨달음은 결코 힘이 없는 것이 아니다. 깨달음은 그 무엇에도
걸림 없는 자유로움을 얻었기에 활발발하며, 진취적이며,
창조적이며, 쾌활하다.

동양적 가치관으로 깨달음을 포장하려 드는 것은,
교묘한 생각의 뿌리가 작동하기 때문이다.
물론 삶에서 드러나는 그러한 숭고하고 겸허한

아름다운 자태를 부정하는 것은 아니다.
진정으로 자유로울 때, 그가 하는 모든 행위는 자연스러움이 된다!

《금강경》에서는 '불취어상 여여부동(不取於相如如不動)' 이라는 말로
마지막을 장식한다.
이는 어떠한 상(생각, 관념을 포함한 모양을 가진 모든 것)도
상이 아님을 깨닫는 것만이, 상을 취하지 않는 것이란 의미다.

예로부터 이 공부의 완성단계 직전에 마경계가 있음을 경고하였다.
무의식(아뢰야식)에 침잠되는 것인데, 본인 스스로는 깨달음을
얻었다고 여긴다. 편안하고 안온하여 열반이라고 여기며 취해 있다.

열반경계에서도 훤칠하게 벗어나야 비로소 활발발하다.
그런 그는 이제 출격(出格) 장부가 되어
사람들을 자유롭게 하는 일에 혼신의 힘을 다한다!

깨달음에 어찌 깨달음이라는 상(相)이 있겠는가?
그것은 아직 깨달음이 아니다!

완

전

한

깨

달

음

3

구경각이란?

구경각(究竟覺)이란? 완전한 깨달음을 말한다.
깨달음이 무엇인지에 대한 개괄적인 설명은 접할 수 있지만,
완전한 깨달음에 대한 제대로 된 설명은 만나기 어렵다.
그만큼, 완전한 깨달음을 성취한 경우가 드물다는 것을 말한다.

쉽게 말해, 완전한 깨달음은 늘 존재의 실상에 밝다.
만약 어떤 사람이 깨달음을 챙겨야 할 형국이면,
그러니까 실상을 놓치지 않으려고 깨어 있고자 애를 쓰고 있다면,
아직은 완전한 깨달음이 아니다.
일상적인 의식이 불이법(비이원)의식으로 되지 않았기 때문이다.
간단하게 말하자면 이렇다. 눈앞이 분명한가? 즉, 늘 여여하게
깨달아 있기에 모든 것에서 이!것!임이 분명한가?

경에 이를 명확히 구분한 멋진 말이 있다.
보살은 조적(照寂)하고, 부처는 적조(寂照)한다!

보살지의 수준은 비록 견성은 하였지만, 아직은 완전치가 못해서
적멸을 조한다. 각성을 유지해야 하는 의도적 노력이 있다.
즉, 마음자리를 놓치지 않으려 늘 유념해야 한다.
참고로, 보살 8지(부동지)에서야 마음자리가 늘 유지된다.

그동안 깨달았다고 하는 사람을 많이 만나보았는데,
많은 경우가 완전한 깨달음에는 이르지 못했음을 보았다.
대개가 초견성 수준이며, 그보다 낮은 단계인 심해탈 수준이 많았다.
참고로 심해탈이란 탐진치에서 정서적 번뇌인 탐진이 제거된
경우에 맛보는 안심이다.

하지만 존재의 실상을 꿰뚫어보는 반야지혜가 발현되지 못했기에…
다시금 번뇌에 오염된다. 또한 설명할 수 있는 지혜가 발현되지 못했기에,
주로 감성적인 표현에 머물고 만다.

위파사나에서의 알아차림 공부는, 깨닫기 위해서 각성력을
키우는 수행이다. 분산된 의식을 '지금 여기'로 집중하기 위해서,
몸에서 감지되는 감각들에, 느낌에, 마음현상에 집중하고,
나아가 연기법을 관찰하는 것이다!

그리하여 완전한 깨달음을 성취하면 언제나 깨어 있게 된다.
보고, 듣고, 생각하고, 말하는 것에서!
보이고, 들리고, 생각하는 내용을 음미하는, 말하는 내용을 분별하는,
그 모든 것에서 성성하게 깨어 있다!

깨달으면 마음이 어떻게 되나?

깨닫고 나면 마음은 전체로 통이 된다.
무엇을 하든 분리감이 없다.
우주는 그대로 일진법계가 된다.

의식의 내면을 들여다보면 다음과 같다.
텅 빔으로 맑고 밝고 고요하다.
한생각 일으키면 생각이 일어나는 과정이 훤히 보인다.
마치 물속에서 물이 요동치는 것과도 같다.
그리하여 생각이 형성되고 사라지는 모습이 훤히 보인다.
마치 물속에서 물결이 문득 생겨나듯이 생각이 생겨난다.
미묘하지만 분명하게 보인다.
느낌이 생김도 그러하고, 의지적 작용이 일어남도 그러하다.
선가에서 이러한 움직임을 통해 성품을 파악함은 놀라운 일이다.

대체로 한소식 했다는 사람들은 의식 내에서는 분리감이 없는데,
오감각식에서, 시각상으로 펼쳐지는 세계에 대한 분리감은
좀처럼 극복이 안 된다. 눈앞에 펼쳐진 세계가 너무나
실체로 다가오다보니 오히려 이질적인 것이다

마하리쉬 왈, "마음바탕엔 저런 것이 본래 없는데,
눈만 뜨면 눈앞의 것들이 보인단 말이야?

도대체 왜 그래? 아니 저것들 뭐야?"

하하하! 마하리쉬가 그게 뭔지 몰라서 그럴까?

당황스럽다는 표현인 것이다.

연기법을 깨쳤다면 적어도 그런 말은 하지 않았을 것이다!

또한 바깥경계가 남아 있는 한 법공(法空)이 되지 못한 것이다.

아공(我空)은 내면만 공한 것을 깨닫는 것이다.

법공이 되어야 혜해탈이며 완전한 깨달음이라고 할 수 있다!

이것이 '일진법계'다!

깨닫게 되면 어떻게 되나?

깨달은 마음(의식)은 어떤 상태일까?
또한 깨달았다는 것을 스스로 어떻게 판단할 수 있을까?

간단하다!
존재의 실상이 무엇인지를 늘 분명하게 깨닫고 있어야 한다.
존재의 실상을 꿰뚫어보는 반야의 혜안이
그 사람의 평상적인 의식 상태로 자리 잡아야 한다.
만약 집중력으로 조율할 때는 반야가 현존하고,
방심할 때는 상에 미혹하다면 아직은 미흡하다.

눈앞에 있는 사물이 어떻게 보이는가?
실체적인 사물로만 보이는가? 아니면 연기적인 존재로 보이는가?
아니면 마음으로 보이는가?

더불어 스스로의 마음은 해탈되어 있는가?
존재의 실상을 꿰뚫고 있다면,
당연히 그러한 마음은 해탈된 마음에서나 가능하기 때문이다.

스스로의 마음이 무엇인지 보는가?
왜냐하면 무상인 마음이 존재의 실상이기 때문이다.

소리가 들리는 차원을 넘어서서 소리를 보고 있는가?

냄새가 보이는가?

미묘한 마음의 움직임이 보이는가?

스스로가 해탈해 있음이 자명한가?

스스로가 무아임이 명명백백한가?

스스로가 진아임을 부정할 수 없는가?

불생불멸, 불구부정, 부증불감이 무엇인지 확실하게 체득되는가?

그리하여 화두가 무엇인지 보이는가?

온통 우주가 한바탕인가?

하하하!

만약 그대가 이미 그러하다면, 그대는 깨달아 있음에 틀림없다!

궁극적 깨달음

이 공부의 궁극은 일진법계다.
일진법계는 나도 없고, 세계도 없고, 그 무엇도 없어지고…
일체가 진여임을 깨달은 것이다.

대체로 공부 초기에 공(마음)을 한번 경험하지만,
오래 지속되지 못하고 사라진다.
그러나 도무지 감도 잡히지 않았던 것에 비해서는 공부의 진전이 있다.
이렇게 촉발된 공부는 더욱 깊은 단계로 나아간다.

구경각은 늘 지금 이 순간에 깨달아 있어야 한다!
공체험을 기억으로 불러내고는,
마치 깨달은 것처럼 떠벌리는 사람도 많다.
온 우주가 내 마음(참나) 속에 있다고 표현하는 공부인도 많은데…
마음이라는 것도 사라져야 한다. 왜냐하면 아직은 미세하게
마음과 마음 아닌 것들의 경계가 남아 있기 때문이다.
마음이라고 할 것마저 사라지고 나면 온통 마음뿐인 일진법계가 된다.

이런 구경각을 성취한 사람은 내 속에 우주가,
우주 속에 내가 있다는 표현을 넘어서게 된다.
그 말이 그 말이라고 하겠지만, 미세한 차이가 있다.
마음뿐인 일진법계로 나아가야 한다!

이해와 깨달음 차이

이 공부는 존재의 실상을 깨닫는 것이다.
그 공부여정에서 먼저 바른 견해를 배워야 하고,
바른 견해에 의거하여 공부는 진행된다.
공부가 무르익으면 깨닫게 되고, 드디어 깨달음의 세계,
즉 진실의 세계가 눈앞에 펼쳐진다.

그런데 이 공부는 여느 공부와 다른 점이 있다.
공부의 막바지에서, 지금까지의 이해 수준을 뛰어넘는
의식의 역설적 변용이 일어나야 한다. 이해는 이원적인 앎이고,
깨달음은 비이원적인 앎이다. 때문에 이 부분이 깨달은 자와
이해 수준에 있는 자 사이에 있는 메워지지 않는 간격이다.
간단하게는, 말에 의지하고 있는가, 말을 넘어섰는가의 차이다.

문제는 비이원적인 앎을 이원적인 이해 수준에서 나름대로 정리하고
치밀하게 하면, 마치 깨달았다고 착각할 수 있다는 것이다.
때문에 스스로 공부 정도를 냉철하게 점검해야 한다.

점검방법은 의외로 간단하다!
눈앞의 돌멩이가 나인가?
만약 '이러이러한 이유로(때문에) 돌멩이가 곧 나이다'라고
여겨지면, 그것은 이해에 불과하다. 깨달음은 이유(생각)가

끼어들지 않는다. 돌 그 자체가 바로 나다.

예를 들어, '돌과 나는 모두 연기적 존재이기에,
돌은 곧 나'라고 이해하는 수준은 아직 깨달은 것이 아니다.
이러한 이해 수준에선, 무아가 곧 진아임을 모른다.
무아라는 이해와 진아라는 이해가 상충하기 때문이다.
이를 두고 아직 말을 넘어서지(깨달음) 못했다고 하는 것이다.

이해 수준(망상)을 넘어선 깨달음(실상)의 세계에선 일체가 실상이다.
즉, 제상이 비상이다. 본래 비상이지만, 미혹한 자를 위한 일깨움이다.

모든 가르침은 존재의 실상을 깨닫도록 일러주는 방편이며,
동시에 진실이다! 미혹하면 가르침이 방편으로 여겨질 것이요,
깨닫고 보면 방편이 곧 진실이다!

본질을 꿰뚫어본다!

불이법으로 완전히 체득되려면(묘각)
걸림돌인 생각(망상)에서 자유로워야 한다.

생각할 때에, 생각에만 빠져 있어 생각이 생각일 뿐이면, 망상!
생각이지만, 동시에 마음임이 분명하면, 진상!

이를 구체적으로 밝혀보면 다음과 같다.
완전한 깨달음인 묘각이 되고 보면,
어떠한 경계라도 그 정체(본질)를 동시에 꿰뚫게 된다.
마치 눈이 와서 세상이 온통 눈밖에 없을 때,
그 눈을 가지고 무엇을 만들어도 그러한 형상에 속지 않고,
눈이라는 것을 명백히 아는 것과 같다.

이것이 의식에서는, 마치 밝게 본질을 꿰뚫어보는(지혜)
불빛이 켜져 있는 것과 같다. 그리하여 무엇을 보거나, 듣거나,
만지거나, 느끼거나, 생각하거나 무엇을 하든 늘 그러하다.

이를테면 생각할 때에는, 생각을 하면서도 동시에 생각이
무엇인지를 안다. 달리 말하면, 마음이라는 물속에서(허공 속에서)
물이 움직이는, 물이 하는 일임을 명백하게 본다.('안다'라는 말보다
'본다'라는 표현이 타당하다)

그렇다고 보는 눈이 따로 있는 것은 아니다.
물 전체가 보는 능력이 있고, 물 전체가 이런저런
경계·현상·모양으로 변화한다. 그렇지만 물일 뿐이다.
그러기에 불이법(색 즉 공, 현상 즉 본질)이다.

아직 생각 그대로가 마음인지 모르겠다면, 더욱 열심히 공부하라!

궁극적 실재!

사물이 환으로 보인다는 것은
고정된 실체로 보이던 것이 드디어 실체가 아니라는
자각이 생긴 것이다.

실재하고 실감나는 사물들이, 헛것이라는 것을 보게 된다.

지금까지 실체로 알고 있던 것이,
실체가 아니라는 의미에서 환(실체 아님)이다.
바로 이렇게 환으로 분명하게 보이게 되면,
동시에 그러한 환이 나타나 있는 공간도 보이게 된다.
지금까지는 공간은 아무것도 없는 것으로 여겨왔는데,
이제 그 공간은 살아 있는 공간으로 보인다.
바로 그 허공 같은 진공에서 환상 같은 형상이 나타난 것이다.

이제 비로소 모든 진실이 분명해진 것이다.
궁극적인 실재(참존재)는 허공 같은 진공(진여)이다!

우주가 바로 이 허공 같은 진공에 나타나 있는 것이다!
우주는 곧 진공 스스로가 우주라는 형상으로 나타난 것이다!

깨달음은 반야지혜가 생긴 것!

반야지혜란, 무명으로 인해 생사가 있다고
착각한 것으로부터 벗어나는 것이다.
수행과정에서 의식의 각성력을 높이면,
존재의 실상이 언뜻 느껴지기도 한다.
하지만 이런 상태를 두고 아직 반야지혜가 생겼다고 할 수는 없다.

수행의 결과로서 점차 지혜의 눈이 생긴다.
그리하여 분명히 실상이 무엇인지를 보게 되는 안목이 갖추어질 때,
반야지혜가 발현되었다고 한다.

이제는 각성의 힘을 필요로 하지 않는다.
깨달음은 이렇게 반야지혜를 갖추는 것이다!
이렇게 되면, 늘 깨달아 있다.
언제나 존재의 실상이 무엇인지 보고 있다.
평상시 눈을 떠서 사물을 보듯이,
그렇게 언제나 존재의 실상을 꿰뚫어보고 있다!

이 눈이 본래의 눈이다.
이 눈밖에 없다!

안팎이 없다!

우리는 보통 몸을 기준으로 안과 밖을 나눈다.
즉, 내면의 공간(마음공간)과 바깥의 공간(허공)으로 구분 짓는다.

내면의 공간을 일러 의식(마음)이라고 하며,
이 내면의 공간(마음)은 스스로를 의식(앎)하는 능력이 있다.
때문에 존재의 실상을 깨달으려면 바깥에서 찾지 말고,
스스로에서 찾아야 한다.
물론 찾아야 한다고는 하지만, 찾을 대상이 따로 있는 것이 아니고,
찾는 그놈이 곧 찾아야 할 놈이다.

그리하여 찾고 보면, 마음의 공간(마음자리)으로 드러난다.
처음엔, 마음공간과 허공이 분리된 상태로 드러나지만,
점차 마음공간이 심화되면서 바깥허공이 마음공간으로 편입된다.
즉, 합일된다(하나로 된다)! 마음공간과 바깥허공이 하나로
되어지는 과정이 지난하다(이것이 심법의 문제점이다)!
이때, 연기법을 관하면 바깥경계가 허물어진다.

깨닫지 못했을 땐, 진공을 허공이라고 여기지만, 깨닫고 보면,
안팎이 모두 동일한 진공(진여)이다!

앎이 없다면 깨달음이 아니다!

공부를 하다보면 상념들이 사그라지고
고요해지는 경험을 하게 된다.
이는 각성의 힘이 강할 때 생각 등의 사념들이 일어날 수 없기 때문에
생긴 현상이다. 평소 어떤 일에 충격을 받거나,
무언가에 집중할 때에도 마찬가지다.
물속에 빠져 죽을지도 모르는 상황에 처하면 의외로 두렵지도 않고
의식은 명료하면서 고요하다. 이처럼 긴박한 상황에 처하면,
의식은 이에 대처하기 위한 조치를 하는 것이다.
이때 마음은 매우 각성되어 있기에
또렷하게 깨어 있으면서도 고요하다.

깨달은 마음도 이와 유사하다!
고요하고(적寂) 명료하게 깨어 있는(광光) 의식이다.
차이는 존재의 실상을 꿰뚫고 있는 앎(지혜)이 함께한다는 점이다.
이 앎이 생기면 없어지지 않는다.
그리고 이제 그 앎을 부정할 수도 없다.
이것은 진실의 힘이다.

흔히 반야의 불꽃에 떨어지는 눈송이(번뇌)를 비유로 들어
번뇌망념이 사라짐을 표현하지만,
사실 이는 아직 깨달음과는 거리가 멀다.

물론 초견성 정도의 초기공부에서는
그러한 공부힘에 환호하기도 하겠지만,
더 나아감에 따라 생각이 일어나거나
일어나지 않거나에 상관하지 않고,
다만 그 모든 것들에 대한 실상(공, 진여)을 깨닫고 있다.

이것이 '색즉시공' '제상비상' 이라는
불이법(비이원)의 정각(正覺)이다!

깨
달
음
의

여
정

4

공부가 익어가는 과정!

존재의 실상을 모르는 무명 상태에서 깨어나기 위해서는
먼저 열심히 노력해야 한다.
그렇게 애를 쓰다보면, 어느 날 홀연히 깨어난다.
깨어나게 된 사람은 새롭게 눈뜬 진실에 환희하면서
대체로 한동안 휴식을 취한다.

그러나 어떤 사람은 진실의 세계에 눈을 뜨고도
무덤덤해하는 사람도 있는데,
이는 의식이 미성숙한 상태에서 엿보게 되는 경우다.
그는 좀 더 세상놀이가 필요하며 이를 통해서 자아가 보다 성숙하게 되고
드디어 탐진치 놀이를 그만두고 싶다는 마음이 가득해진다.
하지만 이러한 탐진치 놀이에 굳이 진력이 나지 않아도,
사람에 따라서는 일찌감치 존재의 실상에 눈길을 돌리는 사람도 있다.

사실 마음이 진실로 원하면 깨달을 수 있다.
깨닫지 못하는 것도 알고 보면 깨닫고 싶지 않다는 마음이
더 많이 차지하고 있기 때문이다.
초발심으로 시작한 간절한 마음이 점차로 마음 깊숙이 배어들다가
온 마음으로 가득하면 깨어난다.
그때까지는 무던히 애를 써야 한다.
진심으로 애를 써야 하는 것이지, 잔머리를 굴려선 통하지 않는다.

그래서 순수해야 한다.

한동안 쉬고 나면, 이제 함께 나누기 위한 삶을 살아간다.
공부에 몰입하기 위해서 한동안 멀리했던 세상사에 관심을 두면서
자리이타의 삶을 살아간다.
물론 각자의 역량에 따라 펼쳐낸다.
그러는 과정에서 스스로의 습관적인 문제도 발견하게 되고,
그 또한 닦을 것 없는 가운데 닦아간다!

깨달음 이후의 공부야말로 참공부다!

공부가 되어가는 과정!

1. 내면의 이끌림으로 방황한다.

하지만 보통 찾고자 하는 바가 명확치 않은 상태이므로
교회나 절에 가보거나 혹은 철학서적을 뒤적인다.
그런 과정에서 내면의 갈증을 해소해주는 곳이라고 여겨지면,
그곳에 머물러 공부를 한다. 그리하여 처음엔 만족해하지만,
시간이 지남에 따라 내면에서의 전면적인 각성이 일어나면서
지금까지의 공부과정을 반성하게 된다.
이때쯤 기존의 공부가 본래의 의문을 해결하지 못한다는 결론에
이르면 그곳을 떠나서 다시금 공부의 길을 떠난다.
만약 박차고 나가는 결단력이 부족하면 가슴의 일깨움을 억누르고,
오히려 지금 있는 곳을 합리화하거나
체념하는 방향으로 스스로를 다독이며 그곳에 머문다.

2. 만약 제대로 일러주는 가르침을 만나지 못하고
   반복적으로 좌절을 맛보면, 결국 체념하고 만다.

이런 사람을 재발심시키기는 무척이나 어렵다.
좌절한 경험이 너무 크기 때문에 공부 자체를 부정적으로 바라본다.
쉽게 말해서 깨달음은 신포도가 되고 만다.
다음 생에나 깨닫겠다고 생각하며 씁쓸해한다.

결국, 매 순간 열심히 사는 것이 최선이라며 나름대로 공부지론을 펼친다.

3. 운 좋게 바른 가르침을 만나면, 공부는 순조롭게 진행된다.

때때로 잘못 주입된 견해가 장애가 되긴 하지만, 스스로 공부항로를
수정하며 항해해 간다. 흔히 잘못 주입된 견해로, 생각은 망상이니
되도록 생각을 내지 말고, 생각이 없는 순수한 마음 상태에 있기를
주문받는다. 이 말은 어느 정도는 맞는 말이기도 하지만,
최종적으로는 장애가 된다. 왜냐하면 공부 초기에는 순수마음(진여,
성품)을 보았다고 해도, 그 마음이 항상하게 드러나지 않기 때문이다.
따라서 이때엔 생각을 되도록 줄이면서 순수한 마음을 확인하고
확실하게 굳혀야 한다. 만약 이런저런 생각만을 계속하면,
순수한 마음자리는 희미해진다. 나중에는 복원이 되지 않는다.
점차로 그 마음자리가 굳어지면, 그 마음자리를 놓치지 않으면서도,
보고 듣고 생각하고 말할 수 있다. 물론 공부인에 따라서는 처음부터
그 마음자리가 확실하게 드러나는 경우도 있다. 드물긴 하지만 있다.

4. 마음자리와 대상경계가 완전히 하나로 통합된다.

이제 마음자리를 따로 챙길 것이 없다.
무엇을 보든, 무엇을 듣든, 무엇을 생각하고 말하든… 마음이 아닌 것이 없다.
분리된 것이 없고, 마음에서 느껴지는 분리감도 없다.
이제, 생각이 일어나지 않게 억누르거나 할 필요가 전혀 없다.
생각이 곧 순수한 마음(진여, 성품)임을 깨닫고 있기 때문이다.

잠도 잘 잔다. 잠자면서 깨어 있을 수도 있지만,
굳이 그렇게 할 필요를 느끼지 않는다!

깨달음 여정 그리고 각각의 여정에서 하는 말들!

깨달음의 경지에 대해서는 수많은 설명들이 난무하기에
혼란스러울 정도다. 그것을 단계별 여정으로 분류해보면
다음과 같다.

1. 공부 초기: 오리무중.

2. 견해를 익힌 단계: 대략적으로 이해한다.

3. 초기수행: 주객분별심으로부터 주시자로 전환됨. 이 단계는 주로
   생각이 일어나지 않는 고요함을 맛보는 재미를 강조한다. 마음을
   잘 조율하면 깨달음 상태가 유지되고, 그렇지 않으면 망상심으로
   떨어진다.

4. 중기수행: 제법 조율된 깨달은 마음 상태가 유지된다.
   필요할 때 말고는, 생각도 일어나지 않아서 고요하고 편안하다.
   그렇기 때문에 깨달음에 대한 특이한 마음 상태를 강조한다.

5. 후기수행: 늘 그러한 마음 상태가 유지된다. 그래서 완전히
   깨달았다고 여기게 된다. 하지만 이러한 경지는, 보고 듣고 느끼고
   생각하지만, 첫째 자리에서는 부동인 경지다.

6. 완성된 깨달음: 일체가 진여임을 체득한 반야지혜가 눈을
   뜬 것이다. 이제는 생각이 진여의 묘용이므로, 생각을 배제하지
   않는다. 자유자재로 생각을 굴린다. 이를테면 평상의식 그대로
   진여의식이 된 것이다. 기쁠 때 기뻐하고, 슬플 때 슬퍼하기에,
   마치 깨달은 사람 같지 않다! 전혀 도인 티가 나지 않는다.
   깨달음에 대해 말하기 전에 겉모습으로는 구별이 안 된다!

대승과 소승의 차이!

대승불교가 소승을 폄하하면서 내세운 것이 깨달음의 질이다.
즉, 대승불교의 깨달음이야말로 아뇩다라삼먁삼보리(묘각)라는
것이다. 물론 정말로 소승이 그런 것인가는 차치하고,
묘각이 어떤 것인가를 살펴보자.

《화엄경》 십지보살품에 보면,
7지보살에 이르면 해탈을 맛보는 경지라 할 수 있다.
이때 이 보살 지위에서 요구되는 덕목이 중생구제의 서원이다.
이것은 중생이 고통받고 있는 모습을 관함으로써
비(悲)심을 일으켜야 한다는 것이다. 이러한 비심을 바탕으로
중생구제의 서원은 자연스럽게 자리 잡는다.
이렇게 하여 7지보살은 해탈(열반)이 주는 편안함에 안주하지 않고,
더욱 공부에 박차를 가하게 된다.

8지보살에 이르면, 드디어 무공용행(無功用行)이 되어 퇴보 없는
공부로 저절로 공부가 진행된다.(7지보살 때까지는 의식적 노력이 필요하다)
8지보살로 넘어가면 사람에 따라 약간의 차이는 있겠지만
묘각으로 간다. 묘각은 해탈이 따로 없는 경지다.
모든 것이 마음뿐이기에 일진법계다.
그렇게 되어야 힘을 갖추고 부처사업을 열성적으로 한다.
만약 그렇지 않고, 해탈 맛에 떨어져 있는 7지보살 경지에서는

다만 취한 맛을 탐착하려 들어, 중생구제를 귀찮게 여기게
된다.(아직은 그럴 만한 힘이 없기 때문이기도 하다)

물론 공부를 해가는 과정에서 한동안 해탈의 맛에 탐닉하기도 하지만,
결코 해탈에 안주하지 않는다.
이러한 점을 크게 경계하는 것이 대승불교의 특징이다!
그러니 대승적 기질의 사람은 처음부터 누가 강요해서가 아니라,
깨닫게 되면 자발적으로 남을 위해 이 법을 일러주리라고
스스로 다짐한다! 그가 바로 대승의 법기다!

범주오류!

공부가 진행됨에 따라, 더욱 세밀하게 초월의식(비이원의식,
깨달음의식)으로 나아가게 된다.

초월해간다는 것은,

1. 일상적인 형태의 형상만을 인식하던 수준에서,

2. 의식에 나타난 좀 더 미세한 모양인 생각, 이미지를 보게 되고,

3. 여기서 의식이 더욱 초월해 나아가면,
   정밀하고 미묘한 이미지(정묘영역)를 보게 된다.
   정묘영역이라 함은, 의식이 만들어낸 마치 꿈같은
   여러 가지 신비한 이미지를 보게 되는 것을 말한다.
   천당, 지옥, 염라대왕, 천사, 예수, 부처, 조상 그리고 인류 공통의
   집단무의식 이미지, 전생… 등이다.
   이는 유전자(아뢰야식)에 담긴 다생억겁의 정보다.

4. 여기서 더 나아가면, 드디어 형상을 초월하게 된다.
   즉, 무형상인 진여를 보게 되는데, 이것을 시원영역이라 한다.

5. 시원영역을 더욱 초월해 나아가면, 궁극적 초월의식인 비이원(불이)

의식이 된다. 즉, 색즉시공으로 드러나는 일진법계이며,
이는 형상과 비형상이 한바탕(진여)임을 깨달은 의식이다.

참고로, 공부인에 따라 곧장 비이원의식으로 초월하는 경우도 있고,
점진적인 과정을 겪으면서 초월해가기도 한다.

만약 정묘영역과 시원영역을 혼동하면 범주오류가 생긴다.
깨달았다는 사람 중에 간혹 시원영역을 말하면서도
그것이 끝이 아니고 더 나아가면 사후세계를 보게 된다고
말하는 경우가 있는데… 이것이 곧 범주 오류다!
이 부분은 본인 스스로 알아차리기가 어렵다.

미성숙한 의식 상태!

깨달음은 의식이 충분히 성숙하면 드러나는 마음이다.
어린이들은 동화 속 세상을 살아간다. 그들은 성장을 거듭하면서
점차 성인이 갖는 이성적 의식을 갖추게 된다. 그런데 이성적인
마음이 발달하지 않으면, 여전히 동화 같은 이야기에 현혹된다.
[깨달음은 이성적 영역에서 더욱 성장하여 관조영역(초이성)으로
나아가는 것이다.]

그리하여, 이번 생을 마감하면 다음 생은 어디에서 태어나야겠다고
망상을 부리며, 보살, 부처, 예수, 마리아를 직접 보았다고 실성한
소리를 하고(미숙한 의식 상태에서 나타나는 현상), 미묘한 소리를 감지했
다고 신기해하며, 붉은빛, 파란빛, 보랏빛, 노란빛을 보았다고 신비해
하며, 내가 사라진 체험을 해보았다고 고양되기도 한다.(망아, 몰아)

이와 같은 체험들을 모두 '경계'라고 한다.
공부를 해가다 보면, 이러한 의식 상태가 나타나기도 하는데,
그냥 지나쳐야 하는 과정상의 그림들이다.

궁극적으로는, 존재들의 실상(참모습)이 무엇인지를 깨닫는 것이다.
모든 것이 연기법임을(일진법계 · 무아)!
모든 것이 마음뿐임을(진여묘용 · 진아)!

완전한 깨달음과 불완전한 깨달음의 차이

흔히들 깨달았다고는 하지만, 시시비비가 많음을 볼 수 있다.
이는 정확하게 아뇩다라샴막삼보리(묘각)가 무엇인지를 앎으로써
해결된다.

물론 깨달음은 분명히 동일하다. 하지만 유사한 깨달음이 있음도
사실이다. 이러한 유사한 깨달음은 과정상에서 나타나는 것이라고,
바르게 알면 문제없다. 그리하면 완전한 깨달음으로 나아갈 수 있다.

그렇다면 무슨 차이일까?
그럼 중간단계를 생략하고, 묘각으로 넘어가기 직전의 단계를
살펴보자.
선이든, 삼매든… 마지막 직전의 단계는, 마음자리에서
비추어보는(비추이는) 것이다.
이 자리는 미묘한 분리가 있다.
표면의식상에는 보는 자가 사라졌다.(주객합일)
하지만 심층의식상에는 미세한 분별적 미세망상이 작동하고 있다.
(이 부분을 감지하기 어렵다) 아직 심층의식에서는 보는 자가
사라지지 않은 것이다. 이러한 상태에서는 본인 스스로 무언가가
미진함으로 느껴진다. 즉, 확연하지 않다.

공부가 더욱 깊어지면, 비추이는 바탕(마음자리)과

비추이는 대상(경계)이 하나가 된다. 그리하여 하나된 '봄(觀)'이 된다.
이것이 일진법계다!
이것이 완전한 깨달음이다!

반야란?

반야란 존재의 참모습(실상)이 무엇인지를 깨닫는 것,
곧 지혜를 말한다.
이때 깨달음 혹은 지혜라고 하는 것은
일상적인 우리의 인식을 통한 앎과는 다르다.
바로 이 부분을 설명하기가 어렵다.
어렵다기보다는, 분별적 인식방식과는 다른 앎이기에
그러한 앎이 없는 사람이 이해하기 어려운 것이다.

그러나 이것을 설명할 수 없는 바는 아니다.
반야지혜란 두 가지로 설명된다.
첫째, 연기법에서는 존재의 참모습이란 연기임을 아는 것(보는 것)이다.
둘째, 심법에서는 존재의 참모습이란 존재의 근원인 진아(진여)를
아는 것(보는 것)이다. 간단히 말하면, 보는 것이 곧 진여이기에
보는 것이 무엇인지 아는 것(보는 것)이다.

형상화한 존재는 환과 같다는 것이 연기법의 가르침이라면,
그러한 환의 바탕이 진여라고 함이 심법이다.
이 둘의 가르침이 말하는 바는,
'존재하는 것은 실체 없는 그림자와 같은 것임'을 일러주는 것이다.

이러한 반야지혜가 발현되지 않으면, 수행은 완성되지 않는다.

설령 마음이 편안하고 문제가 없다고 여겨지는 경지를 체득해도
이는 깨달음이 아니다.
깨닫게 되면 딱히 마음을 어떻게 하지 않는다.
고요하게 유지하려고도, 바라보려는 관점을 유지하려고도,
마음에서 일어나는 안팎의 경계에 휘둘리지 않으려고도 하지 않는다.

흔히들 흔들림 없는 '부동의 원자'라는 마음의 구심점을
말하지만(주로 인도인들의 어록에서), 이는 아직 반야지혜가 없는
상태에서 의식의 '부동한 고요함' 혹은 '침묵' 혹은 '마음자리'로
일컬어지는 심리적 안심입명처다!
정확히 말하자면, 아직 마음의 편안함이 유지되는 곳이
따로 있으며, 이러함에 의지하고 있음을 말해주는 것이다.
여기에는 아직 미묘한 분리감이 존재한다!

부디 여기서 한 걸음 더 나아가라!

의문은 언제 사라지나?

의문은 답을 찾기 위한 과정에서 추진력을 제공한다.

그리하여 의문은 스스로에게 향하게 되는 지점까지 나아간다.

그래? 도대체 이 의문하는 것은 뭐야?

의문이, 의문에 대하여, 의문을 품게 된 것이다!

이것이 정확하게 말하자면, 단 하나의 주관과 객관이

한 곳에서 한 점으로 만난 것이다. 그러나 이것은 아직

주객이라는 이분적 구조로 남아 있는 상태이다.

이 부분에서 대체로, 공부의 진전이 없는 상태가 한동안 지속된다.

그러나 이 기간을 잘 견뎌야 한다. 숙성기간이기 때문이다.

잘 느끼지는 못하겠지만, 내면에서는 공부가 진행되고 있다.

그리하여 충분히 익게 되면, 의식 내면이 변한다.

정확하게는 성숙된 차원의 의식이 출현한다.

마치 두 개(주객)의 물방울이 하나의 물방울로 융합된 것과 같다.

이때, 의문은 사라진다.(표면 의식상에서. 하지만 무의식에는 남아 있다)

정확하게는 생각이라는 분별적 구조에 변화가 온 것이다.

그러나 생각의 기능이 정지되었다는 말은 아니다.

이 단계에서 한 걸음만 더 나아가면 된다.

드디어, 주객이 하나된 그 자체가 무엇인지 분명하게 깨닫게 된다!

반야지혜가 생겨난 것이다!

이제 모든 의문이 사라지고, 처음의 의문은 반야지혜로 전환되었다!

앎이 분명치 않을 때!

공체험은 주객이 합일되는 체험이라고 할 수 있다.
그러니까 주관과 객관이 한바탕임을 아는 의식의 질적 변화다.

주관과 객관은 본래 하나의 의식바탕에서 분화된 것이다.
기능적으로 분화된 것이지, 분리된 것은 아니다.
때문에, 주객합일이라고 하지만…
사실은 주객의 바탕의식이 활성화된(깨어난) 것이다.

문제는, 주객합일의식을 경험하고도 도대체 그 합일의식 자체가
무엇인지 모르는 상태가 있다는 것이다.
그것은 그 합일의식 스스로의 앎이 미미하기 때문인데,
그 공부에 대한 바른 견해 없이 공부한 탓이다.

그럼에도 마음은 까닭 없이 편안해진다.
하지만 그 자체의 앎(지혜)이 아직은 미미하기에
지혜(앎)를 일깨우는 수행을 해야 한다.
지혜를 일깨우기 위해선, 연기법을 공부하고
선어록과 경전 등의 좋은 책을 읽어야 한다.

그리하면 점차점차 지혜가 밝아진다.
주객합일 체험 한 방으로 끝나는 공부가 아니다!

의식의 중심점이 이동해야

공부인의 의식의 중심점이 깨달음의식으로 이동해야
깨달음에 이를 수 있다.
공부하기 전에는 눈앞에 보이는 세상이
실재하는 것으로 믿는 의식 수준이다.
그러다가 공부가 되면 '세상은 환영'이라는 진실이 드러나면서
깜짝 놀란다. 그래서 한동안 이 진실에 적응하는 시간을 갖는다.

여태까지 믿고 살아왔던… 기존의 생각 차원의 세계와,
이제 막 눈을 뜬 진실세계가 부딪친다. 믿지 않을 수 없는…
그렇지만 한편으론 믿기 어려운… 묘한 갈등이, 머뭇거림이
한동안 지속된다. 하하! 아마도 로또복권이 1등으로 당첨되어도
마찬가지 상황이 일어나지 않을까?

이 공부에서 첫 단계는 이해하는 의식 수준에서 진실을 말하는 것이다.
그리하여 깨달음으로, 이해 수준에서 증득 수준으로 전환된다.
종종 이해 수준에 불과한 앎을 깨달은 앎으로 착각하는
의식 상태도 있다. 때문에 공부인은 스스로의 공부를 진지하게
점검하는 성실성이 요구된다.

의식의 중심이 깨달음의식으로 이동할 때까지,
진지하게 그리고 철저하게!

마음자리?(재미있네?)

통상적으로 마음자리가 어쩌고저쩌고 한다.

처음 공부하는 사람이라면 매우 어리둥절할 수 있다.
왜냐하면 마음이란 모양이 없다고 하고선,
또다시 마음자리를 들먹이니 말이다.

사실을 말하자면 마음자리가 없지는 않다.

다만 특정 위치, 모양을 이르는 말은 아니지만,
자각은 되기에 그렇게 쓴다. '뚜렷한 원각성'이 그것이다.
이것은 어디까지나 각성을 두고 하는 말이다.

이를테면 표면의식의 각성이 아닌 근원적인 마음, 영각성을 말한다.
그러기에 계합되지 않고는 드러나지 않는다.
바로 이러한 마음, 영각성이 갖가지 묘용을 자아낸다.

1. 전체이면서 부분으로 기능할 수도 있고,
   부분을 인식하면서도 전체임을 늘 자각한다.

2. 스스로의 마음작용으로 생각, 느낌, 이미지가 마음자리에서
   일어났다 사라졌다 함을 본다.

그래서 한생각이 일어나고 사라짐을 관할 수 있게 된다.
그 같은 이미지 및 움직임이 포착되는 장(場)이 감지되고
이를 일러 굳이 마음자리라 한다.

3. 그러나 대상경계와 그저 하나 되어, 내가 대상이고 대상이 내가
되었을 때, 이때를 일러 마음자리가 따로 없다고 한다.

4. 효과 면이야 이미 경계 그대로가 마음임을 요지한지라,
경계와 함께하면서도 홀로 한다.
경계와 함께하면 경계 그 자체요, 홀로 하면 허공성이다.

이와 같이 알면 제법 공부길에 올랐다 하리라!

끝없이 깊어지는 공부!

공부를 열심히 해나가면 어느 순간 마음이 드러난다.
언뜻 보는 정도의 일별에서부터, 제법 분명하게 보는 초견성,
그리고 늘 확연한 견성이 있다. 그후에 무분별후득지로
세간의 일들을 지혜롭게 분별하는 앎이 더욱 드러난다.

첫 공부 관문을 넘어서면, 마치 공부를 끝낸 것 같은 뿌듯함이 있다.
맘껏 법열의 즐거움을 맛보는 시기이며…
이 즐거움을 누리는 시간은 필요하다.

그리고 경전과 어록을 읽어가면,
이전과 달리 새로운 안목에서 음미하는 재미가 쏠쏠하다.
그러한 과정을 통해서 공부는 더욱 촘촘해진다.

마치 모래 속에 물을 붓는 것처럼.
그리고 또 다른 책들을 읽어나가면 더 이상 틈이 없는 것 같은데도
더더욱 촘촘해진다. 되돌아보면 이전의 앎과 다르진 않지만,
보다 세밀하고 분명하다는 점에서 차이가 난다.

그것 참! 끝없이 깊어지는 공부… 어찌 즐겁지 아니한가?

지혜와 안정된 마음!

과연 깨달음이 어느 정도 분명한가?
제법 공부를 했다는 사람도, 내면의 고요하고 안정된 마음 상태를
기준으로 스스로를 점검한다.

켄 윌버, 잭 콘필드, 아댜 샨티, 선 수행자 등…
그들은 고요한 곳에서는 마음이 평화롭기 그지없다가,
세상살이에 접하면서 이내 그 고요함은 실종되고,
마음은 예전처럼 번뇌로 가득하다고 솔직히 표현했다.
그리하여 더욱 열심히 정진한 다음에야 마음의 평정을
유지할 수 있게 되었고, 그리고 그 평화로운 마음 상태를
유지하는 힘을 키우기 위해 매일같이 노력한다고 진술하고 있다.

대개 수행자들이 진술하는 공부과정은 이와 비슷하다.
견성했다고 해도, 아직은 힘이 부족하기에
충분히 수행을 해야 하는 것은 당연하다.

하지만 진정한 깨달음은 '마음의 상태'와는 다르다.
그러니까 마음이 고요하고 평화롭고 그래서 안정된 상태와 상관없다.
그것은 지혜의 힘이다.

물론 깨달음은 정과 혜가 함께하지만… 궁극적으로는 지혜가

분명하게 발현되는 것이다.
그래야 마음이 시끌벅적한 상태와 상관없이 늘 고요하다!
바로 그것이, 공(마음)을 깨달은 마음이며
모든 마음 상태의 근원(바탕)이기 때문이다.

만약 그대가 마음을 고요히 하려는 노력이 필요하다면…
아직은 아니다!

공부는 넓고 깊어진다!

이 공부의 묘미를 맛보려면 일단 관문(초견성)을 넘어서야 한다.
공부에 공을 들였다고는 하나, 의식의 질적 변화를 경험하지
못하면 별 재미가 없다.

의식의 변화를 촉발하는 수행을 하면,
지금까지와는 다른 상층의식의 열림을 경험한다.
하지만 상층의식도 여러 가지가 있어서 공부가 진전됨에 따라 그때마다
본인 스스로는 깨달은 것 같은 느낌을 갖게 된다.

경전이나 어록을 읽어보면, 그전까지 잘 소화되지 않았던 부분들이
쏙쏙 들어온다. 화두도 척척 풀리고, 지금까지 풀리지 않던
의문들도 한 줄로 쫙 꿰인다.
물론 몇몇 구절은 잘 소화되지 않기도 하지만,
전반적으로는 별 문제가 없다고 여겨진다.
공부의 재미가 쏠쏠하다.

그런데 정말 중요한 것은,
눈앞에 있는 물건이 마음으로 보이는가를 확인하는 것이다.
연기적 이치나 유식적 이치를 적용해서가 아니라,
곧장 온갖 것들이 마음으로 보이는가?

마음을 집중할 때는 그렇게 보이지만, 그냥 있을 땐
그렇지 않다면… 분명히 아는 것 같은데, 왠지 가슴 깊은 곳에서는
미진한 기분이 남아 있다면… 아직, 꼭지가 똑 떨어지지 않은 공부다.

하지만 고지가 바로 눈앞이다. 마지막 공부를 위해서 다시 한 번
추스르면 된다. 말쑥한 공부가 있다. 명명백백한 공부가 있다.
하늘에 해가 백 개나 뜬 것 같은 공부가 있다.

하지만 깨달았다고 하여, 세상에 필요한 지식까지 얻어지는 것은
아니다. 그동안 배우고 익힌 세간의 지식들이 깨달음을 통해서,
전체적 관점으로 통합되기는 하지만, 세간적 지식은 새롭게 공부해야
한다. 따라서 공부를 많이 해온 사람은 깨달은 후에 그 모든 지식이
창조적 지혜로 되살아난다.

안타까운 것은… 많이 아는 사람들은 안다는 생각에 막혀서
깨닫기 힘들고, 오로지 수행을 통해서 깨달은 사람은
세간적 지식이 부족하여 무식해 보인다.
깨달음은 공부의 끝이 아니라 시작이다!
경험을 통해서 배우고, 책을 통해서 배우고,
배운 것을 깊이 사유하고…
늘 공부하는 사람이 깨달은 사람이다!

주시자에서 주시로

5

합일의식은 어떻게 해야?

이 공부에서 합일의식으로 되려면 어떻게 해야 하는지다.
쉽게 말해서, 어떻게 하면 완전한 깨달음을 성취할 수 있는가이다.

합일의식은 분리된 이원적인 의식의 기능이 바탕이 되어 하나로
합쳐지는 것이다. 때문에 이원적인 인식기능이 붕괴되는 것은 아니다.

오히려 의식이 이원적으로 작동하면서도,
동시에 그것들이 합일의식이 되었기에 분리감이 없다.
달리 말하면, 전체성임을 깨달았으면서도,
개체성으로의 삶을 살아가는 기능을 상실하지는 않는 것이다.
이것이 무분별(전체성)에 바탕한 후득지(개체성)의 발현이다.

핵심은, 어떻게 해야 합일의식이 되는가이다.
먼저, 주시자(관찰자) 관점에서 모든 것을 보고 듣고 느끼고
생각해야 한다. 주시자 관점은 나를 포함한 상황을 전체적으로
바라보는, 그러니까 제3자의 관점이다.
이 관점은 상황에 매몰되지 않고 전체를 조망하는 관점이기에,
상황을 벗어난 관점(초월적 관점, 초월적 자아)이다.

이 관점인 주시자는 의식상에서 느껴지기는 하지만,
그 자체를 대상으로 바라볼 수는 없다.

주시자는 스스로 보지는 못하는…
그러니까 스스로가 무엇인지 깨닫지 못한 상태다.
바로 여기에서, 주시자가 스스로를 깨닫게 되면 깨달음이다.

주시자 관점은 모든 것을 초월해 있기는 하지만,
여전히 전체성과 하나 되지 못한 분리감이 남아 있다.
왜냐하면 주시자 관점이라는 것이 따로 있기 때문에,
당연히 주시되어지는 것들과 분리되어 있다.
주시자 관점은 좀처럼 사라지지 않는다.
주시자 관점을 벗어나는 방법은, 주시자임을 아는(알아차리는)
앎에 있다. 주시자임을 아는 앎은 마음바탕(근원)의 앎이기에…
마음이 마음 스스로를 아는 앎이다. 이 앎은 모든 것을 초월해 있고,
동시에 모든 것을 포함한다. 이 앎이 공적영지(空寂靈知)의 영지다.

또 주시자 관점에서 벗어나는 길은, 주시자 관점이 이미 확고하게
마련되어 있는 상태에서, 주시자 관점을 놓아버리면(주시자 관점에만
머물지 말고), 전체적인 봄(한바탕으로의 봄)으로 전환된다.
이때 자연스럽게 주시자 관점이 전체성인 합일의식으로 통합된다.

이 앎은 전체성의 눈에 해당한다.
스스로 그러함을 아는 앎이다!

지켜보는 것은 생각이 아니다!

우리는 생각을 하고 살아간다.
쉽게 말해서, 우리가 하는 모든 것이 생각을 통해서 이루어진다.
생각은 누가 하느냐고 물으면, 내가 한다고 대답한다.
그런데 사실 자세히 살펴보면, '나'라는 것도 역시 생각이다.

이 모든 생각을 살펴보는(지켜보는) 각성이 있다.
꼬리에 꼬리를 무는 식의 생각이 아닌, 생각 자체를 지켜보는
각성이 지켜보는 자다. 지켜보는 자의 관점에 있게 되면,
마음이 담대하고 여유로워진다.
왜냐하면 생각이나 감정의 기복을 한 걸음 떨어져 살펴보는 관점이기
때문이다. 물론 이런 거리 두기가 지나치면 병리적 문제가 생긴다.
분리가 일어나 삶의 현장감이 사라진다.
그러니까 주시자는 전체 상황을 조망하면서 동시에
심리적인 여유 공간을 확보하는 셈이다.

하지만 이러한 주시자는 공부의 여정에 있어서 중간과정이다.
깨달음은, 주시자라는 의식의 각성이 무엇인지 깨달아야 닿는다.
그러기 위해서는 주시자를 또다시 주시하는 방식으로는 안 된다.
만약 주시자를 주시한다면, 주시되는 주시자는 기억된 주시자일 뿐,
여전히 그것을 주시하는 자가 진정한 주시자이기 때문이다.
때문에 주시자는 대상이 될 수가 없다.

한편 공부가 진행되면, 주시자 의식이 확고히 자리 잡게 된다.
그러니까 굳이 주시자적인 관점에서 바라보려고 애를 쓰지 않아도
주시자 관점이 확보된다. 이는 의식이 발달한 것이기 때문이다.

이제 남은 공부여정은 주시자 관점마저 넘어서는 것이다.

그럼 어떻게 해야 할까?
심법으로는 달리 방법이 없다.
그저 주시자를 보다 철저히 깊게 익히는 수밖에 없다.
이것이 초견성 이후, 선에서 공부하는 방식이기도 하다.
그러니 30~40년을 공부한다.
주시자 관점(초견성)부터는 아공(我空)은 깨친 것이라고 볼 수 있다.
문제는 법공(法空)이다. 밖에 버젓이 존재하는 것들이 그대로 남아 있다.
물론 그것 또한 공임을 알고는 있지만, 여전히 가슴에 걸려 있다.
확연하지 않다.
가슴은 알고 있다. 아직 문제가 남아 있음을!

심법(선)공부의 한계점을 자각하기는 결코 쉽지 않다.
바로 이 지점에서 연기법 수행을 곁들여볼 필요가 있다.
왜 되지도 않는 방법에 구태여 매달리겠는가?

주시자란 무엇을 말함인가?

몸과 느낌과 생각과 의지와 판단하는 그 무엇도 주시자가 아니다.
즉, 의식의 내용으로 포착되는 것은 주시자가 아니다.
그렇다면 주시자란 도대체 무엇인가?
그 모든 것을 바라보고, 지켜보고, 주시하는 순수한 각성이다!

이러한 주시자가 무엇인지, 처음엔 잘 감이 잡히지 않는다.
대개 앞생각을 뒷생각으로 바라본다. 이는 반성적 생각일 뿐이다.
이렇게 하면 스스로의 행위를 성찰하는 의미는 있겠지만,
주시자의 관점은 아니다.

생각을 바라보면 생각과 바라보는 것이 분리된다.
즉, 생각과 동일시하여 생각과 주시자가 떡이 되어 있는 상태에서,
생각과 주시자(알아차림의 순수각성)의 거리가 생겨난다.
그렇게 하여 스스로의 생각을 차분히 주시하게 된다.

중요한 점은, 이러한 생각을 주시하다보면,
어느 순간에 주시하는 놈을 또다시 주시하는 놈이 감지된다는 것이다.
달리 말하면, '나는 누구인가?' 라고 찾아보는 과정에서
'경험하는 나'를 '지켜보는 또 다른 나'가 감지되는 것이다.
이것은 이러한 의식과정에서 감지(의식)될 뿐, 그 자체가 대상으로
포착되지는 않는다. 이것이 진정한 주시자이다.

이러한 주시자를 공(마음)이라 한다.

우선은 생각을 바라보는 것(주시자)으로의 수행을 거친 다음,
주시자를 주시하는 것과 하나가 되어야 한다.
이를 '주객합일'이라 한다.
이 단계에서 비로소 주객의 분리감이 소멸된다.
하지만 이것이 완전한 주객합일은 아니다!
여기에는 아직 미묘한 분리가 있다.

진정한 주객합일은 주시자의 관점마저도 붕괴된다.
이때 비로소 모든 것이 둘 아님을! 마음뿐임을! 그리하여
일진법계임을! 맛본다!

주시자와 주시(관)!

눈앞에 있는 물건을 보는 것을 '주관'이라고 한다면,
주관을 의식하는 놈은 '자의식(나)'에 해당한다.
자의식은 주관과 함께한다.
일반적으로 물건을 바라볼 때 보는 놈을 나라고 생각한다.

이러한 '나'를 흔히들 '경험하는 나'라고 하고,
'경험하는 나'를 또다시 '관찰하는(지켜보는 · 바라보는 · 주시하는) 나'를
주시자라 한다.

그러니까 물건과 물건을 바라보는 나를 포함한
'그 전체를 바라보는 나'이다.
이 '주시자로서의 나'는 '물건을 바라보는 나'와는 달리,
의식에 포착되지 않고 그냥 의식될 뿐이다.
왜냐하면 주시자는 대상으로 파악되지 않기 때문이다.

주시자는 처음에는, 주시하는 것이 있다는 정도로 의식되지만,
점차 공부함에 따라 이 부분의 의식이 발달하면서 보다 분명해진다.
그러다가 주시자로서의 의식이 완전히 발현되면서,
주객을 포괄한 의식인 주시자가 '참나(진아)'로서 자리 잡는다.
대개 이러한 주시자 의식이 발현되면
주관과 객관이 합쳐진 것같이 느껴진다. (자증분 · 주객합일)

즉, 주관과 객관 사이의 경계(거리)가 사라진다.

그러나 이러한 주시자 차원의 진아는 아공(我空)에 해당한다.
에고로서의 나라는 것이 '의식의 빛(각성)'으로 확인된 것이다.
하지만 이 진아의 본성이 무엇인지는 아직 미흡한 상태이며,
더욱 중요한 것은 사물들이 진아와는 여전히 따로 있음을 본다는 것이다.
이는 아직 온전히 한마음으로 통합되지 못한 상태이다.

바로 이 부분이 마지막 관문이다.
주시자는 진아이긴 하지만, 아직은 미묘한 분리감이 남아 있다.
즉, 주시자라는 관점이 남아 있는 것이며,
이 부분을 넘어서야 비로소 '주시(觀)'가 된다!
이를, 관이 스스로를 관하는 것이라 하여 관관(觀觀)이라고 한다(중자중분)!

주시자에서 주시로!

이 공부의 마지막 종착점이 주시자에서 주시(깨달음)로의 전환이다.
주시자는 주관이 객관을 마주하는 주객이원의 의식 수준에서
주객을 동시에 조망하는 관점이다.
하지만 '주시자'와 '주시되는 것'과의 경계가 남아 있다.

주시자 관점은, 좁은 자기중심적 관점(주관)에서 벗어난
의식 수준이기에… 마음이 쉬게 되고 편안하다.
대상과 함께 울고 웃고 하는 상태에서,
한 걸음 떨어져 바라보는(주시하는) 관점이기 때문이다.
그러나 지나치게 떨어지면 약간의 해리가 일어나
삶의 현장이 주는 역동감의 생기가 떨어진다.

이 공부의 핵심은 주시자에서 주시로 넘어가는 과정에 있다.
어떻게 하면 아공(주시자)에서 법공(주시)이 될까?
내면을 향하면 공(마음)이지만, 눈을 뜨면 보이는 것들이
공(마음)으로 통합되지 못할까?

문제는 의식의 이원적 인지방식에 있다!

대상과 그 대상을 바라보는 이원적 분리방식이 무의식적으로 작동한다.
또한 공부인은 깨달음을 확인하려는 마음이 잠재되어 있어서

확인하려는 습성 자체가 이원적 방식에서 벗어나지 못하게 한다.
그래서 이원적 방식을 만들어내는 근원(바탕)에 가까이 갈수록…
다가오지 못하게(접근하지 못하게) 밀어내는 느낌을 받는다.

따라서 근원에 다가갈수록… 깨닫고자 하는 노력(의도)이 오히려
깨닫지 못하게 하는 방향으로 기능한다. 이 시점에서, 깨닫고자
하는 나의 노력을 포기해야 한다. 이제는 지금까지 노력했던
관성의 힘으로 넘어갈 때이다. 그러니까, 내가 깨닫는 것이 아니다.
마음의 묘한 역설구조다.

지금 즉시! 일체의 마음을 내려놓을 수만 있다면, 내려놓고자 하는
마음마저도 내려놓으면, 그리하여 아무런 바람도 없으면,
문득 깨닫고자 하는 그 마음이 현전한다!(말은 쉬운데, 잘 되지 않음)

1. 주시자 관점에서 주시자 관점 자체를 포기함으로써
   곧장 전체적 관점으로 전환한다.
2. 주시자 관점을 전체적 배경관점으로 넓힌다.
3. 주시자 관점을 모든 방향에서 동시에 조망하게 되면
   곧 전체적 관점이 된다.
4. 처음엔 전체적 관점의 힘이 미약하지만,
   점차적으로 힘이 강화되고, 결국 통합적 관점이 된다.
5. 통합적 관점은 전체성으로의 텅 빈 마음과
   현상으로 드러난 것들과의 분리감이 해소된 것이다.

연기법을 사유수행하면 아공법공 문제는 동시에 해결된다.
하지만 일체가 환이라는 것에는 다가가지만… 무형상의
근원(불성)까지는 깨닫지 못하는 경향이 있다.
따라서 주시자 관점에서 주시로의 전환되는 과정에서…
연기법을 수행하는 것이 바르고 건강한 깨달음을 성취하는 데 있어
매우 효과적이다.

참고로, 심법(선)공부에서는
아공에서 법공을 담아내려고 부단히 노력한다.
그렇게 함으로써 아공에서 법공의 의식으로 발달하기
때문이다.(오랜 세월의 노력이 요구된다)

심 법 (선) 의 공부과정

6

돌이켜 보기!

선으로 깨닫는 방법의 핵심이 회광반조(回光返照)다.
그런데 회광반조라는 것이 도대체 무엇이며, 어떻게 하는 것인가?
알기가 쉽지 않다.

쉽게 말하자면, '마음이 무엇일까?' 라는 생각을 할 때에,
의문의 내용을 떠올리는 방향으로 흐르지 말고, (오히려 반대 방향으로
거슬러) 묻는 그 자체를 돌이켜 보는 것이다.
그래서 회광반조(의식의 빛을 반대 방향으로 비춘다)라고 하는 것이다.

반대 방향이라고 하지만, 사실은 보고 듣고 생각하는 그 자체를
의식하는 것을 말한다. 대상으로 향했다가, 대상을 향하고 있는
그 자체를 되돌아보는 과정을 반복하다보면, 그 자체와 딱!
마주치는 듯한 경험을 할 수 있다. 바로 초견성하는 순간이다!

주관과 객관이 하나로 합해지는 주객합일의 경험이다.
비로소 분리감이 해소된다. 물론 완전한 깨달음은 아니지만,
마음이 푹 가라앉는 것같이 느껴지고 일단 번뇌가 사라진다.
들끓던 마음은 차분하게 가라앉고, 마음은 고요해지기에
편안한 마음(심해탈)을 얻는다. 이때부터 경전이나 어록이
이러한 안목에서 새롭게 읽히며 소화된다.

그런 상태가 안정되게 자리 잡으면, 서서히 무언가가,
아직은 미해결된 무언가가 남아 있다는 것을 가슴이 알려준다.
이제 그대는 마지막 공부여정을 향해서 길을 떠나게 된다!

마음공부의 보임 과정

연기법 공부와는 다르게 마음공부는 성품을 깨친 후에도
오랫동안 공부를 익혀야 하는 과정이 있다.
왜냐하면 분별심에서 벗어나 무분별심인 본래면목(본성)을
체험하고 확인했어도 처음엔 힘이 부족하기 때문이다.
사람에 따라 여러 가지로 나타나겠지만,
조그마한 불씨를 얻은 것과 같다.
점차로 불씨는 큰 불덩이가 된다. 의식이 성숙발달해가는 과정이다.

처음엔 주로 편안함을 느끼면서 푹 쉬게 된다.
생각으로는 뭐가 뭔지를 모른다.
이 경험은 분별에서 무분별로의 체험이기 때문이다.
정확하게는 분별하고 싶지 않다. 그래서 더욱 말이 없어진다.
이것을 말로 표현하려면 말이 막히고 엉긴다.
이렇게 여기에 푹 쉬면서 공부를 더욱 해가면, 점차 지혜가 생기고 활발해진다.

그때에야 분별심 그대로가 무분별심임을 깨닫게 되고,
망상이 진상이라고 할 수 있게 된다!
하지만 처음부터 마음뿐인 견해를 충분히 익히고 들어가는 공부는
이러한 보임 과정이 길지 않다!

무아를 깨달아야 견성이다!

무아를 깨달아야 완전한 깨달음이다!
흔히들 초견성(본성을 일별한 것)을 하고도, 왠지 가슴이 탁 트이지 않고
미진한 것은 무아를 증득치 못한 탓이다. 무아는 곧장 전체성(진여,
성품)이 되는 길이다. 사실, 나라고 할 것이 사라지면, 저절로 전체가
드러난다. 예를 들면, 도화지에 점을 찍어놓고서 그것을 나라고
착각하다가, 그 점이 사라지면 전체로서의 도화지가 된다.

초견성 후에 완전한 깨달음으로 나아가는 과정은 유난히 오래 걸린다.
견성을 했다고는 하나 대체로 그것이 처음엔 희미하고
부분적이기 때문이다. 즉, 특별히 주의집중을 해야만 마음자리가
유지되는 정도이다. 따라서 이러한 마음자리를 공들여 키워야 한다.
마치 작은 불씨를 조심조심 살리면 마침내 큰 산을 태울 수
있을 만큼의 불이 되고, 마침내 우주 전체가 불이 되는 것처럼.

우주 전체가 불이 되지 못하는 것은 초견성 자리가 모든 경계를
포함할 만큼 쉽게 확장되지 못하기 때문이기도 하지만,
사실은 현상으로 드러난 존재 자체가 연기임을 깨닫지 못한 탓으로
의식 깊은 곳에서는 여전히 실체시하는 탓이다.
따라서 상 그 자체를 없앨 것이 아니라, 상이 본래 연기된 것임을
깨달으면 의외로 쉽게 일진법계를 증득하게 된다!

마음을 깨달으려는 자를 위한 조언

흔히들 마음을 깨달으면 된다고 말한다.
하지만 과연 마음을 깨달은 자들을 보았는가? 물론 있다.
하지만 그들이 어디까지 깨쳤는가는 천차만별이다.
얕은 데서부터 깊은 정도까지 다양하다.

한마디로 공체험이 없는 마음깨침은 껍데기에 불과하다.

표면의식을 살짝 뚫은 것도 많다.
문제는 그 정도로도 경전·어록 등이 소화될 수 있는 데 있다.
물론 엄밀히는 같은 경지가 아님에도, 자기 자신도 모르게
자기식 해석이 되는 데 있다.
문제는 그러한 얕은 체험들이 진정한 깨달음으로
이어지지 못하게 방해한다는 사실이다.
왜냐하면 그 정도로도 심리적인 안정을 얻고,
문제없이 살아갈 수 있기 때문이다.
대개의 경우, 이 정도만 해도 깨달음 효과는 얻는다.
보통 사람들은 이 정도만으로도 괜찮다.

하지만 진정한 깨달음은 아니다.
진정한 깨달음은 온통 법으로의 세계, 즉 법계임을 깨달아야 한다.
기껏 8부동지이거나, 아공을 깨달음이라고 여기지는 말아야 한다.

마음을 깨달으려다보면 이렇게 아공 정도에서 끝나는 경우를
많이 보게 된다.

마음을 제대로 깨닫고 보면, 마음이 사라진다.

달리 마음이랄 것이 없다.

하지만 선은 마음이 있는 상태로 끝나기 쉽다.

그리고 공부가 끝났다고 착각하는 경우를 흔히 본다.

왜냐하면 선방식의 공부가
완전한 묘각으로 이어가지 못하게 하는 구조이기 때문이다.

선에서 말하는 본래면목

본래면목이란 진여(성품)를 말한다.
그런데 문제는 이러한 본래면목이 여러 층이라는 데 있다.
도대체 무슨 말인가?
먼저 계합(주일합일의식)이라는 의식의 변용이 있다.
이를 견성(見性)이라고 한다. 그런데 이러한 견성이
심화된 정도에 따라 수준이 다양하다.

사람에 따라서 단 한 번에 묘각에 이른다.
그러나 대개는 점진적이다.

이에 대한 각자의 주장이 팽팽하다.

1. 완성된 깨달음인 묘각일 때를 견성이라고 해야 한다고 주장하는
   경우.(돈오돈수 · 성철)
2. 그런 사람이 흔치 않으니 일단 표면의식의 주객합일을 견성이라고
   하는 경우.(돈오점수 · 송광사)

점진적으로 이뤄지는 과정을 설명한 것은 많은데 대표적으로
다음 같은 것들이 있다.
《대승기신론》_불각 · 상사각 · 수분각 · 구경각.
《화엄경》 십지품_1~10지 보살품.

《십우도》_10 수행단계.

그리고 선 수행도 마찬가지다.
사람에 따라, 수행 정도에 따라 다르다.
문제는 '견성'을 어떻게 정의하느냐에 따라
주장이 달라진다는 것이다.

대체로 선에서 말하는 견성은,
구경의 깨달음인 '묘각＝견성'이 아니다.
정확하게 말하자면 초견성이다.
이러한 상태에서 더욱 수행을 심화해나가면,(보임)
의식 깊숙이(아뢰야식) 진행된다.
결국엔 아뢰야식을 투과해야 제대로 된 견성(묘각)이다.

흔히 본래면목이라 함은 등각이 되어야 증득할 수 있는
진여를 말한다. 그런데 초견성에서 맛볼 수 있는 본래면목은
마음자리(말라식～아뢰야식)다.

마음을 거울로 비유하면 자칫 오해가

후기 대승불교로 들어서면서, 드디어 존재의 실상을 깨닫기 위해,
내적인 마음으로 향하도록 하였다.
그리하여 마음을 깨달아라! 하기에 이르렀는데…
이렇게 적극적이고 직접적으로 일러주는 가르침에도
오해가 빚어지니 문제다. 이는 분별심으로 이해하기 때문이다.

이를테면, 마음이라 하면, 사람들은 내 마음을 떠올리게 된다.
그리하여 내 마음을 깊이 들여다봄으로써
드디어 본래 무일물인 텅 비어 있는 마음을 발견한다.

이렇게 하여 이 마음이 자리 잡고, 이 마음 입장에서 생각, 사물을
살펴보니 그들 역시 비어 있다.
또한 그러한 모양이라는 것은, 마음이라는 거울에 비추인 영상과 다름없다.
그래서 흔하게 거울을 비유해 설명한다.

그런데 구경각(무상정등정각)이라는 것은, 나의 거울이 깨어질 때 드러난다.
내 거울이 있고, 그것으로 무언가를 비추거나
비추이거나 할 때는 아직 아니다.(이원적)
내가 사용하는 거울(마음)이 깨어져 사라져야,
그제야 통째로의 온전한 참거울(진여법계)이 드러난다!
선종을 위시해서 대체로 이 부분이 되지 않는다. 그리하여 말은

매우 비슷하게 진행되다가, 여기 이 부분이 빠져 있다.
그렇게 되면 자칫 무일물이라는 마음이 영혼으로 둔갑하기 쉽다!
살피고 살펴야 속지 않으리라!

의지처가 있다면, 아직은 깨달음이 아니다!

깨달았다고 하면서도, 왠지 확연함이 약한 사람이 있다.
왜 그럴까?
아직 공부가 익지 않았기 때문인데,
이는 아직 의지처가 남아 있기 때문이다.
의지처란 '마음자리' 혹은 '알음알이의 뿌리'다.

이를테면 선 공부 과정에서 마음자리에 의지해야만
'제상이 비상' 임을 보는 경우가 그러하다. 이때 '마음자리'가 의지처다.
경전에서도, '적조(寂照)이면 깨달음이지만, 조적(照寂)이면 아직은
아니다!'라고 한다.

말쑥하게 훤칠하게 벗어날 때 일진법계가 드러난다!
이제 그는 굳이 제상이 비상임을 보기 위해,
의식의 특정부위에 집중할 필요조차 없다!
늘 여여하다!

만약 그렇지 못하면, 그는 여전히 경계(상)를 떨치지 못하여,
분별심에서 물러나 있으려 노력한다.
그래서 왠지 미세한 불편함을 느끼게 되는 것이다!

안심입명처는 깨달음이 아니다!

안심입명처! 편안하기 그지없다.
그래서 어쩌란 말인가?
고작 그것에 만족하는가?
편안함을 얻기 위해 이 공부를 했다면 더 이상 할 말이 없다.

하지만 깨달음은 이런 것과는 비교할 수 없을 만큼 수승하다.
편안함 같은 것은 관심 없다.
그럼에도 불구하고 더할 나위 없는 편안함이 함께한다.
이 공부를 하다보면 두 가지의 경우로 귀착되는 것을 본다.
하나는 묘각이요,
다른 하나는 위대한 안심이다.
공부를 하다가 어쩔 수 없는 경우라면 모르겠지만,
처음부터 안심을 얻기 위해 이 공부를 한다면 잘못된 것이다.

어디까지나 '존재의 실상이 무엇인가?'에 대한 갈구인 것이다.
그리고 안심입명처를 깨달음이라고 억지를 부려선 안 된다.

소위 마음자리를 조심스럽게 유념하면서, 생각을 하고,
말을 하는 따위로, 마음자리에서 말도 하고,
생각도 하고, 뭐든 다 합니다, 하면 안 된다.
바로 이런 것이 깨달음과는 천리만리다.

깨닫게 되면 이렇게 하지 않는다.
생각 그 자체가 마음이고, 말 그 자체가 마음이다.
무엇이든 그러하다.

이 차이를 잘 살펴야 한다! 자칫 동일한 것으로 여겨서 헷갈리면,
깨달음과 같다고 착각한다. 꼼꼼히 확인하지 않으면
워낙 깨달음과 비슷하여 같은 것이라고 잘못 알 수 있다.

그러기에 선을 공부하는 이들이,
착각 속에서 마냥 세월을 다 보낸다.
'아닌 것은 아니다'라고 바로 알 때,
깨달음을 향한 바른 길이 열리게 된다!

촉목(觸目)보리

눈길 닿는 것 모두 보리라는 말이다.

그런데 선에서는 이것을 어떻게 보느냐 하면,
눈길 닿는 것(물체)은 상관하지 않고,
눈길 그 자체가 보리라는 것이다.
그런데 진실을 말하자면, 보이는 것/보는 것 모두 보리다.

물론 보는 것에 의해서 보이는 것을 드러내기에
같은 것이라고는 하지만, 보이는 것이, 분명 마음인가?
분명 마음으로 보이는가?하고 물어보면 자신없어 한다.
솔직한 것이다. 이는 아직 법집(法執)이 남아 있음이다.

만약 연기법으로 공부한 경우라면
이러한 문제가 처음부터 발생하지 않는다.
만약 십우도에서 8도인 공체험(일원상)을 분명히 하고
9도를 체험한 사람이라면 이러한 문제가 발생하지 않는다.
선에서는 법집을 극복하는 데 오랜 세월을 설정하지만,
어떻게 공부하느냐에 따라 이 공부는 분명 끝을 본다.

깨달아야 할 마음은 어떤 것인가?

여러 가지로 설명할 수 있겠지만, 《금강경》이 소개하는 것을 살펴본다.
《금강경》에는 핵심구절이 되는, 이를테면 '금강경 4구게'가 있다.
그중에서도 혜능이 듣고 깨달았다는 4구게가 압권이다.
통상적으로 사람들은 그 일부만 기억한다.
응무소주 이생기심(應無所住 而生其心).
해당 4구게를 전부 소개하면 이것이다.(그래야 가리키는 바가 분명해진다)
불응주색생심 불응주성향미촉법생심 응무소주 이생기심(不應住色生
心 不應住聲香味觸法生心 應無所住 而生其心).

색(보이는 대상)에 머물지 말고,(대상에 시선을 고정시키지 말고)
소리에 의식을 두지 말고, 냄새에 의식을 두지 말고, 맛에도 두지 말고,
촉감에도 두지 말고, 생각에도…
그렇게 어디에도 의식의 초점을 두지 말고(묶어두지 말고)
마음을 내어보라(마음을 쓰라)!

이런 말인데, 그렇다면 도대체 어떻게 하라는 것인가?
표면의 분별심 아닌, 안쪽에 있는 마음(상에 머무르지 않는 내면의 마음)에
중심을 두고, 마음을 쓰라!
이는 '주시자/지켜보는 자'로서의 마음이다!
즉시 편안한 안심입명처를 얻는다!(하지만 무상정등정각은 아니다!)
여기서 반야지혜를 발현시키면 된다.

아 공 에 서

법 공 으 로

7

마음의 평안(부동심)!

존재의 실상을 깨닫게 되면, 저절로 자유로움과 평화로움을
누리게 된다. 해탈된 마음이 본시 그러하기 때문이다.

공부 초기에 맛보는 심해탈 수준의 마음의 평안은, 혜해탈의
부동심과는 비교가 되지 않는다. 심해탈은 고통 속에서 찌들어 있는
마음이 작은 쉼을 얻음에서 맛보는 마음의 평안이다. 그러나
조건적인 평안에 불과하기에… 상황에 쉽게 흔들리고 깨지기 쉽다.

이 공부는 혜해탈로 나아가야 한다. 일체가 공(마음)임을 깨달은
앎이 분명해지면… 그 어떤 상황에도 흔들림이 없다.
흔들림 그대로가 공(마음)이기에, 그 어떤 상황에 처해서도
여여부동한 마음이 된다.

이 마음은, 마인드컨트롤의 기법으로
마음이 동요됨을 억제하는 것과는 다르다.
거센 파도가 일어나도 바닷속은 늘 고요하듯이…
깨친 마음은 그러하다. 평안이 따로 없다.

전쟁 상황에 처해도… 우주가 개벽을 해도…
깨달은 마음은 여여하다!

어떻게 하면 깨달을 수 있을까?

이 공부하는 사람들이 한결같이 묻는 것은,
"어떻게 하면 깨달을 수 있을까?"이다. 이에 대한 대답 중에,
대승돈교 방식으로는, '어떻게 하면 안 된다!'로 일러준다.
어떻게 하려는 것이 분별심으로 찾는 방식이기 때문이다.

그럼 아무것도 하지 말아야 하는가? 물론 아니다.
분별심으로는 안 되기 때문에 어떻게 할 수는 없고,
궁금하니 답답하다.

이러한 상태에서 마음을 들여다보자.
마음속에 생각, 느낌 등이 보일 것이다.
한동안 바라보면 그것들이 사라진다. 사라진 자리에 무엇이 있는가?
아무것도 없다면 아직은 미묘한 마음바탕을 감지하지 못하는 것이다.
아무것도 없다고 여기는 곳이 사실은 마음이라는 내적 공간이다.
그런데도 스스로가 마음공간으로는 자각되지(느껴지지) 않는다.
여전히 마음공간을 응시하고 있다.
정확하게는, 마음공간과 응시하는 놈으로 나뉘어 있다.
핵심은 응시하는 것에 있다.

응시하는 것(바라보는 것/주시자)을 응시할 수는 없다.
응시하는 것을 대상으로 삼는 순간에 그것은 '응시라는 형상'이

되어서(이것은 사실 의식이 만든 이미지다) 여전히 그것을
응시하는 놈이 있게 된다. 이같이 응시하는 놈은
대상으로 삼을 수 없다. 이러한 점을 충분히 이해하여야 한다.

그러면 오직 응시할 뿐이다! 응시할 뿐인 그놈은 처음엔 분명하게
자각되지 않지만 응시하는 것이 무엇인지를 염두에 두고 바라보기를
거듭하다보면, 점차로 응시하는 놈이 무엇인지 뚜렷해진다.

그럴 쯤에서 응시하는 놈의 자각영역이 넓혀진다.
그리고 응시하는 놈의 자각영역으로 통합된다.
주객으로 분리되어 느껴지던 것이 하나로 통합된 것 같은
의식의 변화를 경험한다. 이것을 주객합일/계합이라고 한다.
한편으로는 자증분이라는 주객통합 의식이 발달한 결과이기도 하다.
마치 마음속의 마음 같다.
물건을 바라보고, 생각하는 것을 지켜보는 또 다른 마음이다.

주객을 초월한 마음은 동시에 주객을 포함한다.
이것을 아공(我空)이라고 하며, 마음자리라 한다.
이 상태에서는 여전히 몸을 기준으로 할 때에 아직은 밖의 대상들이
하나로 포함되지는 않는다.
이것은 아직 법공(法空)이 되지 못한 상태다.

달리 말하면, 감각식에서 대상으로 여겨지는 것들이,
아직은 동일한 마음공간으로 통합되지 못한 결과이기도 하다.

감각식에서 포착되는 것들은 분별식으로 헤아려진 것들이기에 그렇다.
결국 분별식이 무분별식과 동일함을 깨달아야 하는 여정이
남은 셈이다.

그렇기는 하나, 주시자 관점에서도 대상이라고 여겨지는 것들이,
동일한 마음공간에서 생겨난 것임을 볼 수도 있다.
대상을 물끄러미 바라보아야 한다.
대상을 분별하는 마음을 거두어들이고 물끄러미 바라보면서
그것들이 어디에서 생겨난 것인가를 동시에 관찰하게 되면,
대상이라고 여겼던 것들이 마음의 창에 비친 그림같이 보인다.
마음의 창은 마음거울이며 대상들은 마음거울에 비친 영상들이다.
이렇게 확인되면, 점차로 저 밖의 대상들이 사실은 마음에 비추인
그림들이 되고 점차로 마음뿐임이 확실하게 각인된다.

이렇게 되면, 일진법계가 된다.
의식은 주시자인 자중분에서 증자증분이 된다.
즉, 주시자가 스스로를 확인한 것이다.
이 단계에서, 보는 것과 보이는 것이 하나가 된다!

그런데 사람들은 보는 것과 보이는 것이 하나라고 듣게 되면,
그렇게 짜 맞춰보려고 시도한다.
결국 실망하고 말겠지만 말이다!

무위에 대하여!

무위(無爲)란, 하되 하지 아니 함을 말한다.
이것은 무위나 유위라는 분별심을 뛰어넘어야 하기에,
무위이고자 하는 노력으로는 결코 도달하지 못한다.
결국, 깨달아야 한다는 말이다.

이는 구경의 도를 체득한 경지를 표현한 것이지만,
한편으로는 구경의 도가 아닌 경계에서도,
무위라는 말이 제법 그럴듯하게 통할 수 있는 경지가 있다.
심법으로 공부해가면, 일차적으로 주객의 대립이 합일되는 경계가
나타나는데 이는 표층적 의식상에서의 주객합일이 된다.
이때 의식은 매우 편안해져서 그동안의 심리적인 갈등(번뇌)이
사라지기에, 아무런 문제가 없는 심리적 안정을 되찾는다.
바로 이것이 심해탈에 해당한다.

하지만 이것이 구경의 경지(혜해탈)는 아니다.
왜냐하면 무위 그 자체가 무엇인지는 깨닫지 못한 상태이기 때문이다.
즉, 반야의 지혜가 드러나기 전 단계인,
표면의식상의 주객합일의식인 무분별(무의식) 경계다.
이는 유식으로 말하자면, 아뢰야식 상의 무분별 단계다.

반야지혜란 아뢰야식 단계를 넘어서야 한다.

즉 아뢰야식을 투과해야 한다.

바로 이런 점에서,《도덕경》에서 말하는 무위자연과 불교에서 말하는 반야지혜는 차이가 있다.

눈이 밝아지면, 이러한 미세한 차이를 가려낼 수 있다!

깨닫는 순간에?

깨닫는 순간에는, 존재의 실상에 대한 앎이 발현되며 의식이 변화한다.
무명에서 명으로 전환되는 체험인데…, 유식에서는
전식득지(轉識得智)라고 한다.

물론 깨닫고 보면… 본래부터 무명이라는 것은 없었다.
왜냐하면 오직 공(마음)만 실재하고 일체의 모습은 모두가
이 공(마음)의 현현이기 때문이다. 유의할 것은 '실재한다'는 것을
생각 수준에서는 알 수가 없다는 점이다.

이렇게 본래의 공(마음)을 깨닫는 순간을 일러주기 위해
다양한 표현이 있다. 생각이라는 무명 속에서 벗어나는 것을,
흔히 '생각이 끊어진다'고 표현한다.
생각으로 생각을 끊어야 함을 말하는 것은 아니다.

그리고 생각이 끊어진다는 것은… 표면적인 생각(6식)을 넘어서서
생각의 뿌리인 아뢰야식(8식)까지도 넘어서야 참으로 생각이 끊어진
(넘어선) 것이라고 할 수 있다.

이렇게 생각이 끊어진 것을 대사(大死)라고 하며, 대사한 상태에서
공(마음)을 깨닫는 앎(반야지혜)이 눈을 떠야 한다(드러나야 한다)!
이를 대활(大活)이라고 한다. 통칭하여 대사대활이다!

공부인에 따라 대사대활이 순식간에 이루어지는 경우가 있고,
점진적으로 이루어지는 경우도 있다.

결론적으로, 존재의 실상에 눈을 뜨는 순간은
이전의 생각 차원(무명)에서 반야지혜(명)로 넘어가는 과정이다!

수행법이 다양한 것은, 이러한 생각을 넘어서도록(끊어지도록) 하는
방법론에 있다. 공부인마다 적합한 방식이 있긴 하지만,
어느 방법이든 간에 열심히 하면 된다.

만약 3년 넘게 공들였는데도 별반 성과가 없다면,
수행법을 바꾸는 것이 좋다!

죽기는 했으나, 살아나진 못한 상태!

대사(大死) 후 대활(大活)이 되어야 한다.
생각의 뿌리까지 끊어져야, 생각이 완전히 사라진 상태에서
생각의 근원(바탕)이 드러난다. 그런데 죽기만 하고,
살아나지 못하는 상태가 있다. 생각은 고요하게 가라앉아서…
번뇌도 없고, 여여한 것 같은데, 성품(마음)을 보지는 못한 상태다.
따라서 견성이라 할 수 없다.

이런 정도의 공부 수준에 있는 공부인이 의외로 많다.
그 수준에도 경전과 어록이 모두 소화되는 것 같지만…
확연하진 않다.

반야(공)로 표현한 부분은 소화되지만, 선어록(불성)을 읽어보면
막히는 경우도 있다. 특히, 화두를 대하면 막히는 부분이 드러난다.

이런 사람은… '비었다' '없다' '적멸' '그 무엇도 없다' '무아'라는
표현을 주로 한다. 그러나 결코 빈 것이 아닌 꽉 찬 것은 모른다.

쉽게 말해서, 현상으로 드러난 존재 이전의 순수한 근원인
진여(불성, 성품)를 보지 못한 것이다!
공(단공)은 불공(부단공)이기 때문이다!

눈앞의 존재들은 내 마음이 만든 것인가?

'밖에 존재하는 것들은, 내면의 의식에 나타난 것이다'라고
하는 것은, 유식론자들의 주장이다.
유식이라는 말은… 유식적 관점에서 외물적 현상을 해석하는
것이다.(유식무경唯識無境)

깨달아보면, 외물은 내 의식에서 나타난 것이 아니고,
내 밖에 존재한다. 내 밖이라고 하지만,
전체성으로의 진여(의식)가 모양으로 현현한 것이다.
따라서 전체성인 의식(진여)이 펼친 외경이 있고…
그것을 내 의식으로 비추어낸 것이 표상이다.
그리고 내 의식이 펼친 내경(생각, 느낌, 감정)이 심상이다.

쉽게 말해서, 전체성인 의식 안에 개아적인 의식이 있다.(의식의
계층적 기능) 물론, 모두가 동일한 근원(진여)이다.

예를 들면, 밖의 사물을 감시 카메라로 모니터하는 것과 같다.
그 모니터 화면엔 밖의 사물도 나타나고, 모니터 내부(컴퓨터)
프로그램의 영상도 나타난다. 이때, 외경과 내경 모두가 모니터에
나타난 것들이고… 모니터를 벗어난 외경은 존재하지 않는 것이라고
한다면… 어리석다!

흔히들 세상은 마음의 현현이라고 하는데…
이를 틀렸다곤 할 수 없지만 불분명하다.
내 마음과 전체성인 마음을 구분하지 못한
두루뭉술한 표현이기 때문이다.

눈이 벌건 사람!

많은 수행인이 심법(선)방식의 수행을 한다.
물론 열심히 정진하면 존재의 실상을 깨닫게 되지만…
그 과정에서 내면은 공하다는 것을 터득하면서도
외부의 대상은 공하지 않는 미진함이 남아 있게 된다.

내면과 외면이 다르지 않는 것(내외명철)을 확연하게 깨달으려면
생각이 완전히 끊어져야 하는데, 표면적인 생각은 쉽게 사라지지만,
생각의 뿌리는 좀처럼 끊어지지 않는다.

많은 선 수행자들이 이 공부과정에서 오랜 시간을 보내고 있다.
물론 아공도 쉽지 않는 공부관문이지만, 법공은 더더욱 만만치 않다.

생각이 완전히 끊어져야 '무아'를 체득한다.
달리 말하면, 일체가 연기임을 체득할 때, 무아를 깨닫게 된다.

생각이 끊어져야 한다는 것은, 생각으로 생각을 끊을 수는 없기에,
수행을 통하여 그 같은 체험이 일어남을 말하는 것이다.

그런데 묘하게도… 생각은 끊어져도, 생각이 끊어진 그 순간에,
바로 거기에서 드러나는 공(성)을 확인하지 못하는 경우가 있다.
즉, 본래의 앎이 확실하게 깨어나지 못한 탓이다.

이유는 바른 견해가 없었기 때문이기도 하고,
평소에 존재의 실상에 대한 의문이 약한 탓이기도 하다.
그러니까, 도대체 '그것이 무엇일까?' 라는 의문이
가슴에 맺혀 있어야 한다. 꼭 화두를 통한 의문만이 아니다.
진지한 공부인이라면, 당연히 그렇게 깨달음에 대한 의문이
뇌리에 박혀 있게 된다.

그래야 결정적인 순간에 진실이 무엇인지를 포착할 수 있다.
번갯불에 콩 볶아 먹는 사람… 늘 포착할 준비가 된 사람…
쉽게 말해서 눈이 벌건 사람…
그 사람은 보이기만 하면 순식간에 공부를 끝낼 수 있다!

분별심이 없다고 함은?

마음공부에서 '분별심이 떨어져 나갔다'고 표현하는 것을 접할 수 있다. 이러한 표현들은 매우 주의하여야 한다. 자칫 오해하기 쉽다.

한편으로 그렇게 표현할 수 있는, 공부과정에서의 경지가 있긴 하다. 공부과정에서 표면적 분별심에 의존하던 상태에서, 내면의 고요한 마음으로 중심을 옮긴 것인데, 마치 이를 깨달음인 견성(見性)으로 오인한다.

선에서도 '견성성불(見性成佛)'에서 '견성'과 '성불'을 동의어로, 혹은 다르게 설명하는 경우도 있다. 성철 같은 경우는 견성은 곧 성불이기 때문에 그렇지 않은 견성은 결코 견성이라 할 수 없다고 단호히 말한다.

그러나 통상적으로는 보조지눌의 지침을 따르고 있다. 견성은 '주시자/지켜보는 자' 입장을 말한다. 물론 분별심에서 한 발짝 물러섰기 때문에 마음은 안온하고 쉼을 얻는다.(어설픈 이들은 이러한 경지를 깨달음이라고 착각한다) 그런 후에 반드시 불지견(佛知見)이 생겨야 한다. 법계체성지, 대원경지, 평등성지, 묘관찰지, 성소작지를 말한다.(깨달음의 특징이라 할 수 있다) 이는 반야지혜가 발현되어야 함을 말한다.

'분별심이 없다!' 라고 할 때, 깨달음 차원에서는, 분별심 그대로가
무분별심임을 깨달았기에 분별심이 없다고 하는 것이다.
따라서 반야지혜로 존재의 실상을 꿰뚫고 있는 것이기 때문에,
분별심과 무분별심의 구분이 사라진 상태다.

주시자 차원에서는, 분별심에서 내면의 고요한 마음으로 전환된
상태다. '반야지혜가 없다' '귀신굴에 빠져 있다는 무기공 상태'
'평지에서 죽은 자 많다!'고 표현한다.

이러한 점을 정확하게 파악해놓지 않으면,
공부가 진행되다가 마지막 지점에서 주저앉고 만다!

깨달음은, 반야지혜로 존재의 실상을 깨닫는 것이다!

IX. 무분별후득지

분별하는 지혜

1

분별하는 지혜가 없다면, 깨달음과는 거리가 멀다!

깨달음이란? 존재의 실상이 공(마음)임을 깨닫는 것이다.

그리고 일체가 공(마음)임을 깨달은 마음에서… 현상적 삶에서는
옳은 것은 옳은 것이고 그른 것은 그른 것임을 분별하는 능력을
갖추어야 한다.
쉽게 말해서, 반야지혜로 적절하게 분별하며 삶을 살아가는 사람이
곧 깨달은 사람이다.
이것을 '무분별후득지(無分別後得智)'라 한다.
이 같은 분별지혜가 생겨나지 않으면, 깨달았다고 할 수 없다.

그런데 이 공부를 하다가 공(마음)을 체득하는 사람 중에는
무분별후득지까지 나아가지 못하고…
일체가 공(마음)이라는 수준에 머물고 마는 경우가 있다.
엄밀하게는, 이 사람은 아직 공부가 되었다고 할 수 없다.
일체가 공(마음)이라는 관념에서 벗어나지 못한 것이기 때문이다.
이 같은 사람은 평등이라는 관념, 즉 악평등에 사로잡힌 것이다.
공부가 분명치 못하면, 다른 관념에는 속지 않지만, 평등 같은
관념(생각)에 붙잡히기 쉽다.

이런 사람은 여전히 공이라는 관념에 빠져 있는 것이다!

평등성을 깨친 후엔 차이에 눈을 떠야

일체의 것들이 공(마음)임을 깨닫는 순간에,
모든 것이 평등하다는 생각으로 떨어질 수 있다.
깨달음으로서의 앎과 생각의 앎(이해)이 교차하는 순간이다.

진정으로 공(마음)임을 깨쳤다면, 모든 것이 평등하다는 생각에
머물지 않고… 현상으로 드러난 것들의 갖가지 차별화된 모습 그대로가
평등임을 깨닫게 되어… 자연스럽게 무분별후득지로 전환된다.
이것을 색즉시공(色卽是空)이라 한다.

그러나 공부가 어중간하면, 일체가 공(마음)이라는 평등성에 도취한
결과, 우스꽝스러운 해프닝을 벌인다. 모든 것이 평등하다는 생각에
떨어져서는… 자기중심적으로 생각하기 시작한다.

현상으로 펼쳐진 삶에서는 남녀, 미추, 빈부, 귀천이 엄연히
실존하는데… 이 부분이 헷갈려서는 저 좋을 대로 생각한다.

초기 경전에서도 이 같은 사례가 소개되고 있다. 가령, 일체가
공(마음)이라는 것에만 도취한 결과, 소뿔에 받혀서 죽는 사고가 있었다.
지금 시대엔, 달리는 자동차에 뛰어들어서 죽는 꼴이다.
자동차도 공이고 나도 공이라는 생각에서 뛰어든 탓이리라…
질서로 가득한 공(마음)임을 모른 탓이다!

무분별후득지혜!

분별(생각)이 끊어지면, 분별을 만들어낸 공(마음)이 드러난다!
이 공(마음)은 순수한(무형상) 공(마음)이다.

때때로 공부인들이 '텅 빈 마음'만을 붙들고(머물고) 있는
경우가 있다. 그렇게 되면, 생각이 없는 상태만을 공부로 착각하게 되어,
삶의 현장을 싫어한다. 삶의 현장은 시끌벅적하기에 마음이
고요하지 않고, 불편하기 때문이다.
그러나 이 정도의 공부는 아직 미흡하다.
시끌벅적한 그대로가 고요한 것임을 깨달은 것은 아니다.

무형상의 공(마음)이 스스로의 작용으로
다양한 현상으로 나타난 것이다.
다양한 모습으로 드러났지만… 그 자체가 공(마음)이다.
이렇게 깨달아야만… 시끌벅적한 그대로가,
텅텅 빈 것과 다르지 않다는 것을 본다.
삶과 하나된 완전한 깨달음이다.
이제! 삶 속에서 필요한 윤리, 도덕, 예의, 관습을 적절하게 운용한다.
때와 장소에 적절하게… 그리하여 다른 사람과 함께 상생하는
행복한 삶을 살아간다!

깨달음은 비현실적인가?

존재의 실상을 깨닫는다는 것은 삶의 현장을 떠난··· 비현실적
몽상과는 거리가 멀다. 이 공부가 무엇인지에 대한 밑그림 없이,
기존의 선입견으로 출발하면 옆길로 샐 가능성이 많다.

삶을 위한 공부임을 잊으면, 현실과는 유리되고 마는
관념적 공부로 흐를 수 있다. 유유자적한 삶을 산다고 스스로를 속이며,
시끌벅적한 현장에서는 멀찌감치 떨어져 살아간다.

깨달음 공부는 가장 현실적이다.
왜냐하면 진실이 무엇인지를 깨닫고,
진실하게 살아가는 것이기 때문이다.

이 공부에서 가장 위험한 것은, 일체가 공(마음)이라는 공견(단공)에
떨어지는 것이다. 일체가 공이라는 무분별심을 깨닫고 난 뒤에···
다시금 현실이라는 삶의 현장에서 지혜롭게 분별하기 위한 공부임을
망각한다면, 차라리 공부하지 않은 것만 못하다.
선근이 부족한 공부인에게, 흔히 이 같은 경향이 나타난다.
그러니 먼저 마음을 정화하고 바르게 갖는 것이
그 무엇보다 중요하다!

죽도 밥도 아닌?

깨달음은 '물에 물 탄 듯 술에 술 탄 듯' '죽도 밥도 아닌'
그러한 공부가 아니다!

자칫 이 공부가 무엇인지를 분명하게 증득치 못한 공부인들이,
'중도'를 이처럼 애매모호한 태도를 취하는 것쯤으로 오해한다.

깨달음은 존재의 실상인 공(마음)을 깨닫고… 나아가 그 공(마음)이
펼쳐낸 차별세계에서의 갖가지 질서를 담아낼 줄 아는
무분별후득지가 발현되어야 한다.

만약 그렇지 못하면 그것은 어정쩡한 상태가 되어
삶을 올곧게 살아가지 못하는 무골호인이 되고 만다.
그렇다고 제 마음대로 잣대를 들이대고는…
이것이 무분별후득지라고 억지 부릴 수 없음은 기본이다.

그래서 공(마음)을 현실에서 적용(운용)하는 부분에 있어서는,
늘 심사숙고의 사유과정이 필요하다. 그리고 다양한 견해들을
함께 고려해야 함은 당연하다.

중도! 이것은 죽도 밥도 아닌, 어정쩡한 것과는 판이하게 다르다!

생선 싼 종이에 밴 것처럼!

올곧은 성품이 아닌 사람, 그러니까 흐리멍덩한 사람은
'사람 좋다'는 평판은 받는다. 그리고 이 공부를 어설피 한 사람들도
선악을 분별하지 못하는 악취공견에 빠져서, 시시비비를
분명히 가려야 할 때에도 방관적인 태도를 취한다.

모든 것이 공(마음)이라는 관념에 빠져 있어,
지혜롭게 분별하는 지혜가 없기 때문이다.
분별하면 안 된다는 분별에 빠져 있다.
그리고 최근 인도 각자들의 미흡한 공부 수준도,
그 같은 미혹을 강화하는 데 기여했다.

마하리쉬, 마하라지 등등의 가르침을 보면… 깨달음 자체는
무리 없이 반듯하게 설명한다. 하지만 깨달음 후의 공부인
무분별후득지 부분에 대한 언급이 거의 없다.
때문에 그들의 가르침을 접할 때도, 이 같은 점을 분명히 해야 한다.
일체가 공(마음)임을 깨달았으니, 이제는 네 마음대로 하고
살라는 식의 가르침은 오해를 줄 수가 있다.
공부의 힘이 부족한 사람에게, 그 말은 자칫 독이 될 수도 있다.

잘못된 견해에 물들면, 마치 생선 냄새가 밴 종이마냥
좀처럼 빠지지 않는다!

《대승열반경》에서 다루는 핵심주제!

《대승열반경》을 꼭 읽어보아야 할 이유가 있다.
《대승열반경》에서는 깨달음을 현실에 적절하게 운용해가는 지혜를
일러주기 때문이다.

평등, 자비, 평화에 대한 고정관념을 가짐으로써(생각을 벗어나지
못한 탓으로), 삶의 현장에서 평등, 자비, 평화라는 관념(망상)에
사로잡혀 어리석은 짓을 한다. 공부를 제법 한 사람도, 자칫
헷갈릴 수 있는 부분이다!

평등이라는 관념에 사로잡히면, 무조건 평등해야 한다는 악평등에
떨어진다.(생각 차원의 평등)
자비라는 관념에 머물면, 무조건 자비로워야 한다고 망상을 피운다.
(생각 수준의 자비)
평화라는 관념에 떨어지면, 무조건 평화로워야 한다고 고집한다.(생각
차원의 평화)

불평등 그대로 평등이다.
쉽게 말해서… 현상으로 드러난 삶의 현장은 온갖 불평등으로
가득하다. 사실, 이는 질서로 가득한 세계이다.

무자비 그대로 자비다. 때론, 악행을 멈추기 위해 상대방을

비난하거나 분노하며 제재해야 한다.(섭수/절복)
전쟁 그대로가 평화다. 평화는 그저 주어지지 않는다.
평화를 위하여 전쟁도 불사하는 것이다.

깨달음공부가 어중간하면,
현실과 괴리되어 삶을 지혜롭게 운용하지 못한다.
무분별후득지라는, 깨달음 이후에 생겨나는
'분별지혜'가 발현되어야 한다!

자리이타와 습기

2

깨달음 이후 공부 이야기!

이 공부의 궁극은, 온 우주 그대로가 마음(연기, 성품, 진여)임을
깨닫는 것으로 귀결된다.
마음을 집중하면 온통 진여뿐임이 분명하나, 집중력이 떨어지면
실상이 사라지는 수준이 아닌, 늘 그러한 의식이어야 한다.
의식 자체가 비이원의식으로 발달되어야 한다.

문제는 그다음부터다. 그렇게 확철하게 깨달았다는 사람은,
과연 어떤 삶을 사는냐, 하는 부분이다.
바로 이 부분에서 다소 논쟁이 있다.

깨달았으니, 그냥 각자의 삶을 살면 된다고 여기는 사람도 있다.
녹여야 할 습기는 뭐냐? 그것 또한 빈 것이니 무슨 문제인가,
이렇게 주장하는 사람도 있다.
그러나 그런 사람도 맑은 공기와 깨끗한 물과 맛있는 음식
그리고 몸에 좋은 것들은 챙긴다.
이와 같은 주장이라면… 모든 것이 공인데,
그와 같이 건강을 위해서 챙길 것은 무어란 말인가?

사람은 혼자 사는 것이 아니라 함께 살아가게 된다는 점에서,
더불어 살아가는 지혜가 필요하다. 그리고 마음의 무한한
잠재능력도 계발해야 한다. 그 같은 점에서 습기(習氣, 밝고 맑은 성품에

위배되는 습관적 힘)를 다스려야 한다.

그 습기마저도 진여묘용이라며 외면한다면
에고의 자기합리화에 불과하다. 진제에 빠져서 허우적대는 꼴이다.
스스로는 일없다며 발가벗고 다니는 셈이 된다.
자칫 '나홀로 공부'를 하다보면 이러한 부분에 갇히기 쉽다.

그렇다고 개개인이 가진 독특한 개성마저도 버려야 한다는 것은
결코 아니다. 이 눈치 저 눈치 보기에 급급한, 소심하고 나약한
사람이 되라는 것도 아니다. 무골호인이 되어야 한다는 것도 아니다.

이 공부는 분명한데도, 더불어 살아가는 삶은 여전히 미숙한
경우가 있다. 존재의 실상을 깨달은 공부와 깨달음의 실현인,
세상적 실천에 있어서의 성숙도는 구별할 줄 알아야 한다.
사람으로 태어나긴 했지만, 사람 노릇을 하려면
또 다른 성숙이 요구된다!

습기란?

이 공부에서 '습기'는 묘한 것이다!
완전한 깨달음 이후에도 습기(습관적 장애의 기운)가 남아 있다는
말이 이해될까? 아마도 모순되는 듯한 느낌이 들 것이다.

하지만 깨달아보라!
과연 깨달음으로써 번뇌의 여습까지도 말쑥해지는지를?
결코 아니다! 이것은 그 누구도 예외일 수 없다!
최근 서양에서 깨달은 사람들이 그들 특유의 솔직함으로 한결같이
고발하고 있는 부분이다.

물론 그것들 또한 당연히 진여임을 분명하게 깨닫고 있다.
그럼에도 불구하고… 습기는 남아 있다.

깨닫게 되면, 습기가 습기 아님을 알기에
자칫 습기를 방치할 수도 있다.
오히려 주변 사람들은 다 알고 있는데도
정작 본인만 그 부분을 외면하기에 볼썽사납다.

그렇다면 습기란 무엇일까?
물론 여기서 말하는 습기란 건강하지 못한 부분을 말한다.
구체적으로는, 다른 사람과 함께 살아감을 통해 드러난다.

큰 습기를 제거하는 과정에서 깨닫게 되고, 깨닫게 된 이후에도
남아 있는 미세한 습기를 제거해야 한다.
수행을 통해서 그리고 생활 속에서
부단히 습기를 녹여가는 공부는 즐겁다!

돈오돈수 후 공부!

깨닫기 위해서는 먼저 마음을 정화해야 한다.(팔정도, 육바라밀,
계정혜) 마음이 정화되면 깨닫기는 수월해진다.
공부인에 따라선 자연스럽게 깨어날 수도 있고,
지혜를 촉발하는 공부를 하면서 깨어나기도 한다.
그렇게 하여 초견성 수준부터 그 이상의 수준까지 다양하게 펼쳐진다.
이후의 공부는 완전한 깨달음이 성취될 때까지 계속된다.
완전한 깨달음은 돈오돈수로 표현된, 더 이상 깨달음을 위한 수행이
필요 없을 때까지다. 존재의 실상이 무엇인지가 늘 분명한,
이를테면 일진법계이다.

그러면 공부는 끝이 났는가? 더 이상의 공부는 필요가 없는가?
깨닫기 위한 공부는 끝났다.

그러나 삶을 살아가기 위하여 새로운 공부가 시작되는 지점이다.
혼자만 산다면 더 이상의 공부가 필요 없겠지만, 함께 살아가야 한다.
함께하는 삶을 자리이타로 살아가기 위한 공부가
시작되는 것이다. 그렇기 때문에 관계에서 불편함을 초래하는
'습기'를 빼는 공부로 이어진다.

이 공부는 인격을 완성해가는 길이기도 하다.(의식의 스펙트럼을
전체적으로 성취해가는 길) 이 공부는 끝이 없다.

끝이 없는 공부이기에 더더욱 묘미가 있는 공부다.

삶을 위한 공부, 삶과 함께하는 공부, 삶을 꽃피우는 공부!

깨달음 이후 공부!

이 공부는 존재의 실상을 확철하게 깨닫는 것으로 종결된다.
왜냐하면 존재의 실상이 무엇인지에 대한 의문으로 시작한
공부였기 때문이다. 물론 깨닫게 되면 진실에 대한 의문은
완전히 해소되며, 무한한 자유로움과 평화로움을 맛본다.

하지만 공부의 힘은 관계 속의 부딪침에서 그 진가가 드러난다.
이미 이대로 아무 일 없음을 명백하게 꿰뚫고 있고, 탐진치 그대로
보리임도 참으로 실감하고 있다. 그래서 아무 문제가 없다는
것까지도 명명백백하다. 하지만 그쯤에서 본격적인 공부가 시작된다.

이제는 습관적인 행위까지도 살펴보는 힘을 갖추는 것이다.
이미 진제적인 측면에서는 아무런 문제도 없고 그래서 딱히 어떻게
할 것도 없지만, 사람과의 관계 속에서 조화로운 삶,
나아가 자리이타적인 삶에 대한 필요로까지 공부힘이 나아가는 것이다.
바야흐로 개인적 해탈에서 대승적 차원으로 넘어가는 시점이다.

그렇다고 송장이나, 무골호인이 되는 공부는 아니다.
지혜와 자비로 자리이타적 삶을 살아가는 출격장부로
나아가는 공부다!

의식의 균형발달!

깨달은 자가 보여주는 다양한 모양새는 어떻게 설명될 수 있을까?
물론 존재의 실상을 깨달았다는 점에서는 모두가 동일하다.
하지만 각자의 현존은 조금씩 차이를 보인다.
다양한 꽃이 어우러지니 더욱 다채로운 것은 진실이다.

공통점은 흔히 말하는 의식의 양극들이 통합을 이룬다는 것이다.
지혜와 자비, 권리와 책임, 평정심과 열정, 자유와 평화,
이성과 감성, 독립심과 협동심, 남성성과 여성성이 통합된다.
이 말은 남성과 여성의 차별이 되는 특성을 잃어버리고
자웅동체나 무성(無性)적인 덤덤한 존재가 된다는 것이 아니다.
실제로는 그 반대로 남성적인 특질과 여성적인 특질이 더 강화되며,
양극의 통합으로 상황에 따라 적절히 반응한다.

그러나 기이한 행동을 보여주는 경우도 허다하다.
이는 설사 깨달았다고 해도, 그의 의식이 균형 잡힌 발달은
되지 못했음을 보여준다. 대체적인 이유는 성장과정에서 이런저런
이유로 왜곡되었기 때문이라고 본다.

평!상!심!이 도!
이는 깨달음이 무엇이며, 어떻게 귀결되어야 할지를
잘 드러내 보여주는 말이다!

깨달음 이후 수행

깨달음에 관한 이야기를 하려다보니 깨달음 이후에 하는 공부가
빠지기 쉽다. 사실은 이 공부가 진짜 공부인 셈이다.

성장과정에서 누구나 알게 모르게 찌그러지고 망가지고
왜곡되면서 성장한다. 그러한 습벽은 때로는 사람관계에서
문제를 일으키게 된다. 본인도 잘 모르는 경우가 허다하다.
이러한 부분은 아무리 깨달음이 투철하다고 하여도
예외일 수가 없다. 붓다, 예수, 공자, 크리슈나, 소크라테스…
누구나 마찬가지다.

사람들은 이러한 점을 간과하기 쉽다.
깨달음을 인격적인 것과 동일시하는 관념 때문이다.

동시에 깨달은 사람의 완성된 인격이라고 하더라도
이것이 무골호인처럼 뼈도 살도 없는 사람처럼 되는 것도 아니다.

적절한 표현이 있다면, 건강한 사람 혹은 자연스러운 사람일 것이다.

우리에게 익숙한 동양적인 군자 개념이 인격적 모델로서
제시되곤 하였지만, 이는 인간의 자연스러운 심성까지도 억제,
회피, 물러남, 투사 등의 왜곡된 방향으로 사람들을 내몰 수도 있다.

실제로 그러한 폐해도 적지 않았다. 게다가 지배세력의 아랫것들
길들이기 도그마로도 매우 그럴듯하게 쓰여왔다.

무엇보다도 외부 적에 대한 방어개념이 희박해져서
동양은 서양의 침략에 큰 곤욕을 치렀다. 이제 깨달음, 자비, 사랑 같은 것도
자칫 관념으로 흐르면 현실의 삶을 심하게 왜곡할 수 있음을
근대사에서 동양 모두가 혹독히 값을 치르며 알게 된 바이다.

이렇듯이 개인, 사회, 국가 모두에게 건강할 수 있는
지혜와 자비와 힘과 조화를 갖출 수 있는 길을 지향해야 한다.

이를테면 세간과 출세간을 모두 살려낼 때,
그것이야말로 깨달음의 완성이다!

다양한 공부거리

3

새로운 풍경들!

깨달음(앎)은 입체적이다.

깨달았다고 해도, 다양한 가르침이 쉽사리 소화되지 않을 수 있다.
경전, 논서(중론, 유식, 대승기신론), 어록, 화두…

비록 깨닫긴 했지만… 어떤 부분은 쉽게 공감되고,
또 어떤 부분은 말쑥하게 소화되지 않는다.
왠지 시원하게 교감되지 않는 부분이 있다면,
이것이 곧 공부거리로 남아 있는 셈이다.

다양한 측면에서 일러주는 가르침은,
마치 사방팔방으로 뚫린 도로 같다. 서울로 가는 길은 다양하다.
한쪽 길만 고집하면, 다양한 공부길에서 마주치는
다채로운 풍경의 묘미를 맛보지 못한다.

마음이 유연하면, 그전에 미처 보지 못했던 새로운 풍경을
감상할 수 있다!

다양한 공부로 나아가야

깨달음 공부는 무한히 깊어지고 넓어진다.
공부는 존재의 실상을 깨달은 것에 국한되지 않고,
모든 영역의 공부로 그 지평을 넓혀간다.
만약 그렇지 않으면 협소한 공부로 전락하고 만다.

어떤 사람이 깨달음을 얻고는 한가로운 곳에서 은둔하며 한평생을
마친다는 스토리가 있다. 이것은 아직 공부가 투철하지 않다는
반증이다. 공부힘이 부족하다기보다는, 마음 씀이 옹색하여
다른 사람과 더불어 나누고자 함이 인색하기 때문이다.
마음 씀이 넓어야 이 공부도 훤칠해진다.

경에서도… '내가 깨닫게 되면 반드시 모든 중생을 건지리라!' 는
서원을 세워야 한다고 강조한다. '나는 이미 깨달았다!' 라는 것에
머물지 말고, 다른 수행과 책을 통해서 배우고 익히면 더욱 공부는
깊어지고 넓어진다. 공부꾼은 결코 자기도취적이지 않다.

공부 초기에는 존재의 실상을 깨닫기 위하여,
잡다한 것을 끊어야 집중이 되고,
그 집중력으로 공부에 몰입할 수 있지만, 공부가 된 이후에는
오히려 많은 경전과 어록 그리고 다른 수행법을 접해보는 것이 좋다.
참 공부꾼은 다른 공부도 마다하지 않는다!

무쟁삼매

깨달음이라고 하면서… '바른 깨달음은 이런 것'이라고
서로 간에 치고받는 해프닝을 벌인다. 이 때문에 겨우 신심을 낸
사람들의 마음이 산란해지기도 한다. 이런 점에서 비록 공부라는
명분하에 격렬하게 논쟁을 벌일지언정, 모양새는 건전해야 되겠다.
하지만 인간의 속성상, 더군다나 깨닫고 보면 '이렇게 해야 된다'는
당위성 자체가 소멸된 것이라, 자칫 꼴사납게 '맞장 뜨는 것'으로
보이곤 한다.

물론 이런 상황을 즐기는 내성이 길러진 사람도 있겠지만,
대체로 영 맛이 가는 경우가 대다수이다. 그렇다면 이젠 차분하게
성숙된 논쟁(법거량)의 태도가 요구된다.
요즘 사회 각층의 토론문화가 건전하게 정착된 것으로 보인다.
목소리 큰 사람이 제일이던 시대는 지난 것 같다.

이런 의미에서 인도의 학파 간 논쟁은, 서로 간에 발전적으로
각자의 사상체계를 다잡을 수 있는 토양으로 활용했던 것 같다.
개인적으로 좋아 보인다.

사실 무쟁삼매인 깨달음도 건전한 논쟁을 통해서 얻어질 수 있다.
정교하고 세밀한 논리성은 치열한 논쟁을 통해야 가능하다.
물론 깨달음이 말을 떠난 것이지만, 이원적 말을 방편으로 해서

얼마든지 설해질 수도 있다.
자칫 선의 '교외별전, 불립문자'에 속아서 언설적 방편을
경시하는 일이 없어야 한다.

연기법이 무엇인가? 말을 통해 말을 넘어가는 가르침이다!

공부의 귀착점!

이 공부는 공부인의 역량에 따라서 폭과 깊이가 다양하다.
저마다의 그릇에 법을 담게 마련이며, 때문에 깨달았다고는 하지만
그 모양새에 있어서 차이가 많다.
물론 각자(覺者)에 걸맞은 인연을 펼치긴 하겠지만, 어디까지나
이 공부는 의식의 성숙이라는 점에선 품격 높은 공부이어야 한다.

번뇌에 꺼둘릴 때에는 우선 심리적 안정을 원하겠지만,
궁극적으론 반야지혜를 계발하는 공부여야 한다.
때문에 마음을 안정시키는 심리기법을 넘어서 삶에서 필요한
다양한 공부와의 접목이 필요하다. 만약 심리적 안정만을
추구하는 기법에만 머문다면, 본래의 공부와는 거리가 멀어진다.

사실 이 공부는 의식의 전 영역을 활성화시키기에 그 어떤 공부와도
잘 조화된다. 그러니까 자기계발의 혁명이기에, 원하는 분야에서
탁월한 능력을 발현시키는 힘을 갖는 셈이다.
진실을 말하자면, 존재의 실상을 깨닫고 나면 그냥 쉬는 것이 아니라,
바야흐로 자리이타적인 삶을 위한 공부의 출발점이 되는 것이다.
일 없는 가운데 분주함을 자처하니 무사인의 즐거움이다!

일미가 펼친 다양성의 세계!

같은 공부를 해도 펼쳐내는 것은 각자의 몫이다.
공부가 끝이 없다는 것도 이러한 맥락에서 하는 말이다.

이 공부는 존재의 실상을 깨달음으로써 종결됨과 동시에
새로운 출발점이 된다. 물론 각자가 원하는 바에 따라
다양하고 끝없는 공부로 이어지고, 그것은 우리 모두에게 회향되어
우리의 삶을 보다 풍요롭게 한다.

이 공부도 해내지 못했는데 무슨 말이냐고 반문할지도 모르겠다.
하지만 공부를 하면서도 이 같은 마음으로 하는 것이 공부의 폭과
깊이를 더하도록 해준다. 그렇지 않으면, 고작 선이 추구하는 바
이것!이라는 실상에 고정되어 좁아진다.

진여가 현상세계로 스스로의 모습을 드러낸 것에 주목해야 한다.
단일한 진여가 펼쳐낸 다양성의 세계에 대한 공부거리가,
진정 우리를 다시 한 번 가슴 뛰게 한다.
중중무진으로 펼쳐진 영원의 세계에서 발 딛고 살아가는 우리들이다!

활발발한 깨달음

4

실천적인 부분들!

대승의 이상적인 인간상은 보살정신이다.
위로는 깨달음을 구하고, 아래로는 중생을 교화한다는 자리이타적인
실천적 수행을 천명하는 것이다. 중요한 점은, 실천을 강요해서는
안 된다는 것이다.

대개 사람들은, 깨닫기 전에는 깨달음 이후에 할 일에 대해서
갖가지로 꿈을 꾼다. 그런데 막상 깨닫고 보면 할 일이 없어진다.
눈앞에 펼쳐진 모든 것이 진실 아닌 것이 없는 상황에 처하고 보니
도무지 할 일이 없다.
무엇을 한단 말인가? 잘못된 것이 있어야 손을 볼 것 아닌가?
즉, 초기엔 진제에 치우친다.

하지만 그는 이내 고통스럽게 살아가는 사람이 있음에 눈을 뜬다.
진제에서 속제를 아우르는 중도적 관점을 회복한 것이다.
그는 이제 중생을 구제하고, 청정한 정토를 이 땅에서 구현한다는
이상을 실현키 위해 동분서주한다. 그런 실천정신은 참으로 고귀하다.
하지만 그 또한 치우치게 되면 다른 사람들을 강요하게 되고,
또 하나의 도그마가 될 가능성이 높다.

진제에도 치우치지 말고, 속제에도 치우치지 말아야 한다!

깨닫기는 쉬우나, 깨달아 살기는 쉽지 않다!

지금까지 지구상에 깨달은 사람은 많고 많았다.

각 종교마다 명상을 추구하는 사람들은 한결같이 바로 깨달음을
말하고 있다. 깨달음에 해당하는 내용은 모두가 같다.

핵심은, '진실로 깨달아 살아가는가' 하는 점에선 조금씩 경향을
달리한다는 것이다. 즉, '깨달음을 삶 속에 구현하고 있는가' 하는
것에서는 조금씩 다르다. 넓게 보면 나라마다 추구하는 가치관의
차이 때문이기도 하다.(인도, 중국, 한국)

하지만 시종일관 삶 속에서 창조적이며, 활발하며, 무애적인,
자리이타적인 주인된 삶이 아니고는 건강한 깨달음이라고
할 수는 없다.

이러한 점에서 서로 간에 이견이 있는 것은, 성향이 다르고 삶을
살아가는 방식에 차이가 있기 때문이기도 하다.

진리엔 어떻게 살아야 한다는 당위성이 없다. 이른바 공이다.
그럼에도 불구하고 그 공은 생명을 가진 묘용의 공이다!

삶에 활력을 주지 못한다면 깨달음이 아니다

시대적으로 많은 사상의 흐름이 있었다. 대체로 그 당시 시대에
상응하였다. 이는 그 당시의 사람들에게 영감과 활력과 생기를
불어넣었다는 말일 게다. 그러나 그러한 사조도 부침을 거듭했다.
생주이멸… 즉 삶에 활력을 불어넣었던 때가 있었고, 쇠퇴하여
사라지는 시기도 있었다.

그렇다면 핵심은 무엇인가?
모든 것이 삶에 맞추어져 있다!
불교가 인도에서 사라지고… 이웃나라로 전파되고…
또 새로운 사상이 유입되고…

결국 깨달음도 마찬가지다.
깨달음도 삶에 활력과 창조성과 생명력으로 혼을 일깨우지 못하면
소용없다! 이를 뒤집어 말한다면, 삶에 활력을 주지 못한다면
깨달음이 아니라는 말이다! 그래서 깨달음을 생명이라고도 표현한다.

생명!
살아 있음!
역동성!

근원적 생명을 자각한 사람은 삶을 활기차게 살아간다!(상락아정常樂我淨)

깨달음 이후에는 어떻게?

어쨌든 깨달았다고 치자! 그래서 어쩌자는 것인가?
이 부분에는 총론적·원론적인 결론이 이미 내려져 있다.
자리이타행이 있을 것이다. 이를테면 자비실천이다.

솔직히 그리고 자세히 말해보자면, 지금의 이 시대는 과학이라는
합리적인 사고가 정착되어 있기 때문에 이미 현실에 대한
합리적인 해결책이 제시되고 있다.
그리고 깨달았다고 현실적인 문제를 꿰뚫어보는 능력이
절로 생기는 것도 아니다. 물론 근본을 자각했기에
문제의 접근방식이 보다 깊은 것은 사실이다.
하지만 세상의 일은 또 다르다. 각기 문제마다 해법의 양상이
조금씩 다르다. 때문에 세상의 학문에 먼저 정통할 필요가 있다.
결국 자각을 갖춘 사람이 더욱 열심히 공부하고 노력하여
공헌하고 봉사하여야 된다는 말이다.
어찌하겠는가? 철난 사람이 할 수밖에.

관점을 달리하면 오히려 누구보다도 세상에 필요한 공부를
많이 하여야 할 것이다.
깨달았다고 퍼져 있어선 안 된다.
고작 깨달음을 전파하는 일 따위는 의미가 적다.
왜냐하면 오랜 세월 동안 깨달음이 무엇인가 하는 것이

이미 수많은 경전 등으로 설해져 있기 때문이다.
또 사찰도 있고, 관련 학자도 있다. 물론 그들도 필요하다.

하지만 이제는 현실의 문제해결로 초점이 옮겨져야겠다.
이미 정토실현이라는 것이 있다.
이러한 점은 《법화경》《열반경》 그리고 《정토경》이 강조해왔다.
하지만 보다 구체적이어야겠다!
보다 적극적이어야겠다!
세상에 녹아들어 보다 살기 좋은 정토를 건설하는 데 앞장서야 한다!
세상의 각 분야에 그만큼 바른 안목을 갖춘 사람이 앞장서야 한다!

그 옛날에 붓다는 깨달음을 설하는 것으로 충분하였다.
지금 시대는 달라졌다.
깨달음을 현실에 적용하고 실현해야 한다!